中国传统文化举要

崔际银 著

南开大学出版社

天津

图书在版编目(CIP)数据

中国传统文化举要 / 崔际银著. —天津：南开大学出版社,2023.1(2024.12 重印)
ISBN 978-7-310-06328-4

Ⅰ.①中… Ⅱ.①崔… Ⅲ.①中华文化－研究 Ⅳ.①K203

中国版本图书馆 CIP 数据核字(2022)第 207644 号

中国传统文化举要
ZHONGGUO CHUANTONG WENHUA JUYAO

南开大学出版社出版发行
出版人:刘文华
地址:天津市南开区卫津路 94 号 邮政编码:300071
营销部电话:(022)23508339 营销部传真:(022)23508542
https://nkup.nankai.edu.cn

河北文曲印刷有限公司印刷 全国各地新华书店经销
2023 年 1 月第 1 版 2024 年 12 月第 2 次印刷
240×170 毫米 16 开本 22.5 印张 2 插页 367 千字
定价:68.00 元

如遇图书印装质量问题,请与本社营销部联系调换,电话:(022)23508339

天津财经大学珠江学院

一流课程（金课）建设项目资助出版

目　录

导言　文化与中国传统文化 …………………………………… 1

 （一）文化 ……………………………………………… 1

 （二）中国传统文化 …………………………………… 6

第一章　天造地设　禀赋超卓：中国传统文化的生成条件 ……15

 一、疆域自然环境独特 ………………………………… 15

  （一）地理格局相对独立 ……………………………… 15

  （二）地域体量辽阔巨大 ……………………………… 17

  （三）地形状况复杂多样 ……………………………… 19

  （四）地境气候适宜生存 ……………………………… 20

 二、农耕经济基础扎实 ………………………………… 22

  （一）农业自然经济为主 ……………………………… 22

  （二）农耕与游牧经济交集 …………………………… 24

 三、世俗社会结构严密 ………………………………… 26

  （一）细化血缘关系 …………………………………… 26

  （二）转化神民关系 …………………………………… 28

  （三）融化天人关系 …………………………………… 30

  （四）同化家国关系 …………………………………… 34

第二章　汇流成川　壮阔波澜：中国传统文化的演进轨迹 ……37

 一、史前至夏商：孕育萌生 …………………………… 37

  （一）农业主导逐步明晰 ……………………………… 37

  （二）青铜器取代石器 ………………………………… 38

  （三）语言文字生成 …………………………………… 39

 二、西周而春秋：根基奠定 …………………………… 40

  （一）西周：文化类别之初步界划 …………………… 41

  （二）春秋：文化下移与百家争鸣 …………………… 44

三、战国到秦汉：验证成型 ……………………………………………46

　　（一）战国：实用印证政治方略 ……………………………46

　　（二）秦朝：建立"大一统"体制 …………………………47

　　（三）两汉：检讨"秦制"创设"汉学" …………………49

四、魏晋南北朝：多元互动 …………………………………………50

　　（一）制度文化受损重构 ……………………………………50

　　（二）精神文化多向伸张 ……………………………………51

　　（三）胡汉文化推拒和合 ……………………………………53

五、杨隋与李唐：辉赫繁盛 …………………………………………54

　　（一）隋朝：社会建设整体推进 ……………………………54

　　（二）唐代：文化事业全面繁荣 ……………………………57

六、宋元明及清中叶：精致凝定 ……………………………………62

　　（一）文化表征细密平实 ……………………………………62

　　（二）文化成果丰硕多样 ……………………………………65

七、鸦片战争以降：图存转型 ………………………………………68

　　（一）转型的原因 ……………………………………………68

　　（二）转型的举措 ……………………………………………69

　　（三）转型的评价 ……………………………………………70

第三章　体式完整　色彩纷呈：中国传统文化的基本类别 ………72

一、满足生存必需的物质文化 ………………………………………72

　　（一）服装饰品 ………………………………………………73

　　（二）食物饮料 ………………………………………………75

　　（三）居室建筑 ………………………………………………79

　　（四）交通出行 ………………………………………………82

二、规范社会秩序的制度文化 ………………………………………86

　　（一）经济制度 ………………………………………………86

　　（二）政治制度 ………………………………………………89

　　（三）宗法制度 ………………………………………………91

三、彰显思理意识的精神文化 ………………………………………96

　　（一）传统精神文化形成机制 ………………………………96

　　（二）中华精神文化理念举隅 ………………………………102

第四章 纲常伦理 务实弃虚：中国传统文化的主要特征……… 110

一、疏离鬼神 以人为本 ……………………………………… 110

（一）明确人道观念优势 ………………………………… 110

（二）持守民贵思想意识 ………………………………… 113

（三）满足人生愿景诉求 ………………………………… 115

二、构建体系 强化伦理 ……………………………………… 117

（一）构建完备伦理体系 ………………………………… 117

（二）强化伦理政治功能 ………………………………… 118

（三）营造浓郁伦理氛围 ………………………………… 119

三、秉持中庸 追求和谐 ……………………………………… 122

（一）中庸处世为人 ……………………………………… 122

（二）和谐社会关系 ……………………………………… 125

四、理性务实 经世致用 ……………………………………… 127

（一）立足现世而着眼当前 ……………………………… 127

（二）经世致用且知行合一 ……………………………… 130

（三）力避玄虚以求取实利 ……………………………… 133

五、坚韧柔和 兼容并蓄 ……………………………………… 135

（一）坚定守护本体 ……………………………………… 135

（二）适度兼容变通 ……………………………………… 137

第五章 南北西东 同心致中：中国地域文化的贡献………… 140

一、中原文化：中华文化基调 ……………………………… 141

（一）中原文化的生发兴起 ……………………………… 141

（二）中原文化的主要特点 ……………………………… 142

（三）中原文化的重要地位 ……………………………… 144

二、齐鲁文化：儒家思想底蕴 ……………………………… 146

（一）齐鲁文化的生成基础 ……………………………… 147

（二）齐鲁对思想文化的助推 …………………………… 149

（三）齐鲁成就儒家勋业探原 …………………………… 150

三、燕赵文化：慷慨悲歌气质 ……………………………… 153

（一）燕赵文化的构成要素 ……………………………… 154

（二）燕赵文化的独特风范 ……………………………… 155

四、三秦文化：循法务实精神 ……………………………… 158

（一）依靠自身发展壮大 ……………………………… 158

（二）尚功务实精神展示 ……………………………… 160

（三）主导制度文化创建 ……………………………… 162

五、吴越文化：轻灵温婉风采 ……………………………… 165

（一）吴越文化的原初状况 ……………………………… 165

（二）吴越与中原文化交融 ……………………………… 166

（三）吴越文化的蕴致风采 ……………………………… 169

六、巴蜀文化：自主开放意识 ……………………………… 172

（一）巴蜀文化的区域性质 ……………………………… 172

（二）巴蜀文化的特殊价值 ……………………………… 175

第六章　御侮睦邻　择用固本：中外文化交流的方式 …………… 179

一、中外文化交流的基本态势 ……………………………… 179

（一）古代：中华文化具有明显优势 ……………………… 180

（二）近世：中华文化遭遇严重挑战 ……………………… 181

二、中外文化交流的具体状况 ……………………………… 182

（一）中华文化输出 ……………………………………… 183

（二）外来文化传入 ……………………………………… 188

三、中外文化交流的主要启示 ……………………………… 192

（一）坚持固本护体原则 ……………………………… 192

（二）采用适宜交流方式 ……………………………… 194

（三）具备与时俱进意识 ……………………………… 195

（四）实现和睦友好目标 ……………………………… 196

第七章　纪实录功　心智结晶：经史子集的辉赫业绩 …………… 198

一、儒经：占据思想正统位置 ……………………………… 199

（一）儒学与经学的创立发展 ……………………………… 199

（二）儒家学派核心经典释义 ……………………………… 206

二、史传：纪录兴替经验教训 ……………………………… 216

（一）历史传统的形成与延续 ……………………………… 216

（二）历史著作编撰状况 ……………………………… 220

（三）历史典籍的功用 ……………………………………… 225

三、诸子：拓辟哲思义理视域 …………………………… 229
　　（一）诸子的兴起与演化 ……………………………… 229
　　（二）诸子重要流派及著作 …………………………… 234
四、文集：展现言志抒情才华 …………………………… 248
　　（一）文学作品的结集 ………………………………… 248
　　（二）古典文学体类特征 ……………………………… 252

第八章　才艺技能　国粹象征：传统技艺文化的蕴意功能 … 263
一、"六艺"及其演化 …………………………………… 263
　　（一）"六艺"的内涵 ………………………………… 263
　　（二）"六艺"的演化 ………………………………… 265
二、技艺在古代社会的作用 ……………………………… 278
　　（一）参与社会管理 …………………………………… 278
　　（二）展示才情品格 …………………………………… 280
　　（三）传递文化信息 …………………………………… 285

第九章　风俗习惯　成规作范：日常生活的文化表现 ……… 294
一、社会风习的形成因缘 ………………………………… 294
　　（一）生存环境限定 …………………………………… 294
　　（二）社会组织推动 …………………………………… 298
二、传统习俗的主要指向 ………………………………… 301
　　（一）源于人类需求的生活常识 ……………………… 302
　　（二）起于血缘关系的交往礼俗 ……………………… 306
　　（三）基于传统赓续的尊老敬祖 ……………………… 309
三、风俗习惯的文化承载 ………………………………… 314
　　（一）保持传统文化基因 ……………………………… 314
　　（二）衍生文化支脉系统 ……………………………… 317
　　（三）制约社会大势走向 ……………………………… 318

余论　中国传统文化的现代意义 …………………………… 323
　　（一）传统文化与当代中国治国理念契合 …………… 323
　　（二）传统文化为制定重要国策提供借鉴 …………… 327
　　（三）传统文化是实现中华复兴的强大支撑 ………… 329

主要参考书目 ………………………………………………… 334

后　记 ………………………………………………………… 346

导言

文化与中国传统文化

中国文化，是深深植根于世界东方广袤华夏大地而生成的文化，是世界文明大昌以来、历经数千年风霜雪雨而唯一未曾断裂的文化，是博大精深、具有极其丰富内涵的文化，也是承传有序、自身特色鲜明的文化。学习、把握与继承中国文化，须从认知"文化"及"中国传统文化"等命题为始。

（一）文化

1．文化基本概念

文化，可视之为语义简要的名词，亦可视之为多义的概念命题，还可视之为博大的学科体系（文化史）。

从发生学角度而言，文化是与人类发展相伴而生的。它是人类的智力发展达到一定高度，并且以之指导改善生存状况和行为的产物，亦即"知"与"行"结合的产物。当人类与各种动物处于同一水平之时，其表现无法形成文化。即使经过长期进化，智力有所增强、达到一定的行动力（如灵长类的猿猴），也不能称之为文化。必须是在人的智力达到较高程度且能够为生存服务、知识积累较多且能够加以传播、具备生活技能且能够授受的社会形态中，方可产生文化。

从词源学角度而言，文化是"文"与"化"的结合。"文"，由线条交织构成。《说文解字》释之为"错画也，象交文"，包括"纹采、纹理"之义，意指物体形与色的相互交叉。可见，"文"的初始含义同于"纹"，指天然形成的错杂的色彩纹理，亦即"自然之文"。由此，逐渐引申出文字、文章、文献之类的称谓，"文"（纹）的意义亦由"自然"（天文）过渡至人类社会（人文）领域。这一变化，在先秦时期已经比较普遍，如《尚书·大禹谟》中的"文命敷于四海"①、《易经·大有》中的"其德刚健而文明"②等。"化",由"人"和"匕"组成。如果将"匕"字视为倒写的"人"字，则"化"含有"非人"之义；如果将"匕"字解释为刀具（匕首），则"化"强调的是对人进行限制与改造。无论哪种解释，"化"字都含有"变化、化生、改造"之义。这种对"人"施"化"，也是源于天道自然，即《周礼·大宗师》所谓"以礼乐合天地之化，百物之产，以事鬼神，以谐万民，以致百物"。郑玄将其中的"化"和"产"注释为："能生非类曰化，生其种曰产。"③《易经·象传》将"天文"（重在"文/纹"）与"人文"（重在"化"）予以对比，并且说明各自的特征和作用："刚柔交错，天文也；文明以止，人文也。观乎天文，以察时变；观乎人文，以化成天下。"④其中的"文"，指"文饰、纹理"；"化"，指"教化、感化"；"天文"，指"天然的文饰、大自然运行规迹、自然之美"；"人文"，指"人为的文饰、人伦秩序、道德之美"。这段文字意为：参照刚柔错杂、阴阳变换的自然现象，结合人类社会重视人伦秩序、提倡高阶道德品位。通过观察自然现象，以掌握四时的变化；利用对人类社会伦理道德的表现，以教化天下万民、实现社会的和谐安宁。《易经》（包括"传"文）的定型，当不晚于战国时期，此处对"文化"的解释，既代表当时理解"文化"的高度，也对后世产生了极为重要的影响。

从语义学角度而言，由于时代、地域、观念等的不同，对文化的定义各不相同。据统计，古今中外之于文化的定义已达 200 多种。中国古代所谓文化，主要指与武功威权相对的文治教化："圣人之治天下也，先文德而后武力。凡武之兴，为不服也，文化不改，然后加诛。"⑤"文化内辑，武功外悠。"⑥"修文化而服遐荒，耀武威而平九有。"⑦外国（西方）对文化的理解，偏重人类对大自然的征服与改造。其源出自拉丁语定义，最初是指人类翻耕土地、栽种作物的行为过程。从中可以看出，中西文化分别关

① 唐·孔颖达《尚书正义》第 22 页，中华书局，1980 年 10 月。
② 唐·孔颖达《周易正义》第 18 页，中华书局，1980 年 10 月。
③ 汉·郑玄注、唐·贾公彦疏《周礼注疏》第 125 页，中华书局，1980 年 10 月。
④ 唐明邦《周易评注》第 67 页，中华书局，2009 年 5 月。
⑤ 汉·刘向《说苑·指武》：明·程荣《汉魏丛书》第 443 页，吉林大学出版社，1992 年 12 月。
⑥ 晋·束皙《补亡诗·由仪》：丁福保《全汉三国晋南北朝诗》第 319 页，中华书局，1959 年 5 月。
⑦ 前蜀·杜光庭《贺鹤鸣化枯树再生表》：清·董诰《全唐文》第 4297 页，上海古籍出版社，1990 年 12 月。

注"人"与"物"的不同。现代对文化的解释，则是多种多样，并且形成多种流派。著名者如：英国爱德华·泰勒和美国路易斯·摩尔根为代表的"进化学派"、德国弗里德里希为代表的"播化学派"、法国埃米尔·迪尔凯姆和马歇尔·莫斯为代表的"社会学派"、美国弗朗兹·博厄斯为代表的"历史学派"、英国布罗尼斯拉夫和马林诺夫斯基为代表的"功能学派"、奥地利西格蒙特·弗洛伊德为代表的"心理学派"、法国列维·斯特劳斯为代表的"结构主义学派"[①]。此外，文化可以指具有书本知识和运用文字的能力；可以作为考古学的专用名词，用来指代某一历史时期的不依分布地点为转移的遗迹、遗物的综合体（如仰韶文化、二里头文化等）。其中，将文化表述为"人类创造的财富总和"的观点，获得最大范围社会群体的认同。

从义域界定角度而言，可以对文化进行如下定义：一曰广义文化（综合文化），指人类为求得生存发展，结成一定社会关系、进行各种具有社会意义的创造活动过程、方式及成果的集合体。此定义强调了文化的"社会"性（社会关系、社会意义），将人类活动的"过程、方式及成果"统统归入"文化"之内，其意义相对完备周延，得到大多数人的认同。二曰狭义文化，特指精神文化。精神文化属于文化类别中的一种，与其同级者包括物质文化、制度文化（或加上"行为文化"）。精神文化是"形而上"的意识形态，指人类在开拓主观精神世界过程中所创造的财富，包括思想、道德、哲学、文学、艺术等方面的观念（人生观、价值观、审美观）与产品（绘画、雕塑、文学作品）。以精神文化指代文化，为专业领域（高等学校、科研院所）或专业人员（文学、艺术界）所常用。三曰简义文化，即"人化"。所谓人化，意指经过人类的加工改造。也就是说，凡是人类有意识地加工过的事物，可以称为文化；而大自然存在的景物，包括许多精美绝伦的景物，由于其"自然"的属性，都不可以称为文化。例如，溶洞中形态各异的钟乳石、桂林的秀丽山水、雄浑壮阔的黄河与长江，都不应称为文化；而"大运河文化"之称，则是可以成立的。以"人化"指代文化，既可包含文化的全部意蕴，又益于人们对文化基本意义的理解，对文化普及是很有帮助的。

---

① 参见：上海古籍出版社编《中国文化史三百题》第8-11页，上海古籍出版社，1987年11月。

2．文化的主要特征

文化，是由人类创造而成的。但是，在不同时代、不同地区、不同群体的表现是各不相同的。如果从普遍适用的视角考察，文化的主要特征包括如下方面：

第一，人类独具共有。文化是人类在进化过程中劳动创造的结果，具有人类共有的性质。人类的所有成员，无论种族、身份、习俗有何差异，都拥有自己的文化属性。文化的主体是人，属于人类独具的认知及创造能力。人类除了具有一般动物的"本能"，更具备超越这种本能的"人性"，人性是文化的表现，人性甚至可以代指文化。可见，文化是排除其他所有动物的，具有"非动物性"特征。当然，文化在形态上也是"非自然"的，凡是所谓"自然天成"的事物，都不属于文化范畴。

第二，体用接续传承。"体"与"用"，是中国古代哲学中相互关联的重要命题。一般认为，"体"指本体，即事物最根本、内在、本质的属性；"用"指作用，是"体"的外在形态、表象及表现。此处借以代指文化，意在说明：文化的内在精神及外在形式，必须具备一定的影响力，在时间与空间上得到响应与传播。流传的时间越长、地域越广，则此文化的生命力、影响力越强。与此相较，凡是某个人的异想天开、不切实际、未曾获得群体认同的"创新"，都不能称之为文化。文化的构成，是超越人类个体、承传有序的。

第三，地域界划稳定。文化现象的形成，受到地域形态的制约。不同地域自然环境的差异，形成了形态各异的文化。例如，地形的平原、草原、高原、沙漠、山区，地域的开放、封闭，土地的肥沃、贫瘠，气候的干旱、多雨、严寒、温暖、酷热等，都是当地文化产生及定型的重要因素。地域的影响，特别明显地表现在穿着、饮食等行为习俗文化方面。人们常说"入乡随俗"，此"俗"不但含有认可与随同当地习俗的意味，也带有因当地客观条件限制而不得不然的含义。

第四，族群阶层专属。文化生成与承传，离不开人类社会。这里的社会，大多是由族群（民族）构成的。特定的民族性，成为文化的重要标志。有些民族文化，经过不断地发展演变、碰撞融合，成为大体量、多民族地区或国家的主流文化；还有的上升为宗教信仰，不仅成为信众的集体意识，甚至左右国家政治，达到政教合一。例如，欧洲中世纪的基督教、现代中东地区的部分伊斯兰教国家，便是如此。文化也具有阶层（阶级）属性，但这一属性的影响弱于族群属性。同一民族不同阶层的区别，更多地表现在衣食住行等物质、行为的形而下文化层面；而在民族认同、文化核心理念方面，同一民族各阶层的思想往往是一致的。

第五，时代特征鲜明。文化是由人类创造的，创造的前提是解决生存问题。不同时代出现的问题各不相同，在解决这些问题的过程中，就会形成新的文化形式。这种情况，在社会剧烈动荡、改朝换代之时，体现得尤其鲜明。人类社会从原始社会、奴隶社会、封建社会迄今的发展历程，可以表述为新文化战胜旧文化的过程，体现出鲜明的新时代文化风貌。即使在同一时代（政治体制）、同一王朝、坚信同一理念，也会出现新的（不同的）文化政策、文化表征。例如：同属西汉，初期的文帝和景帝推崇黄老，武帝时期则独尊儒术；同为资产阶级革命，法国成为共和国政体，英国则是君主立宪。不过，在承认文化具有时代特征的同时，还要注意文化的"返祖"现象。有的学者曾经认为，西方文化的发展变化是"断崖式"的，并且列举依靠"科学、民主"砸碎中世纪"锁链"的例证。从表面上看来，这种观点固然不错；但是，"民主、自由"等理念及概念，早在古希腊、古罗马时代即已形成。东亚地区受儒家思想影响极深，当代与古代（文化传统）相融的特征更加明显，包括日本、朝鲜半岛等，无不如此。自古以来，东亚各国虽然政权更迭、制度变革，甚至脱亚入欧（如日本），但从治国方略、社会理念到风俗习惯，无不或隐或显地存在着儒家传统的印记。因此，在肯定文化时代（当代）特征的同时，也要注重前代文化（特别是重要、主流文化）对后世的巨大影响力。

3. 文化与文明

在论及文化的话题时，时常涉及文明。文明的义项，虽不及文化繁复，但也可以做出多种解释。例如，文采光明（《周易·乾》："见龙在田，天下文明"）；富于文采（与"质朴"相对）；文德辉耀（《尚书·舜典》："濬哲文明，温恭允塞"）；文治教化（前蜀·杜光庭《贺黄云表》："柔远俗以文明，怜匈奴之武略"）；文教昌明（汉·焦赣《易林·节之颐》："文明之世，销锋铸镝"）；社会发展水平较高、有文化的状态；新的、现代的；合于人道（与"残暴"相对）；等等。通观古今这些对文明的释义可知，文明所强调的是文采、文治、教化、新型、现代、社会发展水平等因素。由此，可以对"文明"进行这样的表述：文明是指人类生活明显进步、社会发展水平较高、文化达到特定阶段的产物；是在社会权力组织（国家政权）管理下创造的物质、制度和精神领域成果的总和。其主要表现是：物质资料生产不断发展，精神生活不断丰富，社会成员的整体素养提高，社会分工和分化加剧，形成不同的阶级阶层，出现国家政权以实施强制性的统治。文字的出现、金属工具的使用、都邑城池的建立，是进入"文明"阶段的主要标志。①

文化与文明有着极为密切的关系：从涵盖范围上讲，文化包括文明，文明属于文化的组成部分；从发展时段上讲，文明是文化的高级阶段。在进入文明阶段之前，人类已经走过了极其漫长的原始文化时期。以我们中国为例，进入以城市、金属和文字为标志的"文明"时期，大致是在龙山文化的后期（公元前2500年左右），距今约四五千年；而有据可稽的中华文化史（以文化遗址为据），则长达数十万、上百万年之久。世界其他地区的标志性文化与文明，也大略如此。

文化与文明也有不同之处：文化的外延大于文明，文化包括人类发展的整个过程；文明的内涵超过文化，文明特指文化发展的高级状态及其积极成果，对社会成员的要求更高，分类更为细密。文化通常与愚昧相对，主要指思想、精神（素质、品德）、意识等方面，其表现较为内在或隐性，如某人素养不佳，就会被称为"没文化"。文明则是与野蛮相对的，主要指物质、行为等外在的显性的表现，如某人乱扔杂物、"出口成脏"，就会被认为"不文明"。因此，了解文化与文明之间的关系，尤其是提高文明的水准，是所有社会成员的基本责任。

（二）中国传统文化

1. 中国传统文化内涵外延的界定

（1）中国传统文化的定义。确定中国传统文化含义的前提，是对传统与传统文化的认知。传统，指世代相传的社会观念形态（如思想、道德、信仰、风俗、艺术、制度等），以及由此而成的行为方式等外在表征。传统是历史发展继承性的表现，对人们的思想及行为具有无形的影响，发挥着引导乃至控制作用。积极的传统，对社会发展起促进作用；保守和落后的传统，对社会的进步和变革起阻碍作用。

与传统密切相关的传统文化，指形成并流动于历史过程之中，在历史

---

① 参见：夏鼐《中国文明的起源》第100页，文物出版社，1985年7月。

发展演化中不断选择、扬弃、重新聚集且保留其基本内核的文化。相较于传统的包容细密（如家庭内的"耕读传统""勤俭传统"等），传统文化属于拥有更大范围、更强辐射力和影响力的群体精神与社会心态，以及在这种精神与心态指导下的各种实际表现。传统文化的基本特征是：保留自身的基本内核进行历时性传播，与新兴的时代文化进行共时性交流（斗争与融合）；越是适应时变的传统文化，其生命力就更加顽强坚挺，发挥的作用也更加强大。

理解了传统、传统文化的基本内涵，就可以对中国传统文化做出这样的表述：中国传统文化，是形成于华夏大地、在中华民族发展历史演变进程中，经过不断选择、完善、吸收、扬弃、重新聚集，并且保留自身基本内核（中国特色）而承传有序的文化。

（2）中国传统文化的载体。中国传统文化，是由"中国"生发而成的文化。我们要想对中国传统文化真正地体认理解，必须对其所处境域、称谓变迁有较为深入的了解。

从地域上讲，中国辖领的区域，是一个历史的、动态的范畴。上古时代，华夏先祖建国于黄河流域的中原一带，以为居天下之中，自称其地为"中国"，而把周围其他地区称为"四方、四夷"。这种以中原地区为"中国"的称呼，不晚于西周初年。周成王时代的青铜器何尊，其铭文有"宅兹中国"之语，是迄今出土文物中使用"中国"一词最早的见证。先秦时期，以中原为中国的表述，十分流行。例如，《诗经》"惠此中国，以绥四方"①、《庄子》"吾闻中国之君子，明乎礼义而陋于知人心"②、《韩非子》"夫越虽国富兵强，中国之主皆知无益于己也。"③春秋时期，齐、鲁地区因文明程度较高（周公、吕尚封地），渐与中原相合，而秦、楚、吴、越、燕诸地区，仍时常被称为落后的"四夷"。"楚有王者则后服，无王者则先叛。夷狄也。而亟病中国，南夷与北狄交。中国不绝若线，桓公救中国，而攘夷狄，卒怗荆，以此为王者之事也。"④秦汉以降的王朝版图扩大，"中国"涵盖了自己实际统治的范围，但仍时常以中原一带为中心，将自己直接统

①　见《诗经·大雅·民劳》。《毛诗传》将此处"中国"释之为："京师也。"亦通。又：古代多有以"中国"指君王所居"京城"的例子，如《史记·五帝本纪》："尧崩，三年之丧毕，舜让辟丹朱于南河之南。……而后之中国践天子位焉，是为帝舜。"

②　《庄子·田子方》：曹础基《庄子浅注》第307页，中华书局，1982年10月。

③　《韩非子·孤愤》：清·王先慎《韩非子集解》第57页，上海书店，1986年7月。

④　汉·何休注、唐·徐彦疏《春秋公羊传注疏》第55页，中华书局，1980年10月。

治之外的地域加以区分。西南方向的云贵、长江南岸的江浙、五岭之南的两广等地区，都曾被视为"中国"之外，"即以为不毛之地，亡用之民，圣王不以劳中国，宜罢郡，放弃其民，绝其王侯勿复通"①、"江左地促，不如中国"②、"岭外梅花与中国异，其花几类桃花之色，而唇红香著"③。元朝以少数民族成为中华统治者，占据着极其辽阔的地域，当时将自己统治区域称为"中国"，称日本、高丽、安南、缅甸等邻国地区为"外夷"。明、清两代沿袭了元朝的称谓。中国的版图，经由中原地区向外扩展，特别是经秦的统一、汉唐的盛世、元朝的扩展、清朝的巩固，使国家拥有了超过千万平方公里的辽阔领土。鸦片战争之后，虽然曾被列强攫取了大片领土，但经过全国人民的英勇抗争，我们仍然捍卫了包括核心区域在内的960万平方公里的国土。中国传统文化，就是在"中国"这片土地上发展壮大、自成一格的文化。

从称谓上讲，"中国"在历史上有着多种异称。前文述及历代所谓的"中国"，都不是严格意义上的国体概念。"中国"一词，作为主权国家的概念，是在近代与欧美开展外交过程中形成的。在外交上使用"中国"一词，首见于1842年签订的中英《南京条约》，此后清王朝与列强签订各种丧权辱国的不平等条约，皆采用"中国"之名称。辛亥革命推翻清朝政权之后，定国名为"中华民国"；中国共产党领导人民取得政权，定国名为"中华人民共和国"，都是由"中国"之称扩展而成（亦可简称为"中国"）。

"中国"，既是一种国家地域的标识，同时也是民族文化意识的体现。这一特征，通过回溯历史上的相关称谓便可了然。黄河中下游地区及生活于此的先民，古代称之为"华夏"。《左传》有"楚失华夏""裔不谋夏，胡不乱华"之语，可见至迟在春秋时期，"华夏"已是中原地区人民的自称，用以区别于胡、楚等四夷边民。此外，还有的称作"诸华"："（魏绛曰）诸侯新服，陈新来和。……劳师于戎，而楚伐陈，必弗能救，是弃陈也，诸华必叛"；或者称作"诸夏"："诸夏亲昵，不可弃也。"④这些称谓所指，都是以中原为核心的地区，或包括周天子分封的诸侯国。关于"华""夏"

---

① 汉·班固《汉书·西南夷传》第356页，上海古籍出版社，1986年12月。

② 南朝宋·刘义庆《世说新语·言语》第38页，上海书店，1986年7月。

③ 宋·惠洪《冷斋夜话·岭外梅花》：《宋元笔记小说大观》第2226页，上海古籍出版社，2001年12月。

④ 此处引文，分别出自《左传》襄公二十六年、定公十年、襄公四年、闵公元年。见：晋·杜预注、唐·孔颖达疏《春秋左传正义》第289、446、231、84页，中华书局，1980年10月。

的含义，唐代著名学者孔颖达的解释最为贴切："中国有礼义之大，故称夏；有服章之美，谓之华。华夏一也。"①其中具有浓厚的文化色彩。

生活于中原地区的华夏人，是中华民族形成的基础。随着"中国"地域的扩展，华夏人通过接纳融合周边民众，共同形成了汉族。黄帝、炎帝与蚩尤大战的传说，虽然尚无实物证明，但展现了上古时期各民族融合的情形。此后，以华夏族为核心演化而成的汉族，在中国多次建立政权；鲜卑、契丹、女真、蒙、满等民族，也都曾经建立统治中原地区的政权，其中的蒙、满，更是统治了整个中国。汉族或非汉族建立的一统政权，大都能够包容其他民族，建构多民族的国家。那些被迫偏安一隅的政权（如东晋、南宋），都是以收复中原为己任；甚至占领某一地区的割据势力，也多以夺取天下、统一中华为最大目标。这种"中华一统"的理念，深深扎根于中华民族，贯穿于中国历史进程之中。

经过数千年的相互融合，而今的中华民族，由汉族及 55 个少数民族共同组成。中国文化，原生于华夏腹地的中原地区，其发展壮大则是中华民族大家庭共同劳动创造的结果。"中国、华夏、中华"的称谓，蕴含着"地域、国家、民族、文化"的共同意义，这是中国文化区别于西方文化的一大特点，同时也是理解中国历史的发展历程、地域疆土的捍卫保存、国家政权的更迭兴替、民族关系融通互动等问题的重要参照。

（3）中国传统文化的学术研究（国学）。中国传统文化以其悠久的历史、广博精深的内容，成为系统、专门的学问，学术界称之为"国学"。"国学"，古代原指国家设立的学校；现指我国固有的文化、学术，亦即以儒学为主体的中华传统文化与学术。现代的国学，是与西学论战抗衡的产物。国学兴起于 20 世纪初，鼎盛于 20 年代，80 年代曾有"寻根"热，90 年代"国学"又现热潮。进入 21 世纪以来，随着综合国力的提升，继承优秀传统文化、弘扬国学、坚定文化自信，成为全国人民的共识，文化事业得以稳步推进。

国学包括的内容范围，可区分为"小国学圈"与"大国学圈"。"小国学圈"仅限于经部、史部、子部、集部，"大国学圈"则囊括五术、六艺、诸子百家之说。其中除了佛教是外来宗教，其余均生成于中华本土。所以，

---

① 晋·杜预注、唐·孔颖达疏《春秋左传正义》第 446 页（孔颖达"疏"语），中华书局，1980年 10 月。

国学又被称为"中国学"或"汉学"。

国学的分类，因标准不同而有多种方法。以学科为标准，可分为哲学、史学、宗教学、文学、礼俗学、考据学、伦理学、版本学等，其中以儒家和道家哲学为主流；以思想观念为标准，可分为先秦诸子及佛教（中国本土化）等，儒家思想贯穿并主导中国思想史，其他学说处于从属地位；以典籍文献为标准，可分为经、史、子、集四部，但以经部、子部为重，尤其倾向于经部典籍。

基于继承灿烂悠久的中华传统、凝聚中华民族文化向心力、开展与域外文化交流等目标定位，自 20 世纪初期为始，国内相关部门、大专院校等，陆续建立了专门研究机构。章太炎先生创办的"国学讲习所"，是现代最早的国学研究机构。1925 年成立的清华大学国学研究院，由王国维等四大导师主掌，培养了一大批著名学者。新中国成立以后，中国科学院（后改名为中国社会科学院）设有相应的研究机构。20 世纪 80 年代以来，伴随着国学热兴起，有些大学建立了国学研究所，甚至开办了国学院，用以培养专业的承传祖国传统文化的人才。与此同时，民间的国学社团普遍兴起，开展各种各样的文化活动。此外，我国在世界各地开办了数百所孔子学院，成为向世界介绍中国文化、让世界了解中国文化的窗口。相较而言，以往历次"国学"的兴起，多为今人用于对传统文化的反思与正视；而当今思考的重点，则是传统文化在中国乃至世界的重新定位与发挥应有之作用。

本书所要阐述的中国传统文化，时限上以周朝建立至清朝灭亡为主体部分，亦即始于中华文化达到高度文明阶段、终于封建社会彻底灭亡期间的文化。

2. 中国传统文化的构成要素

中国文化的形成，是由其特殊文化生态环境决定的。中国文化的发展壮大和接续承传，与其自身所具有的独特要素因子密切相关。同时，这些要素也造就了中国传统文化的基本样貌。

一是原生独立。中国传统文化，是诞生于中国土地上的、未经任何特殊修饰雕琢的、没有被外力真正改变的文化形态。其生成与发展，是在独立状态下进行的，即使经过数千年的时光，始终保存着自身的基本特征（这与美洲、澳洲各国的文化是由欧洲植入的情况完全不同）。中国文化之所以能够顺利生成兴盛，很少受到大规模（占据中原）、高级别（超过中华文明程度）、强烈度（如伊斯兰文化与希腊—两河流域民族文化之间反复征战）

的文化冲击，与中国所处地域相对封闭有关（大海、高山及戈壁大漠环绕）。同时，中国文化也多次遭受巨大危机而未曾灭绝，也大大得益于中国地域的辽阔。相对封闭，减少了域外文化影响；地域辽阔，增加了自身生存与回旋的余地。中国文化就是在这样的条件下，在自己的土地上、以自己的方式，独立自主地生长起来。

二是绵延连续。关于中华文明发展历程，中国自古多从"三皇五帝"[①]说起。"三皇"过于虚幻，一般视其为神话；"五帝"则往往被奉为华夏民族的祖先。司马迁的《史记》专设《五帝本纪》，记载了黄帝、颛顼、帝喾、尧、舜"五帝"的生平事迹，包括率领民众格斗猛兽、治理洪水、开垦田地、种植谷物、部落征战、政权禅让等多方面的情况。司马迁在篇末以自己的身份写道："太史公曰：学者多称五帝，尚矣。然《尚书》独载尧以来，而百家言黄帝。……余尝西至空桐（崆峒），北过涿鹿，东渐于海，南浮江淮矣，至长老皆各往往称黄帝、尧、舜之处。"[②]这段文字表达了如下含义：当时的上流社会（百家、知识界），是肯定五帝（特别是黄帝和尧的）；民间也对黄帝和尧舜极为熟知（长老），而且流传的地域极为广大。司马迁的这一结论，是亲身深入调查了解得出的，也是他本人认可的。于是，他将《五帝本纪》列为《史记》首篇，作为中国文化初成的信史，其见解也成为中国历代主流的观点。进入现代，黄帝仍被称为"人文初祖"，尧和舜时常获得赞颂，国人皆以中华五千年文明史感到自豪。从考古发现可知，"五千年"之前的"黄帝"，大约在龙山文化时期；中经二里头文化（夏文化）而至二里岗、殷墟文化（商文化），大致可以勾勒出中国文化发展的基本轨迹。此后，进入文化大创造、大繁荣的周朝。尤其是后期（东周）春秋战国的"百花齐放、百家争鸣"，中国文化展现出丰富多彩的学说理念；经过不断的扬弃整合，逐渐形成以儒为主、道与法等学说为辅的中华文化传统。此后2000余年，中华文化虽遇波折而始终常在，成为现今唯一未曾断绝的、保存自身独特风采的世界著名文化体系。

三是稳固恒定。中国文化的发祥地，是黄河中下游的中原地区（今河南省洛阳、郑州、安阳一带）。此后，渐次辐射至整个华北平原、关中平原

---

① 三皇、五帝：两者各有多种说法。三皇：天皇、地皇、人皇；天皇、地皇、泰皇；伏羲、女娲、神农；伏羲、神农、黄帝等。五帝：黄帝、颛顼、帝喾、尧、舜；伏羲、神农、黄帝、尧、舜；黄帝、少昊、颛顼、帝喾、尧等。

② 汉·司马迁《史记·五帝本纪》第10页，上海古籍出版社，1986年12月。

（渭河平原）和长江中下游平原。这三个平原与东北平原一起，合称为中国
"四大平原"。中原地区适宜农作物生长，我们的先辈由此创立了农耕文明。
整个华北平原（内含中原地区）与关中平原的自然条件相近，极易交流融
通，因而成为文化进步最快、文明水平最高、融合程度最深的区域。华北
与关中两个平原的面积达 35 万平方公里[①]，如此广大地域形成的文化，足
以具有强大的生命力与影响力。中国社会文化的走向，对此也给予了充分
证明。华夏先民创造的农耕文明，确立了中华的基础，此后诸如眷恋故土、
重亲睦邻、热爱和平安定、独尊儒家学说、崇尚国家统一等，无不与这种
文化传统密切相关。以农耕为主的物质条件与生存方式，将人与土地紧紧
连接在一起；而祖祖辈辈生活在同一块土地，使人们非常重视血缘亲情及
邻里关系，并且延及处理其他的社会关系。特别重要的是，这样的理念是
深入人心、被所有中国人认同的。

　　思想理念是用来指导行动的。中国文化中涉及实用方面的情况，也具
有稳定的特征。比如，以写意为标志的"国画"，自唐代至今变化不大。又
如汉字，虽然经过甲骨文、金文、篆书、隶书、楷书、行书、草书等书写
方式变化，以及由繁体至简体的字型改革，但是汉字"形音义"三位一体、
以"表意"为主的特征始终未变。因此，即使千年以上的文字文献，今人
仍可明晰正确地加以辨识。无论居于何地、讲的是哪种方言的中国人，都
能够通过汉字互相了解，形成心理认同。这种情况（文化心理）与西方文
化完全不同。例如，希腊文化的影响，大致是在希腊殖民者居住的城市及
希腊王朝宫廷所在地，附近许多城市的绝大多数人，继续用自己的语言交
流、崇拜自己的神灵，广大的农村地区更是如此。由于希腊文化没有深深
扎根、辐射地区太小，中世纪时期很快被伊斯兰文化所征服。欧洲的面积
与中国相当，却存在着几十个国家，每个国家都有自己的语言、文字及民
族文化，而且有的国家仍有继续分裂的可能。反观中国，历史上虽曾经历
了多次的改朝换代，但文化传统的核心理念与本质特征，从未真正改变。
中国文化的这种稳固不移，是由其各个时代、所有阶层认同的深厚社会文
化基础所决定的。

　　四是向心内化。中国文化的发祥地是华北平原的中原地区，文化形态

---

　　① 据统计，四大平原的面积分别为：东北平原 35 万平方公里、华北平原 31 万平方公里、长江中
下游平原 16 万平方公里、关中平原约 4 万平方公里。

是农耕文化，居于此地且拥有这种文化的主体是汉民族。在中国古代，汉族居住的大中原区域（包括华北及关中地区），是自然条件最优越、文化发展水平最高、生活状况最好的地方，也是其他地区人们的向往之地、学习模仿的榜样。随着汉族人口的增长、领土的扩展，逐渐与西部、北部的草原文明接触碰撞。内地的农耕文化与边地的游牧文化的关系，虽然发生过规模不等的战争，但整体上是较为温和平缓的。其间，曾经出现赵武灵王汲取游牧文化的"变俗胡服，习骑射"[①]；更多的则是少数民族向汉族学习，甚至打败汉族王朝、占据中原建立政权的少数民族统治者，也都最终接受了汉族文化（元朝的蒙古族及清朝的满族）。总的说来，汉族文化具有的物质生活富足、政治制度完备、思想上的"大一统"观念等特征，无不令人怦然心动、向而往之。如果将远地外域的向往内地（中原）文化称为"以夏变夷"，大致可以描述界定唐代之前的情况。唐太宗李世民曾说："夷狄亦人耳，其情与中夏不殊。人主患德泽不加，不必猜忌异类。盖德泽洽，则四夷可使如一家；猜忌多，则骨肉不免为雠敌。"[②]这段话，包含着大唐帝国的文化自信；而"夷夏不殊"的观点，更显示出英明君主的气度与治国理念，对各民族之间的交流与融合，发挥了很好的作用。自宋代开始，中原地区文化一方面被江南地区文化超越（自中唐时期便已显现），又受到北方异族文化的挤压（辽、金政权，不仅军事上压制宋朝，文化上也积极向内地学习借鉴）。于是，文化的流向有了明显改变。其他地区的文化开始影响中原地区，南方文化表现得十分明显。对此，明末清初著名思想家王夫之评价说："河北者（河南省北部、山东省西部、河北省及京津地区，代指中原），自黄帝诛蚩尤以来，尧、舜、禹敷文教以熏陶之，遂为诸夏之冠冕，垂之数千年而遗风泯矣。永嘉之乱，司马氏不能抚有，委之羯胡者百余年，至唐而稍戢。乃未久而玄宗失御，进轧犖山之凶狡，使为牧帅，淫威以胁之，私恩以啗之，披坚执锐、竞强争胜以民之，怒马重裘、割生饮湩以改易其嗜欲，而荧眩其耳目，于是乎人之不兽也无几。""东南之民，自六代以来，习尚柔和，而人能劝于耕织，勤俭足以自给而给公，故不轻萌猖狂之志。"[③]黄宗羲也认为："秦、汉之时，关中风气会聚，田野开辟，人物殷盛；吴、楚方脱蛮夷之号，风气朴略，故金陵不能与之争胜。今关

① 汉·司马迁《史记·匈奴传》第319页，上海古籍出版社，1986年12月。
② 宋·司马光编著、元·胡三省音注《资治通鉴》第1325页，上海古籍出版社，1987年5月。
③ 清·王夫之《读通鉴论》第903、952页，中华书局，1975年7月。

中人物不及吴、楚久矣，又经流寇之乱，烟火聚落，十无二三，生聚教训，故非一日之所能移也。而东南粟帛，灌输天下，天下之有吴、会，犹富室之有仓库匮箧也。"①可见，地域文化地位的变化，与其经济发展和社会安定状况紧密相联。

尽管不同地区的文化发生了变化，但中国并没有因此走向分裂；而是在中华大一统的框架之内，相互渗透、吸收与融合，共同创新、丰富祖国文化。这种鲜明的向心力与内化性，使得中国文化具有极其强大的生命力、始终保持着自己的独特个性。

---

① 清·黄宗羲著、段志强译注《明夷待访录》第83页，中华书局，2011年1月。

第一章

天造地设 禀赋超卓：中国传统文化的生成条件

任何事物的生发与成长，都必须具备前提条件。通常情况下，只要大自然提供足够的地域场所、基本的生活资料，生命便可以出生、长成，自然界的植物和动物都是如此。人类自别于所有动物（其实亦属动物），是因为生存除了必需的自然条件，还需要社会条件。在人类智力发展的高级阶段，即有意识地从事劳作、创造文化之后，这些条件更成为社会文化发展进步的必需。中国传统文化的生成与发展，当然也是如此。大自然赋予中华民族的条件相对优越，使得这块土地上的人们，很早就形成自身的生活方式、奠定了扎实的经济基础、建构起完善的社会制度，进而成就了具有鲜明特色的中华文化。

一、疆域自然环境独特

自然环境，是指由地域、水土、气候等自然事物所构成的环境。自然环境，是所有生物赖以生存的前提条件和物质基础，对人类生活具有根本性的重要意义，也是构成社会文化环境的基础。由于世界各地的自然条件各不相同（水、土壤、气温、矿藏、地形地貌、动植物种等），从而制约着当地的社会文化环境建构及其发展。中国文化生成的自然环境，具有自身较为独特的构成要素。

（一）地理格局相对独立

有关中国的地理格局与地缘位置，最早的描述来自《尚书·禹贡》。这篇创作时间不晚于战国时期的文献，就文化地理学视角而言（其内容不仅限于地理），最重要的内容是："禹别九州，随山浚川，任土作贡。禹敷土，随山刊木，奠高山大川。……东渐于海，西被于流沙，朔南暨声教，讫于四海。"① "九州"，指冀、兖、青、徐、扬、荆、豫、梁、雍州，包括今河南、河北（含京津）、山东、山西、陕西、甘肃、宁夏、安徽、湖北及江苏（长江以北）等地区，属于中国文化的发祥及核心区域。此处的"四海"，并非确指海洋，而是指四面八方、普天之下的土地（领土）。"东渐于海，西被于流沙，朔南"之语，被概括为"四至"，即中国领土的外延边界；其中"东渐于海，西被于流沙"为实指，"朔"（北方）和"南"（南方）为虚指。《禹贡》所描述的中国地理状况，与后世中国地理大势是吻合的。那就是：东部和东南部为汪洋大海、北部与西北部为戈壁大漠、西南部为峻岭高山，整体上属于"大陆—海洋型"结构。

古代的中国，陆上受到大漠高山的阻隔，为何未曾如同欧洲利用海洋进行发展呢？答案是不可以：因为中国与欧洲所面临的海洋是完全不同的。中国东部的海岸线大致属于"圆弧型"，近岸虽有一些小型岛屿，但很快就进入深不可测、遥不及涯的太平洋。探索或横渡无比辽阔的太平洋，在古代完全不可能；即使现代有先进的舰船可依，也不是一件容易的事情。当然，先民们并非完全疏离海洋，他们在近海捕捞鱼虾获利的同时，肯定试图探索过深海。流传至今的"海上三仙山"之类的神话，当是探寻无果之后，对外海远洋得出的结论。至于欧洲，虽然也面临地中海、黑海等海洋，但是，位于亚洲非洲与欧洲之间、面积最大的地中海面积约为250万平方公里；最小的亚速海（今俄罗斯与乌克兰之间）只有37500平方公里，平均水深7米，最深处不过14米，将其称为湖泊亦不为过（面积不及世界上最大的湖泊——里海的十分之一）。更为重要的是，欧洲大陆的海岸线形状属于"锯齿型"，几个海洋程度不同地深入到陆地内部。所谓的欧洲大陆，大体是由几个半岛、英伦三岛及众多小岛组成。欧洲腹地的捷克、匈牙利等国，距离海洋不过三四百公里。这种大陆与海洋相互交错的地形，有利于对海洋的探究与利用，欧洲地理文化的基本形态是"海洋型"的。反观中国，距离海洋超过1000公里的地区，占到国土面积的一半以上（以现在国土面积为参照），西部地区的新疆、西藏更是远在数千公里之外。因此，中国虽然拥有绵延万里的海岸线，但表现出的地理文化形态，更多体现为

---

① 唐·孔颖达《尚书正义》第34-41页，中华书局，1980年10月。

"大陆型"；时间越往前代回溯，这一特征就愈加明显。

四周被大海、大漠、大山共同围绕着的中华大地，在很大程度上与外部世界处于相对隔离状况。这样的地理格局，使得中国文化能够独立生长发展，并且在很长时间内极少受到异质文化的冲击，从而保持了完整有序的文化系统。这一点，与其他著名文化（如古埃及文化）有着明显区别。

（二）地域体量辽阔巨大

距今大约 5000 年前的"龙山文化"，被称为中国文化的初兴时期。"龙山文化"的属地范围，根据已探明的遗址可知，其核心的黄河中游（中原）地区，即达数十万平方公里。文化渐趋昌明的周朝，统治区北至幽燕、南至长江、西至陇陕巴蜀，包括黄河与长江两大流域；若以《尚书·禹贡》和《吕氏春秋》描述的"九州"[①]概之，其面积约为 300 万平方公里。秦朝在保存周朝故地基础之上，北达大漠、东北至朝鲜半岛、西南到云贵、正南到琼州半岛，全部设立郡县予以直接管理。汉朝一路向西，打通与西亚及欧洲交往的通道，扩展了祖国西部疆域，建构起中国版图的基本形制。唐朝全盛时期，从西北的巴尔喀什湖（今哈萨克斯坦境内）、北方的贝加尔湖（今俄罗斯境内）、东北方的库页岛（今俄罗斯境内）到南海的海南岛，皆为中国所有。元朝统治者起自北方，立国之后又向北部大力拓展，当今蒙古国及俄罗斯西伯利亚的广大地区，全都属于元朝岭北行省、辽阳行省的管辖范围。清朝全盛期的北部领土接近贝加尔湖，东北部达到库页岛，共计 1300 余万平方公里。晚清至民国，黑龙江以北、乌苏里江以东地区为俄国强占，又兼外蒙古独立，总计损失三四百万平方公里。即便如此，中国迄今仍保有 960 万平方公里的领土，中国的核心区域（黄河及长江流域）从未真正失去。值得特别注意的是，中国历史上曾多次出现政权动荡或割据时期，如三国、东晋、南北朝、五代、南宋等，但是，这些政权无一例外以中国之主自居、以收复（占据）中原并统一天下为己任，从而保证了中国在"分久"之后的"必合"。从中国的版图及文化保存与承传角度而言，这实在是大大的幸事！

———————————

①《吕氏春秋·有始览》："何谓九州？河、汉之间为豫州，周也；两河之间为冀州，晋也；河、济之间为兖州，卫也；东方为青州，齐也；泗上为徐州，鲁也；东南为扬州，越也；南方为荆州，楚也；西方为雍州，秦也；北方为幽州，燕也。"所指九州的位置，比《尚书·禹贡》更为确切。见：许维通撰、梁运华整理《吕氏春秋集释》第 278 页，中华书局，2017 年 6 月。

　　基于统领地域的体量，可以将中国与其他古代文明进行对比：北非的埃及文明在距今 7000 余年前已经形成，堪称世界文明古国中的古国，其极为悠久厚重的历史、博大精深且绚丽多彩的文化，令人叹服与艳羡。西亚的两河文明，是在底格里斯河与幼发拉底河之间地区发展起来的；这一区域在现今伊拉克境内，属于美索不达米亚平原，因而又被称为"美索不达米亚文明"；两河文明在公元前 4000—公元前 2250 年时期已臻极盛，陆续发明了太阴历（以月亮的阴晴圆缺作为计时标准）、10 进位法、将 1 小时分成 60 分、以 7 天为一星期、将圆分为 360 度等，并且颁布了著名的《汉谟拉比法典》，修建了"空中花园"。欧洲的古希腊文明，在哲学、文学、戏剧、雕塑、绘画、建筑及科技等领域，都取得了辉煌的成就，对后世欧洲乃至世界文化的发展贡献巨大。可惜的是，埃及文明，于公元前 4 世纪被马其顿帝国及后继的罗马帝国统治，公元 7 世纪又被阿拉伯帝国伊斯兰化；两河文明，在公元前 6 世纪被波斯帝国消灭；希腊文明，更是从公元前 4 世纪即被罗马文明取代。造成这些文明体系灭亡的重要原因，便是其领属区域的狭小：埃及文明的核心区是尼罗河下游、由南向北注入地中海的三角洲地带，面积约为 24000 平方公里，其东西两侧均为无边无际的沙漠；两河文明所在的美索不达米亚平原，东面是扎格罗斯山脉，西面是叙利亚沙漠，面积不超过 10 万平方公里；希腊文明主要形成于爱琴海与地中海交界处的克里特岛，以及与之隔海（爱琴海）相望的伯罗奔尼撒半岛上的小平原，两地相加的总面积也不过 3 万平方公里（伯罗奔尼撒半岛约 21400 平方公里，克里特岛 8300 平方公里）。如此狭小的地域，无论其文明程度多么高级、文化体系多么完善，如果面对强大的敌人，都难以逃脱覆亡之命运。

　　通过以上简述可知，自上古文明初开为始，中国的领土面积均可以百万平方公里计量。巨型的疆土地域，为文化的滋生、文明程度的提高、文化传统的承继，提供了广阔空间和极大的回旋余地。当强敌入侵时，可以从原有的中心区域（中原）向其他地区转移；当某一地区出现困难或灾害时，可以利用其他地区的力量给予有力支持；当国家处于和平安定时期，可以进行大规模、全覆盖的规划布局并加以实施。古代的修建万里长城、开挖大运河，当今的南水北调、西气东输、八纵八横高铁建设等，皆属增强国力、捍卫国家、传承文化的重要举措。所有这一切，都是以广袤国土为基础的。

（三）地形状况复杂多样

中国的地势，以海拔高度衡量，整体呈现"西高东低"形态。最高处是青藏高原，平均海拔约 4000 米，不仅是我国也是世界陆地最高点，被称为与南极、北极齐名的"第三极"；其次是主要由云贵高原、黄土高原、内蒙古高原及大小兴安岭组成的区域，海拔约为 1000 米至 3000 米；东部沿海地区，则是以东北平原、华北平原、长江中下游平原为主体的平原及丘陵区域，其海拔多在 500 米以下。从所占国土面积比例上看，最西部的青藏高原，约占 25%；中部的高原区（云贵高原至内蒙古高原等），约占 35%；东部平原丘陵区，约占 40%。这样一种西高东低、梯次分布的地势，使得东部海洋的水汽，可以较为顺畅地到达更远的内陆地区。与此同时，湿润空气的深入，大大减少了我国内陆极度干旱的地区；众多大大小小的江河，因为降水较多而拥有丰沛的水量，又因径流落差很大（长江黄河等皆源于青藏高原且向东入海），从而发挥出灌溉、航运及发电等方面的巨大作用。

如果从具体的地貌形状分析，我国地形的复杂多样堪称世界之最。地理学通常划分的"平原、高原、山地、丘陵、盆地"五种基本地形，我国不仅齐备且各成系列。除了上文述及的"三大平原"和"四大高原"，盆地有"四大盆地"——四川盆地、柴达木盆地、塔里木盆地、准噶尔盆地；丘陵主要有：辽东丘陵、山东丘陵、东南丘陵；山地在我国占有大半面积，各地山脉走向不一，如东西走向的天山、昆仑山、喜马拉雅山，南北走向的长白山、太行山、横断山等。在众多的山脉（山峰）之中，有不少具备（或被人为赋予）特殊意义，如：世界公认尽知的最高山峰珠穆朗玛峰（海拔 8848.86 米），中国官民崇拜的"五岳"（东岳泰山、西岳华山、中岳嵩山、北岳恒山、南岳衡山），佛教"四大名山"（九华山、五台山、普陀山、峨眉山），道教"四大名山"（武当山、青城山、龙虎山、鹤鸣山）。需要指出的是，此处的五种地形，只是粗略的分类，远远不能涵盖中国地形全部样貌，另如沙漠、草原、沼泽、滩涂等，都有各自的形态特征。

如此多样的地形地貌，形成了特征各异的自然景观，也为人类生存和社会文化的发展，提供了多种方式与条件。人们生活在不同的地区，就会尽力利用当地的自然资源，为自己的生活提供便利。受到生活区域条件的制约，各地形成了与之适应的生活方式、风俗习惯，从而构成特色鲜明的地域文化。此外，整个国家的地理形势，与国家民族的成败存亡、文化传统的兴衰续断，也是紧密相关的。中华民族及其文化传统，数千年来承接有序、发展壮大，与地域辽阔及地形多样关系甚巨。自古以来，凡遇强敌入侵，中国的统治集团及文化精英，总是由华夏核心区域的中原一带，或渡长江固守江南地区、或退至西部或西南部山区，借之坚守谋存和保持自身元气，以图恢复统一大业。虽然有些退守的王朝最终毁灭，但中华文化却并未因改朝换代而断绝，因为掌握文化的社会精英尚在。他们即使退居穷乡僻壤，仍然坚持传统文化的薪火传递；一旦社会安定、需要重建社会文化体系，他们的作用又会得以发挥。因此，中华大地的地形多样，对中国文化的成长壮大，也有不小的维护涵养作用。

（四）地境气候适宜生存

气候作为一个地理学概念，是指某一地区多年时段大气的平均状态，也是该地区各种天气过程（温度、降水、光照、风力等）的综合表现。我国从最北端的漠河，到最南端南沙群岛的曾母暗沙，包括着寒温带至热带的多种气候类型。主要的气候类型有：温带季风气候（东北、华北及淮河流域），亚热带季风气候（长江、珠江流域），温带大陆性气候（内蒙古、陕甘宁及新疆大部），高山高原气候（青藏高原），其中大部分区域属于温带及亚热带气候。以气温及降水量为标准衡量，秦岭与淮河是我国南北气候的分界线。北方年降水量通常在 800 毫米以下，冬季气温降至 0℃ 以下，作物以谷、麦、玉米为主；东北地区通常收获一季，华北地区可收获两季。南方年降水量在 800 毫米以上，冬季温度通常在 0℃ 以上，作物以稻米为主；江浙一带可收获两季，岭南地区可收获三季。对于这种气候差异，古人早已关注："日南则景短，多暑；日北则景长，多寒。"[1]并且，古人还分析了不同地区气候之于物种的影响，"橘踰淮而北为枳，鹳鹆不踰济，貉踰汶则死，此地气然也"[2]、"天下地土，南北高下相半。且以江淮南北论之，江淮以北，高田平旷，所种宜黍稷等稼；江淮以南，下土涂泥，所种宜稻秫。又，南北渐远，寒暖殊别，故所种早晚不同。惟东西寒暖稍平，所种杂错然，亦有南北高下之殊"[3]。这种基于长期观察气候及种植劳作

---

① 汉·郑玄注、唐·贾公彦疏《周礼注疏》第 66 页，中华书局，1980 年 10 月。
② 汉·郑玄注、唐·贾公彦疏《周礼注疏》第 268 页，中华书局，1980 年 10 月。
③ 元·王祯《王氏农书》（卷一）"地利篇"：《四库全书》第 730 册第 322 页，上海古籍出版社，1987 年 1 月。

经验的分析，是符合实际情况的。

我国的气候，由于疆土的辽阔、各地环境位置的南北高低不同，因而表现出较为明显的区别。但是，相对于终年高温多雨、植物种类繁多、植被茂密层叠、难以限制植物入侵而开垦土地、无法正常收获农作物的热带雨林气候（赤道附近），以及长年冰雪覆盖、寒风凛冽、暖季短暂、地面永冻，除了地衣、苔藓等低等植物，其他植物根本无法存活的寒带气候（南极及北极圈内），我国的气候条件具有明显的优越性。

在起源于欧洲的"地理决定论"者看来，优越的地理位置和良好的气候条件，是国家崛起的必备条件。法国哲学家孟德斯鸠说过，气候才是一切王国的第一位，热带地区无法形成强大国家（《论法的精神》）；德国哲学家黑格尔也认为，历史的真正舞台是温带，而且是北温带（《历史哲学》）。回顾世界发展史，这种观点是有一定道理的。地球上的温带，包括北温带（北纬 23°26′ 到北纬 66°34′，即北回归线至北极圈之间）、南温带（南纬 23°26′ 到南纬 66°34′，即南回归线至南极圈之间）两个区域。其中，亚洲的东亚及中亚、欧洲大部（除北欧之外）、北美洲大部（美国及加拿大南部）地区，属于北温带。在这一区域，欧洲、美国及东亚的日本、韩国，均为世界上最发达地区；中国在古代长期处于世界前列，清代后期虽然衰落，但经过近几十年奋起直追，重返世界前列已然势不可挡。反观南温带，仅有非洲、澳洲、南美洲端点极少地区属于其中，其他绝大部分区域为波涛汹涌的汪洋，人类无法正常生存。至于热带、寒带区域，迄今确实未曾出现真正引领世界的先进文明。

可见，对世界各国区位及气候条件比较，将其与国家的发展崛起相联系，确有其合理之处。我们中国这方面的条件上佳，利用自己地域辽阔且多种多样的气候，能够为国民提供多样化的物产、齐全的生活必需品、强大的自身调剂能力、内涵式发展的条件（平原、沿海率先发展，继之以中部、西部、偏远地区发展）。同时，中国人口数量的巨大，除了"传宗接代""多子多福"思想影响之外，温带、亚热带气候适宜生存（特产丰富、人口死亡率较低）的因素，也占有很大比重。

二、农耕经济基础扎实

中国文化的经济基础，是以农耕方式建立的。这种农耕经济的形成与发展，是由中国所处的地理位置、地形状况与气候条件所决定的。农耕经济始终与中国文化的生发、文明的进步及社会发展相伴随，主要表现为农业自然经济、农耕与游牧经济融合的经济形态。

（一）农业自然经济为主

中国文化生成的黄河中下游区域，与尼罗河下游的古埃及、两河（底格里斯河与幼发拉底河）之间的古巴比伦地区，同为世界重要农耕文明的发祥地。根据考古发掘，新石器时代的仰韶文化，已经基本实现了从渔猎向农耕的过渡。到了龙山文化阶段，人们制作器具的水平明显提升，聚众而居的村落更加扩大，社会组织及活动更趋严密，中华农耕文明由此正式起步。

农耕文明是从种植作物开始的，中国最早种植的作物是粟（谷子）和稻。粟生长于中原地区，它是由野生的莠（狗尾草）逐步培育而成的。粟具有很强的土地适应力、耐旱力和自我生存力（种子颗粒小且有外皮保护），能够长期储藏而不影响品质。粟粒经过脱皮的工序，成为可以食用的小米。小米的营养价值很高，内含的蛋白质、氨基酸、维生素等成分丰富均衡，不但能够增强体力耐力，而且具有清热、消渴、缓解脾胃虚弱及消化不良等功效。在可以追溯至距今约8000—7600年前的磁山文化遗址（在今河北省武安市），曾经发现88个长方形的粮食窖穴，底部厚度为0.3米至2米的堆积物全部是粟；时期稍后的半坡、姜寨（皆在陕西省西安市附近）等文化遗址中，也都发现炭化的粟粒或粟壳。由此可以证明，在距今五六千年前的我国北方，粟已经得到了广泛种植。直到现在，北方地区（比如华北及西北山区）仍然大量种植谷子。长江流域稻的种植历史，大体与粟在北方的种植时期相当，也是从野生稻培育而成。与粟相比，稻的种植需要大量的水，故而通称为水稻。在距今约7000—5000年前的河姆渡文化遗址（在今浙江省宁波市），发掘出厚达四五十厘米的包括稻谷、稻壳、稻秆的混合堆积物；在江南太湖地区，岭南的广东剑门、海门等地的新石器时代文化遗址中，也都发现了不同品种的稻粒。这些例证说明，当时生活在长江流域及以南地区的居民，已经掌握了水稻的种植技术，并且大范围进行栽种。随着时代的推移，北方的小麦成为主粮，南方则一直由水稻占据主要地位。

在农业的发展过程中，耕种方式和技术提高是十分重要的。初始的耕种方式是"刀耕"（刀耕火种），即火烧土地上的草木，用尖型刀类工具凿坑点种；接着进入"锄耕"阶段，即使用锄头、锹铲类工具，翻动地面、种植作物；然后进入"犁耕"阶段，即通过人畜拉犁翻耕土地。我们的先民，在新石器时代中期的磁山文化、河姆渡文化期间，已经走过完全粗放的"刀耕"阶段，进入开始注意种植管理（如锄草）的"锄耕"阶段。到了新石器时代晚期的龙山文化、良渚文化时期，犁具使用较为普遍（山西省临汾市襄汾县和曲沃县的龙山文化遗址，都曾出土石犁），可知当时已经进入"犁耕"阶段。此后商周时期掌握了金属冶炼技术（青铜器），特别是秦汉时期铁器的应用，使得大量金属农具为农业发展提供了明显的助力。随着耕种方式、管理水平与工具质量的提高，种植粮食的种类也在增加，蔬菜、果树及养蚕、驯化家禽家畜等，也在陆续跟进。中国早期的农业，呈现全面发展的景象。

在长期的农业生产实践中，人们不断积累种植经验，同时又注意将这些经验加以总结，除了长辈对晚辈的言传身教，历代多有专论农事的著作。先秦时期，涉及农业的论述，多在著作的某些章节之内。例如《吕氏春秋·士容论》，含有《上农》《任地》《辩土》《审时》四篇农业专题论文，分别论述确定重农政策、适宜种植土地的选择、土壤性质的体认、不违农时的重要性等，可以从中得知先秦时期对农业的理解与重视。此后著名者有"四大农书"：《氾胜之书》《齐民要术》《农书》《农政全书》。西汉氾胜之的《氾胜之书》，原文残存 3000 余字，书中总结了当时黄河流域的农业生产经验，对黍、麦、稻、大豆、小豆、麻、瓜、芋、桑等作物的栽培技术，进行了较为详细的说明（《齐民要术》对其多有征引）。北魏贾思勰的《齐民要术》是一部综合性农书，包括各种农作物栽培、野生植物利用、家禽家畜及桑蚕鱼类的饲养和疾病防治、农副产品及食品的加工酿造工序等各种内容，堪称中国古代农业百科全书，也是世界农学史上最早的专著之一。元代王祯的《农书》（又称《王氏农书》《王祯农书》），着眼于当时全国农业状况，是一部对农业进行整体性系统研究的巨著。全书共 13 万余字，分为 22 卷。

卷一至卷六为"农桑通诀"，在总论农事的同时，论述了垦耕、播种、锄治、灌溉、收获、蓄积、畜养、蚕缫等；卷七至卷十为"百谷谱"，对谷物、蔬菜、瓜果、竹木及各种饮食，进行了说明；卷十一至卷二十二为"农器图谱"，列举耒耜、镢锸、杷朳、蓑笠、仓廪、舟车、蚕缫、织纴、麻苎等100余种物用器具，对其功能用途及制作方法进行解释说明，特别珍贵的是306幅绘图，极为形象地描绘了当时通行农具的式样，为后世撰写农书及制作农具提供了范本与参照。晚明著名科学家徐光启的《农政全书》，是其对农业进行综合性研究的成果。全书达50余万字，分为60卷。各卷分别归入以下12目：农本、田制、农事、水利、农器、树艺、蚕桑、蚕桑广类、种植、牧养、制造、荒政。这些类目，涵盖了我国古代农业生产和人民生活的各个方面。作者在记述农业生产技术的同时，注重阐发治国安民的"农政"思想及涉农措施，特别体现在"荒政"类目中对备荒救灾等论题的阐述分析，显示出整理借鉴前人成果与个人研究心得相结合的特征。通过上述"四大农书"，可以获知中国古代各个时期农耕社会的基本状况、在农业方面取得的成果及有益经验，对当时及后世的农业发展具有重要作用。

此处大致梳理了中国农耕文明的生发状况，列举了研究农业的专家著作，意在说明：当某一领域（事业）被社会长期持续关注且不断进行专题研究的时候，说明这一领域基础雄厚、地位重要、生命顽强，中国的农业就是如此。先民们在数千年之前，就形成了以家庭为单位、以精耕细作为方式、以满足自身（家庭）需要为目的的经济体制。这种自给自足的"自然经济"型文化形态，在中华大地上始终具有旺盛的生命力，一直持续到列强的坚船利炮轰破国门、西方资本主义文化大规模进入，方才逐渐被迫改变。不过，这种改变并不彻底，农耕文明、农业自然经济的理念与行为方式，至今仍然比较普遍地存在于国人的思想与现实生活之中。

（二）农耕与游牧经济交集

初始生发于黄河中下游一带的农耕文明，随着区域的扩展、与远地交往的增多，逐渐与其他文明发生了关系。其中，处于北部、西北部的游牧文明，对内地的农耕文明和中国经济形态及社会的各个方面，影响极为巨大深远。

农耕文明，是一种"稳定"形态的文明。它是以土地（农田）为依托，就近建造家庭居住的房屋、与乡亲比邻而居、生老死葬皆于斯地的生活方式，是以男耕女织、日出夜息、自给自足为经济模式的社会结构。定居耕田、关心家人、睦邻友朋、遵守规制、和平安定，是农民的心愿。

游牧文明，是一种"运动"形态的文明。对此，可引用司马迁对匈奴的描述加以印证："（匈奴人）逐水草迁徙，毋城郭常处耕田之业，然亦各有分地。毋文书，以言语为约束。儿能骑羊，引弓射鸟鼠；少长则射狐兔，用为食。士力能弯弓，尽为甲骑。其俗，宽则随畜，因射猎禽兽为生业，急则人习战攻以侵伐，其天性也。其长兵则弓矢，短兵则刀鋋。利则进，不利则退，不羞遁走。苟利所在，不知礼义。自君王以下，咸食畜肉，衣其皮革，被旃裘。壮者食肥美，老者食其余，贵壮健、贱老弱。"[1]通过这段文字可知：匈奴生活的地区，城市乡村、房屋建筑、农田庄稼、绸衫布衣、文字著述、礼仪道德等，一概皆无；其处所无定、游牧为业、逐水草而居；其性格粗犷、勇猛剽悍、擅长骑射、富有掠夺性。匈奴民族的这些特征，从后世唐（突厥）、宋（契丹、女真、蒙古）、明（瓦剌）时期的游牧民族身上，也能够见其仿佛。

在先秦时期，农耕文明与游牧文明的交流形式，主要是冲突。当时将西部、北部的少数民族称为"戎、狄"，《诗经》所谓"天子命我，城彼朔方。赫赫南仲，狁于襄"[2]，记述的就是军队奉命反击北方游牧民族进犯的情形。此后秦始皇修筑万里长城、汉武帝大军追击匈奴等，都是为防范抗击游牧民族。唐以后与游牧民族交往增多，战争、议和、互市、联姻，不一而足。由于游牧民族的内袭，不止一次出现南北分裂甚至少数民族统一中国的情形。就整个中国古代而言，农耕与游牧这两种不同的经济形态与生活方式相比，农耕属于先进文明、游牧属于落后文明。但是，先进的农耕地区与民众，总体上处于被游牧民族威胁或袭扰的状态。

不过，随着时间的推移，双方是向着融合方向行进的。尤其到了满族入主的清朝，最高统治者一方面与蒙、回、藏等少数民族建立牢固的同盟，坚决消灭分裂势力；另一方面迅速融入汉族为主体的内地文化，最大限度地利用有益统治的文化因子，实现了农耕与游牧文明共存互济、各民族之间的大融合。在双方的互融过程中，占据主导地位的是农耕文明。农耕，

---

① 汉·司马迁《史记·匈奴传》第318页，上海古籍出版社，1986年12月。
②《诗经·小雅·出车》：伍心镇、鲁洪生《诗经析释》第357页，春风文艺出版社，1986年10月。

是传统中国社会经济文化的根基所在。

三、世俗社会结构严密

文化是人类创造的，创造文化必须具备一定的生存地域空间，以及提供人类生命存活的经济条件，同时还必须构建社会结构（规则制度），以便人们相互之间正常交往。地理环境、经济条件与社会结构三者之间，前二者属于形而下基础，后者是上层建筑。在文化的生成阶段，地理环境与经济条件发挥的作用甚大；而在文化的长期发展中，其社会结构的作用至关重要。不同的民族文化，其社会结构大不相同。中华文化基于深厚的农耕文明质素，在几个关键问题、重要节点的解答与转换上，做出了自己的抉择，从而确立了世俗特色鲜明的社会结构体系。

（一）细化血缘关系

人类作为动物的一种，具有一般动物（特别是陆地哺乳类动物）的基本特征。例如，成年雌雄动物之间进行性交、雌性生育之后用母乳喂养后代、母亲与子女关系密切、保持家族群居生活等，草食类的牛和羊、犬科的狼和豺、灵长类的金丝猴和大猩猩等都是如此。依靠这样的方式，自己的物种脉系得以传承延续。人类在相当长时期内的表现，与这些动物没有什么区别。"古者未有君臣上下之别，未有夫妇妃（配）匹之合，兽处群居，以力相征"①、"其民聚生群处，知母不知父，无亲戚兄弟夫妻男女之别，无上下长幼之道，无进退揖让之礼"②，这正是原始人群生活的写照。

随着时间的推移，身为万物之灵长的人类，为了种群数量的增加和质量的提升，开始对自身完全放任的动物式（兽性）的两性关系，采取一定的限制及禁忌措施，逐步由野蛮的血缘维系发展为日趋文明的血缘文化。

人类对杂乱性交的限制，在尚未进入母系氏族社会之前即已开始。当时不同的劳动对体力要求不同（体弱者及女子负责采集，强壮男子参加渔猎），而体力的强弱与年龄相关。于是，以男女年龄相当为条件的婚姻得以

---

① 清·戴望《管子校正》第 174 页，上海书店，1986 年 7 月。
② 许维遹撰、梁运华整理《吕氏春秋集释》第 544 页，中华书局，2017 年 6 月。

通行。这种婚姻是群体内部、不限血缘关系及相互辈分的通婚，属于具有直接血缘关系的"群内婚"。进入母系氏族社会之后，形成了以母亲、母系为标志的固定血缘组织（氏族）。此前的"群内婚"，发展成为氏族之间相互通婚的"外婚制"，亦即本群落中的男子，与其他群落的女子结合（我国西南地区近代尚存的"走婚"与之相近）①。进入父系氏族社会之后（我国距今五六千年前的大汶口文化、龙山文化和良渚文化，均属父系氏族社会），随着采集渔猎的生产方式让位于农业和手工业，男性在生产过程中的作用越来越大、地位越来越高，母系氏族社会开始被父系氏族社会取代。在父系氏族社会中，男性是物质生产活动的主力，占有和支配财产的权力及社会地位，均远远高于女性；婚姻关系也由母系氏族社会的从属"母系"，变为从属"父系"；婚后生育的子女，也不再属于母系氏族成员，转而成为父系氏族的成员。到了父系氏族社会的后期，氏族内拥有妻子儿女的父亲们，日渐强化维护自己家庭的利益，以父权为中心的家庭与氏族形成对抗之势。在这样的形势下，原始社会逐渐解体，开始了贫富分化、弱肉强食的阶级社会。进入阶级社会之后，男子更是全面拥有社会、家庭的所有优势，始终占据着统治地位。

以上从血缘传承角度对人类社会发展的简要梳理，是世界上所有国家与民族进化、实现从野蛮进入文明的社会的必由之路。但是，同样重视血缘亲情，没有任何国家和民族，达到中华民族对血缘、血统关系的强调与重视的程度。其中，特别鲜明地表现为对亲属关系的精细划分。

中国传统社会将具有血缘关系的亲属称为"血亲"；依照血缘关系的亲疏远近，可分为直系血亲和旁系血亲。直系血亲，是指与本人出生及生育关系紧密直接的亲属；包括生出自己的长辈（父母、祖父母、外祖父母和更上代的直系长辈），以及自己生育的晚辈（子女、孙子女、外孙子女及更下代的直系晚辈）。旁系血亲，是指非直系血亲之外、在血缘上和自己同出一源的亲属；例如，三代以内旁系血亲，包括本人的兄弟姐妹、伯、叔、姑、舅、姨、侄子（女）、外甥、外甥女、堂兄弟姐妹、姑（舅、姨）表兄弟姐妹等（我国婚姻法禁止直系血亲和三代以内旁系血亲通婚）。

亲属又可分为"亲人"（家人）和"亲戚"两大类。"亲人"又称作"宗亲"，即以本宗男子为主体的亲人（祖、父、儿、孙及未出嫁女子和嫁入本

---

① 参见：吴存浩、于云瀚《中国文化史略》第 62-63 页，河南文艺出版社，2004 年 1 月。

宗的女性）；其中，将与自己父系有血缘关系的亲人称为"堂亲"（堂叔、堂姐、堂弟）。"亲戚"包括"外亲"和"妻亲"（有的将二者合并为"外亲"），指女系血亲相联系的亲属，包括与母亲或出嫁女子相联系的亲属（与母亲有关：外祖父母、舅、姨；与姑妈有关：姑父及其子女；与出嫁女儿有关：女婿、外孙子女），也包括与父亲的已出嫁姐妹相关亲属。通常将与父亲的姐妹或母亲的兄弟姐妹相关的亲属，称为"表亲"；"表亲"又分为"姑表亲"（父亲的姐妹）、"姨表亲"（母亲的姐妹）、"舅表亲"（母亲的兄弟）等。"妻亲"，是指妻子的娘家人及其亲属，包括岳父母（妻子的父母）、内兄弟（妻子的兄弟）、妻姐妹以及妻子姐妹的丈夫（连襟）。此外，中国很早就有"五服""六亲""九族"的称谓（对其含义有不同解释）①。如果仅从血缘关系上讲，"五服"指"高祖、曾祖、祖父、父亲、本人"五代；"六亲"多指"父、母、兄、弟、妻、子"六种近亲（《左传》所列"父子、兄弟、姑姊、甥舅、婚媾、姻娅"，则大大扩展了"六亲"范围）；"九族"指由本人向前向后分别延伸四代的亲属关系（高祖、曾祖、祖父、父亲、本人、儿子、孙子、曾孙、玄孙）。

如此详细且体系完备地划分血缘关系，在其他民族看来特别不可思议，而在中国则是有其基础及社会需要的。细划血缘关系的基础，是中华大地极为早熟且稳定的农业文明；是家庭中男性占据主导地位、强调血统传承纯粹的必然要求；更是支撑统治者集中权力统治社会的重要举措（将注重血缘关系延及管理社会的伦理关系）。这一特征，在封建社会时期不断完善与强化，深深影响制约着中国人的思想观念、行为方式及社会发展。

（二）转化神民关系

在心智未开的漫长蒙昧时代，人类只是具备满足饥而食、渴而饮等基本生理需求的能力。对于生活环境的变化（气候的冷暖、植物的荣枯、食物的有无），只能被动应对。如果遇到大自然的常态（风霜雪雨）及非常态（地震山崩）状况，更是显得惊慌失措。随着智力的发展，人类逐步对大自然的运行规律有所了解（如四季转换），并且采取相应的对策（如树居穴居，以避免伤害及躲雨御寒）。到了文明初开时期，人类在进一步增进技能、提

---

① 五服：见于《尚书》之《舜典》《皋陶谟》《益稷》篇；六亲：见于《老子》（第十八章）、《左传》（桓公六年）等；九族：见于《尚书》之《尧典》《仲虺之诰》篇。

高生活质量的同时，开始对未知世界进行探索。在探索过程中，有些现象带有规律性，人们慢慢适应且懂得相处及利用之道（如春种秋收）；有些现象无法解决或不能尽知（如闪电、山洪及日月星辰），于是便将此类现象或事物称为"神"，对其敬重、畏惧和崇拜。

对神的崇拜，早期属于原始的自然崇拜，是生产力低下阶段的产物。随着生产力的发展，人们对客观世界的认知逐渐增加与深入，某些神异之物的面纱已被揭开，盲目相信神灵的思想开始动摇。

进入夏商周时期，中国文化由"神本文化"走出，过渡到"民本文化"。其转变过程，且看《礼记·表记》托名孔子的一段论述："子曰：夏道尊命，事鬼敬神而远之，近人而忠焉，先禄而后威，先赏而后罚，亲而不尊；其民之敝，蠢而愚，乔而野，朴而不文。殷人尊神，率民以事神，先鬼而后礼，先罚而后赏，尊而不亲；其民之敝，荡而不静，胜而无耻。周人尊礼尚施，事鬼敬神而远之，近人而忠焉，其赏罚用爵列，亲而不尊；其民之敝，利而巧，文而不惭，贼而蔽。"①这段文字所论，乃是鬼神在治国理政及社会生活中的地位与作用。

夏代的"事鬼敬神而远之"，表明统治者与之保持着一定的距离，对其更多的是本能地由"畏"而"敬"；此时的人们较为愚昧拙笨、粗野质朴，仍然保留着蒙昧时代的盲目崇信状态。

商代"尊神事鬼"之风极盛，从朝堂到民间无不如此。人们将天神、地鬼、祖先皆视为神而崇拜，祭天地、祭风雨、祭山川、祭祖宗等形式多样且频繁举行，成为神本文化氛围最为浓重的时代。此时最高级别、最有权势的神是"帝"（后称"上帝"），成为共同崇拜的主神。由于普通人无法与鬼神直接沟通，须由专业的巫师（巫）负责传递神的旨意。商代巫师地位重要，他们具备利用卜筮、祭祀、星占、药物为人求福、却灾、治病的能力，同时承担记录先辈世系、君王言行、重要国事、祸福灾祥等的职责。当时特别著名的巫师是巫咸，司马迁《史记》说他"治王家有成，作《咸艾》，作《太戊》"②。不过，巫师最多可称作仙（神）凡（人）之间的信使，他们是没有资格从神（帝）那里得到特别好处的；而统治天下的商王则不同，他们虽然生前与神界没有直接关系，但在死后可以"宾于帝"（甲

---

① 王文锦《礼记译解》第 813 页，中华书局，2001 年 9 月。

② 汉·司马迁《史记·殷本纪》第 15 页，上海古籍出版社，1986 年 12 月。

骨卜辞多有此类记载），亦即死后客居于上帝近旁。商王已经亡故的前辈与上帝建立起关系，一方面为继任的统治者增强了权威，另一方面则为此后"崇神"向"敬祖"过渡开启了先河。

周代的"事鬼敬神而远之"，与夏代大有不同。原因是上述"周人尊礼尚施，……利而巧，文而不惭，贼而蔽"，即利用礼仪形式、隐蔽的手法而趋利取巧、文过饰非。在《左传》等著作中，有不少虚构、改变、曲解占卜结论的"逆天"行为。由于"事鬼敬神"活动的需要，巫师的队伍急剧扩大，并且区分为男巫、女巫。他们同属司巫管理而各有其职："司巫掌群巫之政令。若国大旱，则帅巫而舞雩；国有大灾，则帅巫而造巫恒。……男巫掌望祀、望衍、授号，旁招以茅。冬堂赠，无方无算；春招弭，以除疾病。王吊，则与祝前。女巫掌岁时祓除衅浴，旱暵则舞雩。若王后吊，则与祝前。凡邦之大灾，歌哭而请。"[1]为了迎合统治者的意愿，周人将商代"宾于帝"的理念进一步引申，将"神""帝""天"同列，进而形成"天子"意识。君王（周天子）俨然成为接受上天（天帝）委派，前来下界治理天下、统御万民的代表。这与商代君王与天帝的关系，又大大接近一步（自秦朝为始，历代君王更是直接称"帝"和"天子"，与上天建立了血缘关系）。至此，高高在上的天神与人间君王、崇神与敬祖互融，并且逐渐偏向于先祖今世。这种"上帝崇拜与祖先崇拜融为一体，导致中国宗教与西方宗教走了一条完全不同的路。在西方，上帝被创造之后，即拥有了宇宙间的一切权威，祖先崇拜黯然失色，在宗教中再也没有祖先神灵的位置。中国宗教将祖先神纳入上帝崇拜体系之中，不仅决定了后世国体和政体的走势，而且对于中国文化的发展方向也给予极大的规范和约束"[2]。

自春秋战国而后，国人借助商周时代"巫史"创造的业绩，加快了由崇神而敬祖（将女娲和大禹等祖先神异化）、尊贤（道德高尚之人）、尚能（功力超群者）的思想转换与行动进程，中国文化实现了由"神本"向"民本"（人本）的转化。

（三）融化天人关系

如果说，由"神本"转为"民本"，是中国文化对不可知之天象世事的

---

① 汉·郑玄注、唐·贾公彦疏《周礼注疏》第178-179页，中华书局，1980年10月。
② 吴存浩、于云瀚《中国文化史略》第98页，河南文艺出版社，2004年1月。

"疏离"态度与应对方式，是商末至西周对既有敬畏神灵社会观念的"破坏"；那么，将"天"（自然）与"人"的关系贴近、融合，则是中国文化对"天人关系"的处理方式，亦是对当世（东周）社会理念的"重构"。这种"重构"，在"百家争鸣"的春秋战国时代，成为各家学派关注的重点。

老子提出的观点是，人从属于天道自然，"人法地，地法天，天法道，道法自然"，希望人们向"天"学习"无为"："天之道，不争而善胜，不言而善应，不召而自来，坦然而善谋。"与此同时，他对违背天道的现象，提出了批评："天之道，损有余而补不足；人之道则不然，损不足以奉有余。"①"道法自然"，是老子及道家学派之于"天人关系"的基本理念。

墨子在"天人关系"问题上，特别强调"法天"。他认为治国理政"莫若法天。天之行广而无私，其施厚而不德，其明久而不衰，故圣王法之。既以天为法，动作有为，必度于天。天之所欲则为之，天所不欲则止。然而天何欲何恶者也？天必欲人之相爱相利，而不欲人之相恶相贼也"。在"天""鬼""人"三者的排序上，将"天""鬼"置于前，"人"随其后。他希望统治者施行"义政"成为"圣王"，不要施行"力政"做"暴王"："顺天意者，义政也；反天意者，力政也。……处大国不攻小国，处大家不篡小家，强者不劫弱，贵者不傲贱，多诈者不欺愚。此必上利于天，中利于鬼，下利于人，三利无所不利。故举天下美名加之，谓之圣王。力政者则与此异，言非此，行反此，犹倖驰也。处大国攻小国，处大家篡小家，强者劫弱，贵者傲贱，多诈欺愚，此上不利于天，中不利于鬼，下不利于人。三不利无所利，故举天下恶名加之，谓之暴王。"他以上古圣王为例，说明顺从天意、谨奉神鬼的重要："古者圣王，明天、鬼之所欲，而避天、鬼之所憎，以求兴天下之利，除天下之害。是以率天下之万民，齐（斋）戒沐浴，洁为酒醴粢盛，以祭祀天、鬼。其事鬼神也，酒醴粢盛不敢不蠲洁，牺牲不敢不腯肥，珪璧币帛不敢不中度量，春秋祭祀不敢失时几，听狱不敢不中，分财不敢不均，居处不敢怠慢。"②墨子有关"天人关系"的论述，与自己提倡的"兼爱、非攻、尚贤、节用"等主张相互表里；而其中明显的尊天敬鬼思想，则是墨家学说受前代（殷商）社会思潮影响较多之印记

---

① 引文分别出自《老子》第二十五章、第七十三章、第七十七章；三国魏·王弼《老子道德经》第14、43、45页，上海书店，1986年7月。

② 引文分别出自《墨子》之《法仪》《天志上》《尚同中》篇；清·孙诒让《墨子间诂》第12、121、50页，上海书店，1986年7月。

的显现。

儒家对"天人关系"的探究，比之先秦诸家犹有过之。孔子对上天十分敬重，认为开罪于天，是没有办法补救的："获罪于天，无所祷也。"不过，他更关心的是人世社会，对鬼神持质疑推避态度："季路问事鬼神。子曰：'未能事人，焉能事鬼？'"在他看来，一个明智理性的人，应当深入现实社会、体察领悟民心而远离鬼神："樊迟问知，子曰：'务民之义，敬鬼神而远之，可谓知矣。'"他还将自己"身教重于言教"的思想，与"天"的表现比照："子曰：'予欲无言。'子贡曰：'子如不言，则小子何述焉？'子曰：'天何言哉？四时行焉，百物生焉，天何言哉？'"①这显然是将自己放到与"天"同等的地位。可见，在孔子心目中，"人"的重要性丝毫不亚于"天"。

孟子将君王以仁心关爱百姓，与天降甘霖解除旱灾相比附，用来劝谏君王施行仁政："王（梁惠王）知夫苗乎？七八月之间旱，则苗槁矣。天油然作云，沛然下雨，则苗浡然兴之矣。其如是，孰能御之？今夫天下之人牧，未有不嗜杀人者也。如有不嗜杀人者，则天下之民皆引领而望之矣。诚如是也，民归之，由水之就下，沛然谁能御之？《孟子》全文不言"鬼"，极少言"神"，而是大量言"人"。他特别关注"人性"，认为人人皆有善良的本性，希望人们以前代圣君尧、舜为榜样，坚信"人皆可以为尧舜"。他有一段最为著名的话："民为贵，社稷（土谷之神）次之，君为轻。是故得乎丘民而为天子，得乎天子为诸侯，得乎诸侯为大夫。诸侯危社稷，则变置。牺牲既成，粢盛既洁，祭祀以时，然而旱干水溢，则变置社稷。"②孟子将民众、神祇、君王的地位排列得极其清晰。"神"的重要性不及民众，如果"神"接收了百姓的好处（牺牲既成、粢盛既洁），却没有为他们解决问题，就会被抛弃而另选合适的"神"（变置社稷）。中国人自古以来宗教意识淡薄，泛神思想浓厚（遇神则烧香、拜神以求报），从孟子这时可以找到依据。

荀子对"天人关系"的探讨更为深入多向。他首先指出"天"有常道，而且与"人"各有其规定性："天行有常，不为尧存，不为桀亡。……天不

---

① 引文分别出自《论语》之《八佾》《先进》《雍也》《阳货》篇：杨伯峻《论语译注》第27、113、61、187页，中华书局，1980年12月。

② 引文分别出自《孟子》之《梁惠王上》《告子下》《尽心下》篇：杨伯峻《孟子译注》第13、276、328页，中华书局，2005年1月。

为人之恶寒也辍冬，地不为人之恶辽远也辍广，君子不为小人之匈匈也辍行。天有常道矣，地有常数矣，君子有常体矣。"接着说明人类应当敬重天道且移之为人道："天不言而人推高焉，地不言而人推厚焉，四时不言而百姓期焉，夫此有常以至其诚者也。君子至德，嘿然而喻，未施而亲，不怒而威，夫此顺命以慎其独者也。"更为重要的是，他提出在了解大自然运行规律基础上"人定胜天"的观点："应之以治则吉，应之以乱则凶。强本而节用，则天不能贫；养备而动时，则天不能病；修道而不贰，则天不能祸。故水旱不能使之饥渴，寒暑不能使之疾，祆怪不能使之凶。"荀子的最终目标，是将天道与人道融合，用以治理国家、管理国民："天地者，生之始也；礼义者，治之始也；君子者，礼义之始也；为之贯之，积重之，致好之者，君子之始也。故天地生君子，君子理天地。君子者，天地之参也，万物之总也，民之父母也。无君子，则天地不理，礼义无统，上无君师，下无父子，夫是之谓至乱。君臣、父子、兄弟、夫妇，始则终，终则始，与天地同理，与万世同久，夫是之谓大本。"他还用墨子一味提倡"节用、非乐"、未能树立权威、制定奖惩制度，结果造成"万物失宜，事变失应，上失天时，下失地利，中失人和，天下敖然，若烧若焦"的后果为例[①]，证明自己观点的正确。综合起来考察，荀子认为"天、地、人"三者应当相互统一，其论述是较为充分的。

春秋战国时期关于"天人关系"的诸家观点（不止于上述所列），以道家、儒家的观点对后世影响最大。道家主张顺遂自然、回归本真自我，有其合理性；儒家主张"天人合一"，而其立足点是"人"，表现出重视民众的"民本"思想。并且，利用大自然的春夏秋冬四季变化、草木植物的生长荣枯，比附人的生老病死，也具有一定的可比性。自此之后，"天"（神）在中国文化中的色彩更加淡化，与"人"相关的内容更加丰富严密，宗教存在的根基被彻底动摇，中国文化成为真正的"人"之文化。当然，随着时代的推移（《荀子》已较为明显），"天人合一"成为统治者巩固统治的理论支撑，又增加了若干神异成分（如董仲舒"天人感应"、东汉谶纬之学），意在愚民或达到某种目的。其中，有不少的解释及引申发挥属于无稽之谈，如将自然界的地震山崩、河决海啸，比喻为天神发怒，等等。有时君主就

---

① 引文分别出自《荀子》之《天论》《不苟》《天论》《王制》《富国》篇；清·王先谦《荀子集解》第 205、28、205、103、120 页，上海书店，1986 年 7 月。

此下发所谓的"罪己诏",既有将己与天相联系的意图,同时也是借以减少民怨的骗人把戏。当然,这些也都是在"天人合(融)一"的范畴之内的举措。

(四)同化家国关系

"家"与"国",本是两个完全不同的概念。"家"即家庭,是指以婚姻和血统关系为基础,以真挚的情感为纽带,由父母子女及其他共同生活的亲属组成的生活群体。"国"即国家,是指拥有一定范围内的地域和人群,由其中的统治阶级实施管理的社会组织;其构成要素是领土、人民、文化和政府,通常由具备治理权力的机构代表(象征)国家。但是,在中国传统文化中,家与国的含义是相互同化共通的,具有诸多一致性,从而形成"家国同构"之特征。

"家国同构",意为家庭(家族)内部的组织结构,与国家的整体组织架构是相同的。"家是小的国,国是大的家",是"家国同构"的通俗说法。就人类社会发展过程说来,社会成员(人数)众多的"国",的确是从某个"家"发展起来的。这个"家"的人员虽少,但以其特殊机缘(才能、威望、智慧)获得国家权力、成为统治万民的集团,而"家长"则是地位最高的君王。君王不仅将国家政权据为己有,而且把国家(土地臣民)当作自家的私产,由儿孙继承、世代相传,形成"家天下"的世袭君主制度。中国历代的君主,时常自称"朕即国家",以自己为家长、百姓为"子民"。另外,中国先秦时期诸侯的封地称"国",大夫的封地称"家"。孟子曾经说过:"人有恒言,皆曰'天下国家',天下之本在国,国之本在家,家之本在身"①。以现代的标准衡量,此中的"天下"指中国,"国"指某一地区(省市),"家"指某一单位部门(村庄、厂矿、企业),"身"指家庭成员(本人及家人)。孟子的这段文字,也可以证明"国"与"家"之间的密切关系。其实,人类从进入阶级社会(奴隶制)开始,世界各国在很长时期,采用的都是这样的家国制度。但是,在中国传统的家庭,家长(通常是男性长辈)拥有绝对的权威,全家人都必须服从家长;家庭成员按照亲疏、辈分等,以家长为中心构成金字塔形的层级关系(其中女性地位低于男性:在家从父,既嫁从夫,夫死从子);家庭的继承权由长子接受;重视教育子女,

---

①《孟子·离娄上》:杨伯峻《孟子译注》第167页,中华书局,2005年1月。

要求孝敬父母、遵守礼仪、修身齐家，等等。传统家庭的这些特征，与君主对全体国民拥有生杀予夺之权，国家组织由君主、贵族（君主的家人亲属）、大臣（朝中将相及地方官吏）、百姓的层级组成，君王死后由嫡长子继承，朝廷教育臣民为君国尽忠（在家为孝子、出门为忠臣）等国家层面的特征，是完全一致的。无论对于群体组成的"国"，还是个体展示的"人"，"家"都是根本所在。要确保这一根本，是有前提条件的："勤俭，治家之本；和顺，齐家之本；谨慎，保家之本；诗书，起家之本；忠孝，传家之本"①。这些保"本"的条件，既适用于"家"，也适用于"国"。因此，"家国同构"最为彻底、持续时间最久、对社会文化影响最为巨大深远的国家，正是传统的中国。

为什么在中国很早就形成"家国同构"，并且保持得如此长久呢？

首先，源自原生农耕文明的经济基础长期稳定。中国传统文化的基本属性是农耕文化，在整个历史发展过程中，农耕文化始终占据主导地位。农耕文化具有可耕土地位置恒定、每块土地的主人稳定（很少主动出售自家的土地）、从业者（农民）生活空间确定（很多人一生未离开过居处周边十里八乡）、地主（拥有土地的人）之间关系固定（亲属或乡邻）等特征。这些"定"性，决定了其以最为亲近之人组成"家"，进而由众多的"家"合并成"国"。由于"国"的管理者（统治集团）也是出自某一家庭，他们熟悉农耕文化，擅长以之进行国家治理，百姓（每家）也习惯这样的"国"与"家"相互通同的方式。这与游牧文化居无定所、逐水草而行、乡邻难觅、亲朋难逢，以及海洋文化的风浪时起、前途未知、生死难料的生存环境完全不同。

其次，得益于血缘关系的牢固。在世界各种文化体系中，只要实行君主制度，其权力交接方式就是世袭制。世袭制度的核心要素，就是血缘关系。在君主世袭的制度安排中，继位的君主全部来自同一个家族，君主的宝座只能在家族内部成员之间传承（通常是父子相传，亦可兄传弟、叔传侄等）。世袭传承的制度，以其符合条件人员少、选择范围小、结果可预测、权力交接平顺、程序便于操作、利于政权巩固和国家安定等优点，在许多国家长期存在。这种状况，随着17世纪欧洲资产阶级革命倡导"民主""共和"制度，世界各地渐渐有所变化。中国直至"辛亥革命"推翻了封建的

---

① 清·金缨著、马天祥译注《格言联璧》第237页，中华书局，2020年3月。

清王朝，才在制度层面终结了以血缘为纽带的世袭制度。至于"家国同构"的思想，则存留于中国人的血脉之中，直到今天仍然发挥着作用。

最后，由于宗教色彩的淡薄。农耕文化根基稳固和对血缘关系的重视，使中国人对与生存相关的实际问题（旱涝寒暑、耕种收获等），以及家庭成员、社会关系的关注度，远远超过虚妄不实的东西（鬼神、宗教等）。进入阶级社会之后，中国人对不同群体也进行了区分，但大多并非按照"阶级"而是按照血缘区分的，这与其他地区的文明很不相同。例如，今日的印度号称最大的民主国家，据说政府也曾多次立法废除歧视，但是传统婆罗门（僧侣）、刹帝利（武士）、吠舍（自由民）、首陀罗（土著民）的阶级区别仍在，甚至还有地位更加低下的贱民。欧洲以民主、平等自诩，但一些国家仍然保留君主制度。以英国为例，不仅国王是国家元首，贵族（王室）与平民的身份，差别也十分明显，如果加上社会影响很大的宗教教会的教职人员，将构成按照身份区分的三个阶级（阶层）。印度、欧洲的这些特征，与其所处地域及历史文化渊源相关。中国文化中"家国同构"的特征，当然也是在中国所在的地域及文化氛围中形成的，而宗教势力始终未能与之抗衡，也有利于这一构架的稳定与长久延续。

华夏大地背靠雄伟的崇山峻岭、坐拥辽阔的大漠高原、脚踏物产丰富的无垠平原、面向浩瀚的东洋大海，我们的人民在这天造地设、禀赋超卓的大舞台上，培育出独特的文化芽苗，缔结出中华文化的丰硕果实。

第二章

汇流成川　壮阔波澜：中国传统文化的演进轨迹

　　任何一种文化，自有其生成、发展的过程。那些历史悠久、成就辉煌的文化，通过对其历史传统的回望，可以勾画出演进的轨迹。人类真正完整的文化生发史，本应从上百万年前说起（如"元谋猿人"距今 170 万年）；但是对于前期漫长的文化初生时段状况，无法凭借可靠翔实的文献资料有序编排细述（虽然现有若干不同时期的文化遗址）。直到距今万年前后时期，世界上若干著名的文化发祥地区逐渐进入"文明"阶段，其形态样貌可以辨识解析，对体认文化传统意义特别重大。当然，有些文化，甚至非常著名的文化（古埃及、古印度、古希腊等），由于各种原因（人为毁坏居多）而被阻断甚至灭绝。唯有中国文化，以独自的个性、特殊的形态、丰富的内涵，卓尔自立于世界民族文化之林，且可以清晰地勾勒出其文化（文明）演进的轨迹。

一、史前至夏商：孕育萌生

　　如何判断文化的真正形成？一般认为须当具备三个要素：聚集（城市）的居住方式、金属器具的制作、文字的使用。这些条件，大体在我国新石器至商朝时期（公元前 6000—5000 年？至公元前 1046 年），已经基本具备。

（一）农业主导逐步明晰

　　我国进入新石器时代，是在距今 7000 年前后。当时人们生活的区域，已不仅仅限于黄河流域，而是遍布中华大地（迄今全国发现的新石器时代遗址数千处）。著名者如：仰韶文化（河南：前 5000—前 3000 年）、半坡文化（陕西：属于仰韶文化系列）、红山文化（辽宁：与仰韶文化同期）、大汶口文化（山东：前 4500—前 2500 年）、良渚文化（浙江：前 3300—前 2250 年）、屈家岭文化（湖北：前 2750—前 2650 年）、龙山文化（山东：前 2500—前 2000 年）等。这一时期，农业已经成为人们谋生的主要方式（尤其是远离江河的地区）。仰韶文化范围内的农业生产仍采用传统方式，作物种植以粟类为主。例如，半坡遗址中的粟，有的用罐、瓮等陶器盛放，还有的放在房内下挖的窖穴之中。粟的种植在当时非常普遍，这从很多遗址的发掘中可以证明。与粟同类但更为耐旱的黍（陕西姜寨遗址）、适宜水栽的稻（河南下王岗遗址）等粮食作物也有出土，可知当时粮食品种趋于多样化。在半坡遗址的一个陶罐内，曾发现装满已经炭化的白菜或芥菜之类的种子，说明人们已经掌握了蔬菜种植技术。此时的家禽家畜饲养业也有一定的发展，从发现的猪、狗、羊和鸡骨头可推知，这些畜禽可能已被驯化及圈养。

以农业为主的文化形态，是以田地为依托的；田地生产的粮食，是人们生存所必需。为了方便耕种田地、管理庄稼，人们居住的屋舍不应远离田地；而为了能够抵抗敌害（猛兽、洪水、外族），人们选择了聚居。于是，村落就此得以出现。仰韶文化时期的村落，房屋形状主要是圆形或方形，为地上或半地下式，建筑材料是泥和草，墙壁敷泥、屋顶覆草。较大的村落，建筑布局整齐、功能区分有序。比如半坡遗址中，居住区处于中心位置，数十座房屋呈半月状面对一座大屋（公共活动场所），四周有大壕沟围绕，壕沟之外的北部为墓葬区，东边设窑场①。这种样式的村落布局，可以视为城市的雏形，也是农业发展至一定程度的结果。商代已经出现了都市，根据考古发掘，殷都面积达 36 平方公里，可证当时农业经济发展的重要地位及达到的水平。

（二）青铜器取代石器

人类使用石器的历史，可以追溯到 300 万年前，一般将距今约 300 万—1 万年前期间，称为旧石器时代；此后至金属器具出现，为新石器时代。仰韶文化时期的各种文化形态，均属于新石器时代。在我国文化发展史上，

---

① 参见：翦伯赞《中国史纲要》第 4-6 页，人民出版社，1983 年 3 月。

取代石器工具的是青铜器。

我国现存出土最早的青铜器，是 20 世纪 70 年代（1977—1978 年发掘）在林家遗址（甘肃省）获取的一把青铜刀，距今 5000 年左右（约在仰韶文化后期），被誉为"中华第一刀"。此刀是用"范模"浇铸而成，表面平整且薄厚均匀，长度为 12.5 厘米，一端曾安装着把柄，其成分为含锡的青铜。与此刀同时出土的还有几块铜渣，说明当时已经掌握冶铜铸器技术。这一发现，使我国的青铜冶金史，提前至与最早发明青铜冶炼技术的中亚、西亚地区的时间大致相同，成为世界上率先发明和使用冶金技术的国家之一。在此之后的龙山文化时期，青铜器的制造已经较为普遍。到了商朝，青铜的冶炼与器物制造，俨然形成工业体系。在河南省安阳市的殷墟遗址，发掘出包括刀、矛、斧、锛、觚、爵、矢镞等许多种类的青铜器，以及浇铸铜器的范模、冶炼青铜的厂址，等等。

利用金属（青铜器最早）代替石器作为劳动工具和生活用具，对人类的发展意义极其重大。凭借着冶炼制造青铜器的经验（青铜的熔点很低，相较于其他金属的冶炼更容易掌握），冶金技术将会大大进步，也将推动社会经济及其他方面的显著变化。

（三）语言文字生成

伴随着物质文明的进步，精神文明也必定有所应和。本时期精神文明的重要事件，是语言的形成与文字的萌生。

语言的产生，与人类相互之间的交流需求相关（广义上讲，任何通过声音进行交流的物种，都拥有自己的语言）。但是，语言的成熟，则必须具备复杂的声音语调、能够最大限度地为同类理解（听懂）。根据古人类学家、语言学家的研究，人类能够发出音节分明的语音，约在距今 4 万年前；具备完整组织语言结构、进行系统性表达的能力，在距今 1 万年前后，这个阶段属于旧石器与新石器交接过渡时期。

与语言主要用于当下交流相比，文字所具有的远距离交流（空间）、长久保留（时间）的功能，显得更加重要。在文字产生之前，通常认为纪事的方法是"结绳"："上古结绳而治，后世圣人易之以书契，百官以治，万民以察。"[①]这种说法，是具有一定合理性的（至今在世界某些后进部族仍

---

① 唐·孔颖达《周易正义》第 75 页，中华书局，1980 年 10 月。

有使用）。但是，结绳无法记录语言、表达思想感情，与文字的功能不可并论（最多对文字的产生具有铺垫启示作用）；而文字的产生在古代又难以确知，于是便有了"仓颉作书"的传说。仓颉，据称是黄帝时期的史官，他从鸟兽的足迹得到启发，将其搜集整理用来记事表意，成为汉字的创造者。假设古代实有仓颉其人且确曾从事文字工作，汉字也绝非他的独创，而是可能在整合汉字过程中发挥的作用更大一些，亦即《荀子·解蔽》所说："好书者众矣，而仓颉独传者，一也。"[①]"仓颉造字"虽然难以考实，却可推出当时（距今约 4000 年前）或许有人进行过尝试。因为，在不晚于黄帝时期的半坡文化遗址的陶器上，发现了 20 余种线条符号，大概是一种原始文字。汉字大量使用的确切证据，当然是殷墟出土的"甲骨文"。在已发现的近 5000 个单字中，被释读了 1700 余字，还有 2600 个左右的字无法确认。这些文字的内容，多为占卜的记录，故而又被称为"卜辞"，所涉包括天象、气候、动植物、生产活动，等等。其字型结构，脱离了原始文字的构图方式，向合体字方向发展，基本体现出汉字结构规律；其造字方法，大致包含象形、会意、指事、形声、假借、转注等"六书"法[②]。甲骨文前承陶器刻画符号，下启金文篆书诸体，以形、音、义三者统一的形态面世，在中国文化史、文字发展史上，地位十分重要。

文字的出现与使用，是人类文明进步极其重要的标志，具有划时代的意义。它以特有的识记效能（保存信息以免遗忘，利于后人了解前代情况）、传输效能（打破时空限制，将信息向其他地方传递）和思维效能（规范人的思维能力，提高条理有序的表达能力）的功能[③]，为人类社会文化发展提供了精神动力，增添了绚烂的光彩。在我国，文字的这些作用，最晚从商代已经开始发挥。

二、西周而春秋：根基奠定

当文化的种子从大地破土而出之后，开枝散叶地茁壮成长则是其殷切期望。文化之树的生长，需要适宜的雨露阳光，也必须经历严寒酷暑的考

---

① 《荀子·解蔽》：清·王先谦《荀子集解》第 267 页，上海书店，1986 年 7 月。
② 参见：吴存浩、于云瀚《中国文化史略》第 107 页，河南文艺出版社，2004 年 1 月。
③ 参见：任遂虎《中国文化导论》第 54 页，甘肃教育出版社，1994 年 8 月。

验。根基深厚扎实、躯体坚韧强健，是其承受各种考验的先决条件。中国文化数千年历经劫难而屹立不倒，得益于西周至春秋时期（前1046—前476年）奠定的坚实根基。

（一）西周：文化类别之初步界划

西周原是位于陕甘一带的古老部族，相传其始祖是后稷（名"弃"）。后稷是虞舜时代负责农事的官员，他擅长农业技术，种植的豆、黍、谷、麦、麻、瓜等，长势喜人且收获颇丰："蓺（艺）之荏菽，荏菽旆旆。禾役穟穟，麻麦幪幪，瓜瓞唪唪。诞后稷之穑，有相之道。茀厥丰草，种之黄茂。实方实苞，实种实褎。实发实秀，实坚实好"[①]。后世将其祀为农神。通过后稷的相关记述可知，周人是以农耕文化为基础发展而来的。到了周文王统治时期，仍然对农业生产十分重视。《尚书·无逸》称赞他："文王卑服，即康功田功。徽柔懿恭，怀保小民，惠鲜鳏寡。自朝至于日中昃，不遑暇食，用咸和万民。文王不敢盘于游田，以庶邦惟正之供"[②]。正是因为对农业的重视，周人能够变得强大，进而推翻殷商，建立了自己的王朝。

周王朝在继承殷商社会文化成果的基础之上，大力推进城市的建设。镐京（今陕西省西安市）、成周（今河南省洛阳市）、安邑（今山西省运城市夏县）、临淄（今山东省淄博市）等，都是非常繁荣的城市。当时青铜器制造业十分发达，铸造工艺进一步改善、产品品种数量大大增加。陶器、玉器、漆器、酿酒、纺织等行业的技术水平，也得到明显的提升。人们开始向城市聚集，使之成为社会政治、经济与文化的中心。

周朝的物质文明成果非常丰硕，但从文化发展史角度考察，加强制度文化建设，乃是周朝对中华文化的最大贡献。周初的统治者重视道德礼仪的教育感化作用，对百姓"懋正其德而厚其性，阜其财求而利其器用，明利害之乡，以文修之，使务利而避害，怀德而畏威"。统治者自己"不敢怠业，时序其德，纂修其绪，修其训典，朝夕恪勤，守以敦笃，奉以忠信，……增修于德，而无勤民于远。是以近无不听，远无不服"[③]。周公（姬旦）

---

①《诗经·大雅·生民》：伍心镇、鲁洪生《诗经析释》第600页，春风文艺出版社，1986年10月。
②唐·孔颖达《尚书正义》第110页，中华书局，1980年10月。
③《国语·周语上》：清·徐元诰撰，王树民、沈长云点校《国语集解》第2、5页，中华书局，2002年6月。

的制礼作乐、建构礼乐制度，就是在这种背景下形成的。较为系统完善的制度文化、精神文化，在西周早期已然成型。此时的文化建设，主要表现在下述方面：

一是国家体制：采用封建制。周王朝立国伊始，废弃了商朝的奴隶制国家体制，用"封土建国"的方式，建立起全新的封建制度体系。封建制度的分封标准是"王者之制禄爵，公、侯、伯、子、男，凡五等。……天子之田方千里，公侯田方百里，伯七十里，子男五十里。不能五十里者，不合于天子，附于诸侯，曰附庸"①。分封的对象，主要是周天子的子弟亲族："武王克商，光有天下。其兄弟之国者十有五人，姬姓之国者四十人，皆举亲也"②。在当时所封 70 余个诸侯国中，占据了四分之三以上。其余诸侯国，也与周王关系极为密切（如吕尚封于齐）。实行分封制的目的非常明确，就是用亲近的人治理全国各地，用来保护最高统治者地位的稳固："周公吊二叔（管叔、蔡叔）之不咸，故封建亲戚以蕃屏周。……其怀柔天下也，犹惧有外侮。扞御侮者，莫如亲亲，故以亲屏周。"③西周确立的这种"实封"（拥有土地人民）的制度，虽然在秦朝实行郡县制之后，历代王朝进行了变革，但按照爵位级别封赏的方式，一直得以保留。

与封建制度相向而行的宗法制，也是在西周确立的。宗法制是以血缘关系为基础，以区分大宗、小宗为依据，以嫡长子继承为根本，以分配权力为目的的制度。这种制度适用于君王贵族及平民寒家，它与"政治制度密切结合在一起，形成了与分封制、等级制、宗庙制和礼制相辅相成、互为表里的严密制度，从而使族权与政权统一，宗统与君统一致，宗族组织与行政机构重合的国家统治模式"④。这种模式，对中国社会文化的影响是难以估量的。

二是政治制度：建立较为齐备的官制、兵制及刑罚制度。周天子作为天下的"共主"，对分封各地的诸侯国拥有一定的控制权（东周时期失控），直接行使管理权是在王畿（镐京和成周地区）之内。根据《尚书》《诗经》等典籍记载，周朝王室最重要的官职是卿士；太师、尹氏掌管军政大权，地位也很重要；被称为"三有事"（三事）的司徒、司空、司马，分别负责

---

① 王文锦《礼记译解》第 159 页，中华书局，2001 年 9 月。

② 晋·杜预注、唐·孔颖达疏《春秋左传正义》第 417 页，中华书局，1980 年 10 月。

③ 晋·杜预注、唐·孔颖达疏《春秋左传正义》第 115-116 页，中华书局，1980 年 10 月。

④ 吴存浩、于云瀚《中国文化史略》第 112 页，河南文艺出版社，2004 年 1 月。

赋税劳役管理、筑城修路工程、军队训练打仗等工作；另设司寇一职，负责掌管刑狱、审判案件。除了这些高级官职，周天子将军队分为"六师"（主力部队）和"虎贲"（近卫亲兵），分别由"师氏、旅"等职位的军官指挥。为王室服务的官员，包括"太史、冢宰、趣马、膳夫"，等等。如此众多官员职位，说明当时政治机构的庞大与趋于完备。

三是经济结构：实行封建领主土地所有制。农耕经济的核心问题是土地所有权，周天子是全国土地和民众的真正所有者："天子经略，诸侯正封，古之制也。封略之内，何非君土？食土之毛，谁非君臣？"①讲的正是这种情况。不过，周天子只是直接管理王畿之内的土地，其他土地分封给诸侯负责。周朝实行过井田制，亦即将田地分为属于领主的"公田"和农民（野人）的"私田"。农民只有在管理好"公田"的前提下，才可以耕种自己的"私田"，此外还要为领主捕获猎物、修建房屋、携酒拜寿等，农民负担是十分沉重的（参见《诗经·豳风·七月》）。这种土地归封建领主所有的制度，实际上属于"劳役地租制"②，成为当时基本的经济结构形态。

四是社会意识：道德伦理观念确立。随着西周社会的发展，特别是文字的成熟（毛公鼎铭文约 500 字，记事翔实且结构完整），加速了信息传播，推动了精神文明的进程。周人将夏、商敬神权、奉天命的"神本、巫史"文化，向"民本"文化方向大大推进，提出"敬天保民""以德配天"的新型天人关系之观点。将"德"置于与"天"相齐的地位，强调"德"的最高标准是"保民"，使天的神性与政治制度、道德修养、社会安定等联系起来，形成"敬德保民"为核心的民本主义思想体系。这种尚德重民的思想，终结了前代敬畏鬼神的神本文化，削弱了巫史文化的社会影响力，为中国文化从自然宗教向伦理宗教的转型，奠定了坚实的思想理论基础。

伦理观念的强化及礼制的确定，是西周文化建设的重要内容。伦理，指人与人、人与社会之间处理相互关系的准则。人与人之间的交往，是从家庭内部、最为亲近之人开始的。为使人们在交往过程中有章可循，西周开展了由周公主持的"制礼作乐"（乐从属于礼）工作。周礼的制定，是一项巨大的系统工程，包括外在的"礼仪"（仪表、礼貌）和内在的"礼义"（亲亲、尊尊、长长、男女有别）。"体天地，法四时，则阴阳，顺人情"③，

---

① 晋·杜预注、唐·孔颖达疏《春秋左传正义》第 345 页，中华书局，1980 年 10 月。
② 翦伯赞《中国史纲要》第 42 页，人民出版社，1983 年 3 月。
③《礼记·丧服四制》：王文锦《礼记译解》第 950 页，中华书局，2001 年 9 月。

是制定礼仪的基本标准；而推行礼仪的作用与目的则是："名以制义，义以出礼，礼以体政，政以正民，是以政成而民听"①。可见，一切都是为了管理万民。周礼以其注重血缘关系的情感指向、强调伦理秩序的基本准则、维护社会稳定的目标设定，获得当时及后世各个阶层的广泛拥护。中国以家庭伦理道德为核心的传统文化，就此得以确立并在民族意识、民众性格、民间礼俗等方面，不断加以扩展延伸。

此外，形成于西周初年的《易经》，建构起了阴阳学说。其中的阴阳、变易等概念范畴，成为中国哲学体系中具有代表性、通贯性的基本命题。西周，对中国文化基本构架的形成，做出了重大贡献。

（二）春秋：文化下移与百家争鸣

西周共计 275 年（前 1046—前 771 年），在位国君 13 人。自武王立国至共王期间（6 位国君，在位合计 119 年），是周王朝的全盛期。此后各诸侯国渐次自我坐大不恭（不来朝拜或相互攻伐），又兼西北部游牧部落的内侵挤压，周王朝开始衰落。当暴虐的厉王（前 857—前 842 年在位）当政之时，国人发起了暴动，迫使他离京出逃至彘（今山西省霍州市）。此后以"共和"的名义，由诸侯共管朝政 14 年，接着由宣王继位。宣王在位 46 年（前 827—前 782 年），未能真正缓解内外交困的局势。其子幽王继位之后，天灾（前 780 年关中发生强烈地震）、外敌（犬戎）、内乱（废申后及太子宜臼，立褒姒为后且立其子伯服为太子）叠加互动，幽王被杀于骊山，西周灭亡。战乱造成关中地区的巨大破坏，平王（幽王之子宜臼）离开镐京迁都洛邑，从而进入春秋时期（前 770—前 476 年②）。

周平王向东迁都之后，王朝的控制力、影响力愈加降低，已经失去了天下共主的地位。春秋时期 140 余个诸侯国（据《左传》统计）之间，征战不断、弱肉强食。各诸侯国只有符合自己利益之时，才会抬出周天子"挟天子以令诸侯"。齐、晋、楚等大国拉拢其他诸侯，运用各种手段争胜称霸。"礼崩乐坏"，是春秋时期的真实写照。

春秋时期周室式微、社会动荡、诸侯群起的局面，为社会的大变化、思想的大解放、文化的大发展创造了条件，整个社会出现了明显的变化。

---

① 晋·杜预注、唐·孔颖达疏《春秋左传正义》第 41 页，中华书局，1980 年 10 月。

② 关于"春秋"的起止时间，此处取：前 770（周平王元年）—前 476 年（周敬王四十四年）之说。另有：前 770—前 453 年、前 770—前 403 年、前 772—前 481 年等多种观点。

原本为贵族阶层所垄断的文化，开始向社会下层移动。一些失产破家的贵族成员，不得不降低身份，从事教授生徒、传播文化知识的工作，促成了与"官学"对立的"私学"纷纷建立。孔子是开办私学的代表人物，他秉持"有教无类"的原则、"诲人不倦"的精神，培养出大批富有学识才干的弟子，为教育事业做出了巨大贡献。随着教育的发展、知识的增进，以有知识、有能力、有思想、有立场著称的"士"阶层逐渐形成。这些士人，面对纷乱的现实、急需解决的社会问题，站在各自的政治立场上，或面谏诸侯，或著书立说，提出明确的解决方案。为了显示自己观点的正确，他们还要与其他学派互相辩难，形成了"百家争鸣"局面。当时各诸侯国的执政者，因政治、军事斗争及巩固统治乃至统一天下的需要，也希望有人总结前代治国的经验教训、分析当今的天下大势、提出未来发展的趋向，因而对士人保持着尊重、宽容的态度。

　　当时的百家争鸣，看起来观点立场各不相同，而其根本用意皆可归之于求"治"。对此，司马迁引用其父司马谈的《论六家要旨》，所言极为切当："夫阴阳、儒、墨、名、法、道德，此务为治者也，直所从言之异路，有省不省耳。尝窃观阴阳之术，大祥而众忌讳，使人拘而多所畏；然其序四时之大顺，不可失也。儒者博而寡要，劳而少功，是以其事难尽从；然其序君臣父子之礼，列夫妇长幼之别，不可易也。墨者俭而难遵，是以其事不可遍循；然其彊本节用，不可废也。法家严而少恩；然其正君臣上下之分，不可改矣。名家使人俭而善失真；然其正名实，不可不察也。道家使人精神专一，动合无形，赡足万物；其为术也，因阴阳之大顺，采儒墨之善，撮名法之要，与时迁移，应物变化，立俗施事，无所不宜，指约而易操，事少而功多"①。各家学说将"务为治"作为关注焦点，是中国文人、中国文化非常鲜明的特征。

　　有论者曾经将公元前 5 世纪前后的时期,称为世界文明高度发展的"轴心时代"。在此期间，诞生了中国的老子和孔子、南亚次大陆的释迦牟尼、古希腊的苏格拉底等人。他们是人类历史上最具聪明智慧的人，开创了人类文明的新纪元。就中国而言，春秋时期不仅是文化思想的"轴心时代"，也是文化的"元典时代"。本时期奠定了中国文化的基本构架，儒道墨法等诸子思想、宗法伦理等各种观念，都对后世产生了不可估量的影响。严格

----

　　① 汉·司马迁《史记·太史公自序》第 358 页，上海古籍出版社，1986 年 12 月。

意义上讲，春秋时期是中国文化大发展的真正起点、中国思想文化发育形成的母体，此后中国文化无论如何变新转型，都能够在此找到渊源与基因。

三、战国到秦汉：验证成型

从战国到汉朝终结，将近 700 年时间（公元前 476—公元 220 年），大体上可以称之为面对此前文化成果（以春秋时期的学说理念为主），进行选择、验证且定型的时代。

（一）战国：实用印证政治方略

战国在时段上承接春秋，但局势又有很大的不同。春秋时期的 100 多个诸侯国，到战国初兼并为十几个，秦、齐、楚、燕、韩、赵、魏等七个大国被称为"战国七雄"。各诸侯国为了生存，进行着全方位的殊死争战（春秋时期通常击其败而不灭其国，战国则是败而国灭）。"战国"之称，并非虚言。当然，从社会文化方面来看，这一时期呈现出若干不同的景象。

进入战国，铁器广泛应用于农业生产，铁犁与牛耕组合，极大地提高了耕作技术。此时土地私有、土地买卖制度开始确立，新兴的封建地主经济得到发展。农业生产力的提高促进了商业繁荣，各国铸造金属钱币、制作度量衡，以适应商品交换的需要。不少原本是政治中心的城邑，又兼有商业中心的功能，魏国的大梁、齐国的临淄、赵国的邯郸等，都是富裕繁华的大都市。

面对严峻的社会大势，各国积极进行变法改革。最早进行变法的是魏文侯，他重用李悝，加强法制、严惩贼盗，使魏国得以富强。楚悼王任用吴起变法，削弱世袭贵族势力、罢免无能官员、增加收入以养兵。韩昭侯以申不害为相，用"术"控制臣下，使韩国实现大治。最为著名的是商鞅（公孙鞅），他入秦"说孝公变法修刑，内务耕稼，外劝战死之赏罚，孝公善之"[①]。经过 10 年的推行，秦国"道不拾遗，山无盗贼，家给人足。民勇于公战，怯于私斗，乡邑大治"[②]。虽然商鞅在孝公死后被杀，但其变

---

① 汉·司马迁《史记·秦本纪》第 25 页，上海古籍出版社，1986 年 12 月。
② 汉·司马迁《史记·商君列传》第 255 页，上海古籍出版社，1986 年 12 月。

法成果仍得到继承，促成了秦国的日益强大。

当时众多的文士说客，到处兜售自己的学说。纵横家，通过对天下大势冷静观察分析，凭借三寸不烂之舌奔走于各大国之间，或"合纵"共抗强敌，或"连横"以各个击破；法家，以强化社会治理为原则，坚持不论贵贱亲疏"缘法而治"，意在全面增强国力，由富国而强兵；兵家，以治军用兵的战略战术理论，以及具体的"车骑之用，兵法之教"[①]，展示自己的军事指挥才能；儒家，则在坚持"仁德"为本的同时，注重"礼法"的作用。在战国这样"危"中有"机"的时代，各学派竭尽所学所能，让社会现实验证自己理论的真正价值。

如果说，春秋时期的各家学派，偏向于学说观点体系的建构，战国时期则更加侧重实际应用。适时者（如法家的韩非）得以发扬，改变者（如儒家的荀子）得以保存，不切实际者则被暂时搁置（道家的庄子）或几至湮灭（墨家）。战国时期对文化学说式样的实证检验，为后世的文化选择做出了示范。

（二）秦朝：建立"大一统"体制

公元前 221 年，秦始皇结束战国纷争，统一了中国。秦朝对文化的最大贡献，表现在制度文化建设方面，其成果被称为"秦制"。秦制的建设，早在秦朝统一天下之前已经开始。商鞅于秦孝公在位时，便已"集小乡邑聚为县，置令、丞，凡三十一县。为田开阡陌封疆，而赋税平。平斗桶、权衡、丈尺"[②]。到秦始皇统一天下，秦朝的制度建设更是围绕"中央集权"全面展开。

在政治制度方面，首次使用"皇帝"的称呼，规定皇帝自称为"朕"。秦始皇自称"始皇帝"，接续称为二世皇帝、三世皇帝，后世子孙代代相传。为了显示皇帝权力的至高无上，制定了一套完整的上朝面君礼仪及呈奏文书程式规则。在确立皇帝绝对权威的同时，对国家行政机关进行了重新架构：中央设"三公"（丞相、太尉、御史大夫），分别掌管政事、军事、文书图籍及监察百官，他们的下属是负责具体部门工作的"九卿"（郎中令、奉常、卫尉、太仆、廷尉、典客、宗正、少府、内史）。"三公"与诸卿议

---

① 《战国策·秦策》：王延栋《战国策译注》第 25 页，中华书局，2017 年 1 月。
② 汉·司马迁《史记·商君列传》第 255 页，上海古籍出版社，1986 年 12 月。

定的政事，实行与否由皇帝裁定。地方实行"郡县制"，全国分为 36 郡（后陆续增至 40 余郡），每郡长官为"郡守"，副职为"尉"，另有"监"（直属朝廷的御史大夫）；郡下设县，县的长官为"县令"（大县）或"县长"（小县），副职为"丞"及"尉"，郡和县的主要官员均由朝廷任免或调动；县下有乡，分设"三老"（教化）、"啬夫"（税赋诉讼）和"游徼"（治安）；乡下有亭、里，分别设"亭长""里正"。至此，秦王朝的行政管理，已直达全国所有地区的每一个家庭及个人。

为了将"大一统"的国策真正落到实处，秦朝将各诸侯国原有的法律制度、度量衡器、道路轨距、货币及文字等，全部统一标准、强力推行。对于那些仍然带有春秋战国时期游学说客习气、对现行政策提出非议、主张"师古"复旧的人，丞相李斯在朝堂上进行了批驳并要求严厉惩治："异时诸侯并争，厚招游学。今天下已定，法令出一，百姓当家则力农工，士则学习法令辟禁。今诸生不师今而学古，以非当世，惑乱黔首。……古者天下散乱，莫之能一，是以诸侯并作，语皆道古以害今，饰虚言以乱实，人善其所私学，以非上之所建立。今皇帝并有天下，别黑白而定一尊。私学而相与非法教，人闻令下，则各以其学议之，入则心非，出则巷议，夸主以为名，异取以为高，率群下以造谤。如此弗禁，则主势降乎上、党与成乎下。禁之便。臣请史官非秦记皆烧之，非博士官所职，天下敢有藏诗、书、百家语者，悉诣守、尉杂烧之。有敢偶语诗书者弃市，以古非今者族，吏见知不举者与同罪。令下三十日不烧，黥为城旦。所不去者，医药卜筮种树之书。若欲有学法令，以吏为师。"[①]秦始皇完全采纳了李斯的意见，杀死了一批违规之人，烧毁了不少涉禁书籍，这就是著名的"焚书坑儒"事件。

统观秦朝的社会文化建设：车同轨、衡同准，事关物质文化；设郡县、治乡里，事关制度文化；书同文、言同今（禁止颂古非今），事关精神文化。所有这一切，全部指向权力"定于一尊"，标志着中国社会完全清除了奴隶制度痕迹、进入封建中央集权阶段。此后历朝历代，人们对秦始皇的暴政多有微词，但对其致力天下一统的做法，其实是肯定的。有人曾对统治者追求天下共"同"做过分析："广谷大川异制，民生其间异俗，五味异和，器械异制，衣服异宜，各得其所而不相杂乱，故有以同之。则车同轨、书

---

① 汉·司马迁《史记·秦始皇本纪》第 30 页，上海古籍出版社，1986 年 12 月。

同文、行同伦，各要其所归，而不见其为异。此先王疆理天下之大要也"①。
秦始皇是中国历史上真正实现"九州攸同"愿望的第一人，"秦制"为中国
制度文化建设，提供了重要参照。

（三）两汉：检讨"秦制"创设"汉学"

秦朝的短命而亡，对汉初统治者触动极大，汉高祖刘邦命人专门研究
了秦朝失败的原因。陆贾以虞舜"无为"和周公"礼乐"治国的成功，反
衬秦朝的"暴政"是其亡国之因："秦始皇帝设为车裂之诛，以敛奸邪；筑
长城于乍境，以备胡越；征大吞小，威震天下。将帅横行，以服外国，蒙
恬讨乱于外，李斯治法于内。事逾烦天下逾乱，法逾滋而奸逾炽，兵马逾
设而敌人逾多。秦非不欲为治，然失之者，乃举措暴众而用刑太极故也"②。
汉文帝时期的贾谊，作《过秦论》专论秦亡。他认为，秦朝不施"仁义"
之政，未能区分"打天下"与"坐天下"的不同，是其速亡的主因："秦灭
周祀，并海内，兼诸侯，南面称帝，以四海养。天下之士，斐然向风。……
元元之民，冀得安其性命，莫不虚心而仰上。当此之时，专威定功，安危
之本，在于此矣。秦王怀贪鄙之心，行自奋之智。不信功臣，不亲士民，
废王道而立私权，焚文书而酷刑法，先诈力而后仁义，以暴虐为天下始。
夫兼并者高诈力，安定者贵顺权，以此言之，取与攻守不同术也。秦虽离
战国而王天下，其道不易，其政不改，是以其所以取之守之者异也。孤独
而有之，故其亡可立而待也。"③贾谊此文，全面分析了秦王朝的重大过失，
意在通过总结秦亡的教训，为汉王朝构建制度、巩固统治提供借鉴。

汉朝初期统治者，确实接受了秦朝的教训，采取罢兵归田、休养生息、
减轻赋税、发展生产、内去纷争、外和匈奴等政策，使疲惫不堪的百姓及
软弱的国力得以缓慢恢复。同时，在制度文化建设上则是沿袭了"秦制"，
责成萧何、韩信、叔孙通、张苍等人，通过对秦朝的典章制度进行全面检
讨借鉴，分别负责制定律令、军法、礼仪、度量、历法等方面工作，完善
了各项规章制度。在意识形态方面，汉初由于国弱民疲，崇尚无为、企求
虚静的黄老之学受到重视。此后随着国力的增强，维护君权至上、强调等

---

① 宋·林之奇《尚书全解》（卷十一）《九州攸同》：《四库全书》第55册第210页，上海古籍出版
社，1987年1月。

② 汉·陆贾《新语·无为》：《百子全书》第89页，浙江古籍出版社，1998年8月。

③ 汉·贾谊《新书·过秦下》：《百子全书》第96页，浙江古籍出版社，1998年8月。

级秩序的儒家学说，得到统治者的青睐。汉武帝接受董仲舒的建议，将儒学正式作为官方哲学。董仲舒等人对儒学进行系统的解释发挥，更加适应统治者进行思想引导与控制的要求，并且由此形成了专门研究与弘扬儒家学说的"汉学"。汉朝深知暴秦"焚书坑儒"对政权之危害，采取了遵循儒道、设立官学、重用士人的政策。大批拥有真才实学的文人学士入仕为官，更多的青年才俊进入国立各级学校修习学业，可取得"博士、孝廉、茂才"等称号，以供政府录用。自汉武帝以后，身份不是儒生者，难以进入仕途、获得官职。中国古代的文官制度，在汉代开始形成并不断完善。

从战国对各种社会文化学说理念的实际验证，到秦朝创建新型制度文化、将中国变为统一稳固、具备强有力中央政府、形成完整地方管理机构的国家，再到汉代对"秦制"取长补短、强化文教法制、凝聚国民团结之心、增强国家实力的举措与实效的整体过程，可以视之为中国文化从萌生发芽到扎根擎枝阶段的整合优选。其中，制度文化改新的成效，从汉初到武帝时期已然显现；而以"汉学"为标志的精神文化建设，则是由西汉董仲舒，以及东汉马融、郑玄等经学家主持与引领。自此之后，中国文化以其独生自具的清晰身形品性，不断经受着各种考验，坚韧不拔地向前迈进。

四、魏晋南北朝：多元互动

魏晋南北朝（公元220—589年），是中国历史上极度动荡的年代。此间除了西晋50年左右的短暂统一，其他时段皆为南北分治或割据政权林立状态。社会制度破损与精神世界张扬，是这一时期社会文化的基本表征。

（一）制度文化受损重构

当一个稳定的社会局势被打破，必定有其现实原因。魏晋南北朝的乱局，从东汉后期桓帝之世的外戚宦官专权并酿成"党锢之祸"，已见其端倪；而社会矛盾的爆发点，则是"黄巾起义"。"黄巾起义"由太平道首领张角发动，是一次组织比较充分严密、声势浩大的农民起义。这次起义在官军和地方武装的联合绞杀下，虽然很快被镇压下去，但对社会政治造成了极大的影响。东汉王朝的中央集权快速削弱，统治力急剧下降，依赖朝廷的宦官、外戚集团开始瓦解；而参与镇压农民起义军的地方豪强，凭借拥有的武装力量割据一方。在东汉灭亡之后，这些地方势力或占领要地（中原及江南）建国称帝，或固守一域与朝廷分庭抗礼，秦汉以来的国家"大一统"局面被彻底打破。

"大一统"文化的消解，促成了地域性的家族文化兴起。"东汉以后学术文化，其重心不在政治中心之首都，而分散于各地之名都大邑。是以地方大族盛门乃为学术文化之所寄托，……而汉族之学术变为地方化及家门化矣。故论学术，只有家学可言，而学术与大族盛门常不可分离也。"①这种由地方大族形成的"世族（门阀）文化"，在曹丕"九品中正制"的维护下，拥有左右政治局势的力量。在精神文化方面，则以深厚的儒学思想为核心，兼容道佛诸说，形成新的文化风尚。尽管此时的"世族文化"造成"上品无寒门，下品无势族"的局面（《晋书·刘毅传》），但这种依靠血缘、家风、家学、地域结成，承担社会政治任务的文化体系，使中国传统文化的精神得以延续与新变，还是有其一定价值的。

（二）精神文化多向伸张

以"中央集权"为标志的制度文化，在魏晋南北朝时期遭受巨大破坏，却使精神文化得以松绑解放。这主要表现在以下三个方面。

首先，玄学兴起。玄学的形成与兴起，有着直接的社会文化原因：东汉后期，政局动荡、政治腐败，儒家思想学说（经学）衰落，无法继续承担统领社会思想的重任；党锢之祸发生，使得士子习经致仕之路阻塞，前途灰暗不畅；东汉灭亡之后，战乱频仍、政权迭变、生命财产无所保障。在这种情况下，一些有识之士，试图摆脱"经学"束缚，希望从道家等学说中汲取营养、创立新说新派，玄学于兹应运而生。玄学从学理构成上讲，是扬弃两汉经学神学化（谶纬化）之后的儒学与老庄之学融合的产物。其主要思想观念是：重自然弃名教、重个性轻共性；高扬人性而鄙薄神性、追求真实而唾弃虚妄；不重章句而讲求义理、略于具体而醉心于原理。玄学的代表人物，在曹魏时期是何晏、王弼及阮籍、嵇康。何、王的基本理念是"贵无"，认为"天地万物，皆以无为本"（何晏）、"凡有皆生于无"（王弼）；在自然与名教关系上，他们坚持"守名教而任自然"（"名教"，指

---

① 陈寅恪《崔浩与寇谦之》：许辉、邱敏、胡阿祥《六朝文化》第105页，江苏古籍出版社，2001年10月。

以正名定分为主的礼教；"自然"，主要指人的自然本性）。阮、嵇主张"越名教而任自然"，他们鄙弃伪饰，倡导人性自然发展，高扬精神自由，其观点比较激进（见阮《大人先生传》、嵇《与山巨源绝交书》）。西晋玄学的代表人物是裴頠、郭象。裴頠主张"贵无"与"崇有"统一、"自然"与"名教"结合（见其《贵无论》《崇有论》）。郭象反对"贵无"，主张"自生""独化"，希望调和名教与自然的关系，以便在遵循现实制度的前提下，享受任性自得之乐（参见其《庄子注》）。大致看来，裴頠、郭象的观点近于何晏、王弼，对阮籍、嵇康的观点有所修正。玄学的兴起，不仅丰富了魏晋南北朝时期的精神文化，在当时上流社会及文人士子的处世态度、行为方式之中，也多有展示与反映。

其次，佛学流行。佛教传入中国的时间，大致是在东汉明帝时期。作为外来的文化，佛教最初被视为异域神仙方术之类，而其主张的"无君弃亲""拒婚绝后"等，更与中国文化"伦理纲常""养亲行孝"的核心观念严重对立，故而仅限于少数王公贵族之间传播。到了东汉后期，政治黑暗、社会动荡、天灾人祸频仍、平民百姓生活困苦；儒学"独尊"地位衰落和"党锢之祸"的双重打击，使得文人士子精神苦闷、生存压力巨大。于是，佛教"众生平等""人生无常""因果轮回"等观念，对境遇艰难的士子及民众的心灵，起到了抚慰作用。佛教逐渐由上流社会走向民间，由洛阳等大都市向其他地区发展。"佛教东流，迄末尤著，始自洛京，盛于江左"[①]就是当时佛教传播情况的写照。佛教（佛学）在本期的发展，主要表现为大量译经和建寺造像。东汉末年来华的安世高、西晋的竺法护、南北朝（后秦）时期的鸠摩罗什等人，都是著名的佛经翻译家。建立寺院、塑造佛像，更是当时十分兴旺的事业。洛阳龙门石窟、大同云冈石窟的众多洞窟佛像，大多出自魏晋南北朝时期。佛教佛学在这一时期，得到很大的发展，对当时及以后的文学、艺术、哲学乃至社会的风俗习惯等，都产生了不小的影响。

最后，文学自觉。魏晋南北朝时期出现的文学自觉，其标志是：门类独立、体裁细分、追求审美、品鉴批评。在此之前，文学是对以儒学为中心之学术的笼统称谓；到了南朝刘宋时期，文学单独出来，取得与儒学、

---

① 南朝梁·沈约《枳园寺刹下石记》，载《汉魏六朝百三家集》（卷八七）：《四库全书》第 1415 册第 147 页，上海古籍出版社，1987 年 1 月。

玄学、史学并立的地位。对于文学体式的研究，从曹丕《典论·论文》、西晋挚虞《文章流别论》，至南朝梁任昉《文章缘起》和刘勰《文心雕龙》，逐步精细完善。在创作过程中，作家们自主表达个人情感，选择表现方式，形成了独特艺术特征。例如：曹操的志在天下、阮籍的醉酒人生、陶渊明的归田园居、左思的愤世嫉俗、郭璞的向虚游仙等类作品，都是著名当时、影响后世的。对文学进行批评，可以视为当时社会"品评"之风在文坛的体现，钟嵘《诗品》、刘勰《文心雕龙》是文学批评名著。文学自觉，是在当时社会意识形态统治宽松状况下形成的，由其产生的成果，大大丰富了中国古代文学的宝藏。

（三）胡汉文化推拒和合

中国核心区域的农耕文明，对周边少数民族文明长期持有蔑视、拒绝态度，但通过战争等方式的相互交往，自周、秦以降始终未断。东汉以后，西部、北部边地的少数民族逐渐向内地迁居，西北的关陇（陕西省北部及甘肃省）和华北的幽并（河北省及山西省北部）地区尤其明显。在这一过程中，少数民族更多地熟悉或接受了汉族文化风习的影响。魏晋时期，北方游牧民族势力愈益强大。东晋开始，中原地区更是被游牧民族长期占据统治。晋室南迁之时，虽然部分士族大家随其渡江而往，但绝大多数官员士子留在北方，更不必说广大的北方民众。在这种形势之下，胡汉文化的关系，与以往相比有了极大的改变。

北方与南方由胡汉分治的主因，是匈奴首领刘渊的起兵反晋（西晋）。公元 308 年，刘渊称帝，定都平阳（今山西省临汾市），国号为"汉"，表明其统治中原的意愿。此后石勒（羯族）建立的"赵"（后赵）、苻健（氐族）建立的前秦、拓拔珪（鲜卑族）建立的"魏"（北魏）、高洋（高氏先祖为汉人，此时已鲜卑化）建立的"北齐"、宇文觉（鲜卑族）建立的"北周"，皆为少数民族政权。在统治北方的过程中，各个政权固然率先确保本族利益的最大化，也不乏极度荒淫无度、残暴无比的皇帝（如后赵皇帝石虎），但整体上基本接受了内地的治国方略。有的大力推进汉族与少数民族的文化融合，取得了显著成效，杰出代表是北魏孝文帝拓拔宏。孝文帝很早接受汉族文化，精通儒家经典及史传诸子之学。他重用汉族士人，从朝廷到民间、从国家制度到日常言行，全盘推行汉化。其主要内容为：按照汉族王朝的方式，设定礼仪、建章立制、确定官员品级、进行严格考核；

要求鲜卑人改变生活习俗，下诏规定鲜卑族及北方各少数民族一律改穿汉族服装、朝廷百官改着汉族官吏朝服；所有人都要学习汉语，以汉语作为相互交流的重要工具；鲜卑族的复姓，全部改为单音汉姓（如皇族拓拔氏改姓元氏、达奚氏改为奚氏）；大力提倡鲜卑族与汉族通婚；等等。通过孝文帝全方位的汉化改革，各民族之间存在的隔阂得以缓解，相互之间的互信与融合得以增进，从而促进了社会政治、经济、文化各方面的发展，也使得鲜卑族政权在中原的地位大大稳固。

与成熟度极高的汉族文化相比，少数民族文化的不足之处显而易见。当他们真正进入内地、居于中原之后，这种优劣对比就更加明显。在汉族地区人士看来，保持自身的民族文化、使入主的少数民族接受汉族文化，也是十分重要的任务。这一任务，当然要由文人士子承担主责。例如，前秦皇帝苻坚极为信任的宰相王猛、北魏权臣崔浩等人，都是利用自己的职权及影响力，最大限度地发挥汉族文化的功效，维护了其在北方的延续，同时也取得了少数民族统治者的采信与重用。

在南北方文化交流方面，大文学家庾信是著名代表。庾信早年于南朝（梁）入仕，奉命出使西魏时，因梁为西魏所败而留居北方任官；后来南朝（陈）与北周通好，庾信要求回到江南而未获准许，直至老死。庾信在北方，历任多个政权而宠遇不变，但他却时时思念回归江南。他的优秀文学作品，就是在这样的心态下创作完成的。从文化视角而言，庾信对南北文化的交流融汇，是有重大贡献的。他和不少汉族文士受到北方少数民族政权的重视，也证明了中华主流文化的强大影响力与凝聚力。

五、杨隋与李唐：辉赫繁盛

中国古代盛世，向以唐朝为首；而唐朝兴盛的根基，则是由隋朝奠定的。公正地讲，中华辉赫盛世的蓝图，是在隋代规划；将雄伟蓝图变为真正的现实，是唐代的功劳。

（一）隋朝：社会建设整体推进

隋朝政权的获取，不同于一般改朝换代的天下大乱、血流成河，而是以"禅让"的方式实现的。隋文帝杨坚以外祖父身份，从周静帝手中得到皇位，于 581 年登基称帝、建立隋朝。589 年灭陈，结束南北分裂状况，中华大一统的局面重新形成。

隋文帝是一位很有作为的皇帝，他此前长期在北周担任高官，深知治国理政的关键所在，推行了一系列巩固政权的措施。隋文帝最重要的贡献，是对政治制度的重新建构，主要体现为"三省六部"的设置。"三省"指内史省（中书省）、门下省、尚书省。内史省负责决策，门下省负责审议，尚书省负责执行，皆为国家最高政治机构，直接对皇帝负责。"六部"，指尚书省下设的"吏、民（户）、礼、兵、刑、工"六部。吏部，掌管全国官吏的任免、考核、升降和调动；民部，掌管全国的土地、户籍及赋税、财政收支；礼部，掌管祭祀、礼仪和对外交往；兵部，掌管全国武官的选拔和兵籍、军械等；刑部，掌管全国的刑律、断狱；工部，掌管各种工程、工匠、水利、交通等。"六部"是管理与实施国家政令最重要的机构，成为此后历代王朝沿袭的固定制度。

在文化领域，隋文帝大力推行"去胡复汉"政策。此前长达数百年南北分治时期，北朝各政权虽然表现出对汉地文化的欣赏，但其本民族习气难以改变，甚至不时出现热衷"胡化"、打压汉化的情况（如北齐、北周的贵族阶层），以至杨坚在称帝之前竟然姓"普六茹"（其父杨忠因辅助宇文泰有功被赐的胡姓）。杨坚即位之后，不仅立即恢复"杨"之汉姓，而且积极保护汉文化成果、厚待文人士子。为了收集长期战乱中散失的文献典籍，他于开皇三年（583 年）专门下诏求书："分遣使人搜访异本，每书一卷，赏绢一匹。校写既定，本即归主。于是民间异书，往往间出。及平陈已后，经籍渐备，……于是总集编次，存为古本。召天下工书之士京兆韦霈、南阳杜頵等，于秘书内补续残缺，为正副二本，藏于宫中。其余以实秘书内外之阁，凡三万余卷。"[1]经过一段时间的努力，书籍数量已十分可观。隋文帝对文士尊重，也得到了相应的回报，《隋书·儒林列传》称赞他对文士"贲旌帛以礼之，设好爵以縻之，于是四海九州强学待问之士，靡不毕集焉。天子乃整万乘，率百僚，遵问道之仪，观释奠之礼。博士罄悬河之辩，侍中竭重席之奥，考正亡逸，研核异同，积滞群疑，涣然冰释。于是超擢奇秀，厚赏诸儒，京邑达乎四方，皆启黉校。齐、鲁、赵、魏，学者尤多，负笈追师，不远千里，讲诵之声，道路不绝。中州儒雅之盛，自汉、魏以

---

① 唐·魏徵《隋书·经籍志》第 115 页，上海古籍出版社，1986 年 12 月。

来，一时而已"①。

与厚待文士相关，是隋朝科举制度的创制。这一制度的实施，既有笼络知识分子以免其惑乱民心之意，也为读书人入仕从政、实现人生抱负提供了路径。与汉代"察举制"、魏晋南北朝"门阀制"相比，"科举制"更加公正合理，此制度对管理天下士子、保证优秀人才的来源、为平民子弟改变命运提供门径等，发挥了很大作用。其影响之深远，至今仍可觅得踪迹。

除了设置"三省六部"及"科举"制度，隋文帝在经济、军事等方面均有制度创新，可以统归之于"隋制"。自此，中国封建时代管理社会的方式由"秦制"转为"隋制"，成为封建时代的基本制式。隋文帝本人对于汉文化的传承发展，发挥了重要的作用，做出了很大的贡献。

对于隋朝的两位皇帝，从治国安邦方面考量，肯定隋文帝者居多；至于隋炀帝杨广，评价基本是负面的。炀帝在位期间，大兴土木、征战连年、奢靡荒淫、民心离散，终至身死国灭。史称其"淫荒无度，法令滋章，教绝四维，刑参五虐，锄诛骨肉，屠剿忠良，受赏者莫见其功，为戮者不知其罪。骄怒之兵屡动，土木之功不息。频出朔方，三驾辽左，旌旗万里，征税百端，猾吏侵渔，人不堪命。乃急令暴条以扰之，严刑峻法以临之，甲兵威武以董之，自是海内骚然，无聊生矣"②。如此评价，固然不错，但有些问题似可探讨，例如古今皆极受关注的开挖大运河之事。大运河的开挖并非始于隋朝，炀帝时期主要是疏通淤积、连接断流，以便于大江南北的漕运。与大运河开凿相关，炀帝营建东都洛阳并迁都于此，也是因为洛阳与西安相比，更容易获得粮食、物资的补给。不过，人们之于大运河，大多关注其劳民伤财、炀帝乘龙舟下扬州之类，并非从国家整体状况思考。就此，晚唐皮日休所作诗歌《汴河怀古》，持论较为公允："尽道隋亡为此河，至今千里赖通波。若无水殿龙舟事，共禹论功不较多。"③大运河的通航，进一步紧密了南北方的联系、强化了国家的完整统一，是隋朝物质文化建设的一大成果。我们在深切同情为其付出沉重代价的万千百姓不幸的同时，也应当为创造这一壮举的时代及决策者，予以足够的尊重与理性评价。

---

① 唐・魏徵《隋书・儒林列传》第 204 页，上海古籍出版社，1986 年 12 月。
② 唐・魏徵《隋书・炀帝纪》第 14 页，上海古籍出版社，1986 年 12 月。
③ 唐・皮日休《汴河怀古二首》其二：清・彭定求《全唐诗》第 7099 页，中华书局，1960 年 4 月。

（二）唐代：文化事业全面繁荣

经过魏晋南北朝时期文化多元竞争碰撞、隋朝的南北一统及社会文化的整肃与创新，李唐王朝充分利用这些丰富资源和宽广舞台，演出了中国历史上最为精彩的文化大剧。其社会文化事业之繁盛，从政治、经济等各个方面均可感知。

承隋规制，从善改良。制度建设，是保证政权稳固、社会正常运行的重要工作。制度建设中最重要的部分，是选拔承担组织社会、管理民众职责之人才的"官制"。"唐之官制，其名号禄秩虽因时增损，而大抵皆沿隋故。其官司之别，曰省、曰台、曰寺、曰监、曰卫、曰府，各统其属，以分职定位。其辨贵贱、叙劳能，则有品、有爵、有勋、有阶，以时考核而升降之，所以任群材、治百事。其为法则精而密，其施于事则简而易行。"①这种以"隋制"为蓝本的制度建设，自唐高祖李渊称帝便已开始。他在即位后不久，"诏纳言刘文静与当朝通识之士，因开皇（隋文帝年号）律令而损益之，尽削大业（隋炀帝年号）所用烦峻之法。又制五十三条格，务在宽简，取便于时。寻又敕尚书左仆射裴寂、尚书右仆射萧瑀……，撰定律令，大略以开皇为准"②。在武德七年（624 年），唐高祖下诏颁布了一系列制度，包括律令（法律）、官制、户籍、均田等。继位的太宗李世民，进一步优化了各项制度。由隋文帝开创的"隋制"，在唐王朝认真选优汰劣、弥隙补缺之后，得到真正切实的推行。

经济繁荣，富足安康。李唐建国之初，由于此前隋炀帝竭泽而渔式的耗费国力，以及隋末的大动乱，致使原本富庶的中原地区，直到贞观初年仍然"自伊、洛之东，暨乎海、岱，萑莽巨泽，茫茫千里，人烟断绝，鸡犬不闻，道路萧条，进退艰阻"③。面对如此残破的经济局面，唐王朝采取了一系列恢复生产的政策措施，其中最重要的是"均田制"和"租庸调法"的推行。"均田"，使得无地或少地的农民获得了可耕的土地；"租庸调"，使农民在交纳"租"（粮食）"调"（绢和绵）的同时，可以用"庸"代役（每年丁男服徭役二十日，每天折合绢或布若干，称为"庸"，如未能服役，则交纳绢布代之）。拥有属于自己的耕地（永业田）、可以在农忙季节"以庸

---

① 宋·欧阳修《新唐书·百官志》第 131 页，上海古籍出版社，1986 年 12 月。
② 后晋·刘昫《旧唐书·刑法志》第 255 页，上海古籍出版社，1986 年 12 月。
③ 后晋·刘昫《旧唐书·魏徵传》第 308 页，上海古籍出版社，1986 年 12 月。

代役"，使农民可以利用较多时间、更加专心地精耕细作。农业的恢复与发展，改善了人民生活，促进了经济繁荣及社会的富足与安定。到了贞观四年（630 年），"米斗四五钱，外户不闭者数月，马牛被野，人行数千里不赍粮，民物蕃息"①。从唐太宗此时"贞观之治"到玄宗的"开元之治"，创造了唐王朝的极盛时代。

三教并行，思想解放。唐代之前，汉代独尊儒术、魏晋道家流行（玄学）、南北朝佛教兴盛。李唐开国之后，实行"三教并重"政策。儒家学说是直接为巩固统治服务的，重视儒教是最高统治者必然的选择："高祖武德二年（619 年），国子立周公、孔子庙。七年二月己酉，诏'诸州有明一经已上未被升擢者，本属举送，具以名闻，有司试策，皆加叙用。其吏民子弟，有识性明敏，志希学艺，亦具名申送，量其差品，并即配学。州县及乡，并令置学。'丁酉，幸国子学，亲临释奠。"②各级政府设立学校，教授内容是儒家学说；高祖皇帝亲自到国子学参加纪念孔子的仪式，足见其对儒学的推崇。唐太宗在其尚未即位称帝之时，便"锐意经籍，开文学馆以待四方之士。行台司勋郎中杜如晦等十有八人为学士，每更置阁下，降以温颜，与之讨论经义，或夜分而罢"③。即位之后，他指派颜师古校定五经、孔颖达编撰《五经正义》。唐高宗永徽四年（653 年），"颁孔颖达《五经正义》于天下，每年明经令依此考试"④。此后历任皇帝不断增补，唐代正式颁行习业的儒学经典达到"十二经"（宋代加入《孟子》，合称"十三经"）。儒家经典的系统整理刊行，不但解决了阐释儒典歧义多出的问题，也为适应政治大一统提供了学理依据。道教，在唐代得到重视，获得崇高地位，被定为"国教"。这与李唐统治者以道家的老子（李耳）为祖宗有关，也与道家崇尚"自然无为"的理念有关。唐王朝将《老子》《庄子》《列子》和《文子》列为"经"，玄宗开元年间科举设立"道举科"，上述"四子"列入考试科目。如此安排，足见道家地位之尊贵。唐代延续了南北朝崇奉佛教之风习，历任皇帝（包括女皇武则天）基本上都是崇奉佛教的。由于宪宗皇帝带头佞佛，大文豪韩愈甚至专门撰写《论佛骨表》表示强烈反对。唐代还是佛教实现了"中国化"（本土化）的时期，佛教已不再是上流社会

---

① 宋·欧阳修《新唐书·食货志》第 147 页，上海古籍出版社，1986 年 12 月。
② 后晋·刘昫《旧唐书·礼仪志》第 120 页，上海古籍出版社，1986 年 12 月。
③ 后晋·刘昫《旧唐书·太宗纪》第 12 页，上海古籍出版社，1986 年 12 月。
④ 后晋·刘昫《旧唐书·高宗纪》第 17 页，上海古籍出版社，1986 年 12 月。

的专利，而是普及天下大众、从心理上释困救难的捷径法门。

李唐王朝对"三教"兼重并行的代表人物是唐玄宗，他曾亲自注释《孝经》《道德经》和《金刚经》，并且下诏颁行天下。最高统治者对"三教"的鼓励与宽容，当然是为了巩固自己的统治（唐武宗的"灭佛"，是因为佛教势力过大，影响了朝廷统治）；而从整体状况分析，"三教"也发挥了有利于唐王朝统治的作用。

与"三教并行"政策相适应，唐王朝对思想观念、意识形态方面的管控较为宽松。整个唐代，几乎没有因思想意识、文字表述而获罪的情况。如此良好的社会环境，造就了唐代独特的时代特征：不畏艰难、积极进取的乐观主义精神；勇于表现自我、张扬个性的英雄主义气质；充满诗意、志在远方的理想主义色彩。这种特征，不仅仅表现为李白"天生我材必有用""我辈岂是蓬蒿人"[①]，更是贯穿于整个唐代。初唐的"潮平两岸阔，风正一帆悬"[②]、"无为在歧路，儿女共沾巾"[③]；盛唐的"莫愁前路无知己，天下谁人不识君"[④]、"会当凌绝顶，一览众山小"[⑤]；中唐的"野火烧不尽，春风吹又生"[⑥]、"莫道桑榆晚，为霞尚满天"[⑦]；晚唐的"江东子弟多才俊，卷土重来未可知"[⑧]、"眼前多少难甘事，自古男儿当自强"[⑨]；甚至唐末乱世中的"得即高歌失即休，多愁多恨亦悠悠。今朝有酒今朝醉，明日愁来明日愁"[⑩]都充满着一种豪气与潇洒，而不能认为是厌世自弃之作。此类诗歌作品，既包含积极向上、无所畏惧的进取精神（雄壮之"气"）；也展示了以现实为基础、洒脱自然的外在形态（浑厚之"象"），是大唐盛世时代精神面貌（盛唐气象）的反映，也是大唐精神放松、思想解放的结果。

文学艺术，星灿花芳。文学与艺术，彰显着唐朝的时代精神风采与社

---

① 李白《将进酒》《南陵别儿童入京》：安旗《李白全集编年笺注》第 276、404 页，中华书局，2015年 10 月。

② 王湾《次北固山下》：清·彭定求《全唐诗》第 1170 页，中华书局，1960 年 4 月。

③ 王勃《杜少府之任蜀州》：清·彭定求《全唐诗》第 676 页，中华书局，1960 年 4 月。

④ 高适《别董大二首》其二：刘开扬《高适诗集编年笺注》第 193 页，中华书局，1981 年 12 月。

⑤ 杜甫《望岳》：清·仇兆鳌《杜诗详注》第 4 页，中华书局，1979 年 10 月。

⑥ 白居易《赋得古原草送别》：《白居易集》第 201 页，岳麓书社，1992 年 7 月。

⑦ 刘禹锡《酬乐天咏老见示》：陶敏、陶红雨校注《刘禹锡全集编年校注》第 683 页，岳麓书社，2003 年 11 月。

⑧ 杜牧《题乌江亭》：清·彭定求《全唐诗》第 5982 页，中华书局，1960 年 4 月。

⑨ 李咸用《送人》：清·彭定求《全唐诗》第 7406 页，中华书局，1960 年 4 月。

⑩ 罗隐《自遣》：清·彭定求《全唐诗》第 7545 页，中华书局，1960 年 4 月。

会文化风貌。唐代文学的繁荣，表现为各类文体的全面发展与创新。唐诗，是唐代文学标志性的文体。唐诗通常分为四个发展阶段：初唐属诗风整合变革阶段，盛唐是诗歌创作的黄金时代，中唐为诗歌创作继续发展的时期，晚唐乃诗歌创作的衰落期。唐诗作品数量巨大，今存55000首左右（清代《全唐诗》收录48900多首）。其内容丰富，题材多样，反映现实深入宽广。唐代诗坛名家辈出、风格独特，初唐的"四杰"、陈子昂，盛唐的李白、杜甫，中唐的刘禹锡、李贺，晚唐的杜牧、李商隐等，都是杰出代表。山水田园诗派、边塞诗派、韩孟诗派、元白诗派等，皆为名重当时、影响后世的诗歌流派。唐代诗人运用各种诗体（古体或近体）创作，每种体式均不乏名篇佳作，成为爱诗学诗者赏读的典范。因此，唐代成为中国古代诗歌创作的高峰。唐代散文的大发展，得益于韩愈、柳宗元领导的古文运动。古文运动是一场在文体、文风、文学语言诸方面进行变革的文学革新运动。它要求"文道合一"，认为文学应为儒家思想服务；主张革新文体，在借鉴先秦两汉散文的基础上，以一种自由流畅的新型散文取代骈文地位；提倡"陈言务去""辞必己出"，做到"文从字顺"。古文运动沉重打击了骈文，开创了散文创作的新体制，成为我国古代散文发展史上重要的里程碑。唐代传奇小说，是唐人"有意为小说"（鲁迅语）的产物，标志着中国古代短篇小说的成熟。自此之后，小说才真正具备了自己的特色。唐代小说构思巧妙，结构严谨，情节曲折生动；注重人物性格、心理描绘和细节描写，人物形象鲜明生动；题材广泛、内容丰富，在艺术形式、表现手法上也做出了可贵的贡献。它对后世的文言短篇小说、白话小说及戏曲等，都产生了极大的影响。唐五代的词，对宋词的发展具有直接的引领启示作用。

　　唐代艺术色彩纷呈、争奇斗艳。乐舞，在唐代朝野都很流行。宫廷乐舞用以配合宴享场合演奏，类型主要有燕乐、清乐（清商乐）、龟兹乐和西凉乐。前两种乐曲属于汉族传统音乐，后两种则是西北边地（凉州）及西域（龟兹）传入，显示了中外音乐结合的情状。由前代传承而来的参军戏、兰陵王、踏摇娘等戏曲形式，艺术家们在故事情节、唱腔设计、舞蹈技巧等方面，进行了不少改进与提高。唐代雕塑多为石窟造像、陵墓石雕及墓葬俑器。石窟造像，是在山岩开凿洞窟内雕琢石像（少数兼用泥土或木料），此类作品都是为宗教（佛教）服务的，洛阳龙门石窟、敦煌莫高窟皆属其中。陵墓石雕，指帝王墓道两旁站立的通称为"石像生"（亦称"翁仲"）的石人石兽。墓葬俑器，是随同墓主陪葬的冥器，包括陶制或木制的人俑及其他俑器，其中最有名的是唐三彩。唐代的石窟造像（佛祖或菩萨），高大庄严而容颜和悦；陵墓石雕形象清晰、刻工细致；唐三彩形态各异、色彩鲜艳，显示出高超的雕塑技能。另外，书法艺术，在唐代取得了很高的成就。颜真卿与柳公权的楷书、张旭和怀素的草书最为著名，是晋代之后又一书法高峰。唐代绘画，包括岩壁画、人物画、鞍马画、山水画、花鸟画等，其艺术成就大大超越前人。

国势声威，远播遐方。大唐帝国疆域辽阔，盛期的统治区域东至朝鲜半岛，西至葱岭以外的中亚，南至印度支那，北至贝加尔湖（小海）以北。唐朝依靠高效的中央集权政治、组织严密的制度体系、结构完整的行政机关、战无不胜的军事力量，保障了庞大帝国的繁荣昌盛。在对外关系上，唐朝采用了非常宽松的怀柔政策，多以册封、互市、和亲等方式交往。唐太宗自言："自古皆贵中华、贱夷狄，朕独爱之如一，故其种落皆依朕如父母。"[1]"我今为天下主，无问中国及四夷皆养活之。不安者我必令安，不乐者我必令乐。"[2]由此可以看出他与外邦交好的意念，并且也尽力予以践行。大唐的强盛与开明的对外政策，极大地吸引了域外国家民族的艳羡与效仿。西域（中亚）、东南亚诸国不断前来朝拜或经商，东亚的朝鲜与唐朝交往颇多。日本长时间、多批次地派遣人员使唐，从社会制度建设到宫观建筑格局，大多模仿唐制，足见其受唐朝影响之深。对于万国来朝的情形，唐太宗自豪地写道："弱龄逢运改，提剑郁匡时。指麾八荒定，怀柔万国夷。梯山咸入款，驾海亦来思。单于陪武帐，日逐卫文㮰。端扆朝四岳，无为任百司。"[3]盛唐著名诗人王维也用"九天阊阖开宫殿，万国衣冠拜冕旒"[4]之句，赞颂唐明皇"开元"时期的强盛之况。

大唐帝国就是以如此内充外实、形神兼备、文美武威的蕴意形象，创建了中国历史的黄金时代，成为中华文化史上的最高峰。

① 宋·司马光《资治通鉴》第 1322 页，上海古籍出版社，1987 年 5 月。
② 宋·王钦若《册府元龟》（卷一七〇），第 2051 页，中华书局，1960 年 6 月。
③ 李世民《幸武功庆善宫》：清·彭定求《全唐诗》第 4 页，中华书局，1960 年 4 月。
④ 唐·王维《和贾舍人早朝大明宫之作》：陈铁民《王维集校注》第 488 页，中华书局，1997 年 8 月。

六、宋元明及清中叶：精致凝定

在传统文化研究中，有"唐型文化"与"宋型文化"的称谓。唐型文化，指相对开放、外向、色调热烈，充满昂扬的生命活力和民族自信之文化类型；宋型文化，则是一种相对封闭、内倾、色调淡雅，着意于知性自省、细腻清秀的文化类型①。这种宋型文化，自宋代形成直至清代中叶的近千年间（960—1840年）相沿成习，未曾出现实质性的变化。

（一）文化表征细密平实

从宋代为始，社会文化形态由大汉的简洁廓荦、盛唐的丰采张扬，逐渐展现出精细切实、含蓄内敛的征象。这种趋向与表现，是此间社会多种因素造成的。

一是国力的普遍软弱。赵宋王朝建立的方式，在中国历代王朝中是最为和平的。赵匡胤"黄袍加身"之后，并未遇到强烈反抗，他也未曾大开杀戒。清代王夫之认为，宋朝治国理念体系，基于一个"惧"字："宋祖受非常之命，而终以一统天下，底于大定，垂及百年，世称盛治者，何也？唯其惧也。……权不重，故不敢以兵威劫远人；望不隆，故不敢以诛夷待勋旧；学不夙，故不敢以智慧轻儒素；恩不洽，故不敢以苛法督吏民。惧以生慎，慎以生俭，俭以生慈，慈以生和，和以生文。"②太祖赵匡胤"杯酒释兵权"，交换条件是给予武将丰厚的经济补偿。持续推行"重文抑武"之策，造成国家积弱之势，"不敢以兵威劫远人"。赵宋从后周继承的领土，不及唐朝的三分之一，甚至近在咫尺的"燕云十六州"都无法收回。自太宗天平兴国四年（979年）在高梁河（北京西郊）败于辽兵之后，宋军对外几乎每战必败。败于辽，则交纳银绢；败于金，则偏安江南；败于蒙古，则王朝覆亡。宋朝国力自始至终处于弱势，是公认不争的事实。

元朝疆土极为辽阔，但其以少数民族入主中原，推行严酷的民族压迫政策（划分等级为：蒙古、色目、汉人、南人），社会治理粗放，立国不及

---

① 冯天瑜、何晓明、周积明《中华文化史》第634页，上海人民出版社，1990年8月。
② 清·王夫之著、舒士彦点校《宋论》第2页，中华书局，1964年4月。

百年而亡，可谓外强中干之王朝。

明朝名义上管辖从青藏到黑龙江以北的广大区域，但这些地区虽设立"都司"，朝廷并不具备实际掌控力。相反，北方的瓦剌、鞑靼骑兵，不时到达长城、震动京师。从明中期开始，倭寇在东南沿海不断袭扰，成为心腹大患。明朝实际统治的区域，与北宋大体相当；再加上皇帝大多懒政异行、政治黑暗腐败，这样的王朝，难以称为强盛。

清朝前期国势昌隆，国家疆土不逊于汉唐。然而此时世界格局大变，西方已经进行工业革命，清朝仍以天朝上国自居，错过发展进步的最佳时机，在军事上也存在"代差"。当列强用坚船利炮轰开国门之后，除了屈辱签约、割地赔款之外，清王朝已经无所作为。因此，与强盛的汉唐相比，宋以后的历代王朝，整体上是比较软弱的。

二是统治力度的强化。在强化中央集权方面，赵宋最为尽心竭力。为了限制宰相的权力："自雍熙（宋太宗年号，984—987年）以后，为平章、为参知、为密院、总百揆掌六师者，乍登乍降，如拙棋之置子，颠倒而屡迁。……志未伸，行未果，谋未定，而位已离矣。则求国有定命之誥谟，人有适从之法守，其可得与？以此立法，子孙奉为成宪，人士视为故事。……夫宋之所以生受其敝者，无他，忌大臣之持权，而颠倒在握，行不测之威福，以图固天位耳。"[①]为了防备各地形成藩镇之势，削减了州郡长官权力，将其财权兵权收归中央，设置通判（副长官）与之相互牵制。对武将的管制更加严格，将军队的指挥调动、日常训练、参战打仗等分头管理（兵不知将、将不知兵），最高军事长官（枢密使）通常由文官担任，形成文官地位高于武官的社会认知。北宋名将狄青等人受到猜忌、南宋岳飞惨遭冤杀，都与武将地位低下有关。元朝以暴行政、贬低汉地臣民，虽方式不同宋代，亦属高压统治。明朝的内阁制、清代所设军机处等，都是强化权力于皇帝一人的做法。

在意识形态领域，自宋以降的思想束缚空前增强，宋明理学是其显证。理学以探究道德性命为主，将"理"视为原初本体、神圣不可侵犯的最高准则，要求"存天理，灭人欲"，认为"饿死事小，失节事大"等。这一切都适应着统治者的需要，成为控制国民思想的重要工具。元、明、清时期，理学发挥的作用大大超过宋代。

---

① 清·王夫之著、舒士彦点校《宋论》第46页，中华书局，1964年4月。

　　不杀文士、重用文人，本是赵宋开国时的定策，在此后治国理政过程中，也确实基本遵从了这种承诺。但是，这并不表示对文人管制的放松，文字狱就是戴在文人头上的紧箍咒。文字狱是从仁宗朝开始的："宋之以'不道''无将'陷人于罪罟者，自谓（丁谓）陷寇准始。急绝其流，犹恐不息，曾以是相报，而益长滔天之浸。嗣是而后，章惇、苏轼党人交相指摘，文字之疵，诬为大逆，同文馆之狱兴，而毒流士类者不知纪极"①。苏轼因"乌台诗案"，几乎丢掉性命。到了明清两代，文字狱之风更盛，不少文人身灭族诛，文士之口被迫封闭。在这样的社会环境中，思想的解放、文化的繁荣进步，当然也就无从谈起。

　　三是平民文化特征鲜明。自先秦以降，文化的普及大体经历三个重要阶段：孔子首开私学，使文化知识由贵族向"士"扩展，汉魏六朝基本保持了这一状况；隋唐时代推行科举制，唐代又重修氏族志（为高门大姓排序），大大动摇了传统"士族"的地位；宋代以后，门第观念被彻底打破，科举录取名额大大增加，平民子弟拥有了读书、科举、入仕而改变命运的条件。宋代重视文化教育，在开办官学的同时又出现不少书院，对普及文化知识素养颇有助益。与此相关，宋词、元代杂剧散曲、明清小说等文学形式，被当时社会各阶层喜爱，成为各自时代文学的标志。浓郁的平民色彩，是由宋迄清社会文化的重要特征。

　　四是社会心理意识的老熟。宋代虽然去唐世不远，但对大唐社会的昂扬激情、进取精神几乎未曾接续；代之而起的却是内敛自省、垂老熟透的社会心理。从宋初晏殊《浣溪沙》的"无可奈何花落去"，到北宋中期苏轼《临江仙》的"长恨此身非我有，何时忘却营营。……小舟从此逝，江海寄余生"，再到宋末蒋捷《虞美人》的"鬓已星星也，悲欢离合总无情。一任阶前，点滴到天明"传达的都是知命、知止的信息。在大是大非问题上，宋人大多着眼于析义说理，远不及唐人直观切要。例如，中唐的韩愈反对佛教旗帜鲜明，认为佛教破坏了整个社会生态，对宪宗皇帝迎佛骨入宫忍无可忍，发出反佛的最强音："乞以此骨付之有司，投诸水火，永绝根本，断天下之疑，绝后代之惑，……佛如有灵，能作祸祟，凡有殃咎，宜加臣身；上天鉴临，臣不怨悔！"②宋代士人也曾反佛，但与韩愈大不相同："辟

----

　　① 清·王夫之著、舒士彦点校《宋论》第 73 页，中华书局，1964 年 4 月。
　　② 唐·韩愈《论佛骨表》：郭预衡《唐宋八大家散文总集》第 232 页，河北人民出版社，1995 年 11 月。

佛之说，宋儒深而昌黎浅，宋儒精而昌黎粗。然而披缁之徒，畏昌黎不畏宋儒，衔昌黎不衔宋儒也。盖昌黎所辟，檀施供养之佛也，为愚夫妇言之也。宋儒所辟，明心见性之佛也，为士大夫言之也。天下士大夫少而愚夫妇多；僧徒之所取给，亦资于士大夫者少，资于愚夫妇者多。使昌黎之说胜，则香积无烟，祇园无地，虽有大善知识，能率恒河沙众，枵腹露宿而说法哉！此如用兵者先断粮道，不攻而自溃也。故畏昌黎甚，衔昌黎亦甚。宋儒之说胜，不过尔儒理如是，儒法如是，尔不必从我；我佛理如是，佛法如是，我亦不必从尔。各尊所闻，各行所知，两相枝拄，未有害也。故不畏宋儒，亦不甚衔宋儒。然则唐以前之儒，语语有实用；宋以后之儒，事事皆空谈。讲学家之辟佛，于释氏毫无所加损，徒喧哄耳。"①通过这段文字，可以看出宋代文士对"异端"的容忍程度。即使宋儒创立的"理学"，也是道、佛理念与儒学融合的成果，"三教"在宋代已然达到同生共存的境界。宋、明之世，也进行过若干社会改革，但均因固守旧制力量的阻挠而夭折或遭到清算，宋代王安石、明代张居正等人都是如此。到了清代，未再出现力主社会改革的大臣（"戊戌变法"在此之后），大多数人采取明哲以保身家性命、考据以传承文化根茎之方式。明代杨慎《临江仙》"滚滚长江东逝水，浪花淘尽英雄。是非成败转头空。……一壶浊酒喜相逢。古今多少事，都付笑谈中"、龚自珍《咏史》"避席畏闻文字狱，著书都为稻粱谋"可以作为此期社会心理的注脚。

从宋代到清代，社会生活（尤其物质方面）是有所进步的，可惜主要是细部的加工或自我陶醉。在这长达千年的时日里，并未出现汉唐之时雄才大略的创新，甚至远远落后于世界潮流而不自知，中国的传统文化因凝定而变得迟暮老迈。

（二）文化成果丰硕多样

中华民族在漫长的历史进程中，创造了丰富的文化成果，整理和保存这些成果，受到历代王朝的关注。宋代比之前代，对文化的重视程度更高，技术更加先进（造纸、活字印刷、雕版印刷），整理保存传统文化文献工作的力度更大。北宋前期编辑的《太平御览》《文苑英华》《太平广记》《册府元龟》"四大书"，是宋代文献编辑的标志性成果。《太平御览》（1000 卷）

---

① 清·纪昀《阅微草堂笔记·姑妄听之（四）》第 341 页，上海古籍出版社，2010 年 12 月。

属百科类书，分为 55 部 5426 类，每类之下，罗列有关此类（如"天部""云"类）记载的引书（作品）名称及引文片段；全部引书多达 2500 余种，其中十之七八已经亡佚，欧阳修（作《集古录》）、赵明诚（作《金石录》）等人，皆从《太平御览》中寻找例证，更为后代校订古书、编辑佚书之必备。《文苑英华》（1000 卷）属文章分类总集，分为 38 类，共收录近 2200 位作家的约 2 万篇作品；此书编辑目的是接续《文选》，选入作品上自南朝梁末，下至唐五代，其中南北朝作品约占十分之一，唐代作品达十分之九，而南北朝时期文学作品少见于其他文献，《文苑英华》保存的同期作品弥足珍贵，多为后世所引用。《太平广记》（500 卷）属小说类编总集，按照题材性质分为 92 大类、150 多个小类，所收均为汉代至宋初的野史小说，引用著作达 475 种；此书是李昉等人奉太宗诏命编辑，所录故事多为宋元话本、杂剧、诸宫调采用；明清时期的小说与戏剧，更是将其作为故事题材的重要来源。《册府元龟》（1000 卷）属政事类书，分为 31 部、1104 门；此书成于真宗朝（前三部成于太宗朝），所录均为历代君臣事迹，时限自上古至五代，出处以正史（十七史）为主而兼及儒经诸子；其总字数达 900 余万字（超过《太平御览》一倍），可借之与正史对读、校订十七史；而且每部有总序，每门有小序，这些序言以辨明古今源流为务，颇显编写者之功力。对于宋代这几部"大书"的价值，明代著名学者胡应麟所言极是："《文苑》之芜冗，《广记》之怪诞，皆艺林所厌薄，而不知其有助于载籍者不鲜也。非《御览》，西京以迄六代诸史乘煨烬矣。非《英华》，典午以迄三唐诸文赋烟埃矣。非《广记》，汲冢以迄五朝诸小说乌有矣。"[1]

　　明代的《永乐大典》属于类书，也是世界上第一部百科全书。此书于永乐元年（1403 年）开修之时，永乐帝对主持修撰的解缙等人提出要求："凡书契以来，经史子集百家之书，至于天文、地志、阴阳、医卜、僧道技艺之言，备辑为一书，无厌浩繁。"[2]该书到永乐五年（1407 年）定稿、次年全部抄录完成。此书目录 60 卷，正文 22877 卷，装订为 10095 册，总字数约 3.7 亿字。收入书中的典籍有七八千种，囊括从经史子集到医学农艺各类著作，内容极其丰富。由于引用资料采用依照原书整部、整篇抄写，有许多古籍因此书保存下来。《永乐大典》的篇幅太大，明代只是抄写了正、

　　① 明·胡应麟《少室山房集》（卷一〇四）《读太平御览三书》：《四库全书》第 1290 册第 752 页，上海古籍出版社，1987 年 1 月。
　　② 清·永瑢《四库全书总目》第 1165 页，中华书局，1965 年 6 月。

副两部，正本毁于明末，副本至清乾隆年间已缺失 2400 多册，目前仅存215 册。

清代《四库全书》，是我国历史上最大的丛书。全书分为经、史、子、集四大类别，收集古代至清前期的著作共 3461 种，编为 79309 卷，装订为36000 册，另附《四库全书总目》200 卷。此书自乾隆三十七年（1772 年）奉旨设馆编辑，1781 年完成第一部抄写任务，此后又陆续抄写六部。《四库全书》规模巨大、内容宏富，在著录书籍过程中，需要一一辨别真伪、考究版本源流、撰写颇具功力的"提要"。此书属于"丛书"，保存了大量完整的古籍，对学术研究具有相当重要的参考价值。

以上所列，只是宋至清代整理编纂的最具代表性之成果。这些成果，汇集了前代取得的文化成就，也是编纂者所在朝代进行文化总结与借鉴的重要体现。

宋及以后各朝代，不仅仅局限于总结前代，自己在文化传播、文学创作上也取得了巨大成就。传统文学体式（诗文）的作家作品数量，宋朝即已大大超过前代。例如唐代存诗最多的白居易不过 2800 余首，《全唐诗》收录诗歌不到 5 万首；而宋代存诗四五千首的诗人比比皆是，存诗最多的陆游接近万首，《全宋诗》收录诗歌达 40 万首以上。但是，宋及后世真正具有创新意义、堪称标志性的文学成果是宋词、元曲、明清小说。这些类型的作品，不同于此前主要由上流社会、正统文人掌握的汉代大赋、六朝骈文、唐代诗歌，而是伴随着工商业繁荣、市民阶层兴起的通俗文化形式。词人柳永反映市民生活、苏轼表达人生感悟、李清照实录心性情态、辛弃疾抒写壮志难酬，都是常人易知曾经的；元杂剧《汉宫秋》的生死别离、《西厢记》的真挚爱情、《窦娥冤》的苦难遭遇，打动了无数观众的心灵；明代的"三言""二拍"，以白话创作小说，文字易懂、故事源自生活，受到人们的喜爱；明清之际成熟的长篇章回小说，以容量大、情节繁、人物多为特征，历史演义《三国演义》、英雄传奇《水浒传》、神魔小说《西游记》，满足了读者猎奇增识的欲望，而以《金瓶梅》《红楼梦》为代表的世情小说，更是引起巨大的轰动效应，以至于"开言不谈《红楼梦》，纵知诗书亦枉然"。宋词、元曲、明清小说的出现，既接续了唐诗之后的中国文学之主流脉络，同时也大大丰富了中国传统文化的宝库。

宋代以降的文化成果，当然不止于以上所述，比如宋代沈括的《梦溪笔谈》，元代王祯的《农书》，明代李时珍的《本草纲目》、宋应星的《天工开物》，清代乾隆朝官修的《医宗金鉴》等，都是科技、医学、农业等领域的重要著作。这些专著的独创成分并不太多，主要也是针对前代相关经验的整理与总结。

七、鸦片战争以降：图存转型

从秦朝统一中国、确立封建专制制度以后，在中华大地上虽然经过多次改朝换代，但中国社会的基本形态并未改变（农耕经济、中央集权、儒学统领）。这种千年如一的局势，到了清代后期发生了很大变化。1840 年鸦片战争的爆发，成为中国社会大变革的直接肇始。面对来自海洋的强势文化入侵，中国面临数千年未遇之大变局、亡国灭种之危险，仅仅依靠改朝换代方式，根本无法解此困境。当此时，进行社会文化转型以图存，成为唯一的选择。

（一）转型的原因

任何重大事件的发生，都有其必然的原因，中国社会在清后期开始转变也是如此。我们可以对明清之际的世界大势作一回顾：明王朝建立之初，代表当时世界另一个文明高地的欧洲，已经冲出"中世纪"的千年黑暗，开始"文艺复兴"（14—16 世纪）。这场由新兴资产阶级推动的"复兴"，迎来科学与艺术的革命，开启了欧洲近代化的门户。接下来的"启蒙运动"（17—18 世纪），是更加彻底的反封建、反教会的思想文化运动，"自由、民主、平等"等思想意识为大众所接受，欧洲资产阶级革命（如法国大革命）的理论基础已然奠定。到 18 世纪中期，瓦特改良的蒸汽机促成工业革命，大规模的工厂化生产取代个体工场手工生产，资本主义工业化全面展开，欧洲呈现出令人惊异的社会新貌。反观当时的中国，明清两朝统治者一方面沉醉于天朝上国的梦境，另一方面加紧对百姓全方位的禁锢与压榨盘剥，举国上下仍然深陷于封建主义的泥潭。1840 年鸦片战争爆发，国人方才从幻梦中惊醒，试图转型求生。

西方列强用坚船利炮轰开中国国门，迫使清政府签订不平等条约以攫取各种实利。同时，西方借机大肆进入中国，从器物用品、工业技术到民主思想、科学理论、政治制度、宗教信仰等各个方位层面，猛烈冲击中国固有的传统文化。西方由于工业技术及军事实力的强大，在与中国传统文化的碰撞交锋中优势明显。面对严峻的局势，国人最初紧抱"夷夏大防"观念，坚持认为"夷狄之与华夏，所生异地，其地异，其气异矣；气异而习异，习异而所知所行蔑不异焉。……特地界分，天气殊，而不可乱；乱则人极毁，华夏之生民亦受其吞噬而憔悴"①。这样的思想，从维护中华文化纯洁性上讲，尚有可取；若从吸收外来文化优点为我所用视角而论，则属文化保守主义的体现，根本无法解决面临的问题。于是，"师夷长技"的理念，越来越多地被人们所接受，用以应对西方文化重压，试图救亡图存。

（二）转型的举措

近代中国社会文化的转型，大体上经历了三个阶段：第一阶段的洋务运动，第二阶段的变法维新与辛亥革命，第三阶段的五四运动。这三个阶段进行的变革，分别着眼于物质、制度、精神文化层面。

物质层面的洋务运动。鸦片战争的失败，使得朝野上下的理性开明人士，开始认真考虑克敌制胜的办法。他们以"知己知彼"的思维，从了解对手方面开始工作。林则徐主持翻译《四洲志》导夫先路，魏源《海国图志》介绍了世界各主要国家的地理位置、历史传统、社会状况等情况，并且提出"师夷长技以制夷"的主张。此后，冯桂芬、郭嵩焘、薛福成、郑观应等人，着手开办工矿企业、从事外贸商务、创建新式学堂，用以将"师夷长技"落实。封疆大吏张之洞在支持实业的同时，撰写《劝学篇》对"中学为体，西学为用"予以论证解说，得到广泛的认同。朝中权臣李鸿章重金购买外国巨舰，建成庞大的北洋水师。经过数十年的努力，洋务运动表面上取得了不错的成绩。

制度层面的维新改良及辛亥革命。1894 年（光绪二十年/甲午年）的中日"甲午战争"，以中国战败、北洋水师全军覆没结束。清朝政府被迫于次年签订了《马关条约》，包括割让台湾及附属岛屿、赔偿白银 2 亿两等条款。甲午战争的失败，使一部分人认识到：仅仅"师夷长技"是无法强盛国家的，必须进行制度变革。康有为是改良派的领袖人物，他在其《孔子改制考》《大同书》等著述中，将孔子的"仁""义"等思想观点，与西方

---

① 清·王夫之《读通鉴论》第 431 页，中华书局，1975 年 7 月。

博爱、自由、平等相糅合，希望通过变法维新的方式，改变国家贫弱状况。他的改良思想，得到梁启超、谭嗣同等人的响应。当他们依靠并无实权的光绪皇帝进行变法时，受到慈禧太后为首旧势力的致命打击而夭折，整个变法不过"百日"而已。康有为等人的变法维新，是以"保皇"为前提的，这样的方式竟然都不能得到清廷认可，更加证明守旧派的顽固。于是，孙中山领导同盟会，以"三民主义"（民族、民权、民生）为纲领、以"驱除鞑虏，恢复中华，创立民国，平均地权"为号召，以资产阶级革命取代腐朽的清朝政权。经过若干次的失败，这场革命在"辛亥年"（宣统三年，即1911年）取得了成功。

精神层面的"五四"新文化运动。辛亥革命直接推翻了清王朝的统治，也终结了中国2000多年的封建制度。但是，这场革命的果实被袁世凯窃取，不少人并未改变封建思想观念，甚至还举行了袁世凯成为"洪宪皇帝"的即位闹剧。国家的整体面貌并未改变，各列强瓜分中国的恶行仍在继续。在这种情况下，从精神层面唤醒浑浑噩噩的众多国民，使全体人民振作起来、紧密团结、共同对敌、实现民富国强，显得十分迫切。"五四"新文化运动，就在这样的背景之下形成。这场运动首发于北京，是以青年学生为主，广大市民、工商人士等阶层共同参与，得到全国各地积极响应的反帝反封建的爱国运动。五四运动及其"科学、民主、爱国、进步"等口号，直接影响着中国社会文化的变革进程。

（三）转型的评价

中国社会文化在近代的转型，是一个被动的、痛苦的过程，走了不少弯路，也付出沉重的代价。引领转型风气的魏源等人提出的"师夷长技"之策，将学习的内容限定在制造战舰火器、训练士兵方法等方面，并未认识到掌握这些"器艺"，需要科学、制度及思想文化的支撑；而以"夷"对待西方的态度，也显示出以天朝上国自居、轻视对方的心理。如此心态下的洋务运动，对洋务的认识肤浅，重"技"轻"道"，一旦遇到重大考验，必然溃散失败（甲午战争）。

康有为等人试图从制度层面进行社会变革，采用"君主立宪"的政治制度。他们的"变法"，提倡向西方学习，改革政治、军事、教育制度以培训人才，创办报刊、开放言论以传播新思想，发展农、工、商业以繁荣经济，等等。这场资产阶级改良运动，由于主持者的能力缺陷（光绪皇帝的急躁盲动，康、梁等人的书生习气），以及反对势力的极其强大（慈禧太后、军政大员），最终不过百日即告失败。"百日维新"之后，孙中山先生领导辛亥革命，表面上推翻了封建制度，建立了资产阶级的国家政权制度。可是，袁世凯的北洋政府，只是表面上与封建王朝制度不同，实质上并无根本区别。明显的区别是，此前表面统一的中国，变成军阀割据的乱局、外敌环视的危局。

"乱"与"治"相依、"危"与"机"并存，这一规律也适用于中国近代社会。"五四"运动的发生，标志着中国人民大众的普遍觉醒。自此之后，国人逐渐用新思想把自己武装起来，与封建主义彻底决裂，与帝国主义坚决斗争。在中国共产党的领导下，终于使得中华民族重新挺直腰板、屹立于世界东方，让古老的中国传统文化，在新时代重新焕发出青春与活力！

为此，我们要衷心感谢创造中华民族灿烂文化的先民，感谢为传承中华文化而不懈努力的古圣先贤，更要感谢近代以来为中华文化转型做出巨大贡献的人们！是他们创造、丰富、延续了五千年的中华文明，并且每当遭遇危难之时，就以坚韧的意志引领中华民族摆脱困境，昂首阔步地向前迈进！

第三章

体式完整　色彩纷呈：中国传统文化的基本类别

文化的内容极为丰富，对文化进行分类定名，因视角有别而大不相同。以时间为据，可分为古代文化、近代文化、现代文化（或上古、中古、近古、现代文化）；以空间为据，可分为东亚文化、西欧文化（东方文化、西方文化）；以阶级关系为据，可分为贵族文化、平民文化（官方文化、民间文化）；以生存方式为据，可分为农耕文化、游牧文化、商贸文化；以社会功能为据，可分为物质文化、制度文化、精神文化；以表现形态为据，可分为物态文化、动态文化、心态文化，等等。相对而言，从物质、制度、精神三方面划分文化类别，其周延性、适用性更强。这三种类别的文化形态，可以共同构成"三维结构"（物质：实性—平面；制度：显性—立体；精神：隐性—内蕴），以之概括中国传统文化类型更为适宜。

一、满足生存必需的物质文化

物质文化，指人类在社会实践过程中创造的物质财富的总和；亦即所有具备物质实体、可触及感知且经过人为加工的事物。随着人类文明的进步，物质文化的含义由最初的人工制品，扩容至支配人工制品的生产和使用过程的整体现象（指导原则、思想观念、生产方式、使用方法、在人类生活中的地位及作用等）。人类最基本的生存需要，就是属于物质文化的衣、食、住、行。中国早熟且持续发展的农耕文明，在这些方面多有创获，取得丰硕成果。

（一）服装饰品

穿着服装，是人类走向文明的重要标志。中国古称"华夏"，"华"表示"冕服采章、服章之美"，可见服饰之美很早就成为中国（夏）的象征。服饰制作历史悠久、款式风格不断发展变化、种类繁多且质量优异、蕴含浓厚人文色彩与蕴义，是中国传统服饰的主要特点。

根据考古资料，距今 18000 年前的"山顶洞人"，已经使用骨针缝制兽皮用以遮身。仰韶文化遗址的陶石纺轮、良渚文化遗址的苎麻织物，说明服装制作的进步。商周时代，服装已不单单为了御寒遮羞，而是开始形成冠服制度。从安阳出土的玉、石及陶制人像可知，头戴扁帽、上身右衽交领衣、下身裙裳、腰间束带、脚穿翘尖鞋，是奴隶主的装束；奴隶则是免冠露发、身穿圆领衣、脖项带枷。其体现出中原地区华夏族束发右衽、上衣下裳的特征。西周是古代冠服制度确立的时期，不同等级身份的穿着，有着明确的规定（参见《周礼》《仪礼》，后世王朝大多以之为参照）。春秋战国阶段的上层社会，开始推崇宽衣博带的着装，北方游牧民族短衣小袖、长裤穿靴的"胡服"，也逐渐传入中原（赵武灵王"胡服骑射"）。秦汉时期的统治者迷信阴阳五行，对服装的颜色做出规定：秦朝自诩以水德王天下，服制崇尚黑色；汉代对服色规定更细，官服红色为上、青绿次之、吏卒衣黑、平民衣白、罪犯衣赭。魏晋南北朝时期，战乱频仍、民生困苦，又兼南北分隔、传统礼制解体，服饰衣着整体趋于简便：北朝的"胡服"（包括汉服对其借鉴后的样式）更加普及；南朝由于天气炎热，开始流行"衫子"（短袖单衣）。隋唐是我国封建社会的极盛期，服装的质地、款式都有增益，对服装的层级规定更加严格：唐朝的皇帝衣服为柘黄色、三品以上服紫、四五品服绯、六七品服绿、八九品服青、妇人从夫之色、平民衣白、士兵衣皂。宋代服装大致沿袭唐代，主流款式变化不是很大。元朝是蒙古贵族统治中国，袍子（夹袍或皮袍）的服用相对较广。明朝对服饰的应用做了极为详细严格的规定，如洪武十四年（1381 年）"令农衣绸、纱、绢、布，商贾止衣绢、布。农家有一人为商贾者，亦不得衣绸、纱"[①]，表现出浓重的"抑商"色彩。清代虽为满族统治，但各民族之间融合程度极高，服饰体现出以汉民族传统为主的多样化特征：清代男子的长袍、马褂和坎肩，

---

① 清·张廷玉《明史·舆服志》第 180 页，上海古籍出版社，1986 年 12 月。

以及兴起于满族女性的旗袍，都是流行的服装。

服装，由物质（丝麻绵毛）构成，具有御寒蔽体之实际功用，同时也包含着审美、等级及职业等方面的意义与功能。中国古代服装的种类繁多（包括鞋袜冠帽），与之相配的装饰，更是丰富多彩。例如，女性的"饰物"包括佩饰（腰带、香囊、佩巾等）和首饰（发饰、耳饰、手饰等），"妆饰"包括发式（发型）和面妆（面部化妆）等，每个时代都有新的样式。妆饰的用意在于"美"，为达此目的，人们总是不遗余力。有研究者认为，人类最初"用兽皮或树叶缝缀起来，围在两胯之前。这种装饰一不是为了御寒，二不是为了遮羞，而是男女间借以相挑诱，招引异性的装饰"[①]。利用装饰自己引人注意，当然属于确定美、展示美的过程。

利用服饰区分人的等级地位，自商周时期已成为定制。这种制度随着时代的推移，不断地扩容细化，成为区别尊卑、贵贱、亲疏的重要标志。从真命天子到皇亲国戚、各级官员、士农工商、兵卒皂隶、奴仆优伶，服装都要按照规定的款式、质地、颜色制作；参加不同的活动，特别是敬天告地、拜神祭祖、面君奉亲、治丧悼亡等庄重场合，必须穿着合适的服装；为官者备有官服、礼服（公服）、常服（便服），以配合不同活动；戴孝者按照与逝者的亲近关系，分别穿着斩衰、齐衰、大功、小功、缌麻的孝服。通过观看服饰，就可以确定对方的身份地位与阶级属性。

随着时代的发展，社会成员的分工日益明确，与职业相称的服装开始形成。在中国古代，主要包括官员、文士、军人、平民、商贾五种类型的职业服装。官员服装，是政治权力的象征，从皇帝到未曾入流的九品官，不同等级的官服区别明显，但都具有高贵威严、令人敬畏的意义。文人士子，是拥有丰富知识、从事脑力工作的阶层，他们既不用像官员那样装腔作势，也不用像农民那样挥汗劳作，衣着追求宽松雅致，喜好宽袖长袍、峨冠博带，以展现学者风流。军中将士的主要任务是参战抗敌，服装必须合体紧身、质地坚实，以防备箭射刀砍，多用皮革、甲胄制成。平民百姓终日辛劳，服装以简朴为宜，而因生活的贫困，又只能用葛、麻等缝制衣服，以"布衣"代指百姓，盖缘于此。商人，本属财力雄厚的富裕阶层，按照经济实力，完全可与官员比拼而不落下风；但历代王朝都对商人专门防范，通常规定商人不能穿着颜色鲜艳及质地优良的服装。"抑商"，是中

---

① 高振铎《古籍知识手册》第1199页，山东教育出版社，1988年12月。

国历代秉持的国策，在服饰方面也可以看出这一点。可见，服饰承载着多种社会文化功能意义。

（二）食物饮料

在人类生存最基本的需求中，食物是排在第一位的。古人对此认识明确，将其视为与"天"同等的国计民生之要务："食者乃有国之所宝，生民之至贵也。……盖民可百年无货，不可一朝有饥，故食为至急也。"[①]"知天之天者，王事可成；不知天之天者，王事不可成。王者以民为天，而民以食为天。"[②]基于对食物重要性的极端重视，以及农业占据经济生活的主导地位，早在距今七八千年前的新石器时期，我们的先民已经培育出粟、稻等作物，而后逐步形成完整、独具特色的饮食文化体系。

中国传统的饮食结构，包括食品和饮品。食品可分为主食（粮食）和副食（蔬菜、肉类及水果）。主食由"谷"类作物组成，古代多以黍（黄米）、稷（粟：小米）、麦、菽（大豆）、稻为"五谷"[③]，代指各种粮食作物。北方多种植黍稷，南方主要种植水稻。先秦时期的诗文典籍，对谷类作物多有记述，可知种植已经普遍。汉代的粮食作物种类又有增加，如麦有大麦小麦、稻有粳稻籼稻、菽有大豆小豆等。到了明代中期，外来的玉米、红薯、马铃薯（土豆）等，得以广泛种植，解决了人口大量增长对粮食的需求。

副食以蔬菜为主。先秦时期的蔬菜，大多取自野生，《诗经》中提到瓜、瓠、韭、葵等20余种蔬菜，其中以葵（葵菜）、藿（大豆苗）、薤（藠头）、葱、韭为主。汉魏六朝时期，蔬菜品种不断增多，北魏贾思勰《齐民要术》所载蔬菜品种达50余种。唐宋时期，由西域及印度、东南亚等地引进的黄瓜、茄子、菠菜、莴苣等，得以推广种植；此间国内自行培育出了白菜（菘）、茭白（菰）等重要蔬菜。元明清时期，又从国外引进胡萝卜、西红柿、辣椒等品种。肉食在原始社会狩猎阶段，或曾是华夏先民们的主要食物；在进入农业文明、阶级社会之后，肉食成为副食中次于蔬菜的存在（尤其是普通民众）。古代的肉食，最重要的是牛、羊、猪（豕）肉，为祭祀或宴享

---

① 南朝宋·范晔《后汉书·刘陶传》第205页，上海古籍出版社，1986年12月。
② 汉·班固《汉书·郦食其传》第200页，上海古籍出版社，1986年12月。
③ 五谷：五种谷物，其所指并不统一。或指麻、黍、稷、麦、豆；或指稻、稷、麦、豆、麻；或指粳米、小豆、麦、大豆、黄黍。此处所选"黍、稷、麦、菽、稻"五种，较为切合实际。

时必备，合称"三牲"。举行仪式时"三牲"齐备称作"太牢"，只用牛羊为"少牢"。由于牛可耕田务农，且繁育饲养较羊、猪困难得多，自先秦时期就对其格外看重，通过"诸侯无故不杀牛，大夫无故不杀羊，士无故不杀犬豕，庶人无故不食珍"[①]的规定，显示出对牛的珍视。羊肉的食用较为普遍，平民百姓逢年过节可以享用。真正普及的肉食是鸡、猪和狗肉，孟子曾说："鸡豚狗彘之畜，无失其时，七十者可以食肉矣"[②]。可知在战国时期，这几种属于价廉易得的肉食。狗肉被古代人们喜爱食用，以致"屠狗"成为专门的职业，战国时期的刺客聂政、汉初大将樊哙，都是"屠狗"出身。此外，江河湖海地区的鱼类，草原地区的牛、羊、马、骆驼等，属于当地人的肉食甚至主食，情形与中原地区明显不同。

传统的饮品，主要是指酒和茶。我国酿酒的历史极为久远，在殷商时期已经形成饮酒的风气。现今出土的商代各种酒器极多，可证商纣王"以酒为池，悬肉为林，……为长夜之饮"[③]的说法，或非虚言。周朝建立之初，周公、成王告诫王公大臣以殷商为鉴，少饮酒、勿醉酒（见《尚书·酒诰》），收效并不明显。到了后世，酒不仅是祭祀、聚会等正式仪式所必需，也是社会各阶层日常生活中的重要饮品。古代的酒是"薄酒"（低度酒），多用黍、稻及高粱（秫）煮烂加上酒母酿成。根据酿造时间及方法的不同，酒的浓度及其名称各不相同：经过一整天酿制的酒称"醴"，其味偏甜；多次酿造的酒称"酎"，酒精含量超过"醴"；浓度高的酒称"醇"或"酿"，此酒不另兑水、味道纯正。古人饮酒动辄以"斗"或"碗"为单位（李白"斗酒诗百篇"、武松喝"十八碗"酒过景阳冈），其实皆为谷类所酿的低度"薄酒"。高度白酒（烧酒）出现的时间较晚，根据明代大医学家李时珍的说法："烧酒非古法也，自元时始创。其法用浓酒和糟入甑蒸，令气上，用器承取滴露。……近时惟以糯米或粳米或黍或秫或大麦蒸熟，和曲酿瓮中七日，以甑蒸取。其清如水，味极浓烈，盖酒露也"[④]。关于酒的种类，在唐代已经非常之多。王翰"葡萄美酒夜光杯"[⑤]、"李长吉云：'琉璃钟，琥珀浓，小槽酒滴真珠红。'白乐天云：'荔枝新熟鸡冠色，烧酒初开琥珀

---

① 《礼记·王制》：王文锦《礼记译解》第 174 页，中华书局，2001 年 9 月。

② 《孟子·梁惠王上》：杨伯峻《孟子译注》第 5 页，中华书局，2005 年 1 月。

③ 汉·司马迁《史记·殷本纪》第 15 页，上海古籍出版社，1986 年 12 月。

④ 明·李时珍《本草纲目·谷四·烧酒》（卷二五）：《四库全书》第 773 册第 505 页，上海古籍出版社，1987 年 1 月。另：高度数"烧酒"出现的时间，亦有持汉代或唐代之观点者，但未获广泛支持。

⑤ 唐·王翰《凉州词二首》其一：清·彭定求《全唐诗》第 1605 页，中华书局，1960 年 4 月。

香。'杜子美云：'不放香醪如蜜甜。'陆鲁望云：'酒滴灰香似去年'"等①，展现了当时酒的不同种类。其中一些酒品虽已失传，但后世造酒方法及酒的种类远超前代、以至于今，中国白酒成为世界酒界的独特脉系。

茶，隋唐之前多被称为"茶"；至唐代陆羽著《茶经》，"茶"的名称得以流行。《尔雅》将"茶"释为"苦菜"、"槚"释为"苦茶"；晋代郭璞对"槚"的注疏是："树小，似栀子。冬生叶，可煮作羹饮。今呼早采者为茶，晚取者为茗，一名荈，蜀人名之苦茶。"②最早饮茶的时间及地区，当是汉代的蜀地："汉以上人无煮饮之者，王褒《僮约》始有'烹茶''买茶'之文。杨衒之作《伽蓝记》时，北人尚不知啜茗，其始唯蜀地产，而蜀人食之，后世乃移种于江淮。"③入晋之后，饮茶之风渐盛。南北朝时期，称饮茶为"水厄"。到了唐代，饮茶进入普通百姓之家，成为社会交往、日常生活的必需，政府开征专门的茶税，可见茶业兴盛之状况。此时普遍采用了"蒸青"（气蒸除去草味后焙干）和"炒青"（热锅干炒以保留茶绿色及香味）工艺，提高了茶叶加工与保存的能力。与之相关的烹茶、饮茶及制作茶具的方式方法，也都十分精细。生活于盛唐时期的陆羽创作的《茶经》，以总结前代经验、考察当代实况为据，梳理了茶叶的历史源流，介绍了茶叶的采摘、制作、品级鉴定、烹煮饮用的技艺方法，是中国乃至世界最早论述茶叶的重要著作。宋代以降，随着饮茶更为普及、制茶工艺不断改进，茶叶分为绿茶、红茶等类别，形成西湖龙井、信阳毛尖、洞庭碧螺春、武夷山岩茶、祁门红茶等著名茶品。公元 7 世纪前后，我国的茶叶传至周边国家，到了明末清初时期，茶叶已传播到世界各地。茶叶长期成为中国主要输出品，也是世界三大天然饮料（茶、可可、咖啡）之一。

酒与茶之外，属于饮品的还应包括水、汤、奶等。水，即普通的凉水（白水）；汤，指热水（开水）。早在先秦时期，人们已经形成喝热水的习惯："冬日则饮汤，夏日则饮水。"④中国人历来喜欢饮用热水，既有传统的惯性，也有利于身体的科学道理。奶，指牛奶、羊奶等，为牧区居民的饮料。由于水（热水）和奶为人们日常生活之时需必备之物，通常并未列入饮品

---

① 宋·陆游《老学庵笔记》（卷五）：《陆放翁全集》第 35 页，中国书店，1986 年 6 月。

② 晋·郭璞注、宋·邢昺疏《尔雅注疏》第 60、72 页，中华书局，1980 年 10 月。

③ 清·王夫之《诗经稗疏》（卷一）：《四库全书》第 84 册第 781 页，上海古籍出版社，1987 年 1 月。

④《孟子·告子上》：杨伯峻《孟子译注》第 257 页，中华书局，2005 年 1 月。

序列之内。

　　粮食制作的食品，可以区分为用米或面粉做成的"饭"（干粮）、将米用水稀释而成的"粥"、将肉或菜加水熬煮而成的"汤"三个类别。饭，包括用米（小米或大米）制作的干饭、粽子、糕；用面粉制作的蒸饼（馒头）、包子、汤饼（面条）、炉饼（烧饼、胡饼）、油饼（炸饼）等。粥，可分为单一谷物煮成的"素粥"（如小米粥、大米粥等），以及用多种食材煮制的"合成粥"（如腊八粥）；粥可以养胃健体（李时珍《本草纲目》记录的粥达40余种），自古至今为国人所喜爱。汤，包括肉汤、菜汤、面汤、米汤等，作用与粥相近，是为了佐助进食。

　　传统饮食制作方法考究，烹调技术高超。制作方法包括：蒸（热气蒸物使熟）、煮（食物置于水中煮熟）、炖（食材加入汤水及调料，开锅后以中小火长时间煮制）、炒（以油为主要导热体，将食材用旺火在短时间内加热成熟）、炸（食材放在沸油中脱水成熟）、煎（加热锅内的油，放入食材使之表面焦黄熟透）、烤（用明火或暗火产生的热辐射加热食材，使之表层松脆焦香）、焖（用文火将汤汁除去而食材成熟）、拌（主要用于各种凉菜制作），等等。因此，我国的食品菜肴品种之繁多、造型之新奇、口味之精美，均堪称世界之最。据统计，我国具有民间特色的菜肴不下2000种，形成许多地域风格鲜明的菜系，在清代即有"八大菜系"之称的川菜、粤菜、鲁菜、苏菜（淮扬菜）、徽菜、湘菜、浙菜、闽菜，是其中的著名代表。

　　经过长期的积累与发展，饮食在满足人的基本生理需求基础之上，逐步形成不同习俗与特征。以我国主体的汉民族饮食为例，在食料选择上，以植物为主：主食是粮食（五谷），辅食为蔬菜，添加少量肉食，这与中原地区以农业生产为主的经济形态密切相关。在食物制作上，以熟食、热食为主：早在先秦时期，人们已经认识到火烧水煮食材的作用，形成了制作熟食的观念，"三群之虫，水居者腥，肉獭者臊，草食者膻。臭恶犹美，皆有所以。凡味之本，水最为始。五味三材，九沸九变，火为之纪。时疾时徐，灭腥去臊除膻，必以其胜，无失其理"，这与我国文明开化较早、重视烹调技术相关。在食物味道上，强调中庸和谐："调和之事，必以甘酸苦辛咸，先后多少，其齐甚微，皆有自起。鼎中之变，精妙微纤，口弗能言，志弗能喻，若射御之微，阴阳之化，四时之数。故久而不弊，熟而不烂，甘而不哝，酸而不酷，咸而不减，辛而不烈，澹而不薄，肥而不䐈。"①在菜品形制上，注重合理搭配：有热菜与冷盘的搭配，红、黄、绿各色的协同，圆、方、长各型食器的使用等，整体构成和谐融汇的局面。在饮食方式上，实行礼仪化的聚餐制：聚餐习俗的流行，与我国农业文明繁荣、村社共同体长期存在相关，也是中华民族重视血缘亲情及家庭观念浓厚的一种体现。在聚餐过程中，融入许多"礼"的成分（尊老敬长、文明进食等）及娱乐性质，若是邀请宾客在场的重要聚餐，更是以展示本人（家庭）素养、增进双方情谊、达成意愿期盼为目标的平台。在进食用具上，主要使用筷子：筷子古称"箸"，据称商纣王使用象牙制作的"象箸"（见《韩非子·喻老》），可见商周时期已经流行用筷进食的方式。相比于用手抓取食物（原始人进食的方式）、用刀叉切割食物（游牧民族习俗），用筷子进食具有取材方便经济（竹木）、使用灵活自如等优点，是我国饮食文化中独特的发明创造。

（三）居室建筑

房屋居室的建造，是与人类文明进步相向而成的。远古时期，人们"未有宫室，冬则居营窟，夏则居橧巢"②。我国目前发现的最早房屋建筑，是处于新石器时代（距今约 8000—5000 年前）的大地湾遗址（甘肃省天水市秦安县）。大地湾遗址早期的房屋，多为半地穴式，圆形为主；中期出现平地起建的房舍，面积增大；晚期房屋体形高大，出现连间（中间大房而两边小房）房屋。进入商周时期，房屋建筑初现雏形：商代出现了土坯为墙、木制梁柱、房顶成坡（以利雨水泻下）的房屋；周代建房以夯实土台为基础，通常以门道、前堂、后室为中轴线，两侧配建厢房、门房，墙壁用板筑夯土，墙面用黄泥或沙子与白灰混合涂抹，房顶覆盖茅草并在屋脊等部位加盖瓦片。秦汉至唐代国力强盛，建筑雄阔宏大：秦代的阿房宫、汉代的未央宫、唐代的大明宫，均以殿堂雄伟、规模宏大而著称。汉代房屋以木质结构为主，以立柱横梁组合成基本框架，将屋顶的所有重量通过架梁传递至立柱、达于地基墙壁，其作用是隔断空间而减小承重、利于门窗位置的安排；后世民间建造房屋，大都依照这样的方式。始建于唐太宗

---

① 两段引文出自《吕氏春秋·孝行览·本味》：许维遹撰、梁运华整理《吕氏春秋集释》第 313-314 页，中华书局，2017 年 6 月。

② 《礼记·礼运》：王文锦《礼记译解》第 291 页，中华书局，2001 年 9 月。

贞观八年（634 年）的大明宫，分为前朝和内庭两部分：前朝以朝会为主，中心为含元殿（外朝）、宣政殿（中朝）和紫宸殿（内朝）三大殿；内庭以居住和宴游为主，其中有人工湖泊太液池及各种别殿、亭、观等 30 余所；整个宫殿大致呈南北向的长方形，以含元殿等三大殿为中轴线对称安排其他建筑物，这种结构布局为此后历代王朝建造皇宫所仿效。宋元时期的建筑，显得清奇巧妙：宋代建筑艺术已臻纯熟，在风格上改变了汉唐的宏大庄严，转为细腻柔和；无论宫廷建筑还是市井民居，完全打破了结构对称的单调式样，形成布局精巧多变、做工细致规范、注重彩绘雕饰的特征。宋代存世建筑物，以山西太原晋祠、河北正定隆兴寺最为著名，宫廷及民间建筑，可通过《清明上河图》等画作窥知。元代建筑沿袭宋金旧制而精致不逮，其中大都（北京）的建筑格局颇见功力，为明清两代的帝都建设奠定了基础。明清时期总结前代经验，建筑以壮丽精致著称：从两朝帝都北京城的严谨布局、宫殿建筑（今故宫博物院）的壮丽雄伟、皇家园林（圆明园、颐和园）的山水谐趣，到山高云深的寺庙、江南水乡的园林，乃至密布城乡的高门大户、四合院落，都展现出或雄伟高贵、或色彩鲜艳、或精致细密、或寓意深刻等特色，达到了我国古代建筑的最高水平。

由于中国的地域辽阔，传统房屋建筑的形式及材质多种多样。北方冬季寒冷，房屋顶部及四壁要厚实保暖，门窗要密闭以防寒风，取位通常坐北朝南以获阳光。南方湿热多雨，以驱暑防潮为要务，住房以通风、遮雨、取凉为原则。建筑材料及形制多是就地取材、因地制宜，南方多搭竹木为楼，北方多砖木建房，山区多用石片造屋，黄土高原多掘窑洞而居。传统建筑的材质以木（竹）为主，其基本工艺是网架、榫卯组合。网架，即由若干立柱与横梁共同组成建筑的基本框架；榫卯，是联结不同构件使之固定的具体方法（榫头凸、卯眼凹），榫与卯的组合，将全部建筑材料形成整体。对建筑物进行雕绘装饰，也被人们所重视。在春秋时期，各国君主的宫殿已经开始对墙壁涂抹颜色；后世皇宫及贵族府邸更是雕梁画栋、金碧辉煌；即使普通民居，也会雕刻门窗、悬挂匾额楹联，发挥其装饰作用。

建筑的基本功能，是满足人们生活的需要，同时也包含着一定的人文意蕴，中国传统建筑主要体现为"和合"。这种意蕴的具体表现，一是建筑单元的"谐合"：不同的建筑物高低错落有致，建筑物与所在区域的山水景观相互映衬依托，阴柔与阳刚相互渗透统一，共同构成和谐融洽的环境氛围。例如，中国宫殿建筑以基座巨大、立柱粗大、开间宽大、门窗高大而显示出阳刚之气；但基座设计台阶栏杆及雕饰、立柱上有盘龙附凤之雕饰或楹联、门板上布置铜钉金环、窗格装饰花鸟祥瑞、房顶以彩色琉璃瓦覆盖、屋檐及柱头利用斗拱层层叠加、室内安排器物绘画加以充实，如此相对阴柔的举措，融解了单纯阳刚的简易粗犷，实现了"阴阳和合"的对立统一，达到中国传统美学的刚柔相济之美。二是整体结构的"闭合"："中国的城镇，小自乡里，大至都市，所有的建筑，差不多无一不是遵循着组合的内向原则而刻意布局的。府邸中院中有院，园林中园中有园，城市中更是层层内向，城门中有瓮城，外城中有内城。"①建筑的"闭合"特征，突出地表现为无处不在的"墙"，城市有城墙、坊街有坊墙、院落有院墙。"对墙的重视，不仅出于心理上的安全屏蔽的考虑，而且也反映了相对封闭的内向性格。……内部空间完整统一，气势聚而不散，既与外界隔绝出两个世界，又适应了古代重视尊卑长幼、男女有别、内外有别的礼法要求。"②除了处处有墙，环境的曲径通幽、庭院的多重进深、房屋的外堂内室、居室的屏风遮蔽等，无不显示出内敛闭合的特征。三是围绕中心的"聚合"：从大都市的公共场所到城乡普通民居，各类建筑都有其必须突出的中心要点。京都以皇帝所居的皇宫为中心，城市要围绕"中轴"安排官衙、街市与民居；百姓的房舍也要将正屋建造得高大周正、有别于偏室柴房；大量普通建筑对重要建筑形成众星捧月之势，犹如平民百姓或晚辈后生对君王及尊长表达尊崇奉从。这种建筑的"聚合"，也是中华文化"集中统一"意识的体现。

从文化视角考察传统建筑，可以区分为"官方文化、士子文化、俗世文化"三种类型。官方建筑文化，指皇帝所居的宫殿、地方政府的官衙、皇家园林、皇家寺庙等。官方建筑文化，是用建筑来表达政治思想，例如古代都城的城市规划，最重要的就是以皇帝为中心、突出皇权、重视皇宫建设；再就是按照人的社会地位来划分建筑的等级，皇帝、贵戚、官员、平民的建筑都有具体标准，必须遵照执行。士子建筑文化，指文人士子讲学论道的场所（如岳麓书院）、登临的佳境（如黄鹤楼及岳阳楼）、喜爱的园林（苏州园林）或自家的宅邸（如袁枚的随园）。士大夫群体作为知识分子，往往是以朴素、淡雅来体现自己的清高雅致气质、彰显文人的特点。

---

① 汪国瑜《建筑——人类生息的环境艺术》第 134 页，北京大学出版社，1996 年 8 月。
② 顾伟列《中国文化通论》第 141 页，华东师范大学出版社，2005 年 10 月。

俗世建筑文化，在各类民间建筑中得到多方面的体现。民间在建筑上多用直白的方式表达对欢乐、财富、幸福生活的追求，张贴"年年有余"年画、摆放聚宝盆和摇钱树等，是最为普遍的做法；而在建造的祠堂、戏园及富商巨贾的大宅院里，能够更加明显地看出俗世文化的建筑特征。

（四）交通出行

交通出行，是指人们走出家门与他人相互往来交流；其目的在于发展生产、交换商品、增进感情、传递信息等。认识交通出行的意义并付诸行动，是人类社会由野蛮进入文明阶段的重要标志。

外出行走须有路，道路是交通出行的基础性要素。在距今三四千年前的夏商时期，已经注意对道路的修建，其重要道路都是从都城（夏都安邑、商都殷）向外延伸。西周发祥于岐山之阳（陕西省宝鸡市岐山县），道路多向东方修建以达殷商腹地，而"周道如砥，其直如矢"[①]，表明此时已经重视对道路的标准及质量要求。春秋战国时期，随着江南地区的吴、越、楚国的陆续强大，他们不断参与中原的战争与会盟等活动，南北方向的道路得到快速发展。为了争霸，以大国为首的战争时有发生，战事多在北方且以车战为主，道路的多少与质量状况，很大程度上代表着诸侯国的富强水平。苏秦曾称赞魏国"车马之多，日夜行不休已"是"天下之强国"[②]。秦灭六国、统一天下之后，立即推行"车同轨"政策，要求各地车轮间距统一，同时调用大量人力修筑通达全国各地的驰道："东穷燕齐，南极吴楚，江湖之上，濒海之观毕至。道广五十步，三丈而树，厚筑其外，隐以金椎，树以青松。"[③]可见这种"国道"的密度之高、质量之优。在大力修筑"驰道"的同时，还在汉中与巴蜀间的崇山峻岭中开凿千里栈道，使西南地区与内地的陆路得以勾连。汉代以后的道路，多以都城为中心向全国辐射，连接州郡及重要地区，各州县城镇则向周边地带筑路连接，从而形成密布的道路网络。

在南方及沿海沿江地区，水路与北方的道路作用近似。利用自然水面载物出行的历史极为久远，为了扩大水路、联结南北，以人工开凿运河的工程，自周朝即已实施。连接淮河与黄河的鸿沟，据称为徐偃王所修；连

---

①《诗经·小雅·大东》：伍心镇、鲁洪生《诗经析释》第 472 页，春风文艺出版社，1986 年 10 月。
②《战国策·魏策》（卷二二）：《四库全书》第 406 册第 389 页，上海古籍出版社，1987 年 1 月。
③ 汉·班固《汉书·贾山传》第 219 页，上海古籍出版社，1986 年 12 月。

接长江与淮河的邗沟，则是吴王夫差为争霸中原所开凿。邗沟、鸿沟的开挖，为大运河的贯通做出了铺垫。此后，隋朝和元朝两次举国尽力，完成了大运河的巨大工程。隋朝重点从事洛阳到杭州的工程，将黄河、淮河、长江、钱塘江连接起来；元朝为了从江南运送物资至大都，从北京通州过天津向南到达淮阴，经原有运河至扬州、杭州。大运河的开通，价值不仅仅限于交通运输，其政治、经济等作用意义巨大。海上航行，自春秋以降即已出现，但海运占有重要地位，是在元代之后。元代从海上向大都运送的粮食，曾达到三百万石以上（见《元史·食货志》），清朝后期（道光咸丰年间）的漕运，主要也是利用海运。明朝因倭寇袭扰，海路时开时禁，但郑和率领庞大船队数次下西洋，足证当时航海能力之高超。

　　道路（水路）的开通，方便了出行，如果路途较远，则需要借助一定的工具。古人有"陆行乘车，水行乘船，泥行乘橇，山行乘樏"的说法[1]，而使用最多的是车与船。车，是北方最主要的运载工具。关于车的发明，流行的是黄帝轩辕氏、夏朝奚仲两种传说，但均无确证。现今可以确信的车，是出土于殷墟西北冈祭祀坑中的商代实物，车为两轮一衡结构，上有车盖，中有辕，门向后开，可用马拉车。周代造车的技艺高超，从《周礼·考工记》的记述可知：造车有严格的标准，根据尺寸的不同，车辆分为六个等级；造车的工匠各有分工，"轮人"负责制造车轮车盖、"舆人"负责制造车厢、"辀人"负责制造用以驾马的曲辕（辀）。当时的车，大致可分为五类：供运输的牛车、乘坐的马车、打仗的战车、狩猎的田车、农民使用的人力车[2]。周代造车的规制技术，为历代王朝所继承，后世除了在造车材质、细节布置等方面有所增减，整体上与之变化不大。需要说明的是，古代将由马或牛牵引的车称为"车"，将用人拉的车称为"辇"。自秦之后，将人拉的"辇"去掉车轮、改由人抬，称之为"步辇"，以供皇帝、皇后乘坐。与"步辇"相类的"肩舆"（樏），出现的时间早于春秋战国时期，通常在路况不好的环境使用（山行乘樏）。但是直到唐代，除了帝王、老弱官员及妇女之外，常见的出行方式仍是骑马或坐车。到了宋代，社会上乘轿现象渐多（轿的名称大约始于此时），朝廷对此采用限制性政策。此后历经元代，至明中叶之后，乘轿才成为朝野流行的风习。古代的轿，形制可分

---

[1] 汉·司马迁《史记·夏本纪》第 11 页，上海古籍出版社，1986 年 12 月。
[2] 马振亚、张振兴《中国古代文化概说》第 434 页，吉林大学出版社，1988 年 11 月。

两种：不用帷幔的"亮轿"（凉轿、显轿）、用帷幔遮盖的"暖轿"（暗轿）。根据用途不同，轿的名称也有多种：帝王所用为"舆轿"，官员所用为"官轿"、娶亲所用为"花轿"。此外，因地位级别不同，轿的形制、用料各不相同，轿夫数量亦有二人、四人、八人乃至十六人及以上的区别。

我国造船的历史，至少可推至距今 6000 多年前的新石器时代（浙江省余姚市河姆渡遗址出土船桨）。最初的船，是将独木镂空而成。商代开始制造木板船，并且出现双船并联的"舫"。周朝重视礼仪，对不同身份的人乘船做出规定："天子造舟（多船相连），诸侯维舟（四船相连），大夫方舟（两船相连），士特舟（单体船），庶人乘桴（竹木筏）。"①春秋战国时期，南方吴、越诸国拥有专门建造战船的工场，北方濒临大海的齐国，也能够制造出海的船只。秦汉时期，造船技术进步明显，类别包括供人乘坐及运货的官船民船、用于军事活动的战船、专作捕鱼之用的渔船。唐宋时代的造船业形成高潮，造船工场增加很多，明州（宁波）、温州、吉州（吉安）等地，每年都生产大量的船只。在工艺上，唐代已采用铁钉与榫卯结合以加固船只、建造水密隔舱以强化抗沉性能。此时的船只，体形硕大、载重力强，长度可达二十余丈、载人数百。宋代大海船载重更多至数万石（每石60 公斤），代表了当时世界造船的先进水平。明代堪称我国古代造船的高峰期，其造船工场数量之多、规模之大、管理之规范，均远超前代。明代造船业发达、技艺高超的最有力例证，当属明初郑和率船队七下西洋远航之壮举。郑和船队先后到达东南亚、南亚、非洲等地，在外交、贸易、军事等方面取得很大成就，而质量上乘的出行工具——船，是取得这一切成就的先决条件。

关于古代出行的食宿问题，主要通过官方驿站、民间旅店、僧道寺观三种方式解决。

驿站，是政府管理的官方住宿设施，用以传送国家公文政令及地区间往来信件。最初仅限于接待邮差信使，秦汉适度放宽至一些过往官员，唐宋以降的官员、商贾乃至域外使团，均可利用驿站解决食宿。这种机构，在商代应当已有设置（当时有"驿传"制度）。西周及春秋战国，开通的驿道已有相当规模，传递速度提高。秦朝统一六国，立即大力拓展驰道，通行天下，同时沿道设立驿站并制定法令进行专项管理。汉代以后，随着中

---

① 唐·欧阳询撰、汪绍楹校《艺文类聚》第 1229 页，上海古籍出版社，1982 年 1 月。

央集权统治的加强，驿道延伸至边疆地区。元代的驿道驿站，甚至可达西藏。驿站的名称，因时代不同曾有"庐、路室、候馆"（先秦）、"传舍、邮亭"（汉）、"驿馆、邮铺"（宋）、"站赤"（元）等称呼，明清时期通称为"驿站"。

　　民间旅店的出现，不晚于商周时期。甲骨卜辞有相关商旅的记载，据称吕尚（姜太公）曾做过"棘津迎客之舍人"①。春秋战国至秦汉时期，旅店大多开设在接近城邑的大路旁边。自南北朝为始，开设在城市的民间旅店渐多，但因严格的"坊市、宵禁"制度所限，此项业务并未得到真正发展。进入宋代，城市商业经济高度繁荣，历代沿袭的限制商品及人员流动的制度尽数取消，从都城汴梁到其他城市乃至山乡水渡，各类旅店星罗棋布（可参见《清明上河图》），大大方便了人们的外出交流。元明清时期，延续了宋代的旅行开放政策，店家也想方设法完善设施、迎合宾客，最大限度地营造"宾至如归"的氛围，成为利国益民的一大产业。

　　佛教寺院的建造，是在东汉以后。洛阳的白马寺，建于汉明帝永平十一年（公元68年），是我国最早的佛寺。魏晋南北朝时期，大江南北广建寺院，为宗教活动提供了充足的场所。唐代的佛教本土化（中国化）热潮，进一步吸引了众多信徒，佛寺的香火极盛、社会影响广泛。寺院最早接待的住宿对象是僧人（包括外邦及国内僧侣）。南北朝时期，达官贵人、社会名流热衷前往寺院参禅拜佛，由此寄食留宿寺内，自是顺理成章。此后，虔诚的信徒、远行的旅人、赶考的举子投宿寺院，渐渐形成风气。相比于官方驿站和民间旅店，佛寺以其环境幽静（多在山清水秀之处）、房舍用具雅洁、僧侣举止文明而独具一格。基于此，官员思量仕途进退、士人感受宁静生活、举子专心备考应试，佛寺成为他们的首选之处。此外，佛寺通常不会为食宿定价索金，食宿者（施主）随意施舍香火钱，表达对佛祖的敬意即可，这对困穷者（尤其穷书生）是十分有利的。

　　古代的出行方式，还有投奔亲戚（如欧阳修早年投奔叔叔欧阳晔）、依靠朋友（如孟浩然入京见王维）、客居达官权贵之门（姜夔为范成大宾客）、借宿旅途私人之家（李白《宿五松山下荀媪家》），等等。但是，人们离家出行最常用的，乃是上述三种方式。

———————————

① 汉·刘向《说苑·尊贤》；《百子全书》第184页，浙江古籍出版社，1998年8月。

二、规范社会秩序的制度文化

制度文化是由各种制度规范组成的。所谓制度，是在一定历史条件下形成的法令、礼仪等规范，意在节制人们的言行、划定行为标准。其中的"制"，指节制、限制、控制或制定；"度"，指标准、规范、法度、界限、尺度等。制度文化，是人类进入文明阶段之后，随着社会的发展进程，在特定思想理论和意识形态的指导影响下形成的；是以一定历史时期的经济基础与社会观念为前提，适应现实（当时）社会状况，又能够反映出该时期社会文明程度的文化形态。制度文化的类型，包括经济制度、政治制度、宗法制度、教育制度等，其中的经济制度是基础，政治制度是核心，宗法制度是准则。制度文化具有约束性，发挥着调适社会关系、稳定社会秩序、整合社会结构、规范社会成员行为的作用。

（一）经济制度

经济制度确立的基础，是现实社会的经济结构形态。以农耕为主体的自然经济，是中国古代的基本经济形态。农耕自然经济，以家庭为生产单位、以男耕女织为劳动分工、以自给自足为生产目的，属于典型的小农生产方式。这样的经济结构与运行方式，自先秦直至清朝灭亡，未曾出现明显变化。历代王朝主要的物质财富及财政收入，来自农民和农业，国家的经济制度也是与此相应的。

土地，是中国古代最为重要的生产资料。土地制度，是历代十分重视、着力制定与推行的制度。我国历史上的土地制度，大致经历了三个阶段的发展过程。第一阶段是原始社会时期，土地为氏族公社所有（公有制）。这一时期的农业得到初步发展，先民们开始从依靠采集满足生活所需，向利用农业生产获取粮食的方式过渡。大家一起耕种、收获及享用劳动成果，土地为氏族公社成员所共有。第二阶段是奴隶社会时期，土地为奴隶主贵族所有（国有制）。我国属于奴隶制社会的是夏、商、周三代，但因夏代的具体情况迄今尚无确证可据，此处的奴隶主贵族土地制度，是以商、周为例。殷商时期的土地为国家所有，君王以国家的名义向奴隶主贵族分配土地。这些土地通常划分为方田（井田），"方里而井，井九百亩，其中为公田。八家皆私百亩，同养公田；公事毕，然后敢治私事"①。奴隶们虽可用"私田"的收成养活自己和家人，但所有权属于国家（奴隶主子孙可继承使用），并且随时可能被剥夺种植权。周灭商之后，在继续实行井田制度的同时，对土地及臣民的统治进一步强化，其所有权归周天子并与分封的诸侯共同管理。第三阶段是封建社会时期，土地为封建地主所有（私有制）。我国的封建制度，形成于战国，定型于秦汉。其因在于春秋战国时期，随着生产力的发展、生产技术及工具的更新（铁制农具），生产关系开始了新的变化。奴隶们多用怠工和逃亡的方式反抗奴隶主，致使公田大量荒芜，奴隶主不得不将土地分配给农民耕种，自己收取地租。原属奴隶主贵族所有的土地制度，逐渐被这种封建地主所有制取代。进入秦汉之后，皇帝成为最大的地主，他原本就拥有大量土地，还可将全国各地闲置、无主土地及罪臣犯官的土地收为己有（国有），用以赏赐功臣甚至无地的农民。通常情况下，每当改朝换代之初，新朝都要进行"均田"，给予每个农民一定数量的田地。从这种"耕者有其田"的意义上讲，封建时代的土地所有制，即是"地主"（拥有土地者）"私有"（可以买卖）的制度。基于农民拥有土地对王朝经济发展、社会稳定的重要作用，各封建王朝为确保地主土地所有制的稳固，采取了若干保障措施，包括：以行政手段干预抑制土地兼并；整理户籍、丈量土地，使国家户籍户口增加、土地归属固定；必要的时候"授田"于民（将土地分给无地、少地者），为农民附着于土地创造条件。不过，这些举措往往或形同虚设，或杯水车薪，很难真正发挥效用。每到王朝的中期之后，土地兼并就会日益加剧，很多农民丧失土地，成为流民或造反者，进而推翻旧王朝，由新王朝重新分配土地。这种封建土地制度的循环，一直延续到清王朝被推翻之后的民国时代。

与土地制度密切相关者，是赋税制度。作为建立在农耕文明基础上的国度，中国历代支撑国家运作的赋税来源，主要是土地及其产品。夏商周时期的税制，根据《孟子·滕文公上》的记述，应当是"什一税"（税率10%）："夏后氏五十而贡，殷人七十而助，周人百亩而彻，其实皆什一也。"（"贡、助、彻"是税法的名称）②交纳的赋税，主要是粮食等实物。春秋战国时期，社会政治、经济各方面变化剧烈，赋税开始向依照土地面

---

① 《孟子·滕文公上》：杨伯峻《孟子译注》第 119 页，中华书局，2005 年 1 月。
② 杨伯峻《孟子译注》第 118 页，中华书局，2005 年 1 月。

积征收的制度转变，最典型的是鲁宣公十五年（前 594 年）实行的"初税亩"。其具体做法是："公田之法，十取其一；今又履其余亩，复十收其一。"[①]亦即保留井田制征收的"什一税"，对其余田地也征收"什一税"。初税亩制度以"履田而税"（按照田亩数额征税）的方式，取代以往"藉田以力"（井田制度的奴隶义务耕种"公田"）的徭役制度，标志着我国田赋制度的正式形成。这种以承认土地私有为前提的税制改革，也预示着奴隶社会领主经济的崩溃、封建地主经济加速发展局面的到来。秦朝建立大一统的中央集权国家，迅速结束各诸侯国赋税制度混乱状况，发布推行了新的税制法律，但因其短命灭亡而成效未及显著。汉代承袭秦制，建立起一套完整的赋税制度，主要包括：按人头交纳的"口赋"（7 至 14 岁交钱若干）、"算赋"（15 至 65 岁交钱若干）、"更赋"（成年男子要为国家及地方政府服役若干时间，可出钱雇人代役）、"献费"（每人每年献给皇帝钱币若干）；按每个家庭交纳的"户赋"（每户每年 200 钱）；按土地数量交纳的"田租"（汉高祖定为十五税一，景帝改为三十税一，直至汉末）。汉代这种以"人头"为主的税制，在魏晋南北朝战乱频仍、田制（占田、均田）时常变化的时期，已经难以为继，于是实施了"租调"制度。"租"指田租，交纳粮食（粟）；"调"即户调、亦即户税，交纳绢绵丝麻等。李唐王朝建立之初，以均田制为前提、"租调"税法为基础，推行"租庸调"赋税制度。租：每丁每年纳粟二石；庸：每丁服役二十天，如不服役须以绢代替（每日三尺，二十日共六丈）；调：每丁交纳绢（或绫、绝等）二丈、绵二两，或布二丈五尺、麻三斤。这种制度，"其取法远，其敛财均，其域人固。有田则有租，有家则有调，有身则有庸，天下法制均壹，虽转徙莫容其奸"，在唐朝前期得到较好的推行。安史之乱的爆发，造成均田制破坏、人口减少、户口流散，"租庸调"制度难以继续推行，唐德宗于建中元年（780 年）下令以"两税法"取代。"两税以资产为宗，不以丁身为本，资产少者税轻，多者税重。""夏输无过六月，秋输无过十一月。置两税使以总之，量出制入。户无主、客，以居者为簿；人无丁、中，以贫富为差。商贾税三十之一，与居者均役。田税视大历十四年（779 年）垦田之数为定。"[②]"两税法"的征收以户税、地税为主，确定了土地和财产为主体的纳税要素，并且规定以钱币

① 晋·杜预注、唐·孔颖达疏《春秋左传正义》第 185 页："初税亩"注，中华书局，1980 年 10 月。

② 此处有关"租庸调"和"两税法"的引文，皆见：宋·欧阳修《新唐书·食货志》第 148 页，上海古籍出版社，1986 年 12 月。

作为纳税的计算单位，成为后世制定税法的主要参照。宋代至明代前期，大体上实行两税制度，但时有附加杂税（如宋代头子钱、义仓税等）。明神宗万历九年（1581 年），张居正推行"一条鞭法"（条编法），将全国各地（州县）的田赋、徭役、杂税等合并，按照田亩数量分摊且由田主用银两交纳。这种赋税合一、按田计算、用银交纳的方式，使赋税征收从赋役制、租税制走向货币制，是商品经济发展的产物。清朝雍正年间，为彻底解决"一条鞭法"出现的问题（如人丁另负赋税、衍生各种附加税等），推出"摊丁入亩"新政。此项政策，将"丁银摊入地亩"、丁银与田赋全部按亩征收，真正实现了"地丁合一"，是对"一条鞭法"的完善与发展。大致说来，中国古代的赋税主体，前期以人丁、户口为主，后期以资产、地亩为主；交纳物品，前期以实物（粮、绢）为主，后期以钱币为主。历代赋税来源主要依托人丁与田亩，也反映出传统农业社会结构的特征。

除了依据土地人口收取赋税，自汉代以降制定的经济制度还包括：盐铁法（食盐和金属开采、制作与分配等，由政府控制）、平准法（京城接收的货物，由政府参照市场行情，价贵卖出、价贱买入，以平衡市场物价）、均输法（各地运往京城的物资，由政府负责运送或根据需要转卖另买）等。这些由朝廷掌控的制度，有效地限制了富商大贾借之牟取暴利，防止了物价涨落失常的现象，当然也是政府获得额外利润（垄断性随意加价）的重要来源。

（二）政治制度

政治制度（政治体制），是指统治国家的政权组织形式。政治制度的形成，以阶级和国家的产生为前提，与特定时期的生产力及生产关系相适应。政治制度的内容主要包括两个方面：国家政权的结构状况、组织程序和职权界定；国家机关建构的思想理念与组织（行政）原则。中国进入阶级社会形成的政体，具有"集权"的特征，主要包括奴隶制宗法贵族君主制、封建专制君主制两种模式。

宗法贵族君主制，形成于夏朝，延及商周两代。此时的民众大多居住在黄河中下游一带，他们利用适宜农耕的自然条件，逐步确立了农业为主体的经济结构（"重农"的理念在西周时期已树立）。在这样的自然及经济条件下，国家是由各个生活地域相对固定、解体后的氏族公社组合而成；氏族及家族的首长（族长）成为贵族统治者，他们的权力地位世袭，共同服从于力量最为强大的君王。由于黄河流域奠定的深厚农耕文明基础，国家基层组织是由众多的家人团聚、耕田为生的农业家庭构成，定居故乡、安土重迁、珍视血缘亲情等意识，深深嵌入人们的心中。宗法贵族君主制度，就是将血缘纽带、家长统领与国家政体相互结合的产物。

宗法贵族君主制主要表现为：最高权力机构，是由君主、贵族元老组成的议事会。这种组织形式，是由原始社会的"军事首领"和"贵族议事会"演变而来；执政者的任职制度，采用终身制和世袭制，君主和贵族官员的任期，都是终身和世袭的，这也是原始民主制时期身份"世袭"的遗留；君主与贵族议事会的关系，是相互依存、相互制约的关系，君主拥有对贵族官员的任免升降之权力，贵族对有过失的君主亦有进谏、流放乃至弑杀的权力；国家组织的基本原则，是以宗法血缘为纽带，血缘关系的亲疏远近，决定了政治上的尊卑高低；政权系统和家族系统合一，而国家与地方权力机关的关系构成，是方国联盟（夏商）或分封（周）的形式①。在宗法贵族君主制的建构实施过程中，周朝的贡献最大。周朝充分利用农耕社会基础，确立"重农"的国策及经济范型；利用军事实力与道德感化，树立君主的权威；利用血缘关系亲疏，确定相互关系的远近等级，实行分封制。周朝的政治制度，大体完成了"向心型政治结构"的建设，其主要内容为后世所接受，成为中国传统政治文化的突出特色。

封建专制君主制（中央集权制），生成于兼并六国、统一天下、建立中国历史上第一个封建专制主义中央集权国家的秦朝。秦朝深知"分封制"很难使君主始终具备超强实力、确保"礼乐征伐自天子出"（西周），反而极易形成诸侯国"尾大不掉""礼乐征伐"转而"自诸侯出"甚至"自大夫出"的局面（春秋战国）。于是，废除此前的分封制、确立郡县制，成为秦朝政治制度的必然选择。当时在中央设丞相、太尉、御史大夫（三公），他们向上直接对皇帝负责，向下通过各级官吏，对国家进行垂直管理；地方则按地区划定郡县，由中央任命的长官进行管理。此后虽有隋朝的"三省六部"制度、明朝的"内阁"制度等，其作用乃是进一步强化封建专制、权力更加聚集于皇帝掌控。

中央集权专制体制的根本目的，是确保最高统治者（皇帝）地位的稳固。这种制度的主要标志有三：其一，皇权至高无上且不可分割——皇帝

---

① 参见：徐洪兴《中国文化史三百题》第 19 页，上海古籍出版社，1987 年 11 月。

手握国家最高权力，对国家一切事务拥有决定权，中央及地方官员只能听命于皇帝；承担监察职责的部门无权监督皇帝，皇帝可随时剥夺官员权力甚至官民的生命。其二，皇帝任职终身制——每位皇帝一旦登基，除非遇到极其特殊情况（如政变或某强力集团干预），即使昏庸无能、荒淫无度、老病无力等，均须待其亡故方可另选他人。其三，皇位世袭且不可更改——皇位的继承是父子相传，如无亲生儿子，方可考虑由兄弟、侄儿等近亲继位；若他人试图染指帝位，则是大逆不道，必定受到极为严厉的惩罚。

封建时代政治统治的具体实施，包括"吏治"（设立庞大的官僚体系及众多官员）、"刑治"（制定严密的刑律条文以惩罚违犯者）、"礼治"（依靠政府、学校及家庭进行道德礼仪教育感化或惩戒）、"军治"（利用军队对大规模的反抗进行镇压）等方式。以宋代"吏治"所属的官员为例，宋真宗景德年间，官万员；仁宗皇祐年间，官二万员；英宗治平年间，官二万四千员；至南宋光宗绍熙二年（1191年），三万三千五百十六员；宁宗庆元二年（1196年），超过"四万三千员，比四年之数增万员矣"[1]。如此数量庞大的官员，固然大大加重了普通百姓的负担、降低了国家行政的效率，但是这些官员享受国家（皇家）俸禄、感戴皇帝提拔任用之恩，对于巩固皇权还是很有作用的。

长期不变的家庭为单位的农业经济基础、家国同构的社会结构形式、绝对集权的政治组织制度、深入人心的"大一统"意识及其相关行动、严密的"儒表法里"规则律条、层叠设置的政府机关及大量的官员等，为封建政治制度的推行与延续，提供了持续而强大的保证。

（三）宗法制度

在中国数千年历史发展过程中，经历了难以计数的战乱灾祸及不断改朝换代，但其基本社会结构未曾发生根本的变化。确保社会结构超稳定的重要支撑之一，是以家族为中心、以血缘关系为基础、以维护贵族（家族）世袭（祭祀祖先、承继本支）为目的的宗法制度。这里的"宗"，意为首领、根本、主旨、尊崇，此指在亲族中尊奉一人为主："宗，尊也。为先祖主也，宗人之所尊也。"每个家族（全体具有血缘关系的人）首领（族长），就是

---

[1]　宋·洪迈《容斋随笔·四笔·今日官冗》；许逸民《容斋随笔全书类编译注》第671页，时代文艺出版社，1993年12月。

本家族祭祀先祖的主持者、家族事务的管理者："宗人将有事，族人皆待，……所以长和睦也。大宗能率小宗，小宗能率群弟，通于有无，所以纪理族人者也。"①以家族为中心，按血统、嫡庶而组织、统治家族的法则（家规、家法），就是宗法。这种宗法，既适用于家族事务，又应用于国家政务。最高统治者（君主），也是按照这些要素制定条例制度，用以分配权力、承传君位、统治国家。

宗法制度的形成，是以家族（家庭）组织及家族观念形成为基础的。具有家族意识观念的核心要素，是强化亲族内部的血缘联系。对血缘族群的体认，在母系氏族社会已经具备，父系氏族社会得到进一步强化。家庭，是族群分裂的产物，进入阶级社会之后，家庭的地位愈加重要。中国传统家庭的结构模式，是以父子及婆媳为主轴的父子主导型家庭，亲子的血缘关系与夫妻的婚姻关系为基本架构。家庭成员受制于血缘关系，家庭地位、财产分配与血缘位置相关（长子从优）；婚姻关系从属于血缘关系，娶妻嫁女由家庭主要成员过问与决定；女性处于从属男性地位，同一家庭中女性地位有高下之别。家族观念的形成，源自血缘观念，从君王到普通家族，都将巩固血缘联系、维护血缘世系的纯度、承传家族谱系视为头等大事。后起的门第（等级）观念、孝悌观念，也是家族观念的重要组成部分。

宗法制度大致初成于商代，西周时期定型。西周时期确立的宗法制度，主要关涉继承、分封、宗庙三个方面。确立嫡长子继承制，是周朝吸取殷商权力交接混乱（父子兄弟相争）教训的结果。为此，明确了王位的继承方式："立嫡以长，不以贤；立子以贵，不以长"（嫡子长子，先于庶子次子）②，用以避免届时出现的纷争。用分封制解决权力及财产的分配问题，主要目的是强化和稳固王权。当嫡长子继承王位，拥有天下全部土地、百姓及财富时，将其中一部分交由自己的弟弟们掌管享用，既平复了他们的不满，又可使其在四周形成屏障，保证自己的安全。宗庙制度，包括建筑高大庄严的宗族庙宇、供奉祖先的神主牌位、制定严密的祭祀规则、举行盛大的祭祀活动等，其意在于利用血缘关系，辨别本宗族成员的亲疏尊卑等级、维系宗族的团结。将主持祭祀活动的特权归属"大宗"，也有利于其团结族人、提高自己的威望。

---

① 此处两则引文均出自汉·班固《白虎通德论·宗族》：明·程荣《汉魏丛书》第 171 页，吉林大学出版社，1992 年 12 月。

② 汉·何休注、唐·徐彦疏《春秋公羊传注疏》第 3 页，中华书局，1980 年 10 月。

自秦朝建立中央集权制政体为始，历代对周朝宗法制确立的嫡长子继承、按血统区别亲疏等级、宗庙祭祀等，予以全盘接收。由于分封制已被土地私有制取代，此时的宗法也不仅限于贵族阶层，而是扩大到全体社会成员。西周时期以大宗宗子（长房长子）为家族首领的组织结构，秦汉之后也有所改变：大宗宗子只是负责主持祭祀（主祭人），而族长（宗长）则由族人选举德高望重之人担任。很多家族制定了族谱、族规等，用以团结族人、规范族人的行为。宗法与封建礼教伦常思想相结合，既作用于权力、财产的再分配，又制约着族人婚、丧、祭礼乃至日常起居等生活形态。随着时代的推移，封建社会宗法制度的内涵与外延，日益细密与扩展。其具体建构与运作，主要表现为：

以血缘关系划定范围。血缘关系，是人类社会最早的社会（人际）关系，由男女双方结婚生育子女而形成（夫妻因其子女而构成血缘关系）。最亲近的血缘关系是父母与子女，其次是祖父母、外祖父母及叔伯姑舅姨，再次为堂兄弟姐妹、表兄弟姐妹等。相对于人与人之间的其他关系（朋友、同事、上下级等），唯有血缘关系是无法割断的（养父母和养子女关系可以断绝，无法断绝与亲生父母的关系）。血缘关系不仅有其生物学意义（父母生育子女），而且在情感上占据最为重要的位置：通常情况下，父母可以为子女的成长尽己所能、真正付出不求回报的无私之爱；子女也会依恋和孝敬父母、发自内心地感激父母的养育之恩。即使父母子女之间产生矛盾乃至怨恨，大多数终能缓解或和好如初，其因皆在无法割断的亲情。于是，在社会关系的区分与范围划定时，拥有血缘关系、血缘关系最亲近者，自然是最可信任与依靠的自家人。

以父系继承居于核心。自西周宗法制确定之后，历代的政治权力、公共职务和经济产权等的继承，全部遵循父系的单系世系原则。亦即在血缘内的世系排列、利益分配等方面，均限定在男性范围，完全排斥女性成员的地位。这种极度重视父系（男性）继承的意识，贯穿于中国社会各个时期的几乎所有领域：皇位继承者不能是女性，中国历史上绝无女儿（公主）继位的事例，唯一的女皇武则天也多被诟病；家庭财产一定要由儿子、过继的儿子（多为侄子）继承，不能交给女儿；掌握的秘方绝技，坚持"传男不传女"原则（儿子不在可传儿媳，但不会传于女儿）。所有这一切，都是为了确保权力和财富不致流入异姓他族之手（出嫁的女儿是外姓人）。

以嫡庶宗属区分等级。"嫡"与"庶"的区别，出现于皇室贵族及一夫多妻之家，正室（皇后、正妻）及其所生育子女为"嫡"，侧室（嫔妃、侍妾）及其所生育子女为"庶"。属于"嫡"范围内的成员（母亲及子女），其地位明显高于"庶"属成员。从宗族角度区分，嫡长子领衔的一支，为全宗族的"大宗"；其嫡母及庶母生育的诸弟支系，皆为"小宗"。"大宗"与"小宗"的关系，是等级从属关系。这种嫡庶宗属（大宗小宗）的区分，体现了亲亲、尊尊的理念原则，同时将其扩展至所有的社会成员："天有十日，人有十等，下所以事上，上所以共神也。故王臣公，公臣大夫，大夫臣士，士臣皂，皂臣舆，舆臣隶，隶臣僚，僚臣仆，仆臣台"①。如此详细的划分，对维护家庭及社会的等级次序，具有规范与维护作用。

以族约家法作为规范。制定各种制度用以规范人们的行为，是传统社会特别重视的工作。记述周朝典章制度的"三礼"（《周礼》《仪礼》《礼记》）中之所录，是早期国家层面的规定。至于后世由家族制定的规则，其名目极为繁多，如家法、家范、族规、宗式、宗训、条规、禁约等。这些规则，可分为"全面型"与"专题型"两种类型。前者内容涉及道德修养、为人处世、出仕为学、日常生活等，例如：北朝颜之推《颜氏家训》，包括"教子、兄弟、治家、风操、勉学、文章、涉务、养生、杂艺"等专题。后者针对特定内容或对象，例如：汉班昭为女子作《女诫》、北宋司马光为处理亲族关系作《家范》、南宋张镃为官员作《仕学规范》、明屠羲时为儿孙作《童子礼》等。诸多的规则，从不同角度为家族成员提供行为规范、品德标准、价值观念、目标定位、文化归属等资讯。其中有的似是提醒或建议，实际上发挥的效能近于法律，要求族人必须遵守，违犯者则受到相应惩治。

以宗庙祭祀凝聚族群。古代将祭祀视为"国之大事"，祭祀祖先更是重中之重，通常是在宗庙内进行。"宗者，尊也。庙者，貌也。刻木为主，敬象尊容，置之宫室，以时祭享。故曰'宗庙'。"②君王的宗庙称作"太庙"，民间的宗庙称作"祖庙、家庙"。最高统治者设立宗庙，意在表明"君权神授"：天神将统治天下的权力交与自己（开国之君）或自己的先祖（继任的君王），因此要建造宗庙、设置先辈的神主（牌位、塑像、画像），通过定期或不定期的活动，用以表达尊敬、感恩、寻求庇佑之情。民间的宗庙规格制式虽不及帝王之家，但其职能并无二致。同时，宗庙也是家族开展其

---

① 晋·杜预注、唐·孔颖达疏《春秋左传正义》第 346 页，中华书局，1980 年 10 月。

② 刘俊文《唐律疏议笺解》第 57 页，中华书局，1996 年 6 月。

他活动的场所，研究确定家族大事、撰修或宣布族谱家规、婚丧嫁娶仪式、教育儿孙晚辈、惩戒违规族人等，都可以在此举行。宗庙及相关活动，总能唤起同族追怀祖先、感恩前辈、承传薪火的情绪，进而发挥凝聚族群、同心共进之作用。

以族权政权相互融合。宗法制度，本是对宗族内部做出的规定。不过，古代中国社会具有"家国同构""君父一体"的独具特征。"家国同构"是就社会的组织结构而言，亦即小到家庭、家族，大到整个国家，其组织结构具有共性（血缘界定、宗法规定、家长制定、嫡庶排定）。家庭从属于家族、家族从属于国家，其范围由小而扩大，家就是小型的国，国就是大型的家。"君父一体"是就社会组织的领导者而言，亦即父为"家君"（家庭内的君主），君为"国父"（全体国民的父亲）。在家庭（家族）内部，父亲（族长）的地位至尊、权力至大；在全国范围内，君王的地位至尊、权力至大。这种地位与权势，不容置疑、不可挑战。君父对国民及子女具有生杀予夺的大权，"君让臣死，臣不死为不忠；父让子亡，死不亡为不孝"正是这种绝对权力的注脚。在中国古代，君父至尊至上的风习，弥漫在社会的许多方面，例如：称地方州县的官员为老百姓的"父母官"、学艺者称师者为"师父"、将"天地君亲师"五者并列，都是"君父一体"的体现，也是族权与政权融合的表现。这种融合，将血缘关系紧密的家庭、家族、宗族关系，与关系疏远的氏族、种族关系连接起来，适应着农业文明的现实状况。同一家族的成员长期生活、劳作在同一地区、世代繁衍；血缘（家族血亲）、地缘（农村乡社）、业缘（农耕经济）共同作用，促使家族本位成为根深蒂固的群体观念。由此而成的宗法制度，对于家庭及社会的稳定，具有一定的积极意义。

制度文化建设，是社会正常运行的重要保证。经济制度、政治制度和宗法制度，分别从人们的基本物质生活需求、国家行政管理与国君臣民身份地位等方面，划定了标准与规范、构成了制度文化的基本框架。其他如官制、兵制、科举制等，都与上述制度（政治制度、宗法制度为主）多有交集，甚至构成从属关系。

三、彰显思理意识的精神文化

精神文化，属于源自人类社会实践经验积累、经过思想意识孕育提炼、能够发挥指导引领等作用的文化形态，是人类在开拓主观精神世界过程中所创造的财富；包括思想、道德、哲学、文学、艺术等方面的观念（人生观、价值观、审美观）与产品（绘画、雕塑、文学作品）。精神文化位于所有文化类别（物质文化、制度文化等）的核心部分，是在经济基础之上形成社会意识的集中反映。作为文化体系中的精华，精神文化时常用以代指文化整体。

（一）传统精神文化形成机制

中国传统的精神文化，如同其他文化类型一样，是华夏农耕文明的产物。在其生成过程中，仍然保留着农耕文明的基因、具有自身的机制特征。

首先，以儒为主，是传统精神文化的体系架构。儒家占据精神文化主导地位，可以从纵横两个方面考察。

从纵向观看：中国古代早期文明大昌的时代是周朝，周朝开国元勋周公（姬旦），是周朝文化的缔造者，也是中国文化史上贡献最大的人物之一。在文化建设方面，他主持创制以"礼乐"为重要标识的典章制度，主张以"礼"区别身份（尊尊）、以"乐"和谐族群（亲亲）、以"敬天保民""明德慎罚"为治国方略，取得了很好的成效。其相关论述，载于《尚书》之《大诰》《康诰》《无逸》《立政》诸篇。儒家创始人孔子对周公极为推崇，多次表示自己的赞叹与向往之情："周监于二代，郁郁乎文哉！吾从周""甚矣吾衰也！久矣吾不复梦见周公""周之德，其可谓至德也已矣""乘殷之辂，服周之冕，乐则《韶》《舞》"。[①]孔子宣扬的儒家思想学说对周公多有承继，周公思想对儒家的形成具有奠基性的作用（汉代儒家将周公、孔子并称）。因此，将儒家称作西周时期的社会主导思想，似不为过。春秋时期"礼崩乐坏"、诸子百家之说风起纷争，孔子不辞辛劳地倡导儒学，与墨子

---

① 引文分别出自《论语》之《八佾》《述而》《泰伯》《卫灵公》篇：杨伯峻《论语译注》第 28、67、84、164 页，中华书局，1980 年 12 月。

创建的墨家同为当时的"显学"。进入战国，虽有法家、兵家、纵横家夺势擅场，但孟子以"道义"游说诸侯、荀子用"礼法"治国育人（李斯和韩非皆从其学），与各家学派相比，儒家其实并未落于下风。汉代确立儒家"独尊"之国策，后世历代虽偶有反复，但儒家主导地位基本未受大损。宋、明两代诸大儒推出"理学"，使儒家又得到新的发展，儒家思想学说更为深入社会人心，其影响直至于今。

从横向观看：与孔子同时的"显学"墨家，很快就走向衰落；春秋战国时期作用最为显著的法家，其代表人物结局惨烈（商鞅、韩非皆死于非命）；兵家时刻被统治者防范，以免其尾大不掉；纵横家则更被归于投机分子对待，不能真正受到重用。魏晋时期一度盛行"玄学"，其中保留着儒家学说的成分；唐代推行"三教并行"，表面上道、佛十分辉赫，而治国安民作用最大的仍是儒家学说。仅就历代治国政策而论，曾有"三教合一""儒道互补""儒表法里"等表述，其中从未缺位者是"儒家"，并且始终占据着主导位置。

其次，经验直觉，是传统精神文化的思维方式。思维来源于实践，这是具有普遍性的真理。在人类心智初开、科技落后的古代，更是需要依靠亲身经历，方可触动心灵、得出结论。中国文化是以农耕为基础的，传统农业按照四季耕作管理（春种、夏管、秋收、冬藏），凭借天时确定收成丰歉（风调雨顺则丰收、旱涝灾害则歉收），农业生产的整个过程直观真切、具有高度重复性。与此相关，一年的四季转换、一天的日夜区分、一生的生老病死等现象，都是每个人亲历亲见，成为大家共同的经验。传统精神文化的不少理念，就是在这些直观感觉与人生经验之中形成。孔子的"九思"（《论语·季氏》："视思明，听思聪，色思温，貌思恭，言思忠，事思敬，疑思问，忿思难，见得思义"）、墨子的"明察"（《墨子·尚同上》："明察以审信"）、荀子的"征知"（《荀子·正名》："征知，则缘耳而知声可也，缘目而知形可也。然而征知必将待天官之当簿其类，然后可也"），都是说明通过外在感官接触事物，过渡到心理感受与体悟的思维过程。道家的"道"、理学的"理"、佛教的"悟"等理念，均属直觉感受基础之上的精神升华。为了便于他人理解，当事者往往将虚化的概念、观点或情感举例证实，如庄子用"庖丁解牛"说明如何"保身全生"、用展翅高翔的"鲲鹏"论证"无待无功"（可惜不少人未解其真意）。至于杜甫因"感时"而见"花溅泪"、李煜用"一江春水"喻指无尽的忧愁等，也可归入客观直觉与主观思维结合的范畴。

国人与经验直觉相关的思维方式，是对事物的整体性把握。这种表现为整体把握的思维方式，符合认知应遵循的全面性和系统性原则，减少了认识过程中的片面性或割裂性失误，有利于各种因素的整合协同，进而从宏观战略的高度做出合理的评价判断。但是，中国传统的整体思维，大多建立在依据印象、直觉和经验之上，得出"见斑得豹""一叶知秋"式的结论，显得笼统宽泛、模糊含混、大而无当甚或以偏概全。由于严密逻辑、精细分析的不足，妨害了认知的精密分析及科学的认识理论体系之建构。此外，过度重视经验，也容易陷入"循环"的思维定式，儒家的"无平不陂，无往不复"（《周易》）、道家的"周行不殆"（《老子》）、佛教的"生死轮回""因果报应"，天下的"分久必合，合久必分"、社会的"一治一乱"、家庭的"君子之泽，五世而斩"等，都是"循环论"思维的结果。这种"圆圈式"的往复思维，作为小农自然经济生活经验的延伸，造成了思维的惰性与简单化。因此，当清朝后期面对"直线式"的工业文明成果时，变得不堪一击、一败涂地，更不能与现代信息社会发达的"网络式"思维相提并论。

再次，善兼真美，是传统精神文化的价值取向。对于人类社会创造的文化成果，通常是以"真、善、美"作为评价标准。真，是从认知角度，要求以真诚的态度，求证事物的真实状况；善，是从思想角度，检验对他人及社会提供帮助的程度；美，是从审美角度，考察展示形象与心灵所产生的赏心悦目之效果。在中国传统文化体系中，真、善、美三者的排序是：善居首位、真与美次之。

古代对文化价值给予切实关注、进行深入探究讨论，始于春秋战国的"百家争鸣"。身为继承西周正统文化的儒家学派，大力提倡仁义道德、主张"克己复礼"，对"善"极为重视。孔子时刻关注自己品德善性的变化："德之不修，学之不讲，闻义不能徙，不善不能改，是吾忧也""见善如不及，见不善如探汤"；积极向他人学习、增进善性："三人行，必有我师焉：择其善者而从之，其不善者而改之。"[①]孟子提出著名的"性善论"，认为人人自具善性，善的具体含义就是发自同情、恭敬之心表现出的"仁义礼

---

① 引文分别出自《论语》之《述而》《季氏》《述而》篇：杨伯峻《论语译注》第 67、177、72 页，中华书局，1980 年 12 月。

智"："人性之善也，犹水之就下也。人无有不善，水无有不下。……恻隐之心，人皆有之；羞恶之心，人皆有之；恭敬之心，人皆有之；是非之心，人皆有之。恻隐之心，仁也；羞恶之心，义也；恭敬之心，礼也；是非之心，智也。仁义礼智，非由外铄我也，我固有之也。"他希望每个具有高远追求的"君子，莫大乎与人为善"。如果君王能够利用善性陶冶影响大众，就可使人心归服、统一天下："以善服人（使人服输）者，未有能服人者也；以善养人（感化培养），然后能服天下。天下不心服而王者，未之有也。"因为"仁言不如仁声之入人深也，善政不如善教之得民也。善政，民畏之；善教，民爱之。善政得民财，善教得民心"①。孟子对"善"的阐释，得到从君王到平民的普遍认同，成为世代不变的主流价值定位。当时影响广泛的墨家，也时常以"善"标榜，墨子希望君主对"为善者富之，为暴者祸之。……为善者赏之，为不善者罚之"，要求大臣做到"见善必迁，……事上竭忠，事亲得孝，务善则美，有过则谏"②。道家创始人老子，对"善"的解释与孟子有相近之处："上善若水。水善利万物而不争，处众人之所恶，故几于道""善者吾善之，不善者吾亦善之，德（得）善。"③由此可见，对待"善"的观点，各重要学派是较为一致的。

真，本是传统文化的根基所在，也是认识事物的前提。但是，春秋时期孔子、墨子、老子诸位，极少正面述及此论题；战国诸子，对此却是极为关注。庄子对"真"的含义及其表现，进行了详细说明："真者，精诚之至也。不精不诚，不能动人。故强哭者，虽悲不哀；强怒者，虽严不威；强亲者，虽笑不和。真悲无声而哀，真怒未发而威，真亲未笑而和。真在内者，神动于外，是所以贵真也。……真者，所以受于天也，自然不可易也。故圣人法天贵真，不拘于俗。"他希望人们都成为"纯素"的"真人"，"素也者，谓其无所与杂也；纯也者，谓其不亏其神也。能体纯素，谓之真人"，达到"不知说（悦）生，不知恶死。其出不䜣（欣），其入不距。翛然而往，翛然而来而已矣。不忘其所始，不求其所终。受而喜之，忘而复之。是之谓不以心捐道，不以人助天"的程度，然后可以做到"极物之真，

---

① 引文分别出自《孟子》之《告子上》《公孙丑上》《离娄下》《尽心上》篇：杨伯峻《孟子译注》第 254、83、190、306 页，中华书局，2005 年 1 月。

② 引文分别出自《墨子》之《公孟》《非儒下》篇：清·孙诒让《墨子间诂》第 280、182 页，上海书店，1986 年 7 月。

③《老子》第八章、第四十九章：三国魏·王弼《老子道德经》第 4、30 页，上海书店，1986 年 7 月。

能守其本"，最终的主要目标是明大道、保全自身："道之真以治身，其绪余以为国家，其土苴以治天下。由此观之，帝王之功，圣人之余事也，非所以完身养生也。"①

法家代表人物韩非，主张以法治国，特别反对玄虚伪饰。在其所著《韩非子》中，多用"实"表达"真"之含义："称誉者所善，毁疵者所恶，必实（证实）其能，察其过，不使群臣相为语""圣人者，审于是非之实（实况），察于治乱之情也。……世主美仁义之名而不察其实（实际），是以大者国亡身死，小者地削主卑""所谓'处其厚而不处其薄'者，行情实（真实）而去礼貌也。所谓'处其实（实在）不处其华'者，必缘理，不径绝也""夫国治则民安，事乱则邦危。法重者得人情，禁轻者失事实②。在他看来，"善"与"美"的作用，都比不上实实在在（真）的法律："善毛啬（嫱）、西施之美，无益吾面；用脂泽粉黛，则倍其初。言先王之仁义，无益于治；明吾法度，必吾赏罚者，亦国之脂泽粉黛也""赏莫如厚，使民利之；誉莫如美，使民荣之；诛莫如重，使民畏之；毁莫如恶，使民耻之。"③这样的观点，都是站在"真"之立场而发出的。

荀子是儒家在战国后期的代表，他承接了孔孟"善"的思想："积善成德，而神明自得，圣心备焉""见善，修然必以自存也；见不善，愀然必以自省也。善在身，介然必以自好也；不善在身，菑然必以自恶也。……以善先人者谓之教，以善和人者谓之顺；以不善先人者谓之谄，以不善和人者谓之谀"。但他认为，这种"善"要从实际出发，与民间的真实情状相合："以从俗为善，以货财为宝，以养生为己至道。"他特意创作《性恶》一篇，反驳孟子的"性善论"，认为"人之性恶，其善者伪也。"与"善"相比，荀子将"诚"（真诚）的重要性进行了专门阐释："君子养心莫善于诚，致诚则无它事矣。惟仁之为守，惟义之为行。诚心守仁则形，形则神，神则能化矣。诚心行义则理，理则明，明则能变矣。变化代兴，谓之天德。……天地为大矣，不诚则不能化万物；圣人为知矣，不诚则不能化万民；父子为亲矣，不诚则疏；君上为尊矣，不诚则卑。夫诚者，君子之所守也，而

---

① 引文分别出自《庄子》之《渔父》《刻意》《大宗师》《天道》《让王》篇：曹础基《庄子浅注》第 474、230、89、202、433 页，中华书局，1982 年 10 月。

② 引文分别出自《韩非子》之《八奸》《奸劫弑臣》《解老》《制分》篇：清·王先慎《韩非子集解》第 38、72、98、366 页，上海书店，1986 年 7 月。

③ 引文分别出自《韩非子》之《显学》《八经》篇：清·王先慎《韩非子集解》第 355、331 页，上海书店，1986 年 7 月。

政事之本也。……公生明，偏生暗，端悫生通，诈伪生塞，诚信生神，夸诞生惑。"在具备"诚"的心志素养的同时，还必须循"礼"守"信"用"刑"，以保证民从国治："宜于时通，利以处穷，礼信是也。凡用血气、志意、知虑，由礼则治通，不由礼则勃乱提僈；食饮，衣服、居处、动静，由礼则和节，不由礼则触陷生疾；容貌、态度、进退、趋行，由礼则雅，不由礼则夷固、僻违、庸众而野。故人无礼则不生，事无礼则不成，国家无礼则不宁""听政之大分：以善至者待之以礼，以不善至者待之以刑。"①这里所谓的"诚、礼、信、刑"，均可视为"真"的同类或派生。荀子其人偏于强调"真诚"，与孔、孟的极力"尚善"明显不同。

先秦诸子对"美"的关注较少，并且时常将其与"善"或"真"对比。孔子在听过两部乐曲之后："谓《韶》：'尽美矣，又尽善也。'谓《武》：'尽美矣，未尽善也。'"②墨子认为，在善与美两者之间，要大力教人向善："今夫世乱，求美女者众，美女虽不出，人多求之；今求善者寡，不强说人，人莫之知也。"③通过这些表述，可知孔子、墨子是将"善"置于"美"的前面。老子认为"美"与"真"是对立的，他对"美"持否定态度："信（真实）言不美，美言不信。"④庄子将"美"与大自然等量齐观："天地有大美而不言，四时有明法而不议，万物有成理而不说。"他认为"美"的标准因类属相异、因个人喜好而大不相同："毛嫱丽姬，人之所美也；鱼见之深入，鸟见之高飞，麋鹿见之决骤。""阳子（又作"杨子"）之宋，宿于逆旅。逆旅人有妾二人，其一人美，其一人恶。恶者贵而美者贱。阳子问其故，逆旅小子对曰：'其美者自美，吾不知其美也；其恶者自恶，吾不知其恶也。'"⑤在庄子心目中，"美"不仅标准无法统一，而且"美"与"丑"（恶）还可以被颠倒，实际上是对"美"的否定。

对于"美"并无固定标准的看法，韩非与庄子观点一致（《韩非子·说林上》也引录了上文"逆旅人有美恶二妾"的故事）。同时，他又站在法家立场上，对"美"进行了批判。韩非认为，看重物质之美，是有大害的：

---

① 引文分别出自《荀子》之《劝学》《修身》《儒效》《性恶》《不苟》《修身》《王制》篇：王先谦《荀子集解》第4、12、82、289、28、13、95页，上海书店，1986年7月。

②《论语·八佾》：杨伯峻《论语译注》第33页，中华书局，1980年12月。

③《墨子·公孟》：清·孙诒让《墨子间诂》第272页，上海书店，1986年7月。

④《老子》第八十一章：三国魏·王弼《老子道德经》第47页，上海书店，1986年7月。

⑤ 引文分别出自《庄子》之《知北游》《齐物论》《山木》篇：曹础基《庄子浅注》第325、34、304页，中华书局，1982年10月。

"富贵至，则衣食美；衣食美，则骄心生；骄心生，则行邪僻而动弃理。行邪僻，则身夭死；动弃理，则无成功。"表面虚饰而缺少防护的美，是致命的："翟人有献丰狐、玄豹之皮于晋文公。文公受客皮而叹曰：'此以皮之美自为罪。'夫治国者以名号为罪，徐偃王是也；以城与地为罪，虞、虢是也。"①

价值观念上对"善"的大力推崇，由儒家倡导而各派多有响应，自有其原因：有"善"在身，则名利双收；沾染"不善"，则万劫不复："纣之不善，不如是之甚也。是以君子恶居下流，天下之恶皆归焉。"②同时，具备真正的善性，确实在很多情况下重于"真、美"。先秦时期就三者的界定分析，直接规定了后世社会群体的价值取向。

（二）中华精神文化理念举隅

传统文化的思想体系，是以儒家学说为主体构建而成的。儒家针对的重点是人，每个人应当如何为人处世、修身立功等，成为精神文化领域的重要问题。

第一，立身根本：仁义道德。在传统思想观念中，人们最重视的是道德，而道德与仁义是一体的："博爱之谓仁，行而宜之之谓义，由是而之焉之谓道，足乎己，无待于外之谓德。……凡吾所谓道德云者，合仁与义言之也。"③仁义道德，是指按照正义的原则、用无私的爱奉献社会他人的高尚品格与行为，其中的重中之重是"仁"。仁，是孔子思想的核心，对其最通俗的解释是"爱人"。基于这种"爱人"的前提：君王应当推行"仁政"，做到宽厚待民、施以恩惠，争取万众归心；官员应当争取"仁声"，做到体察下情、关心百姓疾苦，得到人民真诚的拥护；父母对儿女应当"仁慈"，倾力提供生活所需、尽心抚养他们长大成人；师长对弟子应当"仁爱"，耐心教育培养、使他们真正掌握知识技能；人与人之间应当"仁恕"，最大限度地换位思考、做到宽宏大量；整个社会应当形成"仁厚"风气，让爱心传遍每个角落、影响感化所有成员。因此，每个人都可以成为"施仁"的主体，也都是"仁爱"恩泽的获得者。让仁爱与自己相伴，肯定是人人所

---

① 引文分别出自《韩非子》之《解老》《喻老》篇：清·王先慎《韩非子集解》第 99、115 页，上海书店，1986 年 7 月。

② 《论语·子张》：杨伯峻《论语译注》第 203 页，中华书局，1980 年 12 月。

③ 唐·韩愈《原道》：郭预衡《唐宋八大家散文总集》第 44 页，河北人民出版社，1995 年 11 月。

愿；而具备仁爱之心，并且用以帮助他人，也是每个人的责任。

　　"德"，是指美好的人品操守，是内在心灵与外在言行的整体表现。"德"是需要不断增进的，《周易·坤卦》"地势坤，君子以厚德载物"之语，所表达的甘心居于下位、注重涵养宽厚的品格德操，用以承受各种责任（困难）之意义，是对"德"及如何增进道德（厚德）的极好注解。

　　"道"与"义"，可以解释为"义理""正义""原则""适宜的道路与方向"等。坚持"道义"，是古代志士仁人的重要人生观念。孔子认为，积极学习、获取正"道"，是远远高于物质生活需求的："君子食无求饱，居无求安，敏于事而慎于言，就有道而正焉。"他做到了"谋道不谋食，……忧道不忧贫。"对"道"的痴迷达到了"朝闻道，夕死可矣"①的程度，终其一生都是在为"弘道"的事业而奔走。孔子的理想虽然未能实现，但这种"自强不息"的精神，是感人至深的。孟子总是以"君王之师"的身份出场，显示出"大丈夫"的风范气度。其坚定的卫"道"精神、强大的人格能量与魅力，为后人（尤其是有责任感的文人士子）坚守道德、行仁仗义，树立了学习的榜样。

　　第二，目标定位："三纲八目"。每个人都有自己的人生目标，就肩负着学习、继承与弘扬传统文化的文人士子而言，"三纲八目"（三纲领、八条目）是其共同的目标定位。其出处原文如下："大学之道，在明明德，在亲（一作'新'）民，在止于至善。……古之欲明明德于天下者，先治其国；欲治其国者，先齐其家；欲齐其家者，先修其身；欲修其身者，先正其心；欲正其心者，先诚其意；欲诚其意者，先致其知；致知在格物。物格而后知至，知至而后意诚，意诚而后心正，心正而后身修，身修而后家齐，家齐而后国治，国治而后天下平。"②此中的"三纲"，即"明德、亲民、至善"，这是成人之学（大学）的宗旨，也是走向社会、入仕从政的纲领。"八目"，即"格物、致知、诚意、正心、修身、齐家、治国、平天下"，是实现宗旨纲领的方式与路径。"物格、致知"：增进学识的具体方法；"诚意、正心"：进学过程中必须拥有的正确态度；"修身、齐家"：践行宗旨纲领的尝试与验证；"治国、平天下"：实现人生目标的圆满结果。这八个条目，阐明了个人、家庭、国家、天下的层级顺序与相互关系，其中"修身"为

---

　　① 引文分别出自《论语》之《学而》《卫灵公》《里仁》篇：杨伯峻《论语译注》第 9、168、37 页，中华书局，1980 年 12 月。

　　② 王文锦《礼记译解》第 895 页，中华书局，2001 年 9 月。

重点，所有的人都要"以修身为本"。总的说来，"三纲八目"以个人道德实践为基础、以德治为核心，具有社会意义；所拟目标及方法路径，与现实生活贴近，易于推广、有益于稳定社会；其中强调统治阶级的道德修养、个人品德和实行德政，有利于减轻劳苦大众的沉重负担；强调以修身、齐家为重点，可以促进个人道德的完善，利于家庭伦理关系的和睦。

与"三纲八目"相应的人生目标定位，著名者还有"二则""三立"和"四为"。"二则"，即孟子所说"穷则独善其身，达则兼善天下"（《孟子·尽心上》）。"穷"，包括物质生活的艰难，以及人生前景黯淡、理想抱负的难以实现等。在极度的困穷之中，能够做到"穷且益坚，不坠青云之志"（王勃《滕王阁序》），是意诚心定的"修身"功夫之体现；而在春风得意的显"达"之时，能够做到控制个人欲望、致力于为天下万民造福谋利，则是德行高尚、展示善心的"亲民"之举。"三立"，即"立德、立功、立言"，出自《左传》："太上有立德，其次有立功，其次有立言，虽久不废，此之谓不朽。"其中，"立德谓创制垂法，博施济众"；"立功谓拯厄除难，功济于时"；"立言谓言得其要，理足可传"[①]。"三立"之说，将人生功业区分了层级及类群，为不同身份和阶级类属的人们指明了方向。"四为"，亦称"横渠四句"，即北宋理学家张载所说"为天地立心，为生民立道（命），为去（往）圣继绝学，为万世开太平"[②]，表达了探究自然万物运行规律、制定人生规则以引领万民、继承前辈学术并将其发扬光大、总结整合治国理政的要义以供统治者实施的志愿。因此，成为历代拥有远大志向的士子学人终生理想与奋斗目标。

正是上述"三纲八目"等简明切要的目标定位，激励着历代不甘虚度光阴、意欲有所作为的人们，努力加强道德修养、增进学识能力，将个人的愿望与国家人民的利益相结合，吃苦耐劳、发愤图强，最大限度地做出了自己的贡献。

第三，世界观念：天人合一。世界观，是人们对整个世界（自然界、人类社会和思维理念）总的看法。世界，原为佛教用语，世指时间，界指

---

① 晋·杜预注、唐·孔颖达疏《春秋左传正义》第277页，中华书局，1980年10月。

② 宋·张载《张子全书》（卷十四）：《四库全书》第697册第313页，上海古籍出版社，1987年1月。

空间①；与传统的"宇宙"（宇为空间，宙为时间）之含义相合②，因而世界观又称宇宙观。每个人都有自己的世界观，甚至因所处环境、生活及心理状况的变化而对世界的看法有所改变。这种改变通常不会是完全颠覆性的，因为每个人接受本国家民族传统文化而形成的观念，是很难彻底消除的。

中国传统的世界观，集中体现在对"天人关系"的探究，其主流的观点是"天人合一"。所谓"天人合一"，从表面上看，是指人与上天、宇宙具有融合为一的密切关系；实际上更多的指向，是人类社会与自然现象及其规律间的相互关系。其基本理念是：世界上的一切，从天上星辰、地上万物到社会生活及个人性情，其根本品性及普遍规律具有一致性，天性与人性、天道与人道可以互通互参。但是，在"天"（自然）与"人"（人为）关系的具体处理上，则有各种不同的意见。

道家主张"人随天道"，老子将其概括为"道法自然"，要求人们任何时候都不能违背大自然的运行规律。

正统的儒家主张"人天谐和"，这一思想在《周易》中多有表述。例如，将天地万物的谐和，与君王与臣民的同心同德相提并论："天地交而万物通也，上下交而其志同也"；人们可以学习"天"的优长："天行健，君子以自强不息"；也可以通过观察大自然的变化，及时调整自己的行为："天地交，泰；后（君主）以财（裁）成天地之道，辅相天地之宜，以左右民。天地不交，否；君子以俭德辟难，不可荣以禄。"③

荀子虽为孔孟之后的大儒，但他认为大自然是可以驾驭改造的、"人定胜天"。在著名的《天论》篇中，他认为只要清楚"天"的运行规律，就可以从容应对，对于日食月食、狂风暴雨之类的异常现象，根本不用害怕："天地之变，阴阳之化，物之罕至者也。怪之，可也；而畏之，非也。……大天而思之，孰与物畜而制之！从天而颂之，孰与制天命而用之！望时而待之，孰与应时而使之！"荀子的这些观点，有其鲜明的特色与合理性。然而，他并非真正将其发展到探索大自然奥秘、改造自然以防止灾害方面，

---

① 《楞严经》（卷四）："何名为众生世界？世为迁流，界为方位。汝今当知，东、西、南、北、东南、西南、东北、西北、上、下为界，过去、未来、现在为世。"

② 《淮南子·原道训》："横四维而含阴阳，纮宇宙而章三光。"高诱注："四方上下曰宇，古往今来曰宙，以喻天地。"

③ 唐明邦《周易评注》第35、209、209页，中华书局，2009年5月。

而是将"天"（制天）放置于以"礼"治国的同等（或从属）的地位："天地者，生之本也；先祖者，类之本也；君师者，治之本也。无天地，恶生？无先祖，恶出？无君师，恶治？三者偏亡焉无安人。故礼、上事天，下事地，尊先祖，而隆君师。是礼之三本也。……天能生物，不能辨物也；地能载人，不能治人也。宇中万物生人之属，待圣人然后分也。"① 如此一来，荀子的人可"制天""胜天"理论的价值，就大大打了折扣。

此外，还有一种"人天等同"的观点："人有三百六十节，偶天之数也；形体骨肉，偶地之厚也；上有耳目聪明，日月之象也；体有空窍理脉，川谷之象也；心有哀乐喜怒，神气之类也。观人之体一，何高物之甚而类于天也。"② 这种将天与人在形体、性情上的比较，失于过度牵强附会，虽然出自汉代大儒董仲舒之口，也未曾引起大众的认可。

此处所列的几种观点，对"天人关系"的理解虽有区别，但可以归于"天人合一"的框架之内，而且其立足点，都是站在人的立场上。这样的世界观念，对于清除虚妄之学、淡化宗教意识、促进人世和谐，是很有好处的。与此同时，也造成了社会的界限不清（政治、伦理、法律可互相代替，思维模糊、缺乏严密逻辑性等），以及自然科学研究严重滞后的状况。

第四，处世哲学：行止有度。人类社会是由个体的人组合而成，每个人都要与他人交往相处。如何进入社会、与他人建立适宜的关系，是一门很重要的学问。在中国传统文化中，有关"处世"的理论、方法等的论述极多，其要旨大略可概之为"度"（适度合宜）。

孔子对为人处世的"度"，极为关注与重视。他的相关论述，既涉及官员的从政治民："子夏为莒父宰，问政。子曰：'无欲速，无见小利。欲速，则不达；见小利，则大事不成'"；也关乎个人的素养培育与言行把控："君子惠而不费，劳而不怨，欲而不贪，泰而不骄，威而不猛"；同时包括对自己弟子的评价："子贡问：'师与商也孰贤？'子曰：'师也过，商也不及。'曰：'然则师愈与？'子曰：'过犹不及。'"③ 孔子这种"无过无不及"的观点，正是对"度"的最好诠释。

---

① 引文分别出自《荀子》之《天论》《礼论》篇：清·王先谦《荀子集解》第209、233页，上海书店，1986年7月。

② 汉·董仲舒《春秋繁露·人副天数》：明·程荣《汉魏丛书》第136页，吉林大学出版社，1992年12月。

③ 引文分别出自《论语》之《子路》《尧曰》《先进》篇：杨伯峻《论语译注》第139、210、114页，中华书局，1980年12月。

　　道家主张为人处世要知足知止。老子告诫人们："知足不辱，知止不殆，可以长久"；要想达到这种程度，必须清心寡欲，因为"五色令人盲，五音令人耳聋，五味令人口爽"；只要"不见可欲，使民心不乱"，就可以"甘其食，美其服，安其居，乐其俗"①。这种"知足常乐"的理念，得到儒、释（佛）等学派的广泛认同。孟子的"养心莫善于寡欲"②，以及佛教提倡的"少欲知足，离财离色"等③，与《老子》所论，几无二致。

　　用知止知足、清心寡欲掌控人生之"度"，是儒、道、佛诸家通同认可的。历代硕儒名家著述，以至村野塾师传授学问、家族内部编撰《家戒》《族训》及各种人生格言，无不以之劝世教人。此处试举编成于明清之际、流传甚广的文本为例：《温氏母训》，是明末温璜记录母亲陆氏对其训诫之言。其中的"贫人勿说大话，妇人勿说汉话，愚人勿说乖话，薄福人勿说满话，职业人勿说闲话""周旋亲友，只看自家力量，随缘答应"④分别从"说话与身份相合""做事须量力而为"的视角，说明了如何把握尺度。洪应明的《菜根谭》，更多地将"适度"理解为处世"原则"："处世让一步为高，退步即进步的张本；待人宽一分是福，利人实利己的根基""完名美节，不宜独任，分些与人，可以远害全身；辱行污名，不宜全推，引些归己，可以韬光养德""忧勤是美德，太苦则无以适性怡情；淡泊是高风，太枯则无以济人利物""俭，美德也，过则为悭吝、为鄙啬，反伤雅道；让，懿行也，过则为足恭、为曲谨，多出机心""文章做到极处，无有他奇，只是恰好；人品做到极处，无有他异，只是本然"⑤。这些有关道德修养、为人处世、日常生活的话语，简短贴切、通俗易懂，其影响力至今仍在。从中可知："适度"是华夏普遍的社会心理及人生指南。

　　为人处世要合"度"的理念与行为，在中国传统文化及社会生活中如此流行，缘于自我体验及对他人他物的观察领会。当人们经历了"过犹不及"事件之后，就会思考如何准确把握要点、做到"无过无不及"。由此，生发出人们对"预谋"的重视。孔子所言"人无远虑，必有近忧"⑥阐发

---

　　① 引文分别出自《老子》第四十四章、第十二章、第三章、第八十章：三国魏·王弼《老子道德经》第28、6、2、47页，上海书店，1986年7月。

　　②《孟子·尽心下》：杨伯峻《孟子译注》第339页，中华书局，2005年1月。

　　③ 唐·慧能著、郭朋校释《坛经校释》第46页，中华书局，1983年9月。

　　④ 明·温璜《温氏母训》：《四库全书》第717册第523页，上海古籍出版社，1987年1月。

　　⑤ 明·洪应明、李锐评《菜根谭》第11、12、18、115、59页，湖北人民出版社，1995年10月。

　　⑥《论语·卫灵公》：杨伯峻《论语译注》第164页，中华书局，1980年12月。

"虑"的重要性,可谓简洁明确;《中庸》的"凡事豫则立,不豫则废。言前定则不跲,事前定则不困,行前定则不疚,道前定则不穷"①包含着鲜明的论点和多种论据;孟子则用生动的例子,说明面对"两难"时,如何做出选择:"鱼,我所欲也,熊掌亦我所欲也;二者不可得兼,舍鱼而取熊掌者也。生亦我所欲也,义亦我所欲也;二者不可得兼,舍生而取义者也。生亦我所欲,所欲有甚于生者,故不为苟得也;死亦我所恶,所恶有甚于死者,故患有所不辟也。"②这段文字,包含着下述蕴义:如果"鱼"与"熊掌"、"生"与"义"二者皆选,则是"过";而二者皆不选,则属于"不足"。孟子还称赞孔子并表示向他学习:"可以仕则仕,可以止则止,可以久则久,可以速则速。……吾未能有行焉;乃所愿,则学孔子也。"③这种提前认真思考、谋定而为的作法,是值得肯定的。当然,也有人制定的言行尺度,是深知"清受尘、白取垢,贞良见妒、高奇见噪,忠言招患、高行招耻"④;担心"木秀于林风必摧之,堆出于岸流必湍之,行高于人众必非之"⑤。这种出于自我保护、防范危害的心理虽可理解,但容易陷入谨小慎微、患得患失、从俗从众之中,难以有所作为。

此外,传统文化中"祸福相倚"的观念,是极具中国特色的辩证思想;同时,也可以引为"行止有度"的注脚。最为典型的"塞翁失马"故事(《淮南子·人间训》),表达出的遇到困难不要绝望、遇到好事不要狂妄,不正是对"度"的把握吗?"祸福相倚"作为辩证法思想与方法论,并无不妥之处,如果以之为"适度"而发,则应当注意:可以借其实现自我调节,以避免极端、求得心理平衡;防止因其自我麻痹而坐等因祸得福。

中国传统精神文化的内容极为丰富,其中多有颇具价值者,也有一些负面社会心理表现。例如:觊觎权力、惧上威下的官本位思想;脱离实际、贪慕虚荣、死要面子的攀比现象;嫉恨成功者、讥笑失败者、缺少同情心的旁观妒忌心理;等等,都是精神文化中的糟粕,需要下大气力进行整治清理。

我们虽然将文化区分为精神文化和物质文化、制度文化三个类别,但

---

① 《礼记·中庸》:王文锦《礼记译解》第788页,中华书局,2001年9月。

② 《孟子·告子上》:杨伯峻《孟子译注》第265页,中华书局,2005年1月。

③ 《孟子·公孙丑上》:杨伯峻《孟子译注》第63页,中华书局,2005年1月。

④ 汉·王充《论衡·累害篇》第4页,上海书店,1986年7月。

⑤ 三国魏·李萧远《运命论》:南朝梁·萧统编、唐·李善注《文选》第1584页,岳麓书社,2002年9月。

它们相互之间具有密切的关系：物质文化是人类文明的基础，没有物质文化的生成与发展，制度文化与精神文化将失去生存的空间和展示平台；制度文化依托于物质文化与精神文化，并且制约着物质文化与精神文化的现状和发展；精神文化与制度文化共同构成上层建筑，精神文化的创造与传播需要物质载体，发展方向也受到制度文化的制约；与此同时，物质文化与制度文化渗透着精神文化的因素。三者之间（包括所有文化形态）主要是形式上的区分，实际上是相互包容、密不可分的。

第四章

纲常伦理　务实弃虚：中国传统文化的主要特征

中国传统文化，在数千年的发展历程中，以其相对独立且适宜人类生存的自然环境、农耕自然经济为主体的物质生产方式、依靠血缘联系确立的宗法社会组织、极早具备的远神近人之观念意识等原生条件，形成以重视人伦纲常、守本务实为核心要素的鲜明特征。

一、疏离鬼神　以人为本

中国传统文化的发展历程，始终是站在人的角度，以人为先、以人为本的。这种思想意识，表现在人与自然万物、人与鬼神相互之间的比对排序，也表现在社会组织体系构建及日常生活之中。

（一）明确人道观念优势

人道，通常是指爱护人的生命、关怀人的幸福、维护人的尊严、保障人的自由等为人处世的道理及原则。中国传统文化中的"人道"，是与"天道"（神道）相对的概念。在人类社会的文明进程中，"神道"为主是必经的阶段；而后"人道"与"天道"之间先后顺序的排列、轻重分量的设定、是非曲直的评判，则是所有群体（国家、民族）面临且需要解决的问题。中国传统文化确立"人道"优先的理念，是在西周至春秋战国时期。

殷商时代属于"神道"主导的"神本"社会，人们对上天极度崇拜，天神上帝支配着一切重大事项。已经出土的大量殷墟卜辞，可以对此做出证明。此外，《尚书·洪范》的内容，据称是箕子向周武王介绍殷商政治情况的记录，其中专门论及"稽疑"："汝则有大疑，谋及乃心，谋及卿士，谋及庶人，谋及卜筮。汝则从，龟从，筮从，卿士从，庶民从，是之谓大同。"①此中虽然提出君王遇到疑难时，要自己思考、与卿士商讨、与庶民商讨等方法，而最终起决定作用的是"卜筮"。因为"卜筮"的结果是"天意"，人不可以违背上天的意志，其中反映出君主以"天子"（天帝的儿子）身份治理人间的思想。

"神道"统治天下的状况，在商周代替期间，遭遇了极大的危机。其标志是周武王使用武力消灭了殷商政权、建立了周王朝。面对改朝换代的事实，对于天帝是天下万物的主宰、商朝君主是天帝的儿子、其统治地位是"受命于天"等说法，人们开始持怀疑态度。为了解释治国理政、改朝换代之类的重大问题，"五行说"应运而生。

"五行"一词，见于箕子回复周武王请教治国安民之策时的答语："我闻在昔，鲧堙洪水，汩陈其五行。帝乃震怒，不畀'洪范'九畴，彝伦攸斁。鲧则殛死，禹乃嗣兴；天乃锡（赐）禹'洪范'九畴，彝伦攸叙。……五行：一曰水，二曰火，三曰木，四曰金，五曰土。水曰润下，火曰炎上，木曰曲直，金曰从革，土爰稼穑。"②这段文字列举了鲧违背"五行"规律、用"堙"（堵塞）的方法治水失败而获罪，与禹（使用疏导方法）治水成功、获得天帝赏赐（传授九种大法）的事例，并且具体说明"五行"的名称（水火木金土）及其属性作用。其中传达的意义是：天帝的旨意其实是大自然的运行规律，违背了规律就会引发"帝"的震怒、造成事败身死的严重后果；顺从了自然规律，就可取得事业的成功。与此相应，人们对"五行"之于人类社会生活的重要性，也得到进一步认识与阐释："水火者，百姓之所饮食也；金木者，百姓之所兴作也；土者，万物之所资生也。是为人用。……五行即五材也，言五者各有材干也。谓之行者，若在天则五气流行，在地则世所行用也。"③天帝拥有的"五行"，成为人类生存的五种"各有材干"之必需品，言外之意就是：具备"人用"价值的事物及现象（风雨雪霜、四季交替等），都是天帝意志的表现，自然（社会）规律就是天意。于是，"人道"逐渐代替了"天道"，"神本"开始转向"人本"。

那么，如何解释历代王朝更迭与"五行"的关系呢？《孔子家语》中

---

① 唐·孔颖达《尚书正义》第 79 页，中华书局，1980 年 10 月。
② 唐·孔颖达《尚书正义》第 187-188 页，中华书局，1980 年 10 月。
③ 清·张英《御定渊鉴类函》（卷十二）引《尚书大义（传）》《尚书正义》语：《四库全书》第 982 册第 280 页，上海古籍出版社，1987 年 1 月。

有一段记述孔子复述老聃（老子）的话语："天有五行，水、火、金、木、土，分时化育，以成万物。其神谓之五帝。古之王者，易代而改号，取法五行。五行更王，终始相生，亦象其义。故其为明王者，死而配五行。是以太皞配木，炎帝配火，黄帝配土，少皞配金，颛顼配水，……以所生之行转相承也。"①太皞（昊）伏羲氏，以龙为图腾，传说其形体为人头蛇身（一说人头龙身），作为炎帝（神农氏）和黄帝（轩辕氏）的共同祖先，他还保留着几分天神的样貌。黄帝完全具备了普通人的性情容貌，只是晚年的乘龙升天而去②，显示出与上天之间的关系。夏、商、周三代君王，均系"黄帝"的后代，他们都是依靠自己（集团）的力量，实现了夺权称王、统治天下万民的愿望。特别是到了周朝建立，用合乎"天道"（事物运行规律）的"五行"转换，代替原来"君权神授"的"天道"（上帝旨意），显得更为真切适宜。此后，历代王朝多根据前朝情况，以"五行"（终始五德）指代本朝（如秦朝"水"德；西汉初用"水"德、武帝用"土"德；东汉用"火"德）。另外，由"五行"而成的"相生"（木生火、火生土、土生金、金生水、水生木）和"相克"（木克土、土克水、水克火、火克金、金克木）理论，被广泛应用于哲学、命相、历法、中医、社会学等诸多领域，在中国世俗社会中发挥了不小的作用。

相较于商末周初"神本天道"遭到的质疑，西周与东周相交阶段对其打击更大。在周厉王、幽王统治时期，随着统治者盘剥的日益加剧，奴隶们的反抗渐趋激烈。此间新生封建社会生产关系与旧有奴隶社会生产关系的斗争，也导致阶级对立的激化。《诗经》中记录了不少批判"上天"的诗句："彼苍者天，歼我良人""昊天不佣，降此鞠讻。昊天不惠，降此大戾。……不吊昊天，乱靡有定。式月斯生，俾民不宁""浩浩昊天，不骏其德。降丧饥馑，斩伐四国。昊天疾威，弗虑弗图。舍彼有罪，既伏其辜""瞻卬上天，则不我惠。孔填不宁，降此大厉"③。根据"诗序"的解释，这些诗句大多是以"天"借指当世暴虐的君主（秦穆公、周幽王），人们原本对"上天"的崇拜畏惧，已被强烈的不满情绪取代。

---

① 三国魏·王肃《孔子家语·五帝》；《百子全书》第 16 页，浙江古籍出版社，1998 年 8 月。
②《史记·封禅书》："黄帝采首山铜，铸鼎于荆山下。鼎既成，有龙垂胡髯下迎黄帝。黄帝上骑，群臣后宫从上者七十余人，龙乃上去。余小臣不得上，乃悉持龙髯，龙髯拔，堕，堕黄帝之弓。百姓仰望黄帝既上天，乃抱其弓与胡髯号，故后世因名其处曰鼎湖，其弓曰乌号。"
③ 引用诗句出自《诗经》之《秦风·黄鸟》《小雅·节南山》《小雅·雨无正》《大雅·瞻卬》篇：伍心镇、鲁洪生《诗经析释》第 267、420、436、695 页，春风文艺出版社，1986 年 10 月。

从夏朝末年认为暴君夏桀是天神"时日曷丧，予及汝皆亡"①，到周初赞美文王替天行道"维此文王，小心翼翼。昭事上帝，聿怀多福"②，直至西周末年"礼崩乐坏"时期对"天"的否定，中国传统社会文化大致完成了由"天道"向"人道"的转化。接下来春秋战国时期的"百家争鸣"，绝大多数学派更是"敬鬼神而远之"，将"天道"的含义变换为自然规律，以人为本的"人道"则被推向了更高的高度。伴随着以神为本"天道"根基的被摧毁，此后各种迷信天神的宗教，再也无法在中国形成主导性的重要地位与影响。

（二）持守民贵思想意识

重视民众，是历代开明理性统治者的基本国策。据称周朝先祖太王亶父，就是将百姓利益放在首位的："狄人攻太王，太王召耆老而问焉，曰：'狄人何求？'耆老曰：'欲得菽粟财货。'太王曰：'与之。'与之至无，而狄人不止。太王又问耆老曰：'狄人何欲？'耆老曰：'欲土地。'太王曰：'与之。'耆老曰：'君不为社稷乎？'太王曰：'社稷所以为民也，不可以所为民者亡民也。'耆老曰：'君纵不为社稷，不为宗庙乎？'太王曰：'宗庙者私也，不可以吾私害民。'遂策杖而去，过梁山，止乎岐下。"他为保护百姓利益选择去国远迁的做法，赢得民众的衷心拥护："豳民之束脩奔而从之者三千乘，一止而成三千乘之邑。"③以君主身份正面提出"民本"主张的，是战国时期的赵威后："齐王使使者问赵威后，书未发，威后问使者曰：'岁亦无恙耶？民亦无恙耶？王亦无恙耶？'使者不说（悦），曰：'臣奉使使威后，今不问王而先问岁与民，岂先贱而后尊贵者乎？'威后曰：'不然。苟无岁，何以有民？苟无民，何以有君？故有问舍本而问末者耶？'"④以民为"本"而以君为"末"，显示出女政治家赵威后清醒的认识、正确的站位与勇于表达的气魄。

先秦各学派均持有重民思想，其中最具代表性者是儒家学派的孟子。孟子明确提出"民贵君轻"的主张，并且以尧舜禹与桀纣作对比，说明"得民心者得天下"的道理："三代之得天下也以仁，其失天下也以不仁。国之

---

① 《尚书·汤誓》：唐·孔颖达《尚书正义》第48页，中华书局，1980年10月。
② 《诗经·大明》：伍心镇、鲁洪生《诗经析释》第567页，春风文艺出版社，1986年10月。
③ 汉·孔鲋《孔丛子·居卫》：《百子全书》第79页，浙江古籍出版社，1998年8月。
④ 王延栋《战国策译注》第131页，中华书局，2017年1月。

所以废兴存亡者亦然。天子不仁，不保四海；诸侯不仁，不保社稷；卿大夫不仁，不保宗庙；士庶人不仁，不保四体。……桀纣之失天下也，失其民也；失其民者，失其心也。得天下有道：得其民，斯得天下矣；得其民有道：得其心，斯得民矣。"他认为天下大势是由民意决定的："天时不如地利，地利不如人和。三里之城，七里之郭，环而攻之而不胜。夫环而攻之，必有得天时者矣；然而不胜者，是天时不如地利也。城非不高也，池非不深也，兵革非不坚利也，米粟非不多也，委而去之，是地利不如人和也。故曰：域民不以封疆之界，固国不以山溪之险，威天下不以兵革之利。得道者多助，失道者寡助。寡助之至，亲戚畔之；多助之至，天下顺之。"在他看来，"土地、人民"是君主真正的宝贝，而"宝珠玉者，殃必及身"。因此，孟子希望君主要"推恩"于民，以保证统治稳固。具体做法是："老吾老，以及人之老；幼吾幼，以及人之幼，天下可运于掌。……故推恩足以保四海，不推恩无以保妻子。古之人所以大过人者，无他焉，善推其所为而已矣。"①

传统文化中重视民众乃至"民贵君轻"的思想观念，在长期以"集权统一"为特征的中国社会，为什么能够广泛传播甚至为统治者所接受呢？荀子的一番话，或许道出了其中原委："选贤良，举笃敬，兴孝弟（悌），收孤寡，补贫穷。如是则庶人安政矣。庶人安政，然后君子安位。传曰：'君者舟也，庶人者水也；水则载舟，水则覆舟。'此之谓也。故君人者，欲安、则莫若平政爱民矣。"②"君舟民水、载舟覆舟"的比喻，形象地说明统治者与被统治者的对立统一关系。君与民的这种关系，一旦失去平衡，就会造成极为严重的后果。掌握这种平衡关系的主动权在于君主，最终的决定权则在于民众。历史上"载舟覆舟"现象的一再出现，使君主们（特别是开国早期的君主）深知民众力量及重视民众的道理。唐太宗李世民在即位之初，就清醒地认识到："为君之道，必须先存百姓。若损百姓以奉其身，犹割股以啖腹，腹饱而身毙。"并且利用乘舟之事教育太子李治："舟所以比人君，水所以比黎庶，水能载舟，亦能覆舟。尔方为人主，可不畏惧！"他还十分感慨地说："天子者，有道则人推而为主，无道则人弃而不

---

① 引文分别出自《孟子》之《离娄上》《公孙丑下》《尽心下》《梁惠王上》；杨伯峻《孟子译注》第166、86、335、16页，中华书局，2005年1月。

②《荀子·王制》：清·王先谦《荀子集解》第97页，上海书店，1986年7月。

用，诚可畏也。"①。

于是，君主牢记"民惟邦本，本固邦宁"（《尚书·五子之歌》）的道理；士人时刻提醒君主"民贵君轻""载舟覆舟"；百姓崇奉人君为"天下共主"，时刻"尊君守礼"。从而形成"尊君"与"民贵"相反而又相成的"一体两翼"模式，促进了社会的平衡与稳定。

（三）满足人生愿景诉求

每个人都有自己的人生愿望，而物质生活的丰足，是最基本的需求。孔子曾经非常直白地说道："富与贵，是人之所欲也；……贫与贱，是人之所恶也。"②对于人们的正当要求及合理利益，应当予以尊重。管子要求持有重权的统治者，必须关心人民生活、保障他们的基本生活条件："凡有地牧民者，务在四时，守在仓廪。国多财，则远者来；地辟举，则民留处；仓廪实，则知礼节；衣食足，则知荣辱。"③由于下层百姓的生活状况，取决于统治集团实施的政策，因而以儒家为代表的学派，大力提倡"仁政"、坚决反对"暴政"。孔子认为"苛政猛于虎"（《礼记·檀弓下》），要求从政者首先要解决人民的吃饭问题："子贡问政。子曰：'足食，足兵，民信之矣。'"要做到"其养民也惠，其使民也义"。只要能够根据实际情况、从百姓的利益出发，对其合理地支配，就不会出现怨恨抵触的问题："因民之所利而利之，斯不亦惠而不费乎？择可劳而劳之，又谁怨？"④

孟子对实行仁政、推恩保民极为重视，反复进行论说。他提出"仁者无敌""保民而王"的观点，强调必须使百姓有"恒产"（主要指土地），因为"无恒产，因无恒心。苟无恒心，放辟邪侈，无不为已。及陷于罪，然后从而刑之，是罔民也。焉有仁人在位罔民而可为也？是故明君制民之产，必使仰足以事父母，俯足以畜妻子，乐岁终身饱，凶年免于死亡；然后驱而之善，故民之从之也轻"。孟子认为，统治者就是百姓的父母，如果不能使百姓摆脱困穷，就愧对"为民父母"的称号："为民父母，使民盻盻然，将终岁勤动，不得以养其父母，又称贷而益之，使老稚转乎沟壑，恶在其

---

① 引文分别出自《贞观政要》之《论君道》《教戒太子诸王》《论政体》：《四库全书》第 407 册第 348、434、358 页，上海古籍出版社，1987 年 1 月。

②《论语·里仁》：杨伯峻《论语译注》第 36 页，中华书局，1980 年 12 月。

③ 清·戴望《管子校正》第 1 页，上海书店，1986 年 7 月。

④ 引文分别出自《论语》之《颜渊》《公冶长》《尧曰》篇：杨伯峻《论语译注》第 126、48、210 页，中华书局，1980 年 12 月。

为民父母也？"①儒家力推仁政的显性目的是"保民"，实则是为了更好地"牧民"、统治天下。况且儒家提出的口号冠冕堂皇，因此统治者也乐于在表面上接受，并且在一定程度上予以实施。

中国传统文化重视群体，国与家是每个人的归属之所。在这种群体生活环境中，需要营造良好氛围，敦厚人伦关系，君主（家长）理应在善待大众、公正平等方面，发挥主要作用。这种要求平等的理念，被推翻秦朝统治的农民起义军呼喊为"王侯将相宁有种乎"（《史记·陈涉世家》）的口号。此后，"王子犯法与庶民同罪"，虽未出现于官方之口，却成为广大国民的共识。这种平等思想意识的公开表达，也是"以人为本"的一种体现。

维护人格尊严，实现人生价值，在传统文化中具有很大影响力。孔子强调做人要坚持原则、保有个体人格的独立性，反对那种将自己都不喜欢的东西强加给别人的做法。对于不合道义的巨大利益，宁肯以苦作乐，决不屈尊贪图："饭疏食饮水，曲肱而枕之，乐亦在其中矣。不义而富且贵，于我如浮云。"②孟子主张做到"穷不失义，达不离道""遗佚而不怨，厄穷而不悯"。他认为，没有必要在富贵面前自惭形秽："彼以其富，我以吾仁；彼以其爵，我以吾义，吾何慊乎哉？"③这种坚持独立人格的精神，在历代正直文人身上体现得尤为明显：陶渊明的"心远地自偏"（《饮酒》其五）、李白的"安能摧眉折腰事权贵，使我不得开心颜"（《梦游天姥吟留别》）、韩愈的"若世无孔子，不当在子弟之列"（《答吕医山人书》）等，都是其超凡人生定位与志向的明确表达。

传统文化中远离神道、顺随天道（自然规律）、坚守人道的定位，经过数千年绵延充实，已然完全融入中华民族的血脉之中。这种"以人为本"的理念，虽然强调的是个人对族群、国家的责任义务，不同于西方数百年来以个性解放为号召的人文主义。但是，在西方长期遭受奴隶主、神权宗教黑暗统治的时期，中华文化对"人"的重视达到如此程度，是值得高度赞扬的。尤其是完全摈弃"神权"、摆脱宗教的束缚，其意义甚为重大，也是至今世界上不少国家、民族未能企及的。

---

① 引文分别出自《孟子》之《梁惠王上》《滕文公上》篇：杨伯峻《孟子译注》第17、118页，中华书局，2005年1月。

② 引文出自《论语》之《述而》篇：杨伯峻《论语译注》第70页，中华书局，1980年12月。

③ 引文分别出自《孟子》之《尽心上》《万章下》《公孙丑下》：杨伯峻《孟子译注》第304、232、89页，中华书局，2005年1月。

二、构建体系　强化伦理

伦理，原指事物的条理。例如《礼记·乐记》所云："乐者，通伦理者也"；其中的"伦"指"类别"，"理"指"区分"或"纹理"。不过，伦理通常是指人伦道德之理，亦即人与人相处的各种道德准则。在中国传统文化中，如何处理人与人之间的关系，是极其重要的问题，就此构成了完整的人伦关系网络、制定了严格的标准与规则。每个人的身份地位、言行举止，都会受到伦理关系的制约；家庭生活及社会活动，很大程度上体现出以伦理为坐标、伦理至上的特征。

（一）构建完备伦理体系

伦理体系的构建，是在宗法制度的基础上形成的。宗法制度是以家人、家庭、家族为对象，目的是强化亲族内部的血缘联系。在宗法制度框架内，具有亲属关系的人们，按照亲疏、长幼、尊卑的标准，划分为不同类别，占据着不同的位置，形成纵（历时）横（共时）贯通的人事关系网络。传统的伦理体系，与宗法制度体系并无二致，可称之为宗法体系的"升级版"或"扩展版"。

在所有的伦理（人伦）关系中，最基本的是"五伦"：君臣、父子、兄弟、夫妻、朋友。这五种伦理关系的雏形，在《尚书·尧典》中已有记述：舜帝对契发布指令，命其担任司徒、职司"五教"，以解决"百姓不亲，五品不逊"的问题。司徒是负责教化的官职，"五品"指"父、母、兄、弟、子"①。《左传》曾对当时实行"五教"的情况，进行了解释说明："布五教于四方，父义、母慈、兄友、弟共（恭）、子孝，内平，外成。"②由此可知，在商周之前，已经将"五教"作为划分家庭成员等级、处理相互关系的准则。

儒家十分重视人伦关系，在原有"五品""五教"的基础上进行了拓展。孔子对"君、臣、父、子"在家庭和社会的位置予以明确标示，要求各自

---

① 《尚书·尧典》：唐·孔颖达《尚书正义》第18页，中华书局，1980年10月。
② 晋·杜预注、唐·孔颖达疏《春秋左传正义》第160页，中华书局，1980年10月。

承担其相应责任。孔子的学生子夏提倡"事父母，能竭其力；事君，能致其身；与朋友交，言而有信"①，是对"父子、君臣、朋友"三组关系交往原则的界定。孟子对君臣、父子的伦理关系十分关注，并且加以扩展与具体化。他指出："内则父子，外则君臣，人之大伦也。父子主恩，君臣主敬。"其中，"仁之于父子也，义之于君臣也，礼之于宾主也"，都是极为重要的；每个人应当做到"父子有亲，君臣有义，夫妇有别，长幼有叙，朋友有信"②。至此，人与人之间的相处之道，经过长期的增补演化，确定为"五伦"原则。

"五伦"关系的明确定型，使原本属于家族内部相互关系的宗法准则，扩展为全社会的处世原则。以"五伦"为基本框架，容纳所有社会成员的完备伦理体系，得以逐渐形成。

（二）强化伦理政治功能

伦理在社会学中的本初原意，是指人与人相处的原则方式。每个人与他人之间如何相处，本属个体生活中的私事，与他人或社会关系不大。但是，在中国历史上，伦理关系很早就受到整个社会，特别是统治集团的关注，为其赋予了政治含义与功能。从上文引录《尚书·尧典》中的舜帝指派契实施"五教"可知，明确伦理关系，意在使社会成员各归其位、遵守秩序，以利于统治者进行管理。《论语》中的一段对话，很可以说明君主热衷伦理的原因："齐景公问政于孔子。孔子对曰：'君君、臣臣、父父、子子。'公曰：'善哉！信如君不君、臣不臣、父不父、子不子，虽有粟，吾得而食诸？'"③只有臣子们懂得自己的身份地位、做到安分守己，国君才可以舒舒服服地享受最大利益。

如同国君一样，一家之长（父亲、丈夫或兄长）的指令，只有儿女、妻子、弟妹们无条件地服从，方能保持家长的地位及享有的特权。人们时常提及的"君仁与臣忠、父慈与子孝、兄友与弟恭、夫义与妇随"四组伦理关系，君、父、兄、夫本应率先做出亲善的言行，成为对方的表率。但是，在长期的历史时期内，"为君尽忠、为父尽孝、长兄为父、丈夫为天"，

①《论语·学而》：杨伯峻《论语译注》第 5 页，中华书局，1980 年 12 月。

② 引文分别出自《孟子》之《公孙丑下》《尽心下》《滕文公上》篇：杨伯峻《孟子译注》第 88、333、125 页，中华书局，2005 年 1 月。

③《论语·颜渊》：杨伯峻《论语译注》第 128 页，中华书局，1980 年 12 月。

乃是现实生活的真实状况，臣、子、弟、妻往往处于完全被动的位置。"君仁""父慈"云云，完全成为虚伪的空话；"臣忠""子孝"才是当事人必须遵守的铁律，也是"君父"任意惩治"臣子"的托辞。这种状况，虽然违背了最初设定双方相互关系的准则，却使"君父"实现了权力与利益的最大化。

在伦理关系体系中，占据主导地位的"君父"，除了强化自己的权力，还有一个极具威力的筹码：代表"群体"（全国、全族、全家）。与每个人必须依附的"群体"相比，单个人（尤其地位低下的人）的权益就显得微不足道了。在强大的君主及其掌握"公权"的灌输之下，社会公认的美德是谦虚低调。"知其雄，守其雌；知其荣，守其辱"[1]，成为众所周知的座右铭；谨言慎行的谦谦君子，成为人们追求的目标。无论内心真实想法如何，人们至少在表面上都很谦恭。例如，称对方用敬语（尊驾、贤兄、敬呈、赐教），称自己用谦词（在下、鄙人、愚弟、老朽），甚至连帝王都自称"寡人、孤家"。反之，如果有人锋芒显露、张扬个性，就会受到群体的打压。"胆大妄为、一意孤行、自以为是、小人得志"等，都是打击不受节制地展示个性者的大棒。个人要想与君上管理的群体争斗，其胜率微乎其微。通过行政手段及舆论引导，弱化个人形象、重视个人从属群体，当个人与群体利益冲突时，前者（个人）服从后者（群体）等，形成了社会的共识。

原本属于人与人之间的伦理关系，在传统的"家国一体"格局中，最终成为统治者的工具，发挥着政治的功能。达到了"虚其心，实其腹，弱其志，强其骨。常使民无知无欲，使夫智者不敢为"[2]的治理目标。

（三）营造浓郁伦理氛围

任何一种思想观念的深入人心、真正发挥作用，都需要长时期、多方面地开展工作。行政干预的作用固然不可少，营造适宜的环境氛围，其效果更加长久而显著。伦理观念在传统文化中占据重要位置，与持续不断的官方大力宣扬、文士们的教育传授密切相关。

在先秦"百家争鸣"期间，各派别的政治立场、学术观点多有不同，

---

①《老子》第二十八章：三国魏·王弼《老子道德经》第16页，上海书店，1986年7月。
②《老子》第三章：三国魏·王弼《老子道德经》第2页，上海书店，1986年7月。

而在重视人伦方面，意见却大体一致。法家认为："选贤遂材，而礼孝弟，则奸伪止。要（阻止）淫佚，别男女，则通乱隔。贵贱有义，伦等不逾，则有功者劝。"①如果法令得不到严格执行，就会造成人格堕落、人伦混乱不堪的局面，国家就会灭亡。道家并未正面专论"伦理"，不过老子所谓"居善地，心善渊，与善仁，言善信，正（政）善治，事善能，动善时""不自见，故明；不自是，故彰；不自伐，故有功；不自矜，故长"等②，全都是处世之道、人伦之理，被很多人所信奉。墨子主张"兼爱"，但这种爱也是因人而有别的："义可厚厚之，义可薄薄之，谓伦列。德行、君上、老长、亲戚，此皆所厚也。为长厚，不为幼薄。亲厚，厚；亲薄，薄。亲至，薄不至。"③如此有"厚""薄"之分的处理方式，也是针对人与人之间关系的。

对伦理最为注重的学派，当然是儒家。儒家经典《易经》中"乾父、坤母、震长男、巽长女"等卦的对应设立，具有伦理色彩；《诗经》的不少作品，被解释成为"经夫妇，成孝敬，厚人伦，美教化，移风俗"的例证④。《周礼》《仪礼》《礼记》更是大力宣扬"亲亲、尊尊、长长、男女有别"，并且格外强调其重要性的巨著。儒家代表人物中，孔子是最早开办私学的先生，他始终以教人"仁爱、孝亲、敬上、忠诚、信义、循礼"为事，皆属伦理的范围。孟子既是普通学人的老师，也是向君主讲授治国之道的帝王之师，对伦理的探讨，最为全面深入。在他看来，普通人与禽兽的区别并不大，只有道德高尚的君子、英明的君王懂得为人的道理并加以推行："人之所以异于禽兽者几希，庶民去之，君子存之。舜明于庶物，察于人伦，由仁义行。"孟子明确指出，各类学校，就是教授人伦之理的场所，培养出来的人才，可以为君王所用："设为庠序学校以教之。庠者，养也；校者，教也；序者，射也。夏曰校，殷曰序，周曰庠；学则三代共之，皆所以明人伦也。人伦明于上，小民亲于下。有王者起，必来取法，是为王者师也。"学习的榜样，就是尧舜那样的圣人："规矩，方圆之至也；圣人，人伦之至也。欲为君，尽君道；欲为臣，尽臣道。二者皆法尧舜而已矣。"每个人处理相互关系时，都要怀有"仁义"之心："为人臣者怀仁义以事其君，为人

---

① 清·戴望《管子校正》第175页，上海书店，1986年7月。

② 引文分别出自《老子》第八章、第二十二章：三国魏·王弼《老子道德经》第4、12页，上海书店，1986年7月。

③《墨子·大取》：清·孙诒让《墨子间诂》第244页，上海书店，1986年7月。

④《诗·大序》：唐·孔颖达《毛诗正义》第2页，中华书局，1980年10月。

子者怀仁义以事其父，为人弟者怀仁义以事其兄。是君臣、父子、兄弟去利，怀仁义以相接也，然而不王者，未之有也。"如果未能处理好与他人的关系，就要反省自己："爱人不亲，反其仁；治人不治，反其智；礼人不答，反其敬；行有不得者，皆反求诸己，其身正而天下归之。"①荀子是兼具儒、法两家特征的大师，他详细说明了君子以"礼义"教人的伦理意义："（人）力不若牛，走不若马，而牛马为用，何也？曰：人能群，彼不能群也。……故人生不能无群，群而无分则争，争则乱，乱则离，离则弱，弱则不能胜物。故宫室不可得而居也，不可少顷舍礼义之谓也。能以事亲谓之孝，能以事兄谓之弟，能以事上谓之顺，能以使下谓之君。君者，善群也。群道当，则万物皆得其宜，六畜皆得其长，群生皆得其命。"②汉代大儒董仲舒、班固提倡"三纲五常"（见董仲舒《春秋繁露·基义》《贤良策一》及班固《白虎通义》），其中的"君为臣纲，父为子纲，夫为妻纲"，是对人的身份地位的界划；"仁、义、礼、智、信"，则是相互交往的原则。宋代"二程"、朱熹等理学家，借鉴前代关于"天理人欲"的有关论述："人生而静，天之性也。感于物而动，性之欲也。物至知知，然后好恶形焉。好恶无节于内，知诱于外，不能反躬，天理灭矣。夫物之感人无穷，而人之好恶无节，则是物至而人化物也。人化物也者，灭天理而穷人欲者也。于是有悖逆诈伪之心，有淫佚作乱之事。"③强调指出"存天理，灭人欲"的重要性。此处的"天理"，所指即为人处世做到"好恶有节"，其伦理特征十分明显。

家庭的教育，更是围绕着伦理进行的。"尊老敬长""在家做孝子，出仕为忠臣"之类的训教、"昏定晨省"之类的要求，贯穿于每个家庭的日常生活之中。对"节妇烈女"表彰的牌楼匾额，建造于路口或悬挂在屋檐，时刻提醒、教育着人们。从通衢大邑至穷乡僻壤，中华大地上伦理的气氛非常浓郁，占据着人们的思想，几乎规定着生活中的一切。

① 引文分别出自《孟子》之《离娄下》《滕文公上》《离娄上》《告子下》《离娄上》篇：杨伯峻《孟子译注》第191、118、165、280、167页，中华书局，2005年1月。
② 《荀子·王制》：清·王先谦《荀子集解》第104页，上海书店，1986年7月。
③ 《礼记·乐记》：王文锦《礼记译解》第529页，中华书局，2001年9月。

三、秉持中庸　追求和谐

中庸和谐，是传统中国的社会心理，也是国人奉行的处世之道。这种理念，植根于希求安定和平的农业自然经济，体现在治国理政的政策、宗法制度的实施、社风民俗的培育，以及普通民众的日常生活之中。"中庸"及"和"的观念，在《论语》中得到体现。《礼记》将其扩而广之，不仅在行文中时有论及，而且特设《中庸》一题进行专门探究。其开篇有言："天命之谓性，率性之谓道，修道之谓教。道也者，不可须臾离也，可离非道也。……喜怒哀乐之未发，谓之中；发而皆中节，谓之和。中也者，天下之大本也；和也者，天下之达道也。致中和，天地位焉，万物育焉。"①对"中""和"及"致中和"的蕴含意义，给予了简要的解说。不过，它们的实际蕴含，比之这些解说更加丰富。

（一）中庸处世为人

"中庸"，是由儒家提出的为人处世原则。理解这一原则，须以解读"中"与"庸"之含义为前提。

第一，"中"为正。在儒家经典《论语》《礼记》等著作内，"中"有多种含义。"喜怒哀乐之未发"状态的"中"，意指"内在"（心中、胸中）。与此"中"之义相同者，如"凡音者，生人心者也。情动于中，故形于声，声成文，谓之音""诚于中，形于外，故君子必慎其独也"。"中"也包括"适宜、符合"之义，"古之君子必佩玉，右徵、角，左宫、羽，趋以《采齐》，行以《肆夏》，周还中规，折还中矩，进则揖之，退则扬之，然后玉锵鸣也""重社稷故爱百姓，爱百姓故刑罚中，刑罚中故庶民安，庶民安故财用足""敬而不中礼，谓之野；恭而不中礼，谓之给；勇而不中礼，谓之逆"。此外，也有的将"中"解为"折中"（中间）之义："隐恶而扬善，执其两端，用其中于民，其斯以为舜乎！"②但是，这里虽以"执其两端"为前提，"其中"未必是两端中间的位置，应当是两端之间"正确"的位置；即便此处

①《礼记·中庸》：王文锦《礼记译解》第 773 页，中华书局，2001 年 9 月。
②引文分别出自《礼记》之《乐记》《大学》《玉藻》《大传》《仲尼燕居》《中庸》：王文锦《礼记译解》第 526、897、423、487、741、775 页，中华书局，2001 年 9 月。

确指"折中"（中间）之义，这一义项也不是"中庸"之"中"的主旨所在。

"中"最重要的含义是"正"。《礼记·乐记》有言："中正无邪，礼之质也；庄敬恭顺，礼之制也。"此中是将"中"与"正"并列、亦即"中"与"正"等同，二者可以互代或并称（中正）。其含义包括"正确"（《论语·颜渊》："政者，正也。子帅以正，孰敢不正"）、"正直"（《礼记·缁衣》："下之事上也，身不正，言不信，则义不一，行无类也"），等等。同时，即便将"中"解释为"不偏、适宜、纠正、规范"等，其内涵也是"正确"而非丧失原则的妥协或折中。如果用现代语言加以表述，"中庸"的"中"之核心含义是："坚持正确的原则（立场）"。

第二，庸为常。"庸"的含义，一般解释为"用"。在特定的语境中，有的可以释为"任用"（《尚书·舜典》："舜生三十征庸"）；有的可解为"采用"（《尚书·大禹谟》："无稽之言勿听，弗询之谋勿庸"）；还有的将"用"之含义解释得较为深入系统（《庄子·齐物论》："庸也者，用也；用也者，通也；通也者，得也"）。与"用"之义相比，"庸"具备的"常"之含义，使用得更加广泛。此义可区分为"平常"（《周易·乾卦》："庸言之信，庸行之谨"）；"平凡、平庸"（《国语·齐语》："桓公自莒反于齐，使鲍叔为宰，辞曰：'臣，君之庸臣也'"）；"常人"（《韩非子·内储说上》："今有于此，曰：'予汝天下而杀汝身。'庸人不为也"）；"恒常"（《孟子·告子上》："庸敬在兄，斯须之敬在乡人"、《礼记·礼运》："谨于礼……以著其义，以考其信，著有过，刑仁讲让，示民有常"）。细究起来，在"中庸"之中，将"庸"之义解为"恒常、时常"之"常"更为合理。

第三，"中庸"为原则。中庸，作为儒家的政治、哲学思想观念，主张待人处事不偏不倚、无过无不及。这种原则得到广泛的认同，但在具体实施过程中，可以区分为"君子、常人、小人"三类情况。

君子的"中庸"，是最高标准的道德要求、至高无上道德的体现，普通人是难以达到的："中庸之为德也，其至矣乎！民鲜久矣。"[1]在孔子看来，颜回在这方面是很努力的："回之为人也，择乎中庸，得一善，则拳拳服膺弗失之矣"；但是只有圣人可以至其境界："君子依乎中庸，遁世不见知而不悔，唯圣者能之。"[2]同时，"中庸"是要恒久执持的，其尺度的把握也

---

① 《论语·雍也》：杨伯峻《论语译注》第 64 页，中华书局，1980 年 12 月。
② 《礼记·中庸》：王文锦《礼记译解》第 775、777 页，中华书局，2001 年 9 月。

并非易事："中者，正也；庸者，常也。惟中故可恒，恒则不息，不息则悠久，悠久则无疆。"① "子曰：道之不行也，我知之矣：知者过之，愚者不及也。道之不明也，我知之矣：贤者过之，不肖者不及也。"可见，只是拥有超群的才智，容易过当；如果智商低下，又无法达到相应水平。真正的君子，应当自尊自信、镇定从容："君子素其位而行，不愿乎其外。素富贵行乎富贵，素贫贱行乎贫贱，素夷狄行乎夷狄，素患难行乎患难，君子无入而不自得焉。在上位，不陵下；在下位，不援上。正己而不求于人，则无怨。上不怨天，下不尤人。"另外，还可能经受极为严峻的考验："子曰：天下国家可均也，爵禄可辞也，白刃可蹈也，中庸不可能也。"②即使放弃重权、高官、厚禄的诱惑，甚至不怕砍头身死，也未必能够达到"中庸"的标准。这种以"坚持原则（中）、持之以恒（庸）"为特征的"中庸"，必须是具备高尚品德、过人才智、坚强毅力的人，方可真正执持拥有。

常人的"中庸"，是从自己的智能（中等、平常）及生存境况出发，进而采用的为人处世方法。这些人属于社会的大多数，面临的多为耕种劳作、邻里相处、家庭开销之类的日常生活事务。在处理相互关系时，大都秉持适度忍让、不伤和气的原则；在遇到公共问题时，大都先听他人意见、不忙于自己表达，随从多数人的意愿；在需要展示实力（经济或其他方面）时，既不极力炫耀，也不刻意掩藏，置身于大众之中。这种取向，是"明哲保身"的处世之道。

小人的"中庸"，是缺失底线的处世方式。这里的小人，包括任意胡为的人："君子中庸，小人反中庸。君子之中庸也，君子而时中；小人之中庸也，小人而无忌惮也。"③也包括智力平庸的人："上智不教而成，下愚虽教无益；中庸之人，不教不知也。"④当然还包括懒惰的人。这些人表现为听天由命、妥协保守、不求上进、得过且过，等等。如此处世为人，其实难以归入"中庸"之范围；但是人们时常以"中庸"称之，此处也只能顺随众议而已。

统而言之，无论人们怎样理解"中""庸"及"中庸"之义，将"中庸"

---

① 宋·李过《西溪易说》（卷七）：《四库全书》第 17 册第 707 页，上海古籍出版社，1987 年 1 月。

② 《礼记·中庸》：王文锦《礼记译解》第 774、779、776 页，中华书局，2001 年 9 月。

③ 《礼记·中庸》：王文锦《礼记译解》第 774 页，中华书局，2001 年 9 月。

④ 北齐·颜之推《颜氏家训·教子》：明·程荣《汉魏丛书》第 584 页，吉林大学出版社，1992 年 12 月。

作为处世的原则，是国人所公认的。人们用之修饰自己的言行、以之对他人做出或褒或贬的评价。

（二）和谐社会关系

中国自古崇尚"和"，以之作为人生社会追求的目标境界。从哲学上讲，"和"是指对立双方或多种异态（不同形质）事物的融合统一。以"和"为特征的状态，普遍存在于自然界及人类社会。

在先秦时期，人们对"和"已具备较为全面的认识。西周末年的伯阳父（亦称史伯或周朝太史）曾说："和实生物，同则不继。以他平他谓之和，故能丰长而物归之；若以同裨同，尽乃弃矣。故先王以土与金木水火杂，以成百物。是以和五味以调口，刚四支（肢）以卫体，和六律以聪耳，正七体以役心，平八索以成人，建九纪以立纯德，合十数以训百体。"[①]老子认为"万物负阴而抱阳，冲气以为和"[②]。荀子在继承孔、孟倡导"和"的观念基础上，对其进行了多方面的论述。他将天地宇宙看作和谐的存在："列星随旋，日月递炤，四时代御，阴阳大化，风雨博施。万物各得其和以生，各得其养以成。"他强调"和"是安定社会、增强国力、抵御外侮的重要前提："刑政平，百姓和，国俗节，则兵劲城固，敌国案自诎矣。"为达此目的，统治者必须做到"守时力民，进事长功，和齐百姓，使人不偷，……百姓时和，事业得叙者，货之源也；等赋府库者，货之流也。故明主必谨养其和，节其流，开其源，而时斟酌焉""上不失天时，下不失地利，中得人和而百事不废。是之谓政令行，风俗美。以守则固，以征则强，居则有名，动则有功"。荀子对个人自身品性的"调和"极为重视，他就此提出"治气养心之术"："血气刚强，则柔之以调和；知虑渐深，则一之以易良；勇胆猛戾，则辅之以道顺；齐给便利，则节之以动止；狭隘褊小，则廓之以广大；卑湿重迟贪利，则抗之以高志；庸众驽散，则劫之以师友；怠慢僄弃，则炤之以祸灾；愚款端悫，则合之以礼乐，通之以思索。"关于如何促使人们和睦相处，荀子提出按照礼义标准进行衡量协调："人何以能群？曰：分。分何以能行？曰：义。故义以分则和，和则一，一则多力，多力则强，

---

① 《国语·郑语》：清·徐元诰撰，王树民、沈长云点校《国语集解》第 470 页，中华书局，2002年 6 月。

② 《老子》第四十二章：三国魏·王弼《老子道德经》第 26 页，上海书店，1986 年 7 月。

强则胜物。"①这种观点，可谓直接落实了"礼之用，和为贵"的理念（《论语·雍也》）。身处战国纷争时代的荀子，如此用心地讨论"和"的论题，有对前辈学说的继承与发展，也有对结束战乱、实现和平安定的期盼之意愿。

和谐的内涵，如果从"真、善、美"的价值观念角度而论，包括"天人合一"（真）：讲究人与自然不可分离，要和谐相处；人是万物灵长，但人的活动要遵从自然法则。"知行合一"（善）：这既是认识论问题，也是伦理道德问题；要求增进道德认识、提高道德实践自觉性，体认"知"与"行"相互依存、相互促进的辩证关系，反对只说不做或言过其实；从而避免空泛、偏执、盲动与狂热，将领悟道德变为行动自觉，达到"至善"。"情理合一"（美）：这是中华民族创造美、鉴赏美所追求的境界；在审美过程中，要求人与自然或社会（主体与客体）联系起来，达到和谐融一；例如诗歌追求"意境"（情与景融合）、绘画注重"写意"（生命情调与自然造化合一）、解决问题顾及"情理"（感情与礼法）②。如果从相互关系方面而论，则可按照"个人"与"群体"两类加以区分。实现个人的"和谐"，需要处理好"人与自然、人与社会（制度）、人与他人、人与自我"等关系；达到"群体"（单位、民族、国家）的"和谐"，除了妥善解决群体内部问题之外，如何正确处理与其他"群体"的关系，是最为重要的课题。

传统文化中大力提倡的"和"，并非毫无原则立场的随声附和。一旦遇到与自己立场观点（前提是正确的）大相径庭的决定，就要做到"和而不同"：能够和睦地与人相处共事，但不去违心地附和他人的意见。这种态度，既是表明自己面对问题的观点，也是个人道德品质的表现。孔子就此指出，真正刚强的人，应当做到："和而不流，强哉矫；中立而不倚，强哉矫；国有道不变塞焉，强哉矫；国无道至死不变，强哉矫。"③也就是说，在任何时候、任何情况下，都要展示出意志坚强的佼佼者形象。这与没有自己的独立见解、盲目追随他人，或者表面假装同意他人意见、背后自搞一套的小人"同而不和"之做法（《论语·子路》），是完全异样的。

总的说来，以和为贵、追求中庸和谐的理念，成为中国历代社会的共

---

① 引文分别出自《荀子》之《天论》《王制》《富国》《王霸》《修身》《王制》篇；清·王先谦《荀子集解》第206、110、119、150、15、104页，上海书店，1986年7月。

② 参见：汤一介《论中国传统哲学中的真、善、美问题》，《中国社会科学》，1984年第4期。

③《礼记·中庸》：王文锦《礼记译解》第776页，中华书局，2001年9月。

识。这种思想，对于促进各民族间的融合与团结、增强中华民族的文化认同与凝聚、确保祖国河山的完整统一、延续传统文化的脉络体系，发挥了重要的作用。时至今日，我国提出的"和平共处""构建人类命运共同体"等主张，仍是接续了"和"的思想，成为确保世界和平、实现全人类共享福祉的必由之路。

四、理性务实　经世致用

理性务实，源自中国传统的大陆型农业文明之生产方式，以及由此经济基础形成的"人本"思想。务实是中华民族性格的体现，也是重要的生存之道及处事方略。

（一）立足现世而着眼当前

每一个思理正常的人，都会对自己的人生事业（或承担的群体职责）进行设计与目标定位。大致说来，这种设计定位，或主要着眼于理想中的未来，或更加关注于当下的生活现实。中国的文化传统，明显侧重于现世当前。

其一，以日常需求为要务。人生在世，最基本也是最重要的需求，就是吃饭穿衣。发祥于黄河流域的农业文明，是解决人们的衣食、固化务实理念、确立治国政策，以及推动中华文化发展繁荣的主要动能。人们通过农耕实践，深深懂得"一日不作，百日不食"（《史记·赵世家》）、"一分耕耘，一分收获"的道理。庄稼的种植、管理、收获、储藏及食用，必须由人精心准备、亲身劳作，任何环节出现问题，都会影响到实际生活，来不得半点虚饰伪装。当然，统治者的享用、国家行政的开销，都要来自农业。历史悠久的"重农"意识与相关举措，与传统文化现实、务实的定位，具有直接关联，务实重农成为各个社会阶层的共识。

说到重农，必然会联系到抑商，对于我国长久推行的"重农抑商"政策，不少人很是不解。其实，古人很早即知经商获利大于农业，且看《战国策·齐策》所录吕不韦与其父的一段对话："濮阳人吕不韦贾于邯郸，见秦质子异人，归而谓父曰：'耕田之利几倍？'曰：'十倍。''珠玉之赢几倍？'曰：'百倍。''立国家之主赢几倍？'曰：'无数。'曰：'今力田疾作，不得暖衣余食；今建国立君，泽可以遗世。愿往事之。'"①司马迁也曾指出经商之利的巨大："货殖之利，工商是营。废居善积，倚市邪赢。白圭富国，计然强兵。"②既然商业利润远大于农业，为什么历代皆行"重农抑商"之策呢？这个答案，同样是吕不韦给出的："古先圣王之所以导其民者，先务于农。民农非徒为地利也，贵其志也。民农则朴，朴则易用，易用则边境安，主位尊。民农则重，重则少私义，少私义则公法立，力专一。民农则其产复，其产复则重徙，重徙则死其处而无二虑。民舍本而事末则不令，不令则不可以守，不可以战。民舍本而事末则其产约，其产约而轻迁徙，轻迁徙则国家有患皆有远志，无有居心。民舍本而事末则好智，好智则多诈，多诈则巧法令，以是为非，以非为是。后稷曰：'所以务耕织者，以为本教也。'"③此中的"本"是农业，"末"是商业。经营农业的农民，安心于居地和工作、易于管理；经商的商人，居无定所、唯利是图、好智多诈，属于不安定分子，必须予以限制。因而，在传统中国的社会生活中，依靠农业，基本可以满足人们的生活需要；一些重要的商品（如盐铁），又掌控在国家手中。这样一来，国民的日常生活有保障（农民种植作物可供衣食），同时又便于国家管理与社会安定。可见，"重农抑商"是符合古代社会的现实、满足当时所需的政策。

再回到日常生活的话题：中国自古以来，对于衣食等日常必备品类的研究应用，用功极多、成效显著。在"以食为天"的社会氛围中，富贵之族财宝无数，专门雇用名厨操作，山珍海味皆备、佳肴美馔满前，尽享口福物欲；贫寒之家虽乏食材，主妇亦想方设法，或粗粮细作，或瓜菜替代，为全家老小果腹。食物本是全人类的第一需要，但就菜肴制作而言，我国是远远超过其他国家民族的。随便一个菜系（如鲁菜、川菜）的菜品种类、烹饪方法乃至造型摆盘等的繁复程度，都是多数国家所不能企及的。衣服、家具及其他日常器物的种类及功用，亦近于此。这种特征，与农业文明传统相关，也与国人重视自身现实生活质量与品位（享受口福身利）的追求密不可分。

其二，以自身技能为保障。传统文化鼓励人们积极进取、"自强不息"，

---

① 王延栋《战国策译注》第 84 页，中华书局，2017 年 1 月。

② 汉·司马迁《史记·货殖列传》第 357 页，上海古籍出版社，1986 年 12 月。

③ 许维遹撰、梁运华整理《吕氏春秋集释》第 682 页，中华书局，2017 年 6 月。按：《吕氏春秋》由时任秦国宰相的吕不韦主持编撰，所载内容（尤其是重要观点），他理应过目并且认同。

同时又强调从实际出发、"量力而行"，而且极其重视拥有职业技能。对此，颜之推在其《颜氏家训》中，做过恰切的阐述："人生在世，会当有业：农民则计量耕稼，商贾则计论货贿，工巧则致精器用，伎艺则深思法术，武夫则惯习弓马，文士则讲议经书。"之所以对每个人提出这样的要求，是因为"父兄不可常依，乡国不可常保，一旦流离，无人庇荫，当自求诸身耳。谚曰：'积财千万，不如薄伎（技）在身'"。对于那种"品藻古今，若指诸掌，及有试用，多无所堪。居承平之世，不知有丧乱之祸；处庙堂之下，不知有战陈（阵）之急；保俸禄之资，不知有耕稼之苦；肆吏民之上，不知有劳役之勤"之类浮躁不实的书生，颜之推认为他们难以"应世经务"[①]，也无法真正存身立命。中国社会向来认可的"耕读为业"，才是人们欣赏与追求的生活方式。可"耕"，能够保证衣食之用；可"读"，能够学习及掌握任事从政之技能。诸葛亮和陶渊明的令人钦佩，大多关注其"三分天下"的才能及"挂冠辞官"的气魄；而诸葛亮出山之前"躬耕陇亩"（《三国志·诸葛亮传》）、陶渊明辞官之后"开荒南野际"（《归园田居五首》其一）的技能，才是他们保障生存的底气、底线所在。当代流行的"仰望星空，脚踏实地"之口号，其重点是在"脚踏实地"，亦即认真钻研、掌握真才实学，这也是传统文化"务实"理念的体现。

其三，以各种经验为圭臬。这些经验，包括他人（前人、父辈）和自己的经验。传统社会浓厚的"敬老尊师"之风气，其主旨就是对经验的尊崇。"敬老"的重要标志是"孝"，也是从孝敬父母开始、贯穿一生的优秀品质："身体发肤，受之父母，不敢毁伤，孝之始也。立身行道，扬名于后世，以显父母，孝之终也。夫孝，始于事亲，中于事君，终于立身。"[②]孝敬父母的原因，除了感谢"身体发肤，受之父母"的生养之恩，更重要的是父母教会了基本的生活技能；换言之，父母是子女成长过程中最早传授人生经验的老师。"师"能够与"亲"（父母）并称的原因，在于老师可以教授识字作文的方法、为人处世的道理，以便学生顺利进入社会、承担职责。所谓"在家听父母，出门从师长"，其根本在于能够直接获得经验。这种理念，可以由父母师长延及其他拥有阅历经验的人。"他山之石，可以攻玉"（《诗经·小雅·鹤鸣》）的古训，正是学习经验、博采众长的明晰表述。

---

① 北齐·颜之推《颜氏家训》之《勉学》《涉务》篇：明·程荣《汉魏丛书》第589、595页，吉林大学出版社，1992年12月。

②《孝经·开明宗义》：宋·邢昺《孝经注疏》第7页，中华书局，1980年10月。

传统文化中有关经验的记述总结，内容丰富、涉及广泛。有的是圣哲名师的教诲，例如关于为人："满招损，谦受益"（《尚书·大禹谟》）、"敖（傲）不可长，欲不可从，志不可满，乐不可极"（《礼记·曲礼上》）；关于处事："工欲善其事，必先利其器"（《论语·卫灵公》）、"业精于勤荒于嬉，行成于思毁于随"（韩愈《进学解》）；关于进学："博学而笃志，切问而近思"（《论语·子张》）、"锲而不舍，金石可镂"（《荀子·劝学》），等等。更多的则是民间文人乃至普通百姓归纳总结的生活经验，例如修身养性："大着肚皮容物，立定脚跟做人""水至清无鱼，人至察无徒""怒是猛虎，欲是深渊"；入世方略："大事必清楚，小事须糊涂""勿贪意外之财，勿饮过量之酒""常思己过，莫论人非"；理财治家："勤俭治家，积善传家""看菜吃饭，量体裁衣""恕则平情，俭则足用""丰年防歉，有时防无"；评判天象气候："燕子低飞蛇过道，大雨不久就来到""蚕老一时，麦熟一晌"；等等。这些观点结论，虽然未必完全合理切当，但确属生活经验的结晶。其中的不少说法，虽历时久长却仍可有验，因而始终被人们所信服。

对前代经验的重视、对古圣先贤及父祖师长的尊崇，有益于保有文化传统，是一种证实、务实的表现。不过，由此形成的保守回望、坐吃老本，也在很大程度上阻碍了文化创新、延缓了社会的进步。

（二）经世致用且知行合一

经世致用与知行合一，是体现传统文化务实精神的核心理念。经世致用，是对务实精神指向目标的确定；知行合一，是将务实精神落到实处的具体方式。

"经世致用"之义旨，可概括为：治理世事，取得实效。其中所指的主体对象，是有志于投入社会、富国利民、建功立业的士子学人。希望士人将学习的知识、掌握的能力，真正与现实社会紧密联系、解决面对的实际问题；而不可脱离当下社会需要、以不切实际的空疏之学误己害人。经世致用的概念，由明清之际的思想家王夫之、黄宗羲、顾炎武等人正式提出。但是，这种重视"世用"、强调"学以致用"的理念，在先秦时期已经形成。

早在西周灭商之时，"人本"逐渐成为社会文化主流，取代了"神本"文化。周朝传授知识的方式，已由此前的"以巫为师"，转变为"以吏（官员）为师"，从而形成"政教（教育）合一"的办学传统。当时官学传授知识、培养人才的目的，重在使之处理政务、安定社会、强国富民。《周礼》

所述的"六艺"（礼乐射御书数），就是周朝教育贵族掌握的六个项类的技能。这些技能，涵盖政教法度（礼乐）、军事技能（射御）、文字运用（书）及经济管理等方面，如果能够掌握，必可承担起治国理政的责任。

孔子对西周的礼乐制度极为欣赏，多次表明相关观点。他认为，如果不具备仁爱之心，是无法习礼知乐的："人而不仁，如礼何？人而不仁，如乐何？"每个有追求的人，都要"博学于文，约之以礼"。通过这些言论，不难看出孔子对礼乐制度的重视。他对"射"的看法是："君子无所争。必也射乎！揖让而升，下而饮。其争也君子。"有人说他"博学而无所成名。子闻之，谓门弟子曰：'吾何执？执御乎，执射乎？吾执御矣'"[①]。可见他对"射、御"等技术也是了解的，只是因为忙于"克己复礼"而未能精通而已。由此可证，孔子是一位坚持"经世致用"理念，并且身体力行的先哲。孔子的务实思想及行动，为后世广大知识分子所接受和践行。

不过，随着时间的推移，在遭遇黑暗政治的迫害、社会动乱的波及、科举制度的禁锢等境况之后，不少知识分子或主动、或被动地走向"空疏"之途（如魏晋士人的谈玄）。王夫之、顾炎武等人，深知"经世致用"对接续文化、兴国利民的重要性，他们在满族入主中原、天翻地覆的时代对其加以提倡，具有非同寻常的意义。及至清代晚期，当西方列强使用坚船利炮轰开国门、天朝上国遭遇千年未遇之大变局的时候，"经世致用"的观念又在学界、政界形成很大影响，终于推动了中国社会的变化与发展。可以这样讲："经世致用"体现着传统文化中的"务实"理念，深深植根于中华大地；每当遇到国家民族及集团或家庭的重要关头节点，其作用就会更加明显。

"知行合一"，包含着"知"与"行"的关系，亦即认识与实践的关系，这是中国传统哲学的重要论题。有关双方关系的看法，在历史上呈现着动态变化的过程。

最早的论述，出自《尚书·说命中》的"非知之艰，行之惟艰"。这个命题，是商朝贤臣傅说与高宗（武丁）探讨治国理政问题时提出的，意在提醒君王勤政爱民、选贤任能、重在践行。傅说此说，可以概括为"知易行难"。

_____

① 引文分别出自《论语》之《八佾》《雍也》《八佾》《子罕》篇：杨伯峻《论语译注》第 24、63、25、87 页，中华书局，1980 年 12 月。

孔子对"知"与"行"问题十分关注，他鼓励年轻人通过学习增广见闻："小子何莫学夫诗？诗，可以兴，可以观，可以群，可以怨。迩之事父，远之事君。多识于鸟兽草木之名。"同时又特别强调将"知"与"行"结合、用实践印证知识："诵《诗》三百，授之以政，不达；使于四方，不能专对；虽多，亦奚以为？"他经常以"言"与"行"对举，表明自己的观点，希望人们少说多做："君子欲讷于言而敏于行"；言与行必须落实："言必信，行必果"；以言行不一为耻："君子耻其言而过其行"；评价他人依照"听其言而观其行"的原则[①]。孔子的这些观点，可以归结为"行重于知"。

东汉的王充，生当谶纬神学盛行时期，儒生士子学风虚浮，不肯深入实际、成事有为。他对"古经废而不修，旧学暗而不明，儒者寂于空室，文吏哗于朝堂"的现象，进行了严肃批评。在他看来，所学知识必须能够实际应用："凡贵通者，贵其能用之也；即徒诵读，读诗讽术，虽千篇以上，鹦鹉能言之类也。"[②]王充一再强调"见"而得"知"，要求拥有知识者必须"肯为"、使之"能用"。王充对"知"与"行"的评价，更偏重"行"，可以将其相关论述，概之为"知在于行"。

宋代著名理学家朱熹，曾经对"知行"做过专题讨论："知、行常相须，如目无足不行，足无目不见。论先后，知为先；论轻重，行为重。……方其知之而行未及之，则知尚浅；既亲历其域，则知之益明。"[③]朱熹的这些论述，分别表达了"知先行后""知轻行重""知行互动"等观点；但其主要目的，则是说明"知"与"行"之间相互依赖、相互促进、不可偏废的密切关系。因此，可将朱熹的观点称为"知行并重"。

明代中期的王守仁（阳明），对"知、行"关系做过深入分析："知是行的主意，行是知的功夫；知是行之始，行是知之成。若会得时，只说一知，已自有行在；只说一行，已自有知在。……今人却就将知行分作两件去做，以为必先知了，然后能行。我如今且去讲习讨论做知的工夫，待知得真了，方去做行的工夫。故遂终身不行，亦遂终身不知。……某今说'知

---

① 引文分别出自《论语》之《阳货》《子路》《里仁》《子路》《宪问》《公冶长》篇：杨伯峻《论语译注》第185、135、41、140、155、45页，中华书局，1980年12月。
② 汉·王充《论衡》第120、135页，上海书店，1986年7月。
③《朱子语类·论知行》：黄士毅编，徐时仪、杨艳江校《朱子语类汇校》第165页，上海古籍出版社，2014年12月。

行合一'，正是对病的药。"[1]他的"知行合一"说，将"知"与"行"视为不可拆分的整体（一体之两面），要求真正做到表里相符、言行一致。

以上所列诸家之说，虽然侧重点有所不同，但都表现出注重"知"与"行"密切关系、尤其强调"行"之重要性的思想理念。同时，儒家学派大力提倡的"修、齐、治、平"修习路径（《大学》），以及"博学、审问、慎思、明辨、笃行"的求知致用方法（《中庸》），也鲜明地体现出"知行合一"的精神，得到广泛的社会认同与响应。

（三）力避玄虚以求取实利

在传统中国社会中，玄奥的思想理论，是难以为人们接受的；虚幻的事物，不是被远远避开，就是被改造利用。这种以获取实际利益为目的的社会心理，主要表现为下述特征：

一是化虚为实。在人类进入文明社会的初期，出于对诸多自然现象的不解，以拜物崇神为表征的"神本"思想大行其道。当时的统治者利用天神上帝威名，将自己称为天神之子（天子），用来统治万民（商朝之前）。在"人本"思想取代"神本"之后（周朝为始），华夏大地虽然免除了宗教神学统治之弊端，但鬼神并未远离人们的生活。此前专司与"神"联系的巫师，继续利用天神诱导恐吓普通民众，用以获取实利。随着时间的推移，天上的玉皇众神、地面的物化精怪、九泉的阴曹地府、西方的极乐世界，都逐步为大众所知、影响至深。从事相关职事的人员（巫婆神汉、道士僧尼），从善男信女的手中，获取了大量真金白银的香火钱。不难看出，无论是至高无上的君王、自诩通神的巫师、飘然物外的道士，还是普度众生的僧侣，都是借"虚"（鬼神）得"实"（金钱利益）。同时，一些理性的思想家，从唯物的立场出发，破除虚妄、坚持实用之原则。荀子的"人定胜天"的自然观、范缜的"形存则神存，形谢则神灭"的神灭论，均以冷静切实的阐析，为当时及后世不少人所接受。此外，也有一些表面上"化实为虚"，最终又返回实处的情况。比如：三国时期的关羽和南宋初年的岳飞，二人皆因忠勇而死、立庙封神。北方的"关帝庙"、南方的"岳庙"可谓遍地皆是，香火极盛且长久不衰。这种将关羽和岳飞神化的方式，一方面寄寓了

---

① 明·王守仁《王文成全书》（卷一）：《四库全书》第 1265 册第 8 页，上海古籍出版社，1987 年 1 月。

人们对二人含冤而死的惋惜之情，更多的则是求得他们"显灵"、为自己报仇雪恨或获取富贵提供帮助，其实质也是求"实"的做法。

二是舍必有得。占据特殊地位的权势人物（君主、巫师、僧人道士等），可以利用他们的优势获取利益。广大的民众，也有自己的利益诉求。这种诉求，可以称之为"舍必有得"。以耕田为业的农民，只有舍得气力、全身心投入，才可能收获足以养家糊口的粮食。"锄禾日当午，汗滴禾下土"是他们生活的常态；对于"粒粒皆辛苦"的体会（李绅《悯农》），没有人比他们更加深刻。诸如奢侈浪费、坐吃山空、懒惰懈怠、投机取巧、虚幻妄想的表现，对他们来说是灾难性的。基于这种维持生计的切实需要，普通百姓的所有活动，都是围绕着"舍""得"展开的。敬拜天神地仙及佛祖菩萨，都有着现实目的：或是祈求保佑家人、消灾解难；或是希望风调雨顺、五谷丰登；或是期待财源滚滚、富贵常在；或是热盼喜结良缘、子孙满堂。在初次向神佛提出这些请求时，多是跪拜祷告、送上若干香烛纸钱，此后如果心愿得成，才会奉呈"重建殿堂、再塑金身"之类的厚礼。若是求神不灵，人们就会弃之而去，甚至呵神骂佛、拆庙毁像。这种立足务实、追求现实回报的思想，体现在社会生活的各个方面。人们将其贴切而堂皇地表述为"礼尚往来"：若自己"有往"而对方"无来"，或是"往多"而"来少"，就会结怨甚至绝交。试想，在一个与天神佛祖都要进行公平交易的社会，只要保证人们衣食无缺、生存有依、付出得获，让他们去轻信虚幻理念、陷入宗教性的狂热，其难度可想而知。

三是功成为准。对于踏踏实实地进行亲身实践的重要性，人们很早就有着明确认识：老子的"合抱之木，生于毫末；九层之台，起于累土；千里之行，始于足下"[①]、荀子的"不积跬步，无以至千里；不积小流，无以成江海。骐骥一跃，不能十步；驽马十驾，功在不舍"[②]，都是人们耳熟能详的名言警句。此处所引的圣哲之言，强调的是前进道路之"过程"，然而全社会更加认同的是现实"结果"。为此，所有的行为都设定了任务与目标：养儿为防老、睦邻为得助、读书为及第做官、修史为鉴古知今、写诗为"言志"（《尚书·舜典》）、音乐为"移风易俗"（《礼记·乐记》）、绘画为"助名教而翼群伦"（宋濂《画原》）。为了目标的实现，往往是不计代

---

①《老子》第六十四章：三国魏·王弼《老子道德经》第39页，上海书店，1986年7月。

②《荀子·劝学》：清·王先谦《荀子集解》第5页，上海书店，1986年7月。

价的。"成为王，败为寇""不成功，便成仁"之类的誓言，成为不少人的信条。以成功为评价标准，其优点是减少了"浅尝辄止、功亏一篑"的遗憾；其缺点是过于注意眼前利益、不利于长远发展。

理性务实的精神理念，使中国传统文化具有鲜明的世俗、非宗教之特征。人们更加重视"此岸"的现实世界，持有强烈的入世精神，形成重经验、重实际应用的思维定式，最大限度地压缩了虚幻神异的空间，为"以人为本"观念的落实，提供了坚实宽阔的平台。

五、坚韧柔和　兼容并蓄

中华文化历经艰险而屹立不倒，时光磋磨而质性未变，其重要原因在于海纳百川、兼容并包的博大胸怀，以及坚韧不拔、挫而不折的超凡毅力。传统文化中的柔韧包容，并非毫无底线地退却忍让，而是遵循着自己的原则、依照特定的方式加以运用，从而保证了祖国文化脉系的延续与发展繁荣。

（一）坚定守护本体

"体"与"用"，是中国古代哲学的一组重要概念。"体"指本体，是事物最根本的、内在的、本质的属性，占据主导地位；"用"指作用，是事物（体）的外在形态、表征，居于从属位置。在此引入"体、用"概念，并非限于某一事物自身的内（体）外（用）关系，而是与荀子所说"万物同宇而异体，无宜而有用"[①]之意相似，借以说明在"包容"其他文化过程中，中华文化所持的原则立场。

黄河中下游的中原地区，是中华文化的发祥之地、根本所在。在此形成具有鲜明农耕文明特色的核心属性（本体），以其超强的稳定性与生命力，对四面八方形成巨大的辐射、吸纳、影响作用。

从特定地域而论：中原文化与北方的燕赵文化、齐鲁文化、关中（三秦）文化相比，几乎没有区别，它们很快融为一体，使得中原文化迅速扩容，直达与草原大漠接壤地区。南方的荆楚、巴蜀及岭南地区，虽然自然

---

① 《荀子·富国》：清·王先谦《荀子集解》第 113 页，上海书店，1986 年 7 月。

条件（气候、植被等）与中原地区差异较大，但在早期的农业文明阶段，这些地区的发展落后于中原地区，其文化的进步，很大程度上是引入中原文化的结果。特别是在北方发生战乱时期，人们为了躲避乱局，大多向南方转移，客观上促进了南方接受北方文化。至于最高统治集团率领大批精英（士族、文士）南渡，更是实现了北方文化在南方落地生根，甚至超越北方文化（如东晋、南宋）。

从生产方式而论：以中原地区为代表的农耕与北方草原地区的游牧，是古代主要的两种生产方式。由两种生产方式形成的农耕文化、游牧文化，曾经长期处于争斗状态。自形式上察看，游牧文化处于争斗的主动方，他们骑乘健马、手持弓箭长驱直入，大肆抢夺财物、掳掠人口。从先秦的猃狁、汉代的匈奴直至明朝的瓦剌，游牧民族始终是中原王朝的心腹大患；南北朝及宋代，中原地区被游牧民族占领，元朝、清朝更是由游牧民族统一了中华。但是，从文化影响力来看，中原农耕文化对游牧文化的影响是压倒性的。游牧民族对农耕地区的经济繁荣、生活安定，是满怀羡慕与向往情感的。能够在中原地区立足及统一中国的游牧民族，都十分熟悉并借鉴农耕文化；入主中原之后，更是与内地文化全面融合，进而实现长治久安（清朝最为典型）。

从政治构建而论：西周时期以血缘关系、宗法体系为基础的中央集权制度，明确了国家的最高权力，采用父子相传、嫡长子继承、任期终身等原则，确保了政权交接的稳定。秦朝用郡县制代替分封制，既发挥了防范诸侯国尾大不掉、危及皇帝宝座的作用，又使得中央政令直达地方郡县，降低了政治成本，提高了行政效率。同时，国家的政治体制，也被引入家庭管理之中，形成"家国同构"的局面。儒家大力提倡的"君君、臣臣、父父、子子"观念，以及特别强调的"五伦"（父子、君臣、夫妇、兄弟、朋友），成为管理国与家、处理各种社会关系的基本准则。由于这种制度是建立在维护血缘及绝对权力基础之上的，不仅在中华大地的农耕地区得到认同，周边少数民族区域也逐步加以接受。

从人才选拔而论：儒家宣扬的"崇德亲仁、选贤任能"的方式，能够使优秀人才参与社会管理。隋唐之后兴起的科举制度，更是最大限度地保证了考试的公平，为平民子弟的入仕治国铺平了道路。这样的选才制度，破除了贵族阶层对权力的垄断，避免了宗教势力对世俗社会的专横统治，销毁了不同社会阶层固化的壁垒，成为世界历史上最为成功的人才选拔制度，其影响至今仍在。

传统文化在上述方面的持守与适度微调，成为构建中华文化自身特色的"体"。它们在很长的历史时期内（封建社会），适应了社会的需要，是文化高阶性、先进性的代表。凭借着这些特色，实现了中华文化的地域及影响力的延展。同时，在维护自"体"的过程中，也尽可能地吸收了异域他方的文化成分（胡服骑射、西域歌舞等）。不过，这种吸收基本上是在实用的层面，未曾撼动中华文化的核心主体。

（二）适度兼容变通

所谓"兼容变通"，主要是针对传统文化的"柔韧"（"包容"方式）而言。忍耐柔韧特征的形成，也与农耕文化派生的农业社会有着极大关联。

先从家庭说起：在自然经济条件下的农业社会，家庭是最小的生产经营单位，其成员不过数人，基本分工是男耕女织，生产目标是自给自足。以小家庭如此单薄的力量，处理来自多方面的事务及挑战，大多不可采用强硬手段，通常是依靠坚韧意志与变通方式予以应对。比如：面对自然灾害（水旱风雪）造成的物质资料短缺，只能降低生活标准，如穿衣的"新三年、旧三年、缝缝补补又三年"；突遭人为施暴（外敌、土匪、盗贼）危及生命财产，大多舍财保命，以"好汉不吃眼前亏""留得青山在，不怕没柴烧"安慰自己；处理人伦关系，特别是邻里关系时，一般以"和为贵"、以"忍为高"，因为"远亲不如近邻"。这种降低身段解决问题的方式，如果从保护生存"根基"（生命、人脉）的视角去看，是具有合理性的。

再从社会说起：在中华文明的历史进程中，"兼容变通"的自存共处方式，体现在很多领域。思想学说：先秦时期的"诸子百家"，相互辩难争鸣又有所借鉴融通。治国方略：历代王朝皆以儒家提倡的"仁义道德"为引领，以"忠孝"治天下，具体操作则是采用以儒为"表"、以法为"里"的"礼、法"方式。文学艺术：北方刚健质朴、南方清新绮丽的特征，在先秦时期已然分明，《诗经》《楚辞》可分别代表北方与南方；汉魏六朝时期，内地与西域、漠北交流渐多，胡乐、胡舞等艺术形式不断传入；及至唐代，南北、中外文艺全面融合，达到全盛时期。民族关系：汉族虽为主体，但历代都与少数民族交往密切、关系日益亲近，成为共同维护"大一统"的多民族国家。区域文化：中国地域辽阔，仅汉族居住区即可分为中原、荆楚、吴越、巴蜀等文化形态；各地区在保持特色的同时，注意学习借鉴其他区域文化之优长。中外交流：中华文化能够以宽阔胸怀迎接外来文化，去粗存精、为我所用；例如佛教于东汉传入中国得以存活，主要得益于中华文化的宽容，而佛教在唐代实现"本土化"（中国化），则是中华文化改造佛教的结果。

长时期生活在中国这样的自然条件（靠天吃饭）、家庭状况及社会环境中，每个人都会深受其影响。人们在遇到问题时，大多遵循着"两害相较取其轻、两利相较取其重"的原则进行处置。这种遇事首先分析其利弊、权衡其得失的方法，早在春秋时期，墨子就已经明确提出："断指以存腕，利之中取大，害之中取小也。"①可见其形成之久、影响之深。当然，在具体的接受或融合过程中，相对弱小的一方会坚持原则、保持自己的底线，更多地表现为"坚韧"；相对强大的一方，则应尽可能"换位思考"，为对方留有余地，更多一些"宽容"。中华民族正是依托这种理念，实现了各民族的亲密和谐、促进了文化的绵延繁荣与祖国的完整统一。

作为全世界唯一从未断绝分裂的伟大文明，中华文化能够存续数千年而长盛不衰，其原因固然是多方面的；而中华民族"柔韧包容"的文化品性，从中发挥着重要作用。

因为"柔韧"，中华文化具有超强的忍耐力。这种忍耐力，从社会生活方面而言，来自农民从耕田播种为始的护苗、锄草、浇水、施肥而盼望丰收的悉心管理过程；来自遭遇重大灾难（天灾人祸）的隐忍与牺牲；当然也来自历史及现实中的众多经验。这些"柔韧"的表现，在道家创始人老子看来，绝不是软弱无能、贪生怕死的象征，而是"胜强"的法宝。他以水为例："天下莫柔弱于水，而攻坚强者莫之能胜，以其无以易之。弱之胜强，柔之胜刚，天下莫不知"；还以人为例："人之生也柔弱，其死也坚强。万物草木之生也柔脆，其死也枯槁。故坚强者死之徒，柔弱者生之徒。是以兵强则不胜，木强则兵。强大处下，柔弱处上"；又以物为例："曲则全，枉则直，洼则盈，敝则新"，反复地说明"强梁者不得其死""勇于敢则杀，勇于不敢则活"的道理②。无数事实的确使人们懂得：过于刚硬则易于逞强，逞强则易于不自量力、行为过当，过当则易于断折败亡；柔软则增强了韧性，韧性则能长久坚持，坚持则能够赢得成功。回顾中国传统文化发

①《墨子·大取》：清·孙诒让《墨子间诂》第243页，上海书店，1986年7月。
② 引文分别出自《老子》第七十八章、第七十六章、第二十二章、第四十二章、第七十三章；三国魏·王弼《老子道德经》第46、45、12、27、43页，上海书店，1986年7月。

展的历程，也可以印证这种观点具有合理之处。

因为"包容"，中华文化能够以更加宽广的胸怀接纳各种事物，也能够以更加稳定的心态评价事物，进行适当的取舍。在中国，某个个人、某个集团，甚至整个国家，可能在某个时段（时期）情绪极为激动亢奋，行为极为冲动暴烈；但在更多的时间里，则表现为归故守常的状态。回顾中华历史可知，凡是成功的变革，大多与"复古"相关（如韩愈领导的"古文运动"）；凡是激进的变革，大多归于失败或代价高昂（如商鞅变法、王安石变法）。持平而论，"复古"包含着对前代经验的学习借鉴（包容），真正的改革创新，应当是在前人基础上进行的。与此相关，将急迫的"骤变"，改为相对和缓的"渐变"，在通常情况下是符合规律的。苏轼在评价王安石变法时所说"法相因而事易成，事有渐而民不惊"①，是对"渐变"意义的最好解释，也是与国情民意相适宜的。基于对"守常"的偏爱、对"渐变"形式的选择，中国文化对保有自己的核心要义（血缘亲情、集中统一等）有着充分的自信，对新生的、外来的文化形式，则给予了极大的宽容。

柔韧包容的品格胸襟，与以人为本的治理方略、血缘人伦的紧密联系、中庸和谐的处世原则、理性务实的生存定位，共同构成中国文化的基本特征。兼之穷则思变、积极进取的精神风貌，使得中国传统文化虽经数千年的风霜雨雪，表现出极其强大的守成出新、与时共进的活力与魅力。

---

① 宋·苏轼《辩〈试馆职策问〉札子二首》其二：郭预衡《唐宋八大家散文总集》第 5862 页，河北人民出版社，1995 年 11 月。

第五章

南北西东 同心致中：中国地域文化的贡献

中国文化作为一种原生文化，在华夏大地上经历了极为漫长的发展过程。聚居人群的部落，起初如同繁星般散落于各自生活的区域。距今大约4000年前的夏朝，在黄河中下游地区（今河南省境内）建立了国家政权；商朝的统治区域，向东扩大至齐鲁、向北延伸至燕赵；周朝更是实际统领了西至关中、南跨长江、东到大海、北及燕地的广大地区，中国地域及文化的基本样貌就此形成。春秋战国时期，各诸侯国为了富国强兵、成就霸业，在政治、军事、经济及思想文化等方面进行变法改革，从而强化了各自地域文化的区别。此后历经秦汉各代，中华版图继续扩展，地形地貌、气候物产差异极大，形成各不相同的生活习俗："凡居民材，必因天地寒暖燥湿。广谷大川异制，民生其间者异俗，刚柔、轻重、迟速异齐，五味异和，器械异制，衣服异宜。修其教，不易其俗；齐其政，不易其宜。中国戎夷五方之民，皆有性也，不可推移。东方曰夷，被发文身，有不火食者矣。南方曰蛮，雕题交趾，有不火食者矣。西方曰戎，被发衣皮，有不粒食者矣。北方曰狄，衣羽毛穴居，有不粒食者矣。中国、夷、蛮、戎、狄，皆有安居、和味、宜服、利用、备器。五方之民，言语不通，嗜欲不同。"[①]此中所谓"夷、蛮、戎、狄"地区，秦汉之后逐渐汇入中华疆域版图，而其各自地域特征及社会生活习俗继续保留，形成地域特色各异的文化特征。如此多样的地域文化，极大地丰富了中华文化宝库，增添了绚丽光彩。

---

① 《礼记·王制》：王文锦《礼记译解》第 176 页，中华书局，2001 年 9 月。

一、中原文化：中华文化基调

在中华大地众多的地域文化之中，若论历史悠久、特征显著、对整体中华文化的基调确立具有决定作用、对其他地域文化产生影响最大者，首推中原文化。

（一）中原文化的生发兴起

中原文化首先是一个地域概念，它是以"中原"之地为载体的文化形态。中原作为地域的名称，有广义、狭义两种含义。广义的中原，所指为黄河中下游地区，涵盖今河南省大部及陕西、山西、河北、山东省临近黄河的部分地区。狭义的中原，则指当今的河南省全境。古代所称的"中原"多为广义，如诸葛亮"奖帅三军，北定中原"（《出师表》）、陆游"王师北定中原日，家祭无忘告乃翁"（《示儿》）等，均指整个黄河中下游地区。近现代以来，中原的表述以狭义为主，所指是河南省所属区域。此外，与"中原"含义近似的有"中州"之称，因为河南省古属"豫州"、居于"九州"（见《尚书·禹贡》）之中心位置而得名。与中原、中原文化相比，中州、中州文化的使用频次较少，因而此处仍使用"中原文化"的称谓，并且将其所属区域限定于河南省境内。

中原是中华文化生发最早的地区之一。距今 50 万年前的"南召猿人"（河南省南阳市南召县），是中原地区的人类始祖。位于安阳市的"小南海古人类洞穴遗址"（距今约 2 万年），是至今可知中原地区旧石器时代的遗存。在距今七八千年前的裴李岗文化（河南省新郑市境内）时期，人们已开始在中原地区定居，从事以原始农业、畜禽饲养业和手工业生产为主的原始氏族社会生活。距今五六千年前，中原已成为人类聚居的中心区域，以"仰韶文化"命名的文化遗存，从豫西的三门峡市（仰韶文化、庙底沟文化）延及豫中的郑州市（大河村文化），可见当时人类活动趋于集中之状况。

距今大约 4000 年前建立的夏朝，标志着中国由原始社会进入阶级社会，其核心地区是中原。现今河南省内的阳城（登封市）、阳翟（禹州市）、斟郭（洛阳市偃师区）、原（济源市）、帝丘（濮阳市）、老丘（开封市）、西河（安阳市）等地，据称都是夏朝建都的地方。商朝是在推翻夏朝基础上建立的，中原地区作为其中心，是有实证可凭的。商朝多次迁都，除了著名的殷都（安阳市），另有亳（商丘市及偃师市）、嚣（郑州市）、相（内黄县）、邢（温县）、朝歌（淇县）等地[①]，均处于中原境内。西周灭商之后，首都虽然设在镐京（陕西省西安市），但同时在洛邑（洛阳市）营造城池作为东都，称作"成周"（镐京称作"宗周"）；西周灭亡后，周平王迁都于此，洛邑成为东周的首都。司马迁《史记》中的有关记述，是较为可靠的："学者皆称周伐纣，居洛邑，综其实不然。武王营之，成王使召公卜居，居九鼎焉，而周复都丰、镐。至犬戎败幽王，周乃东徙于洛邑。"[②]西周实行分封制度，在中原地区的封国达50余个，到春秋时期仍有40余个，数量占据周王朝统治的各主要地区之首位，充分显现出中原一带政治地位重要、经济发达及人口众多等特征。

自远古的人猿揖别，到夏商周华夏文化光明闪耀，中原地区一直处于核心地带，对中国文化的形成，发挥着最为重要的作用。此后，中原文化对外的示范导引、影响辐射，促成了整体中国文化乃至中华文化圈的地域界划及核心要素。

（二）中原文化的主要特点

第一，历史悠久，接续连贯。评价任何事物或现象，从其形成时间的久远或近前、传承过程的持续或间断的视角入手，结论就会更加符合实际、令人信服。中原文化以自己的历史悠久辽远、传承连绵有序，大大超越中华文化所属的其他地域文化。

历史学家在追溯中华远古史的时候，往往列举距今170万年前（亦有学者认为约70万年前）的"元谋人"（发现于云南省元谋县）。记述人类社会的发展历程，通常是将旧石器时代初期的"北京人"（北京周口店，距今70万—20万年前），作为原始社会的发始。此后，便是旧石器时代中期的"丁村人"（山西省临汾市襄汾县丁村，距今十几万年）、旧石器时代晚期的"山顶洞人"（北京周口店，距今18000余年）、新石器时代的"仰韶文化""龙山文化"等。

---

① 参见：单远慕《中原文化志》第11页，上海人民出版社，2010年12月。
② 汉·司马迁《史记·周本纪》第21页，上海古籍出版社，1986年12月。

　　与上述文化发展阶段比较，中原地区与"北京人"时代相当的是"南召人"。"丁村人"遗址位于晋、豫交界的黄河中游，可与中原地区合并。河南省安阳市"小南海古人类洞穴遗址"发掘出土的文物，其时代与"山顶洞人"近似。"仰韶文化"位于河南省渑池县。"龙山文化"虽以山东省历城县的龙山镇（今属济南市章丘区）得名，但这一文化类型是由"仰韶文化"发展繁衍而成；散布于河南、陕西、山东省等地，河南省境内的"庙底沟"（三门峡市）、"王湾"（洛阳市）、后冈（安阳市）、"造律台"（永城市）等文化遗址，都属于"龙山文化"系列。接下去的夏商周直至于今，中原地区的文化始终连续不断，这在中国众多地域文化之中，是首屈一指的。

　　第二，国家中枢，政治主干。中原文化自进入有史可征的文明社会之后，很长时期都处于政治文化的核心主干地位。夏朝的实证资料虽然缺乏，但中原地区多个地方曾经作为夏朝都城的传说（见前文），当非完全无据。自商朝开始，中国历史日益清晰确切。以历代定都为例，除了秦、南朝及元、明、清等朝代，其他主要朝代全部定都于中原。位于豫西的洛阳市，因夏、商、周、汉、魏、西晋、北魏、隋、唐、武周、后梁、后唐、后晋等朝代定为都城，被称为"十三朝古都"；豫东地区的开封市，先后有夏朝、春秋战国时期魏国、五代后梁、后晋、后汉、后周、北宋和金朝等定都，被称为"八朝古都"；豫北的安阳市，亦曾有夏、商、周、曹魏、北朝时期多个政权定都，被称为"七朝古都"。中国的八大古都，有四个位于中原地区（洛阳、开封、安阳、郑州）。历代选择京城的地址，都是立国的重中之重。其原则或是帝王龙兴之地（如秦朝的咸阳），或是承担"天子守国门"之任务（如明朝的北京），或是基于优良的综合条件。中原的洛阳多次被选定为都城，与其深厚的社会文化积淀、背山临水面向大平原的良好自然条件，具有密切的关系。北宋以开封为都城，一方面因其处于物产丰富的华北平原，另一方面则是依赖大运河，便于与大江南北的相互联系。

　　无论凭借何种理由选定的都城，必然是君主所居住、群臣所拥戴、重兵所守卫、万众所向往的地方。即使它起初荒凉偏僻，也会举全国之力，很快成为国家的政治、军事、经济、文化中心。中原地区具备优越的综合条件，多处多次成为众多朝代的都城、承担国家的中枢主干责任，更是非常合乎情理的事情。

　　第三，文物丰富，遗迹周遍。作为中华文化的发祥之地、数十个王朝择定的京师首善之区，中原地区存留的文化遗物极其丰富。在全国各省级行政区域的文物数量统计中，中原地区（河南省）的地下文物排名第一，地上文物排名第二（仅次于山西省）。目前，中原地区代表性的文化遗存，主要包括：旧石器时代文化遗存 36 处；新石器时代文化遗址近千处；历代古城遗址 150 余座，其中属于国家重点文物保护单位 8 座（郑州商代遗址、安阳殷墟、新郑郑韩故城、洛阳汉魏故城、淮阳平粮台古城遗址、偃师商城遗址、洛阳隋唐城遗址、开封北宋东京城遗址），属于省级文物保护单位的 36 座（如淮阳县的春秋陈国故城遗址等）；国务院公布保护的历史文化名城 8 座（洛阳、开封、南阳、安阳、濮阳、商丘、郑州、浚县）；历代君王陵墓（从传说中的颛顼，至夏商的君主，以及东周、东汉、曹魏、西晋、北魏、五代、北宋等朝的帝王均葬于中原）；众多名人墓地（将相：商代伊尹、春秋的郑国子产、战国的蔺相如、秦朝的李斯、汉代的萧何、三国的关羽、西晋的杜预、唐朝的房玄龄、北宋的范仲淹；文士：东汉的许慎，曹魏的曹植，西晋的张华，唐代的杜甫、韩愈、白居易、刘禹锡、李商隐，宋代的程颢、程颐、欧阳修、苏轼、苏辙）。另外还有著名寺院祠庙（洛阳白马寺、登封少林寺、汤阳岳飞庙），以及大量的碑刻书帖（如钟繇、武则天、颜真卿、柳公权、宋徽宗、赵孟頫等人墨迹）[1]。中原大地上如此丰富的文物和遍地遗存，使之在同级地域文化乃至整个中国文化中的重要地位得以确立。

（三）中原文化的重要地位

在中国地域文化之中，中原文化的地位与价值最为重要。这种重要性主要体现在：奠定农耕文明坚实基础、开启文化大发展局面、形成强大文化辐射力量三个方面。

中国文化的形成基础是农业，而农业生产最早形成的重要地区，是在黄河中游的中原一带。距今七八千年前（新石器早期）的裴李岗文化，是原始农业起步的主要标志。当时，中原地区已经栽种谷物（粟），人们利用石铲、石镰收割庄稼，制作石磨盘、石磨棒进行粮食加工，开挖地窖用以储藏粮食。在注重农业的同时，饲养猪、羊等家畜的畜牧业，也得到初步发展。这些由当地出土文物可鉴的例证说明：在裴李岗文化时期，中原地区已经进入以农业为主的原始氏族社会阶段。继裴李岗文化而起的仰韶文

化时期，以农业为主的文化特征更加明显。此时种植的农作物仍以粟为主，包括与粟相近的耐旱作物黍，在靠近长江的地区可能开始种植稻子（淅川县下王岗遗址发现稻谷痕迹）。粮食作物品种的增多，是与农业生产技术提高直接相关的。仰韶文化在保留原始刀耕火种耕种方法的同时，采用了土地轮休的耕作方式，这对于蓄养土地肥力、提高粮食产量是有帮助的。伴随着农业生产的发展，仰韶时期的禽畜饲养业（鸡、猪、狗、羊、马等），以及手工业（制陶、制石、制骨、制革、纺织、编织等）都得到了发展，自给自足的自然经济模式，以及聚集村落而居的社会结构基本确定。进入阶级社会之后，中原地区的农业继续发挥着先行与带动作用。夏商时期，可以殷墟甲骨文对黍、稷、麦等的记载为证；西周时期，通过《诗经》对多种作物及农事活动的描述可知；春秋战国至秦汉唐宋时期，中原地区在作物选育、耕种技术、土地改良、施肥除草、水利灌溉等方面，都保持着领先地位；明代以降，中原还是我国北方引进玉米、红薯（原产美洲）等外来作物最早的地区，然后才推广到北方其他地区。因此，我国自古以农业立国、形成数千年持续不断的农业文明，中原文化为之奠定了坚实基础、发挥着示范引领的作用。

　　人类进入高级文明阶段的重要标志，是文字的创造与使用。汉字的起源虽然迄今未获实证，而已知最早使用的汉字，则是发现于中原地区的甲骨文。甲骨文，是刻写在龟甲兽骨上记录占卜结果的文字，又称作"甲骨卜辞"。这些文字材料，自清朝末年在河南省安阳市小屯村（殷墟遗址）发现，先后出土了10余万片刻有文字的甲骨。经过考证，其中绝大部分属于商朝后期王室的遗物。根据《史记》引《竹书纪年》所载："自盘庚徙殷至纣之灭，二百七十三年更不迁都。"[①]殷商王朝在此地经历了八代十二位君王，所以保存了大量的甲骨卜辞。通过这些卜辞可知，汉字在当时已经成熟，书面语言的应用也达到一定水平。卜辞记录了祭祀、征伐、气候、收成、田猎、出行、生育等，包含着从国家大事到私人生活的丰富内容。根据殷墟出土的大量甲骨文及其记录的内容，结合殷商王朝数百年定都于此的历史，可以推导出如下结论：汉字的生成，当是在生产水平最高的中原地区；汉字的定型与推广使用，是在居于殷都（安阳）的商王朝。随着文字的大量使用，由中原地区开启了中华文化大发展的全新局面。

---

　　① 汉·司马迁《史记·殷本纪》第15页，上海古籍出版社，1986年12月。

在中国历史上，中原文化具有强大的文化辐射力与影响力。这种巨大的力量，既表现为上古和中古时期长时间定都于此地，君王及国家最高行政机关向全国各地发号施令的权威力量；也表现为文化思想的发达及快速传播。例如：传说出自黄河与洛水的"河图洛书"、箕子传给周人的"五行"思想、周文王被商纣王囚禁于羑里（今河南省安阳市汤阴县）时接受"八卦"而演绎的"六十四卦"，以及道家的老子和庄子、法家的商鞅和韩非、兵家的吴起、杂家的吕不韦等，都是形成或生长于中原的重要思想或思想家，其影响力是极为深远的。同时，中原地区先进的农业文化、耕作技术，通过官方与民间向四周进行了广泛释放与散播。此外，中原地处中华大地的中心区域，并且地势平坦、交通便利，也大大有利于文化的传播。中原文化除了具备这些常规性的辐射优势之外，还有一些特殊的情况：比如东晋南渡与北宋灭亡，都使得中原地区大量人口迁至江南。在南迁的人员中，皇亲国戚、达官贵人、文士墨客占有相当大的比例。他们的到来，对南方文化的提升发挥了决定性的作用，甚至在某些方面超过了中原文化（或称保护了中原文化），这也可以视为中原文化影响力的一种表现。虽然历代的战乱及黄河的不断改道泛滥，给该地区的人民生命财产、文化艺术造成了一次又一次的浩劫，使之自宋代以后的政治中心地位不再、社会经济渐渐落伍，但其在中国历史文化中的重要地位从未改变。在远离中原的人们心目中，中原一直是自己的故土家园；在国难当头、中原沦陷的时候，收复中原就成为中华民族的共同目标与信念。

需要特别指出的是，中原文化并非普通意义上的地域文化，"在中国传统文化中，中原文化始终占有核心和枢纽地位。人们常说的中国文化的凝聚力，实质上就是中原文化的凝聚力。所谓汉族文化，就是在中原文化的基础上形成的"[①]。可以说，中原文化确立了中华文化的底色与基调，它在很大程度上可以代指中华文化。

二、齐鲁文化：儒家思想底蕴

齐鲁之地，位于黄河下游、以泰山为中心的区域，通常以山北地区为

---

① 单远慕《中原文化志》第 25 页，上海人民出版社，2010 年 12 月。

齐、山南地区为鲁。齐鲁文化，大致包括以泰山为中心、现今山东省所辖地区的文化系统。齐鲁地区拥有深厚的文化基础、丰富的文化类型、众多杰出的文化名人，但最具文化价值者，乃是培育造就了孔子及其倡导的儒家思想学说。

（一）齐鲁文化的生成基础

齐鲁地区以其所拥有的黄河纵贯、平原绵延、丘陵散布、湖泊众多、濒临大海等优越自然条件，成为中华文化的发祥地之一。齐鲁文化的生成基础，是当地的东夷文化。早在旧石器时代，此地即有人类的足迹；新石器时代的大汶口文化（今山东省泰安市内）、龙山文化（今山东省济南市章丘区），更是与中原地区的文明并驾齐驱。西周将齐、鲁两个最为重要的诸侯国设置于此，足见其地位之特殊，同时也极大地推动了当地文化事业的发展。

齐鲁文化由"齐"与"鲁"两个区域文化融合而成。齐地的主体部分是山东半岛，其地膏壤千里、背山面海、宜植桑麻、可获鱼盐之利。西周初年论功分封，姜太公吕尚被封至此地建立齐国："太公望（姜太公）封于营丘（今山东省淄博市内），地潟卤，人民寡。于是太公劝其女功，极技巧，通鱼盐，则人物归之，繦至而辐凑。故齐冠带衣履天下，海岱之间敛袂而往朝焉。"[①]齐国建立之初，就采用了因地制宜、发展经济的政策，使齐国迅速强大起来。"及周成王少时，管蔡作乱，淮夷畔周，乃使召康公命太公曰：'东至海，西至河，南至穆陵，北至无棣，五侯九伯，实得征之。'齐由此得征伐，为大国。"[②]管仲主持国政时，"明于治乱之道，习于人事之终始者也。其治人民也，期于利民而止。故其位齐也，不慕古，不留今，与时变，与俗化"[③]。他着意于"利民""富国"，辅佐齐桓公成为"春秋五霸"之首；坚持实施开明而实用的治国之策，使齐国达到社会文化的持续繁荣。苏秦在游说齐宣王时曾说："齐地方二千余里，带甲数十万，粟如丘山。三军之良，五家之兵，进如锋矢，战如雷霆，解如风雨。即有军役，未尝倍泰山，绝清河，涉勃海也。临淄之中七万户，臣窃度之，不下户三男子，三七二十一万，不待发于远县，而临淄之卒固已二十一万矣。临淄

---

① 汉·司马迁《史记·货殖列传》第355页，上海古籍出版社，1986年12月。
② 汉·司马迁《史记·齐太公世家》第184页，上海古籍出版社，1986年12月。
③ 清·戴望《管子校正》第261页，上海书店，1986年7月。

甚富而实，其民无不吹竽鼓瑟，弹琴击筑，斗鸡走狗，六博蹋鞠者。临淄之途，车毂击，人肩摩，连衽成帷，举袂成幕，挥汗成雨，家殷人足，志高气扬。夫以大王之贤与齐之彊，天下莫能当。"①由此可见齐国强盛之状。齐国在春秋战国时期，始终占据举足轻重的地位、能够与强大的秦国对峙到最后一刻，就是依凭深厚的整体文化实力。

鲁地本是周公姬旦的封地，都城是曲阜。因为周公留驻镐京（西安市）辅助周成王，他派遣自己的长子伯禽前往封地代为治理，伯禽成为鲁国的首任君主。周公崇德尚礼，是周朝礼乐文化政策的制定者、推行者。他在伯禽赴鲁之时，对其郑重告诫："我文王之子，武王之弟，成王之叔父，我于天下亦不贱矣。然我一沐三捉发，一饭三吐哺，起以待士，犹恐失天下之贤人。子之鲁，慎无以国骄人。"②伯禽严守父命、尽得真传，坚持不懈地用"礼乐"治理鲁国。鲁国处于内陆地区，不同于齐国借重"鱼盐"获利，而是以农耕为主业，百姓形成安于故土、乐于自给自足的生活方式，这在一定程度上有利于"礼乐文化"的推行。长期按照周公制定的国策施政，使得鲁国"犹有周公遗风，俗好儒，备于礼，故其民龊龊。颇有桑麻之业，无林泽之饶。地小人众，俭啬，畏罪远邪"③，形成了自己地域的文化特征。等到西周灭亡、东迁洛阳的周王室名存实亡、天下"礼崩乐坏"、诸侯国各行其是之时，唯有鲁国完整地保留着周礼、流行着尊重传统的风气。鲁国文化的重要性，随着时间的推移，愈益得到彰显。

齐与鲁在受封立国之后，双方的社会文化既有区别，又有较为紧密的联系。史称"鲁公伯禽之初受封之鲁，三年而后报政周公。周公曰：'何迟也？'伯禽曰：'变其俗，革其礼，丧三年然除之，故迟。'太公亦封于齐，五月而报政周公。周公曰：'何疾也？'曰：'吾简其君臣礼，从其俗为也。'"④相较而言，齐国的政治更加切合实际、注重实效，国力很快就超过鲁国。双方虽然也曾出现过矛盾，甚至诉诸战争，例如齐桓公即位不久攻打鲁国的"乾时之战"、鲁国反击齐国的"长勺之战"（见《左传》庄公九年、庄公十年）。但是整体看来，两国更多的则是通婚姻、守盟誓、相互帮助，遵循着当初周成王对周公和姜太公的嘱托："女（汝）股肱周室，

---

① 汉·司马迁《史记·苏秦列传》第 257 页，上海古籍出版社，1986 年 12 月。
② 汉·司马迁《史记·鲁周公世家》第 187 页，上海古籍出版社，1986 年 12 月。
③ 汉·司马迁《史记·货殖列传》第 356 页，上海古籍出版社，1986 年 12 月。
④ 汉·司马迁《史记·鲁周公世家》第 187 页，上海古籍出版社，1986 年 12 月。

以夹辅先王。赐女（汝）土地，质之以牺牲，世世子孙无相害也。"①这种比较密切的交流，增强了双方的文化互补：鲁国的注重传承、质朴凝重，成为齐鲁文化的底色；齐国的因地制宜、创新求变，则是齐鲁文化的亮点。双方的密切融合，构成了齐鲁文化的基本特征。

（二）齐鲁对思想文化的助推

齐鲁文化快速发展的基础，是周初的周公和姜太公奠定的。到了春秋时期，周王朝的政治文化中心名义上是在洛邑，而随着各诸侯国的尾大不掉，王朝的权威已经名存实亡。于是，齐国以其强大的经济与军事力量、鲁国以其完整保存的周朝礼制，使得齐鲁地区俨然成为华夏文化之中心。

社会文化重要地位的取得，是与经济发展状况密不可分的。春秋时期，鲁国最早推行"初税亩"（鲁宣公十五年/前594年）。这种按照田亩数量征税的制度，肯定土地私有的合法化，实现了生产关系由奴隶制向封建制的过渡，适应了当时生产力的发展现状。这一制度，领导着社会进步的潮流，进而为各诸侯国所仿效，也为此后整个封建社会的土地制度奠定了基础。齐桓公当政之时，齐国铁器的使用已经非常普遍："一农之事必有一耜、一铫、一镰、一耨、一椎、一铚，然后成为农；一车必有一斤、一锯、一釭、一钻、一凿、一銶、一轲，然后成为车；一女必有一刀、一锥、一箴、一铱，然后成为女。"②铁器的大量制作与使用，不仅用于农业及百姓日常生活，对整个社会发展及国力的提升，都有着极大的作用。至于齐国在姜太公、齐桓公和管仲等人领导下，取得的政治制度建设成就，以及鲁国由周公开创、伯禽与历任君主秉持的礼乐教化制度等，则是人们耳熟能详的齐鲁文化成果。不过，如果从中华文化整体格局视角观照，齐鲁大地上的文化品类中，最有价值的当属学术思想文化。

齐、鲁作为姜太公和周公的封国，承继着西周创制的正统文化理念体系。两国均尽力维护周天子的权威（包括齐桓公称霸时"挟天子以令诸侯"）、精心保护文化典籍、重视对臣民的思想教化工作，而且都对"文学"颇为偏爱。相对而言，鲁国儒学风气尤盛，齐国则是诸子并立、百家共处。鲁国以孔子为首，曾子、子思、孟子为代表的儒学学派日益壮大；齐国延

①《国语·鲁语上》：清·徐元诰撰，王树民、沈长云点校《国语集解》第151页，中华书局，2002年6月。

② 清·戴望《管子校正》第404页，上海书店，1986年7月。

续 150 年左右的"稷下学宫",更是容纳了儒、道、墨、法、兵、纵横诸家，真正形成了"百家争鸣"的局面。在各自保持文化特色的同时，双方又相互吸收对方文化的营养。例如，孔子的入室门生子贡，能言善辩、长于经商、财币丰厚，显然受到齐国重商风气的影响；齐国宰相晏婴，坚持以礼治国，反对奢侈浮华的世风习俗，表现出齐人对鲁国重视礼义思想的接受①。凡此，对学术思想的生发与繁荣，创造了良好的条件。儒家的孔子与孟子、墨家的墨子、法家的管仲、兵家的孙武及孙膑、阴阳家的邹衍等开山立派的人物，就是生长于齐鲁大地、在齐鲁文化的熏陶浸润下，成为思想文化巨人。

（三）齐鲁成就儒家勋业探原

在齐鲁文化氛围中，众多的思想理念、群体学派各展其能、争奇斗艳，以期拥有自己的一席之地。经过不断地相互驳难及社会检验，真正的胜出者是儒家。儒家学派自春秋时代形成之始，即被称为"显学"；西汉武帝将其置于各家学说之上而予"独尊"，此后一直处于社会思想文化的主导地位。儒家能够在中华文化中占据极为重要的地位，齐鲁大地的浓郁文化氛围及相关优越条件，从中发挥了很大的作用。

厚重的礼乐文化底蕴，是孕育儒家的土壤：礼，本指举行仪式敬神以致福；后指社会生活中遵循的行为准则、道德规范和各种礼节。乐，此处是指为了"颂祖娱神"而演奏的音乐。礼与乐，在周代之前的"神本"社会，主要用来敬奉神灵。周灭商之后，在周公姬旦的主持下，"礼"成为规范人们社会行为的典章制度，"乐"则是社交场合沟通感情、化解矛盾的重要工具。礼的本质是"分"，即区分人与人之间的贵与贱、尊与卑、长与幼、亲与疏的地位或关系；乐的作用是"和"，即引发人们的共鸣，达到和睦共处之目的。对于礼与乐的作用及其相互关系，《荀子》《礼记》等著作中，有过详细的解说："乐也者，和之不可变者也；礼也者，理之不可易者也。乐合同，礼别异，礼乐之统，管乎人心矣。穷本极变，乐之情也；著诚去伪，礼之经也。"②"乐者为同，礼者为异。同则相亲，异则相敬。……乐至则无怨，礼至则不争。揖让而治天下者，礼乐之谓也。"③从中可知，周

---

① 参见：冯天瑜、何晓明、周积明《中华文化史》第 407 页，上海人民出版社，1990 年 8 月。

②《荀子·乐论》：清·王先谦《荀子集解》第 255 页，上海书店，1986 年 7 月。

③《礼记·乐记》：王文锦《礼记译解》第 531 页，中华书局，2001 年 9 月。

公的制礼作乐，意在教人安分守己，以利于君主统治国家。周公的这一理念，是面向全天下推行的，而贯彻最为彻底且真正扎下深根的地方，是他的封国——鲁国。在"礼崩乐坏"的春秋时期，不仅各诸侯国无视周天子而自我尊大，道、墨、法等学派也不同程度地背离礼乐精神，唯有鲁国的孔子坚定地执持之。孔子对西周之世，极具向往之情；对周公其人，充满敬仰之心。这种向往与敬仰，主因在于礼乐制度的确立及其治国安民的作用。孔子一生宣扬的仁政、德治、礼教思想，全部是以周公制作、鲁国践行的礼乐文化为基础。也可以这样认为：正是周、鲁的礼乐文化，孕育了儒家的思想学说。

适宜的社会环境，是儒家生长的前提条件：儒家学派形成的春秋时期，是中国历史上有确切记载的第一次大动荡时期。伴随着周平王东迁（前770年），东周王朝的统治日益衰弱，直接管辖的范围限于洛邑周边数百里之内，已经失去统领诸侯国的能力。各诸侯国相继独断自主、造势称霸、纷争不绝。据统计，春秋294年间，有43名君主被杀死、52个诸侯国被消灭，约占当时诸侯国总数（140余国）的三分之一，此间的大小战事达480余次。与社会政治大动荡相应，则是社会的大变革、文化事业的大发展。社会制度由奴隶制向封建制过渡、社会思潮由"神本"向"人本"的实质转变、学在官府局面被打破、学术下移及私人办学的出现、各种思想学说的自由传播等，都是春秋时期文化发展繁荣的表征。这样的社会文化大环境，对儒学的生长发展是大有帮助的。相较于其他各国，鲁国对礼乐文化传统保存得最为完好："（鲁昭公）二年春，晋侯使韩宣子来聘，且告为政而来见，礼也。观书于大史氏，见《易》《象》与《鲁春秋》，曰：'周礼尽在鲁矣。吾乃今知周公之德，与周之所以王也。'"[1]拥有这样的文化氛围，鲁国成为孔子的故乡、儒家学派的产生地，确属理所当然。齐国的开明开放，在诸侯国中十分突出。齐景公曾向孔子请教政事，孔子以"君君、臣臣、父父、子子"作答，得到景公的赞许。战国时期的齐威王，曾接受邹忌的劝说而下令纳谏："'群臣吏民，能面刺寡人之过者，受上赏；上书谏寡人者，受中赏；能谤议于市朝，闻寡人之耳者，受下赏。'令初下，群臣进谏，门庭若市。数月之后，时时而间进。期年之后，虽欲言，无可进者。"[2]经

---

① 晋·杜预注、唐·孔颖达疏《春秋左传正义》第327页，中华书局，1980年10月。
② 《战国策·齐策》：王延栋《战国策译注》第108页，中华书局，2017年1月。

过虚心求教、集思广益，威王使齐国的国力大大增强，重新称雄于诸侯。齐宣王继承其父（齐威王）的国策，保持了齐国的强大，同时大力扶持"稷下学宫"，使之成为重要的学术思想阵地。齐宣王思想的开明，可以他对待孟子的态度得以印证：齐宣王怀有称霸天下的意念，但对孟子提出的"保民而王"主张，还是加以认同的；有时他被孟子逼问得"顾左右而言他"（《孟子·梁惠王下》），却仍然不时请孟子前来说教。孟子在齐宣王等君主面前，总是以"帝王之师"的面目出现，而他宣讲的内容，均为儒家思想观点。由此不难看出，即使是在社会极为动荡的春秋战国时期，齐鲁两国对儒家的生存发展，仍然提供了十分有利的社会保障。

优秀的领袖人物，是儒家学派形成的重要保证：儒家学派的创始人，是生活于春秋晚期的孔子。孔子本是宋国贵族的后裔，先祖为避乱而移居鲁国。他自幼深受浓厚的礼乐传统熏陶，儿时常常以陈设俎豆、排布礼程为戏。由于早年丧父、家道中落，少年时代生活艰苦，他说"吾少也贱，故多能鄙事"[1]，当属真实情况。孔子青年时期做过管理粮仓之类的小官，50 岁左右曾任鲁国中都宰、大司寇等职，任职未久便因政见不合而辞官。孔子始终坚持学习、不断丰富自己的知识，自 30 多岁即开始授徒讲学。他的一生，除了短暂的入仕为官，都是在鲁国及周边各国宣扬儒学、教授弟子、编辑文献典籍中度过的。孔子以其极为深厚的文化素养、丰富的人生阅历、坚持不懈的"卫道"精神、有教无类及循循善诱的教育方式，赢得人们广泛拥护与肯定，使得由其创立的儒家学派迅速发展壮大，成为当时的"显学"。孔子在周游列国宣传儒家思想的同时，特别重视培养学术接班人，如果将"弟子三千"称为其入门弟子，那么精通六艺的"七十二人"，就是登堂入室的孔门精英，当然也是儒家学派的骨干。在孔子去世之后，"七十子之徒散游诸侯，大者为师傅卿相，小者友教士大夫，或隐而不见。故子路居卫，子张居陈，澹台子羽居楚，子夏居西河，子贡终于齐。如田子方、段干木、吴起、禽滑釐之属，皆受业于子夏之伦，为王者师。是时独魏文侯好学。后陵迟以至于始皇，天下并争于战国，儒术既绌焉，然齐鲁之门，学者独不废也。于威、宣之际，孟子、荀卿之列，咸遵夫子之业而润色之，以学显于当世"[2]。孔子亲手培养的曾参、子夏等弟子，特别

---

[1]《论语·子罕》：杨伯峻《论语译注》第 88 页，中华书局，1980 年 12 月。
[2] 汉·司马迁《史记·儒林列传》第 340 页，上海古籍出版社，1986 年 12 月。

是再传弟子辈的孟子和荀子，继承了孔子开创的儒学事业，将儒家学说学派继续发扬光大。在孔子、孟子和荀子身上，人们真正领略了思想领袖、学术大师的超凡风采。

切实的思想理念，是儒家承传的核心要素：儒家学派的形成，是有其渊源的："儒家者流，盖出于司徒之官，助人君顺阴阳、明教化者也。游文于六经之中，留意于仁义之际，祖述尧、舜，宪章文、武，宗师仲尼，以重其言，于道最为高。孔子曰：'如有所誉，其有所试。'唐、虞之隆，殷、周之盛，仲尼之业，已试之效者也。"[1]由此可知，"儒"在西周承担着祖述前代传统、领会经典精髓、辅助君主教育臣民、协调社会关系的任务。孔子完全继承了前辈儒者的作风，以仁德为思想指引、以礼义为治世标准、以中庸为处世原则，构建起儒家学派的核心理念。与此同时，他还精研"六经"（诗、书、礼、易、乐、春秋）和"六艺"（礼、乐、射、御、书、数）[2]，既可宣讲高深的理论，又能进行亲身的实践；既可向君王进献治国理政之方略，又可向普通学者传授为人处世之技能。其思想理论比之墨家的不近人情（"非乐""明鬼"等）、道家的虚幻飘忽（以庄子为甚），更加贴近现实生活、符合实际需要、易于为人接受。当然，也就大大增强了自己的影响力和生命力。

儒家学说能够在齐鲁大地上生成，儒家学派得以发展壮大，以孔子、孟子、荀子（多次主持齐国"稷下学宫"）为代表的儒学大家能够相继领军率众，儒家思想得到广泛传播，这是齐鲁文化对中华文化的最大贡献。

三、燕赵文化：慷慨悲歌气质

燕赵之称，源自战国时期的燕国与赵国。从地域疆界上看，燕赵地区东临大海、西至太行山、南达黄河、北抵阴山，大致包括现今河北省、北京市、天津市全境，以及辽宁省、内蒙古自治区南部和山西省北部地区。其核心区域是冀南、冀中及京津一带。从文化属性上讲，燕赵文化是中华文化发祥地（黄河中下游）向北部直接延伸的结果，与中原文化具有最为

---

[1] 汉·班固《汉书·艺文志》第 165 页，上海古籍出版社，1986 年 12 月。
[2] "诗、书、礼、易、乐、春秋"和"礼、乐、射、御、书、数"，均称为"六艺"。前者是大学教育的内容，后者是小学教育的内容，教授的对象（教民）是贵族子弟。

密切的关系①。

（一）燕赵文化的构成要素

燕赵文化的构成，主要是由经济模式、民族交往、政治地位等因素决定的。

燕地南部及赵地全境，处于华北大平原，属于农耕文化区域；而燕地北部的燕山、阴山至蒙古高原，则属于游牧文化区域。根据考古发掘，在距离黄河北岸不远的磁山文化遗址②，发现了迄今所知最早的粟、家鸡和中原核桃。这些发现（特别是粮食作物"粟"）说明，早在七八千年前，黄河以北地区已经开启了农业文明进程。此后历经发展，尤其是战国时期铁器农具的广泛应用，使得燕赵平原地区的耕地面积不断扩展、耕作技术明显提高、人口大量增多、社会经济日益繁荣，从而与中原地区一起，成为全国重要的经济中心（中唐以前）。反观燕北一带的游牧地区，由于土地空旷、气候恶劣、人员稀少，只能采用逐水草而牧牛羊的生活方式，社会经济长期处于较为原始落后的状态。因此，农耕文化与游牧文化的交汇连接，成为燕赵文化的明显特征。

地域条件、经济形态及生活方式的不同，形成了不同的民族与文化习俗。燕赵平原地区以汉族为主，北部的游牧地区则以少数民族为主。在长期的相互交流过程中，双方均汲取了对方有益的文化因子。内地的粮食果蔬、布帛丝绸、陶瓷金属用品等，受到牧区人民的喜爱；内地的制造技术、生活方式及社会组织结构等，也有利于少数民族整体文化的提升。北方少数民族地区的牛、马、羊及各种动物皮毛，为内地农耕、交通及日常生活，提供了不少便利。中国历史上北地与内地文化剧烈碰撞、融合的几次重大事件，如：赵武灵王的胡服骑射、南北朝时期鲜卑族的入主中原、唐代的中外文化大交流、金国占据中原、元朝及清朝的建都立国等，大多是在燕赵一带完成的。燕赵历来属于农耕文化与游牧文化交汇的前沿区域，汉族与北方游牧民族相互直面联系之所在。只要对"燕赵文化"的具体内涵予以考察就不难发现，它是以汉族文化为主、兼有北方少数民族文化的成分、

---

①"中原"一般是指处于黄河中下游的河南、河北、山东、山西交界的地区，有将上述省份称为"中原文化圈"者，其中河南、河北两省的平原地区，地位最为重要。

② 磁山文化遗址：在河北省邯郸市属的武安市，与位于河南省新郑市的裴李岗文化相当，同属距今约七八千年前的新石器时代。

带有浓厚地方特色的文化类型。

燕赵地区隶属上古时期划定九州之一的冀州[①]。自秦汉以至明清，冀州作为行政区划一直得以保留，虽然其所辖区域有所变化，但燕赵之地（特别是赵）皆为隶属（河北省简称"冀"与此相关）。冀州在九州中的地位最为重要："冀州者天下之中州，自唐虞及夏殷皆都焉，是天子之常居。邹衍著书云：九州之内，名曰赤县，赤县之畿，从冀州而起。明王奉若天道建邦设都。"[②]尧舜禹的都城，据称是冀州境内的平阳（今山西省临汾市）、蒲坂（今山西省永济市）和安邑（今山西省运城市夏县），因并无可靠证据而难以确认。但是，燕赵地区在中国有史以来的际遇，完全可以证明冀州作为"天下之中州"而被"建邦设都"的重要价值：商朝的殷都（今河南省安阳市）与赵地紧邻；东周迁都于洛邑（今河南省洛阳市），赵地与之相距不远；进入战国，三家分晋之后的赵地独立建国，其北邻建成燕国；秦汉时期，燕赵地区多设州郡；三国曹魏设都于邺城（今河北省临漳县），此后至北齐共六个朝代均以此为都城；唐代在范阳（今北京市）驻军最多，用以防备边患；宋代燕地为辽国所占，赵地南靠汴京（今河南省开封市），成为抵御辽国的前线；元、明、清设都北京，燕赵成为直隶中央的京畿重地。燕赵地区的政治地位之重要、政治文化色彩之深厚，由此可以证明。

（二）燕赵文化的独特风范

燕赵文化具有壮烈情怀、忧患意识与质朴作风的格范，这与其所处的地域、人文环境密切相关。

燕赵大地背山临海，拥有一望无际的大平原，其物产丰饶、人口众多、社会地位及地理位置十分重要。从某种意义上讲，据有燕赵之地，便意味着可以入主中华。因此，这里自古就是兵家必争之地。从传说中的"黄帝战蚩尤"，到项羽消灭秦军主力（巨鹿之战），历史上数不清的大小战役发生在这里，外敌入侵也大都以此作为第一目标。有鉴于此，确保燕赵地区的安全，就成为历代统治者的基本国策。以长城为例，虽说它由东至西绵

---

① 九州：又称神州、汉地九州，指冀州、兖州、青州、豫州、徐州、扬州、荆州、梁州、雍州，出自《尚书·禹贡》。《尔雅》《周礼》等典籍所列九州，与此稍有不同。九州涵盖了华夏的中心地区，从战国开始，九州成为中国的代名词。

② 宋·王应麟《玉海》（卷十六）《古帝王建都》：《四库全书》第 943 册第 388 页，上海古籍出版社，1987 年 1 月。

延万里，但东段长城受重视的程度，远远超过西段长城，而东段长城最直
接的作用就是护卫燕赵。秦汉以降，发生在这一带的御敌卫边战争不断；
自南北朝始，这里屡被外族占领；元、清两朝，更是在占领燕赵的基础上，
进而统一了中国。直至近代史上的八国联军及日寇的大举入侵，也是以此
为基点的。每一次战乱过后，都给燕赵人民带来了无穷的灾难。人们常说，
中华民族是一个饱经忧患的民族，而其中遭受苦难最多者，莫过于这块土
地上生活的人民。但是，如同中华民族从来没有屈服一样，燕赵人民也从
未屈服于敌。他们与强敌、灾难顽强地斗争，始终在这块洒满鲜血的土地
上繁衍生息。可以说，正是这种不幸的遭遇，磨炼了燕赵人的坚强意志、
激发了壮烈情怀，使他们为中华文化延续、中华民族奋起，做出了自己的
贡献。

燕赵人能够以坚强的意志英勇奋斗，与其性格密不可分。司马迁曾评
价燕赵地区及人民："地边胡，数被寇。人民矜懻忮好气，任侠为奸，不事
农商。然迫近北夷，师旅亟往，中国委输时有奇羡。其民羯羠不均，自全
晋之时固已患其儚悍，而赵武灵王益厉之，其谣俗犹有赵之风也。……中
山（冀中地区）地薄人众，犹有沙丘纣淫地余民，民俗懁急，仰机利而食。
丈夫相聚游戏，悲歌慷慨。"①班固的《汉书》，沿袭了司马迁的说法："赵、
中山（国名，介于赵国与燕国之间，后为赵国所灭）地薄人众，丈夫相聚
游戏，悲歌慷慨。"②唐代诗人钱起《逢侠者》一诗中有"燕赵悲歌士，相
逢剧孟家"的诗句。韩愈则进一步明确指出："燕、赵古称多感慨悲歌之士。"
（《送董邵南游河北序》）这里的感（慷）慨悲歌之士，本指战国时期的荆轲、
高渐离等人（参见《史记·刺客列传》）。后来，"慷慨悲歌"就成为对"燕
赵人"评价的专有名词。

"燕赵人"为什么会具有这种性格特征呢？除了前面论及的屡遭不幸、
勇于斗争、吃苦耐劳、热爱家乡等因素之外，他们还具有强烈的正义感、
责任感、忧患意识和进取精神。这些思想观念的形成，一方面受到当地历
代涌现的志士仁人的感召；另一方面，自元代以后，历朝均定都于燕地，
燕赵作为华夏的心腹之地，被统治最严、受正统的"儒教"影响最深、"忠
孝节义"等伦理纲常可谓妇孺皆知。因此，他们崇尚英雄、讲究义气、顾

---

① 汉·司马迁《史记·货殖列传》第 355 页，上海古籍出版社，1986 年 12 月。
② 汉·班固《汉书·地理志》第 158 页，上海古籍出版社，1986 年 12 月。

全大局、关心国家和民族利益、勇于做出自我牺牲。这一切，在燕赵艺术文化之中，体现得非常突出：京韵大鼓唱词文雅、声调庄严肃穆、慷慨雄浑；评书以《杨家将》《呼家将》等表现忠君报国思想的最为流行；河北梆子的唱腔高亢雄健、慷慨悲壮，演唱《赵氏孤儿》《窦娥冤》《秦香莲》等悲剧尤为适宜。它如老调（代表剧目《忠烈千秋》）、武安平调（代表剧目《两狼山》）都突出地具有慷慨悲壮的风格特征。即使民歌如《小白菜》等，也带有悲苦愤郁的色彩。凡此种种，都与燕赵人民饱经忧患、历尽艰险的经历直接相关。

　　燕赵是古代文化繁盛的重要地区。赵国的荀况（荀子），西汉的韩婴、毛亨、毛苌、董仲舒，北朝的郦道元、杨衒之，初唐的孔颖达，北宋的李昉、宋敏求等人，都是著名的大思想家、大学问家。"三曹""七子"[①]、刘琨、卢思道、卢照邻、高适等人，均为声名卓著的诗人。他们都是生长或主要活动于燕赵地区。可以肯定地讲，这些名家的著述或文学创作，是有感于其生活的燕赵一带的人情世事而发，并反过来首先影响、服务于当地人民的。从有关史料对上述诸人的记载及其著述流传情况看，他们生平的所作所为，也是不同程度地得到人民认同的。至于《诗经》中的"国风"（其中约四分之一流行于燕赵一带），以及集"代赵之讴、秦楚之风，皆感于哀乐，缘事而发"的汉乐府民歌等（《汉书·艺文志》），更是多系当地普通劳动人民的口头创作，其中蕴含的人民性更是无可置疑。自宋元以降，下层人民最为喜爱的艺术形式乃是戏剧。以戏剧而论，中国古代戏剧创作的第一个高峰是元代，元杂剧标志着中国戏剧创作的真正成熟。元杂剧的创作是以燕赵的大都（今北京市）、真定（今河北省石家庄市正定县）为中心的，著名剧作家关汉卿、王实甫、白朴、马致远、纪君祥、杨显之、尚仲贤等人，都是燕赵人。他们的戏剧创作，对当时和后世的影响极为深远。清代以来，京剧、评剧、河北梆子成为本地的剧坛主干，其他如：老调、丝弦、哈哈腔、秧歌；曲艺方面的评书、京韵大鼓等亦十分流行。这些多彩多姿的艺术形式，具有纯朴生动、生活气息浓厚的特点。它们孕育、长成于燕赵大地，同时又首先服务于燕赵人民。其题材内容多取自社会生活，道白和唱腔通俗易懂，极受群众欢迎。可见，"燕赵文化"之中，既有"雅

---

　　①"三曹"和"七子"虽不属于燕赵人，但他们的文学活动，主要是在邺下（今河北省邯郸市临漳县）进行的。

正"（荀子、董仲舒等经学家及戏剧中的京剧与河北梆子），又有"俚俗"（如各种曲艺艺术），而以"雅正"为主体。这是因其地理位置、历史背景及社会政治地位特殊等因素而造成的。

"燕赵文化"的文化属性、地域界划与风格特征，都是较为明晰的。它是千百年来历史积淀的结果，是先辈为后世留下的一份极为珍贵的遗产。应当对其认真地加以清理、归纳和加工，在挖掘、繁荣燕赵文化的基础上，进行大胆的改革创新；使"燕赵文化"的千年古树，重新焕发出勃勃生机，开放出繁盛的新花。

四、三秦文化：循法务实精神

三秦之称，起自项羽。当年他率军攻入咸阳消灭秦朝之后，将秦朝都城所在的关中地区，分封给三位秦朝降将：章邯为雍王、司马欣为塞王、董翳为翟王（见《史记·秦始皇本纪》）。他们分别管辖咸阳以西至陇东（甘肃省东部）、咸阳以东和陕北地区，合称为"三秦"。三秦又被称为"关中""关陇"或"秦陇"，所指包括当今陕西省全境，兼及甘肃省东部地区。三秦的核心区域是宝鸡以东、潼关以西、乔山以南、秦岭以北，号称"八百里秦川"的关中平原。从中华文明生发之初的整体态势而论，关中与中原均处于黄河流域（中游），两地的地形、气候及人类发展状况相当，同为中华文明发祥之地。其中，此地兴起的周与秦两个朝代，在华夏文化发展进程中，占据着格外重要的地位。

（一）依靠自身发展壮大

周文化的生成，肇始于农业。据称周人的始祖后稷（弃）自幼钟情于农事："其游戏，好种树麻、菽，麻、菽美。及为成人，遂好耕农，相地之宜，宜谷者稼穑焉，民皆法则之。帝尧闻之，举弃为农师，天下得其利，有功。帝舜曰：'弃，黎民始饥，尔后稷播时百谷。'封弃于邰（今陕西省咸阳市武功县西），号曰后稷，别姓姬氏。"[①]此后，他的子孙充分利用关中地区的优越自然条件，致力于农业生产："关中自汧、雍以东至河、华，

[①] 汉·司马迁《史记·周本纪》第 16 页，上海古籍出版社，1986 年 12 月。

膏壤沃野千里，自虞夏之贡以为上田，而公刘适邠，大王、王季在岐，文王作丰，武王治镐，故其民犹有先王之遗风，好稼穑，殖五谷。"①周人的民族属性是炎黄部落为主体的华夏族，与主政中原的殷商相类。但其所居之地（关中），则与西北部的游牧民族猃狁（战国后称匈奴）、羌（亦称西戎、昆夷等）直接相连，时常遭受他们的骚扰。"公刘适邠（今陕西省彬州市）""王季在岐（今陕西省宝鸡市）"的迁移行动，都与躲避游牧民族侵扰相关。在与游牧民族的斗争过程中，周人努力地发展经济、增强自身力量，到商朝后期成为西部的重要方国。周文王"遵后稷、公刘之业，则古公、公季之法，笃仁，敬老，慈少。礼下贤者，日中不暇食以待士，士以此多归之"②。周人的强大，引起了商朝统治者的注意，商纣王将周文王（西伯）囚禁在羑里（河南省安阳市汤阴县），在得到大量珍宝财物之后，才将其放归。此时的文王，一方面继续推恩施仁以获民心，另一方面起兵讨伐犬戎等游牧部族、剪除商纣王的羽翼（讨伐崇侯虎）。等到周武王即位，便在太公望（姜太公）、周公等人辅佐之下，直接誓师兴军、推翻了纣王为首的殷商王朝，建立起自家的姬周王朝。周人由小到大、由弱到强直至包举天下而统治之，完全是依靠吃苦耐劳、委曲求全、自励自强取得的结果。

秦人的祖先，当是以狩猎为业。根据司马迁的记述，在秦人的先辈中，大费曾受命"佐舜调驯鸟兽，鸟兽多驯服，是为柏翳（即大费，亦名伯益或伯翳），舜赐姓嬴氏"、费昌"当夏桀之时，去夏归商，为汤御，以败桀于鸣条"、造父"以善御幸于周穆王，得骥、温骊、骅骝、騄耳之驷，西巡狩，乐而忘归。徐偃王作乱，造父为穆王御，长驱归周，一日千里以救乱，穆王以赵城封造父"。秦氏能够多人多次地为君王驯服鸟兽、驾驶车马，肯定精通鸟兽牲畜的品性，而这种能力应与本族群的职业技能有关（善于相马的伯乐、九方皋皆为秦人）。殷商时代，秦人尽全力"以佐殷国，故嬴姓多显，遂为诸侯"，并且被派往西戎地区，以保卫西部边境的安全。周武王伐纣之时，嬴秦首领是蜚廉、恶来父子，"恶来有力，蜚廉善走，父子俱以材力事殷纣。周武王之伐纣，并杀恶来"，导致秦人势力有所削弱。到了西周末年，"周幽王用褒姒废太子，立褒姒子为适，数欺诸侯，诸侯叛之。西戎犬戎与申侯伐周，杀幽王郦山下。而秦襄公将兵救周，战甚力，有功。

---

① 汉·司马迁《史记·货殖列传》第355页，上海古籍出版社，1986年12月。
② 汉·司马迁《史记·周本纪》第17页，上海古籍出版社，1986年12月。

周避犬戎难，东徙洛邑，襄公以兵送周平王。平王封襄公为诸侯，赐之岐以西之地。曰：'戎无道，侵夺我岐、丰之地，秦能攻逐戎，即有其地。'与誓，封爵之。襄公于是始国，与诸侯通使聘享之礼"①。至此，秦国才真正成为诸侯国的正式成员。此后，"穆公求士，西取由余于戎，东得百里奚于宛，迎蹇叔于宋，来丕豹、公孙支于晋。……穆公用之，并国二十，遂霸西戎。孝公用商鞅之法，移风易俗，民以殷盛，国以富强，百姓乐用，诸侯亲服，获楚、魏之师，举地千里，至今治强。惠王用张仪之计，拔三川之地，西并巴、蜀，北收上郡，南取汉中，包九夷，制鄢、郢，东据成皋之险，割膏腴之壤，遂散六国之从，使之西面事秦，功施到今。昭王得范雎，废穰侯，逐华阳，强公室，杜私门，蚕食诸侯，使秦成帝业"②。"及至始皇，奋六世之余烈，振长策而御宇内，吞二周而亡诸侯，履至尊而制六合，执敲扑而鞭笞天下，威振四海。南取百越之地，以为桂林、象郡；百越之君，俯首系颈，委命下吏。乃使蒙恬北筑长城而守藩篱，却匈奴七百余里；胡人不敢南下而牧马，士不敢弯弓而报怨。"③嬴秦的这种成长壮大过程，比之当初的姬周更加跌宕起伏、扣人心弦。

要之，周与秦两个王朝的生发兴盛，既不是仰赖与最高统治者的近亲贵戚关系（如周与齐国、鲁国），也不是得到君王的特殊关爱（如周成王封其弟叔虞于晋），又不是拥有声气相通的强援（如春秋时期的齐与鲁）；而是完全依靠不时出现的杰出领袖，团结率领本族群的民众，经过长期的努力奋斗，终于在三秦这块土地上，牢牢地站稳了脚跟。

（二）尚功务实精神展示

周、秦取得统领天下大业的成功，最为关键的因素在于具备埋头苦干、注重效果的务实精神。"如果说齐鲁文化的特质表现为重礼仪、重宗法等级和人之道德完善的伦理主义；楚越文化的特征表现为重想象、重抒发情感和人之内在美的浪漫主义；那么秦陇文化的特色则突出表现为重实效、重结果功利和人之切身利益的现实主义。"④

---

① 本节引文，皆见《史记·秦本纪》第 22-23 页，上海古籍出版社，1986 年 12 月。

② 秦·李斯《上书秦始皇》（《谏逐客书》）：南朝梁·萧统编、唐·李善注《文选》第 1209 页，岳麓书社，2002 年 9 月。

③ 汉·贾谊《过秦论》：南朝梁·萧统编、唐·李善注《文选》第 1540 页，岳麓书社，2002 年 9 月。

④ 葛承雍《秦陇文化志》第 9 页，上海人民出版社，1998 年 10 月。

　　三秦（秦陇）文化"务实"特性的形成，是由多种条件促成的。

　　从自然环境来看，关中平原土地肥沃，渭河流域的水资源可供灌溉，农业发展的优势不亚于中原地区。这样的自然条件，利于人们定居生活。只要按照四季节令、春种秋收的模式，老老实实地投身农业，即可获取养家糊口之需。一旦失去农时，就会造成粮食歉收乃至绝收，生存就会面临极大危险。因此，在农民的心目中，只有努力耕耘才有收获的"务实"理念，是放在首位的。这种理念，盛行于关中平原地区，成为三秦文化的底色。

　　从社会处境来看，三秦处于农耕与游牧交织的地区，农耕地区时常遭受游牧民族的袭扰，辛勤劳动的成果不断被其掠夺。面对这样的局势，一味地退让并非良策，必须进行坚决的斗争。斗争要靠实力，实力是由尚武精神、强健体魄、物质保障、激励机制等加以支撑的。西周时期，与游牧民族的战争不断，《诗经》中不乏此类记述。《六月》介绍敌人猖狂进攻、直达镐京一带，周王朝派兵抵御的情景："猃狁匪茹，整居焦获。侵镐及方，至于泾阳。织文鸟章，白旆央央。元戎十乘，以先启行。"《采薇》述写军情紧急、长年不能归家的痛苦："靡室靡家，猃狁之故。不遑启居，猃狁之故。……四牡翼翼，象弭鱼服。岂不日戒？猃狁孔棘！"《出车》再现应征入伍、打败敌人、胜利归来的喜悦："王命南仲，往城于方。出车彭彭，旂旐央央。天子命我，城彼朔方。赫赫南仲，猃狁于襄。……执讯获丑，薄言还归。赫赫南仲，猃狁于夷。"《采芑》展示周王朝派遣军队，主动向边地少数民族进攻的状况："蠢尔蛮荆，大邦为仇。方叔元老，克壮其犹。方叔率止，执讯获丑。戎车啴啴，啴啴焞焞，如霆如雷。显允方叔，征伐猃狁，蛮荆来威。"[①]不过，周王朝在与游牧民族的交锋中，整体上并不占据优势。西周后期的周宣王，晚年曾多次与边地各个部族交战，大多数是以失败告终。继位的周幽王贪婪腐化、行政偏执，引发朝野强烈不满，被其旧臣申侯联合西夷犬戎杀死在骊山，西周因之灭亡。周幽王之子周平王的东迁洛邑、建立东周，很大程度上也是游牧民族势力逼迫的结果。

　　从秦人自身条件来看，他们拥有与游牧民族近似的基因（狩猎驭畜），长期处于社会的下层。族群中的成名人物，不过是具备"驭车、相马"之类的技能，难登大雅之堂；族群地位的提升，完全依靠为周王朝拼命搏杀

　　① 引用诗句分别出自《诗经》之《小雅·六月》《小雅·采薇》《小雅·出车》《小雅·采芑》篇：伍心镇、鲁洪生《诗经析释》第377、351、356、381页，春风文艺出版社，1986年10月。

所得（秦襄公护卫周平王）。凭借实力立功获利，成为秦人切身体验而得的意识理念。自其入主关中地区之后，更是将游猎与农耕两种文化予以结合，形成尚力重功、务实趋利的社会风习："秦国之俗，贪狼强力，寡义而趋利。可威以刑，而不可化以善；可劝以赏，而不可厉以名。"①在这样的社会氛围中，人们无暇于超越时空的形而上的探究、不屑于仁义道德之类的说教、无视于人伦礼仪的严密等级关系，而是着意于农耕、战争、垦荒、拓边等事关国计民生方面的重要问题。为了达到强国的目标，秦国打破任人唯亲、论资排辈的惯例，实行"唯才是举"的政策。百里奚、蹇叔、商鞅、张仪、白起、范雎、郑国、吕不韦、韩非、李斯等人，或出身低微、或人格有缺、或来自异国，但秦国均置之高位、授以重权、用而不疑。这些身怀绝技、能力超卓的人才，在秦国尽情地展现自己的才华，大大推动了秦国走向富强的进程。重用人才、奖励耕战、尚功务实，是秦国消灭六国、统一天下的真正法宝。

（三）主导制度文化创建

三秦地区对中国社会政治的最大贡献，表现为制度文化创建。对中国社会影响至深、作用极大的"周制""秦制"及"隋制"，全部形成于三秦地区。

主持制定周朝制度的是周公。他身为灭商立周的直接参与者，接受了商王朝固守以神为本、借神灵而自重、极力神化王权、推行残暴政治而导致灭亡的教训；以尊天、敬德、保民为主导思想，用以引领周朝的制度建设。周朝的制度，主要包括分封（封建）制度、宗法制度和礼仪制度。分封制度，是周王朝将部分土地划拨给诸侯管理的社会制度。诸侯拥有所获封土地的资源和收益，同时向周王室缴纳一定的贡品或承担若干任务，周王与诸侯之间，是领袖（共主）与下属的关系。分封制度的实施，既有安抚那些未能继承王位的本家至亲（君王兄弟及儿子）情绪之意义，也是用来奖励有过重大贡献的功臣（如姜太公）之方式，还可以借助分布于四面八方的诸侯国作为王城之屏障，可谓一举数得。不过，分封制度并非周朝独创，仍然带有沿袭前代（商代已有封授侯、伯之举措）之痕迹。以血缘关系为依据的宗法制度，在西周时期得到高度重视，经过精心思虑考校，

---

① 汉·刘安《淮南子·要略》：汉·高诱注《淮南子注》第376页，上海书店，1986年7月。

成为区分家族及社会关系的亲疏近远、各自地位的高低贵贱、财产分配的多寡有无的主要参照。至于礼仪制度，堪称周朝拥有开创之功的重要制度。它以"尊尊""亲亲"为基本原则，具有等级性、系统性和规范性的特征。这种礼制与分封制、宗法制紧密结合，将每一位社会成员（当时主要针对贵族）放在所属的位置，使之享受应有的权利、承担相应的义务。礼仪制度包含的内容精神及外在规定（言行举止），存在于人们从生到死的全过程、渗透在一切日常生活及社会活动之中。

秦人在关中地区立国之后，与此前的西周一样，也是以农业为基础的。初期不断应对游牧民族的袭扰，发展态势并不很好。自秦孝公定都咸阳并信任商鞅进行变法，此后历经五位君主而到秦始皇，秦国都是以法家思想作为治国理政的主导。秦始皇统一天下，就是以法家思想理念为基础，规划推行了"秦制"。秦制与周制最大的不同，是将"分封制"改变为"郡县制"。秦制形成的主要前提条件，一是战国时期已普遍实行以地主经济为主体的社会形态；二是秦朝借之统一天下的法家思想学说。封建地主经济取代封建领主经济，不但使土地所有者成为真正的"地主"（领主的土地是分封所得，名义上属于国君），增强了生产积极性；而且土地可以买卖，也增强了经济的活力（后来出现的土地兼并，当然也造成了社会动荡）。当全国土地全部由大大小小的地主所有之时（皇帝是最大的地主），等待分封而坐享土地成果的领主，也就没有了存在的必要。秦国的崛起及秦朝建立，法家思想理论发挥着绝大的作用。法家与儒、墨诸家相比，对政治的关注度更高、表述更加直白。诸如"法、术、势、刑罚、利赏、耕战"等，都是法家在政治领域多用的概念与范畴。在法家代表人物中，对秦国影响最大的莫过于商鞅和韩非。商鞅极力主张推行奖励耕战和以法治国政策。他认为，作战最危险、耕田最辛苦，因而要采用重奖重罚的法律进行制约引导："民之外事，莫难于战，故轻法不可以使之。……欲战其民者，必以重法。赏则必多，威则必严，……民见战赏之多则忘死，见不战之辱则苦生。赏使之忘死，而威使之苦生。……民之内事，莫苦于农，故轻治不可以使之。……欲农富其国者，境内之食必贵，而不农之征必多，市利之租必重。则民不得无田，无田不得不易其食。食贵则田者利，田者利则事者众。食贵，籴食不利，而又加重征，则民不得无去其商贾、技巧而事地利矣。故民之力尽在于地利矣。故为国者，边利尽归于兵，市利尽归于农。边利归于兵者强，市利归于农者富。故出战而强、入休而富。"①商鞅通过主持变法，实现了民治、国富、兵强的目标，为秦国后来消灭六国、统一天下奠定了基础。韩非在继承法家前辈利用"法、术、势"治国理念的基础上，特别强调君主使用权术维护集权专制的重要性。他指出："上古竞于道德，中世逐于智谋，当今争于气力。"这种"气力"，表现为国力，核心乃是君王之权力。他希望国君务必严明法令："明主之国：令者，言最贵者也；法者，事最适者也。言无二贵，法不两适，故言行而不轨于法令者，必禁。"他提醒君王保持高度戒备、防止大权旁落："千乘之君无备，必有百乘之臣在其侧，以徙其民而倾其国；万乘之君无备，必有千乘之家在其侧，以徙其威而倾其国。是以奸臣蕃息，主道衰亡。是故诸侯之博大，天子之害也；群臣之太富，君主之败也。将相之管主而隆家，此君人者所外也。万物莫如身之至贵也，位之至尊也，主威之重、主势之隆也。"②韩非这种确立君主绝对权力的专制主义思想，在"秦制"制定过程中得到了体现：既然君权至上、包揽一切，要想实现政令畅通，皇帝亲自任命的郡县官员，肯定超过居功自大的各路诸侯。于是，郡县制取代分封制也就成为必然之举。

隋文帝杨坚本是北周的宰相，在接受周静帝的禅让之后，建立隋朝并定都于大兴城（今陕西省西安市），不久后渡江灭陈，结束了自三国至南北朝数百年的动荡纷争局面，重新统一了中国。他继承"秦制"皇权至上的定位，在借鉴前代经验教训基础上，创立了"隋制"。隋制在地方治理方面，沿用了秦朝确立的郡县制；而在朝廷中枢，则新创了以"三省六部"为核心的中央官僚体制。"三省六部"的体制，为后世历代王朝所沿用，是"隋制"中最为引人关注的部分。不过，"隋制"最大的贡献，应当是"科举制"的确立。科举制属于选官制度，在隋朝之前，秦、汉时代主要通过察举（由各地向朝廷推荐）与征辟（对著名人士直接聘任）选拔人才，曹魏时期实行"九品中正制"授官任职。察举或征辟，难免唯亲是举及助长沽名钓誉之风气；九品中正制度，更是使得高门贵族把持权要、寒门弟子无路上进的政治形态固化。科举制度的确立，一方面使得选拔人才更加公开、公正、公平；另一方面则大大扩展了范围，使得地位相对低微、出身寒素的才能之士，拥有了进身之阶。在科举制度正式推行之后（唐代为始），不少平民

---

① 《商君书·外内第二十二》：张觉《商君书校注》第167—169页，岳麓书社，2006年5月。

② 引文分别出自《韩非子》之《五蠹》《问辩》《爱臣》篇：清·王先慎《韩非子集解》第341、301、16页，上海书店，1986年7月。

子弟考取功名、出将入相，不仅改变了个人命运，更为整个国家民族大业、为中华文化的继承与传播，做出了巨大贡献。因此，隋朝开创的"科举制"，属于"隋制"中真正的创新之点，其对后世中国的政治、文化及社会生活，影响是极为重大而深远的。

大略言之，周制的理论基础是"儒"，秦制是"法"，隋制是"儒法并用"（儒表法里），其整体趋向是皇权愈益强大、中央集权特征更加显著。

如果以政治制度为主要参照，三秦文化在各地域文化中的实际贡献最大。从整体的文化影响力而言，三秦文化相比中原文化或有所不及。但是，"周制""秦制"和"隋制"，确定了中国政治构建和社会发展的基本格局与模式；周武王、秦始皇、汉武帝、隋文帝、唐太宗等著名帝王，都曾在三秦大地上演出过华夏文化的精彩大剧，成就了中国历史上极为辉煌的业绩。我们至今仍然能够通过遍布关中地区的文化遗迹，感知其当年的卓异风采；仍能从思想意识、社会制度、行为方式等方面，体现三秦文化的穿透力量。

五、吴越文化：轻灵温婉风采

吴越文化所指，有狭义、广义两种意见。狭义是指先秦时期吴国和越国地区的文化；广义的则指当今江苏省、浙江省、上海市及江西省、安徽省部分地区的区域性文化。此处所述，乃是广义的吴越文化。

（一）吴越文化的原初状况

吴越位于长江下游地区，万古流淌的浩瀚江水，很早就孕育滋养了中华民族。距今约 40 万年前的"南京人"和距今 20 万年前的"和县人"（安徽省马鞍山市和县），与著名的"北京人"生存时期相当，证明旧石器时代人类已经在此活动。新石器时代，这一地区人类活动更加频繁，"河姆渡文化"（浙江省余姚市，距今约 7000—5000 年）、凌家滩文化（安徽省马鞍山市含山县，距今约 5000 年）、"良渚文化"（浙江省杭州市，距今约 5000—4000 年）、马桥文化（上海市，距今约 3000 年），都是其间的代表。这些已知的文化遗存，展现出吴越文化发展的时代连续性和地域普遍性。

如果将吴与越加以区分，则两地文化发展的具体过程有所不同。吴文化的真正提升，是从周太王两个儿子太伯和仲雍开始的。当时，"吴太伯、太伯弟仲雍，皆周太王之子，而王季历之兄也。季历贤，而有圣子昌，太王欲立季历以及昌，于是太伯、仲雍二人乃奔荆蛮，文身断发，示不可用，以避季历。季历果立，是为王季，而昌为文王。太伯之奔荆蛮，自号句吴。荆蛮义之，从而归之千余家，立为吴太伯"[①]。太伯和仲雍能够将继承君位之权利让出、跑到遥远的江南"荆蛮"之地，与当地人一样"断发文身"，既表现出决不觊觎姬周权位的决心，也赢得了吴地百姓的拥护。在他们二人的带领下，吴地的文化发展、社会进步更加快速。

越文化的渊源，比吴文化还要悠久。据称越地早期的首领，是"禹之苗裔，而夏后帝少康之庶子也（名为'有余'）。封于会稽，以奉守禹之祀。文身断发，披草莱而邑焉"[②]。其文明程度及社会发展状况，应当与吴地相当。到了春秋后期吴王夫差、越王勾践当政阶段，吴越两国展开大战。吴国先胜越国并俘虏勾践，此后勾践归国卧薪尝胆消灭吴国并称霸于江南。勾践身后的越国渐趋衰落，终被楚国所灭。由吴、越争霸的表现可知，吴越文化在春秋时期已然不亚于中原文化之水平。

吴越文化的发展，与其地域民俗有很大关系：吴地"东有海盐之饶，章山之铜，三江、五湖之利。……楚越之地，地广人希（稀），饭稻羹鱼，或火耕而水耨，果陏蠃蛤，不待贾而足，地势饶食，无饥馑之患，以故呰窳偷生，无积聚而多贫。是故江淮以南，无冻饿之人，亦无千金之家"[③]。这样的自然条件，以及由此形成的社会风气，为吴越文化的发展奠定了基础，也决定着其文化走向及自身特色的形成。

（二）吴越与中原文化交融

从地域上讲，吴地与中原地区隔江相望、一衣带水，直接受到齐鲁、中原及荆楚文化的影响。越地处于吴地之南，早期受到中原文化影响较小，保留了更多的原初古朴淳厚状态，但赵宋南渡、定都临安（今浙江省杭州市），使越地与北方文化的交流大大增多。

吴越与中原地区的交往，在夏商时代已经开始，这从马桥文化遗址可以证明。马桥文化的时代晚于良渚文化，但受其影响并不特别明显；根据出土瓿、尊、豆、簋等器物考证，它与中原地区"二里头"（在今河南省偃

---

① 汉·司马迁《史记·吴太伯世家》第 180 页，上海古籍出版社，1986 年 12 月。
② 汉·司马迁《史记·越王勾践世家》第 208 页，上海古籍出版社，1986 年 12 月。
③ 汉·司马迁《史记·货殖列传》第 356 页，上海古籍出版社，1986 年 12 月。

师市）、"二里岗"（在今河南省郑州市）的夏商文化相似，当是接受中原文化影响的结果。西周初年，"周武王克殷，求太伯、仲雍之后，得周章。周章已君吴，因而封之。乃封周章弟虞仲于周之北故夏虚，是为虞仲（即后来被晋国消灭的虞国），列为诸侯"[①]。周武王不仅将吴地封给太伯、仲雍的后人，又特意在内地另封虞国（在今山西省运城市平陆县），可见对江南这一本家支脉的亲厚之情，双方当时的交往互动定然不会缺少。春秋时期的吴与越两国相互争斗，以及吴国、越国与楚国及中原诸国的交往，都是文化相互吸收借鉴的过程。

以中原为主的北方文化与吴越文化真正实现大融合，主要是经历了北方文化的三次大南迁。

第一次："八王之乱"造成的西晋灭亡、东晋建立。当时北方大量人口渡江南迁，在迁移的人口中，除了皇亲贵戚、士族大家之外，很多平民也到达江南各地。这种迁移，通常是按照原居地区、籍贯乡里、宗族亲眷关系而结成群体的大规模行动。基于南迁人员的这种特性，东晋朝廷在江南"侨置"北方州郡，以安置相应地区的由北南来人口："自夷狄乱华，司、冀、雍、凉、青、并、兖、豫、幽、平诸州一时沦没，遗民南渡，并侨置牧司，非旧土也。"[②]由于与江南接壤的河南、陕西、山东一带迁南人口最多，便在州（相当于省级）之下设置若干郡县："侨置司州（即豫州，今河南省）于徐，非本所也。后以弘农人流寓寻阳者侨立为弘农郡。又以河东人南寓者，于汉武陵郡孱陵县界上明地侨立河东郡，统安邑、闻喜、永安、临汾、弘农、谯、松滋、大戚八县。并寄居焉。……侨置兖州（今山东省），寄居京口。明帝以郗鉴为刺史，寄居广陵，置濮阳、济阴、高平、太山等郡。"[③]这种保留北方行政区划的状况，在东晋灭亡、进入南朝之后，仍在继续："及至宋世，分扬州为南徐，徐州为南兖，扬州之江西悉属豫州；分荆为雍，分荆、湘为郢，分荆为司，分广为越，分青为冀，分梁为南北秦。"[④]在南渡的士族阶层中，以琅琊（今山东省临沂市）王氏、陈郡阳夏谢氏（今河南省周口市太康县）最为著名。王氏在举族南渡、迁居金陵之后，用北方地名称呼所居之地，以表达对故乡的思念，东晋朝廷特别为其侨置南琅

---

① 汉·司马迁《史记·吴太伯世家》第 181 页，上海古籍出版社，1986 年 12 月。
② 南朝梁·沈约《宋书·州郡志》第 122 页，上海古籍出版社，1986 年 12 月。
③ 唐·房玄龄《晋书·地理志》第 47 页，上海古籍出版社，1986 年 12 月。
④ 南朝梁·沈约《宋书·州郡志》122 页，上海古籍出版社，1986 年 12 月。

琊郡（在今南京市栖霞区）。王氏的代表人物王导，与东晋开国的晋元帝关系密切，他劝说元帝重用北方有才德之士，同时团结南方士人："洛京倾覆，中州士女避乱江左者十六七，导劝帝收其贤人君子，与之图事。……（他说）'顾荣、贺循、纪瞻、周玘皆南土之秀，愿尽优礼，则天下安矣。'帝纳焉。"对于南来的北方人，王导激励他们共同努力，收复中原："过江人士，每至暇日，相要（邀）出新亭饮宴。周顗中坐而叹曰：'风景不殊，举目有江山之异。'皆相视流涕。唯导愀然变色曰：'当共戮力王室，克复神州，何至作楚囚相对泣邪！'众收泪而谢之。"[①]王导在东晋政权建立初期，对融合南北、稳定政局，发挥了重要作用。谢氏的代表人物是谢安，他与弟弟谢石、侄子谢玄，指挥了著名的"淝水之战"，为保卫东晋政权做出巨大贡献。众多的北方民众到达江南，使得南方大量荒地得以开垦种植；家族地域式的整体迁移，有利于文化习俗的完整保存。东晋之初的北人南迁，大大带动了江南社会经济文化的发展。此后所谓的"旧时王谢堂前燕，飞入寻常百姓家"[②]，在感慨王、谢等六朝名门望族衰败的同时，也传达出由他们代表的高级别文化族群，已然在江南落地生根的信息。

第二次：唐玄宗当政期间爆发的"安史之乱"。天宝十四年（755年）爆发的"安史之乱"，是大唐王朝由盛转衰的标志。安禄山的叛军由范阳（今北京市）起兵，迅速向南推进，很快占领中原、关中地区。"两京蹂于胡骑，士君子多以家渡江东。"[③]由于长江的阻隔，"安史之乱"对江南的影响较小，使之成为唐王朝抵御叛乱的大后方。特别是在经济方面，江南的权重开始明显超越北方。例如，代宗时期，"江南之运积扬州，汴河之运积河阴，河船之运积渭口，渭船之运入太仓。岁转粟百一十万石"；德宗时期，"增江淮之运，浙江东、西岁运米七十五万石，复以两税易米百万石，江西、湖南、鄂岳、福建、岭南米亦百二十万石"；宪宗时期，"供岁赋者，浙西、浙东、宣歙、淮南、江西、鄂岳、福建、湖南八道，户百四十四万，比天宝才四之一。兵食于官者八十三万，加天宝三之一，通以二户养一兵"[④]。由此可见，"安史之乱"后李唐王朝对江南倚重之一斑。当时有人认为"天

①　唐·房玄龄《晋书·王导传》第 203 页，上海古籍出版社，1986 年 12 月。

②　唐·刘禹锡《乌衣巷》：陶敏、陶红雨校注《刘禹锡全集编年校注》第 393 页，岳麓书社，2003 年 11 月。

③　后晋·刘昫《旧唐书·权德舆传》第 483 页，上海古籍出版社，1986 年 12 月。

④　宋·欧阳修《新唐书·食货志》第 149-150 页，上海古籍出版社，1986 年 12 月。

宝之后，中原释末，辇越而衣，漕吴而食”[①]，是完全符合实际的。江南相对安定的社会环境，加上北方人口的补充，促使其经济地位大提升及南北文化的大融合。

第三次："靖康之变"致使北宋灭亡、南宋建立。宋钦宗靖康元年（1126年）闰十一月，金兵攻取北宋首都汴京（今河南省开封市）；次年四月，掳走徽宗和钦宗两位皇帝，导致北宋灭亡，此即史称的"靖康之变"（亦称靖康之乱、靖康之难、靖康之祸）。赵构于当年（1127 年）五月称帝，渡过长江建立南宋。北宋灭亡之后，北方出现了两个时段人口大规模的南迁：一是"靖康之变"发生、徽钦二帝被掳期间，向南渡江的大批官员、文士（如女词人李清照）及民众；二是金主完颜亮横征暴敛，激起了北方人民的起义反抗，起义失败后南渡的人士（如爱国词人辛弃疾）。大量人口的南迁，使南方与北方的关系更加紧密。南宋政权持续了一个半世纪（1127—1279）的统治，更是大大强化了南北方社会文化的深度融合。

如果说，"八王之乱"局面为中原文化融入江南大地奠定了基础；"安史之乱"的爆发促成了江南经济的主导地位；那么，"靖康之变"则使华夏政治思想文化的中心，由中原转移到了吴越为主体的江南地区。

（三）吴越文化的蕴致风采

在中国各地域文化中，吴越文化的综合条件是最好的。吴越地区具有上佳的自然条件，这里河渠水塘密布，舟船出行便利，鱼虾莲藕等水产品丰富；气候温暖湿润，适宜水稻等粮食作物及水果蔬菜的生长；四季花草茂盛，令人赏心悦目。流传民间很久的"上有天堂、下有苏杭"之谚语，得到广泛的认同。在如此优美宜人的环境中，自然会形成其独具的文化特征。

吴越语言（吴语为主）温婉动听。吴越地区早期生活的主体民族是百越人，其语言为侗台语。春秋时期吴国与越国分治、越国兼并吴国阶段，当地语言仍然保持原状。越国被楚国消灭之后，将吴越地区列为三楚之一的"东楚"，楚语开始进入吴越、影响当地的语言。楚地紧临中原，其语言属于华夏语系；楚语进入吴越，亦表明华夏语与当地语言的互融共通。

---

① 唐·吕温《故太子少保赠尚书左仆射京兆韦府君神道碑》；清·董诰《全唐文》第 2816 页，上海古籍出版社，1990 年 12 月。

楚语与吴语的结合，主要意义在于使吴语融入华夏语系之中，解决了中原与江南进行直接语言交流的问题。至于语音方面，吴语则保留着其温和婉转之特色。吴语的温婉特色，不仅表现在日常语言交流之中，而且在戏剧歌舞等文艺形式中得以鲜明的展示。

造型技艺高超雅致。江南地区四季常青、水网密布，为美化环境提供了得天独厚的条件，园林艺术在此基础上得到极大的发展。苏州拙政园、狮子林，无锡寄畅园、梅园，杭州水竹居（刘庄）、汾阳别墅（郭庄）等私家园林，以其臻于极致的精雕细琢闻名于世；杭州西湖、南京玄武湖、扬州瘦西湖等公共游览之所，将自然与人文紧密融会而令人赞叹；甚至密布乡间的小桥民居，也都蕴含着建造者的精细与审美追求。陶瓷器物的制作，也属于造型艺术。早期的陶瓷制作，主要是在北方；从南宋开始，陶瓷生产的重心转到江南。南宋的官窑位于临安（今浙江省杭州市），民窑设在越州（今浙江省绍兴市）、吉州（今江西省吉安市）、建州（今福建省建瓯市）、景德镇（今江西省景德镇）等地。元明时期，又有宣州（今安徽省宣城市）、南丰（今江西省抚州市南丰县）、宜兴（今江苏省宜兴市）等窑场。景德镇的陶瓷、宜兴的紫陶，至今仍然代表着中国陶瓷制作技艺的最高水平。丝绸生产，需要印花、织花、提花、结花等工艺，因而也可归入造型艺术。我国古称"丝国"，汉代即向西域开通"丝绸之路"，其丝绸大半来自江南。明清时期，在江南设有"织染""织造"机关，以苏州、南京、杭州、湖州等地为中心，对丝绸生产进行管理。织工们通过复杂的工艺流程，织造出绸、缎、绫、锦、绨等织品，其优良的质地、艳丽的色彩、精美的图案、独特的造型，令人叹为观止。

文化气氛浓郁厚重。在中国历史的早期，文化中心是在黄河中下游的中原地区。但是，随着封建王朝周期性改朝换代的大动荡、因特殊事件造成的生存危机（农民起义或水旱灾害），使得大量社会精英及普通民众南渡、在相对安定而富庶的江南定居。北方人南迁之后，将高端的中原文化与吴越地域文化融合，使之在江南深深扎根、世代承继、持续发展。六朝时期，佛教得到普遍重视，大量翻译和印制佛经、到处建造寺院，"南朝四百八十寺"[①]，正是当时情景的写照；陶渊明的田园诗、谢灵运的山水诗，代表了当时诗歌创作的最高水平；王羲之的书法、顾恺之的绘画，达到了极高

---

① 杜牧《江南春绝句》：清·彭定求《全唐诗》第5964页，中华书局，1960年4月。

的艺术造诣。与同期的北朝文化相比，南方形成全面超越的态势。文化事业发展的基础是教育，有人曾将唐至清代南北方开办的书院数量做过统计：南方 4969 所，北方 1411 所，分别占据总数的 78% 和 22%。教育投入的差异，最直接的体现就是科举考试。从唐代至清代，南方四省（江苏、浙江、福建、江西）考中状元 226 名，北方四省（河北、河南、山东、山西）只有 144 名，而且差距随着时间推移日益扩大（明清两代，北方四省各有 10 名状元；南方四省分别为 67 名和 76 名）[1]。与重视教育相关，自宋代为始的著名文学家及文学作品，无论其数量、质量或影响力，以吴越为中心的南方都占据了全国的主导地位。此外，江南地区特别重视民俗文化，建造佛堂家祠、逢节拜神敬祖、编撰族谱家乘之风盛行，这种习俗与北人南渡后怀念家乡故土有关，同时也与中国固有的传统相合。如此普遍地重视文化的承接与传递，大大增进了江南文化的浓郁氛围与厚重之感。

如果以北方文化（中原、燕赵、齐鲁）为参照，概述南北方文化的主要美学特征，则南方（吴越地区为代表）文化得"阴柔之美"，北方文化具"阳刚之气"。"南人得江山之秀，北人以冰霜为清。南或失之绮靡，近于雕文刻镂之技；北或失之荒率，无解深裘大马之讥"[2]、"以辞而论，南多艳婉，北杂羌戎；以声而论，南主清丽柔远，北主劲激沉雄。北宜和歌，南宜独奏。及其弊也，北失之粗，南失之弱"[3]。如果把现今仍可以看到的北方万里长城、龙门石窟雕塑、《诗经》（"国风"的大部分及"小雅"的一部分）、北朝民歌、元曲及京剧、评剧、河北梆子、京韵大鼓，与南方的苏州园林、杭州西湖、南朝民歌、宫体诗以及沪剧、越剧、评弹等艺术形式稍作比较，就会发现：古人的上述评价，基本上是公允的。南方文化至今仍偏于纤巧缠绵，以"阴柔之美"取胜；北方文化则多充满"阳刚之气"，以粗犷豪壮见长。二者之间既区别明显，又相互交融，共同构建起中国文化的主干形制。

---

① 以上书院和状元两组数字统计，参见：胡兆量《中国文化地理概述》第 138、134 页，北京大学出版社，2001 年 9 月。

② 清·况周颐《蕙风词话·宋金词不同》：唐圭璋《词话丛编》第 4456 页，中华书局，2005 年 10 月。

③ 清·谢元淮《填词浅说·南北声音不同》：唐圭璋《词话丛编》第 2509 页，中华书局，2005 年 10 月。

六、巴蜀文化：自主开放意识

巴蜀文化，在中国文化体系中，是一个相对独立的存在。这种独立性，主要体现在地域环境的相对封闭，以及由此而成的自足自立的生活方式、开明开放的思想意识。

（一）巴蜀文化的区域性质

巴与蜀，本是两个地区。巴，大致包括现今重庆市一带；蜀，是以成都平原为核心的区域。巴蜀的主体部分，是四川盆地及围绕其周边的地区。巴蜀四周高山环绕、江流阻隔的地形地貌，以及距离国家核心区域（中原地区）比较遥远的自身条件，使这一地区的社会文化状况，具有较为明显的特征。

巴蜀文化生成的区域自成一体。巴蜀所在的四川盆地，被西部的青藏高原、南部的云贵高原、北部的秦岭及大巴山、东部的巫山团团环绕。这些高原海拔在2000—3000米以上、自然条件恶劣，周围的山脉则以险峻峭拔著称，堪称名副其实的"四塞"之地。古代巴蜀地区与外部的陆路沟通，主要是利用栈道。栈道，是为了在深山峡谷中通行而修建的道路，通常是在河流或峡谷隔绝的悬崖绝壁上开凿孔穴，孔穴内插上石桩或木桩，相邻的桩柱上面平铺木板或石板，用以行人及车马通行。早期最著名的栈道，是秦国修建的由陕经剑门关入蜀的石牛道（又称金牛道、剑阁道、南栈）："秦惠王欲伐蜀，而不知道，作五石牛，以金置尾下，言能屎金。蜀王负力，令五丁引之成道。秦使张仪、司马错寻路灭蜀，因曰石牛道。"[①]由于修筑工程的艰难，直到两汉时期，由陕甘入蜀的栈道也不过三四条而已。相对而言，巴蜀北部与陕甘接壤的地形，明显好于西部的青藏高原和南部的云贵高原，可知由巴蜀向西、向南出行的道路更加艰难。由于长江流经四川盆地向东而去，巴蜀人可以乘船东出。但是，古代造船技术落后，船舶质量不佳，每次通过巫山所属的"长江三峡"，对船工及乘客都是一场生死考

---

① 北魏·郦道元《水经注·沔水》（卷二七）：《四库全书》第573册第424页，上海古籍出版社，1987年1月。

验。无论陆路或水路，由巴蜀外出实属不易；而由外地进入巴蜀，则更加困难。古人发出"蜀道之难，难于上青天"（李白《蜀道难》）、"巴东三峡巫峡长，猿鸣三声泪沾裳"（郦道元《水经注》）之类的感慨，都是基于巴蜀与外部交通之难而言的。当然，四面高山大川阻隔，在造成对外交流不便的同时，也阻遏了外部势力的袭扰，保证了巴蜀地区更多地享受着和平安宁的生活，成就了有别于其他地区的社会文化形态。

　　巴蜀的经济自给自足。周边被高原大山环绕的四川盆地，其底部地势低矮，主要由平原、丘陵及山间谷地组成，总面积达到 16 万平方公里。其中最为重要的成都平原，面积接近 2 万平方公里。盆地的土质主要是紫色土（由紫红色砂岩和页岩风化而成），土地所含钙、磷、钾等营养元素丰富，属于我国南方最为肥沃的自然土壤。盆地气候属于亚热带季风性湿润气候，夏季平均气温约 30℃、冬季气温普遍在 0℃以上，年降水量在 1000—1300 毫米之间。凡此种种的天然条件，为农业的发展奠定了坚实基础，使四川盆地成为著名的水稻、油菜籽等农作物产区。盆地周边由高向低渐次下降的地势，为多种经济林木及柑橘等果树的生长提供了场所。此外，盆地内还出产生活必需的食盐及芒硝、硫磺及煤炭等矿产。司马迁在《史记·货殖列传》中记述了巴蜀的富饶及商人经营活动："巴蜀亦沃野，地饶卮、姜、丹沙、石、铜、铁、竹、木之器。南御滇僰，僰僮。西近邛笮，笮马、旄牛。然四塞，栈道千里，无所不通，唯褒斜绾毂其口，以所多易所鲜。……蜀卓氏之先，赵人也，用铁冶富。秦破赵，迁卓氏。卓氏见虏略，独夫妻推辇，行诣迁处。诸迁虏少有余财，争与吏，求近处，处葭萌。唯卓氏曰：'此地狭薄。吾闻汶山之下，沃野，下有蹲鸱，至死不饥。民工于市，易贾。'乃求远迁。致之临邛，大喜，即铁山鼓铸，运筹策，倾滇蜀之民，富至僮千人。田池射猎之乐，拟于人君。"[①]晋人常璩的《华阳国志》，对巴蜀的物产丰裕状况的描述更加详细："土植五谷，牲具六畜。桑、蚕、麻、鱼、盐、铜、铁、丹、漆、茶、蜜、灵龟、巨犀、山鸡、白雉，黄润、鲜粉，皆纳贡之。其果实之珍者：树有荔芰，蔓有辛蒟，园有芳蒻、香茗、给客橙、葵。其药物之异者有巴戟、天椒；竹木之瑰者有桃支、灵寿""（李冰）壅江作堋，穿郫江、检江，别支流双过郡下，以行舟船。岷山多梓、柏、大竹，颓随水流，坐致材木，功省用饶；又溉灌三郡，开稻田。于是蜀沃

────────────

① 汉·司马迁《史记》第 355-356 页，上海古籍出版社，1986 年 12 月。

野千里，号为'陆海'。旱则引水浸润，雨则杜塞水门，故记曰：水旱从人，不知饥馑，时无荒年，天下谓之'天府'也。"①"天府之国"的美誉，主要是针对巴蜀物产丰富、人们物质生活得到切实保障而发出的感言。

巴蜀的社会生活自由舒适。巴蜀所处的四川盆地，土地肥沃、气候适宜、自然条件上佳，而且十几万平方公里的面积，足够承载大量人口而成为独立的经济体。居住在这里的人们，通常无须竭尽全力地辛勤劳作，便可获得日常生活之所需。物质生活得到保障，人们的心态就会放松而平和。出生于蜀地的苏辙，曾对当地人的品格习性做过论述："蜀人畏吏奉法，俯首听命，而其匹夫小人，意有所不适，辄起而为乱。此其故何也？观其平居无事，盗入其室，惧伤而不敢校，此非有好乱难制之气也，然其弊常至于大乱而不可救？则亦优柔不决之俗有以启之耳。……至于其心有所不可复忍，然后聚而为群盗，散而为大乱，以发其愤懑不泄之气。故虽秦、晋之勇，而其为乱也，志近而祸浅；蜀人之怯，而其为变也，怨深而祸大。"②其中所谓蜀人"畏吏奉法，俯首听命"、遇盗"惧伤而不敢校"、处事"优柔不决"云云，主要原因在于他们属于生活保障较好的"有产者"。只有到了"不可复忍"的地步，他们才会完全抛下"怯"心、尽情发抒"愤懑不泄之气"。可见，追求并享受和平安宁的生活，是巴蜀人的首选。

良好的物质条件，必然对社会文化的发展具有推动作用，巴蜀虽然远离中原地区，但其社会文化的整体水平并不落后。同时，"天高皇帝远"的地域距离形成的思想统治弱化，使得巴蜀地区人们的思想观念更加开放活跃。儒家学说自汉代为始，虽然占据着统治地位，但巴蜀地区佛教及道教思想的影响力亦不遑多让。以峨眉山、青城山为代表的佛教道教名山，佛寺道观密布其间、成年累月香火不断。汉代司马相如、唐代陈子昂及李白、宋代苏轼等文学大家，不仅以其创作成就名扬文坛，更是由于司马相如迎娶卓文君、陈子昂在京城千金购琴摔琴、李白"斗酒诗百篇"（杜甫《饮中八仙歌》）、苏轼"一蓑烟雨任平生"（苏轼《定风波》）的脱俗举措及超凡豪情，赢得人们广泛而真切的赞赏。他们的文学成就与洒脱浪漫的品性情怀，很大程度上获益于巴蜀大地社会氛围的滋养。此外，普通民众历代相沿的喝闲茶、摆龙门阵、摸小牌、打麻将等习俗，对于彰显巴蜀人民生活

---

① 晋·常璩《华阳国志》（卷一）《巴志》、（卷三）《蜀志》：《四库全书》第 463 册第 135、156 页，上海古籍出版社，1987 年 1 月。

② 苏辙《蜀论》：郭预衡《唐宋八大家散文总集》第 6793 页，河北人民出版社，1995 年 11 月。

舒适、心态放松自在的特征，最具普遍意义。

（二）巴蜀文化的特殊价值

巴蜀拥有华夏文化的直系血脉，与国家核心文化品质紧密相连。巴蜀地区很早就有人类活动的踪迹，在 20 世纪 80 年代（1985 年），我国考古工作者在重庆市巫山县境内的龙骨坡，发掘出距今约 200 万年的人骨化石。这一被命名为"巫山人"的化石，是中国境内迄今发现最早的人类化石。此后与"巫山人"同属旧石器时期的人类遗址，则有距今 5—10 万年的"资阳人"（四川省资阳市）、"筠连人"（四川省宜宾市筠连县），等等。新石器时期，在四川盆地迄今发现的遗址达 200 多处，主要集中在以成都、广汉为中心的成都平原，其中最具代表性的是广汉三星堆遗址。三星堆的文化遗存的时限，大约相当于中原地区的夏末至周初时期。三星堆一带应是古蜀国都城所在地，遗址中有高大的城墙和深广的城壕、形制超常的青铜雕像及黄金权杖、众多精美的玉石礼器、与中原地区渊源颇深的青铜酒器，还有来自南亚的象牙与海贝，等等。从三星堆遗存可以看出，巴蜀文化高度发展的水平及对外交流，特别是与中原文化交流的情况。战国时期的秦国日益强大，秦惠王派兵入蜀，先后灭掉蜀国和巴国，巴蜀成为秦国直接控制的范围，当地与内地文化交流变得更加顺畅。秦国通过向巴蜀移民、派遣官员治理等方式，使内地相对先进的政治制度及生产技术大量进入。尤其是秦昭王时期出任蜀郡守的李冰，带领当地人民修筑的都江堰水利工程，彻底根除了岷江造成的水患，对蜀地的农业生产及社会发展，具有极为重要的作用。据称李冰创造了凿井汲卤煮盐法，提高了盐业生产的技术水平；又在成都等地修路造桥，方便人们出行，等等。由于李冰的领导与推动，巴蜀地区社会经济取得明显的进步。秦始皇统一中国，在此设置巴、蜀二郡，同时大力推行"书同文""车同轨"等事关全国统一的政策，使其文化发展与内地同步。汉朝统治者对巴蜀的关注度丝毫未减，推动社会经济文化得以持续发展。特别是秦末及西汉末年的内地战乱，对关中和中原地区的社会文化造成巨大破坏时期，巴蜀一直保持着社会稳定与经济的发展，其繁荣程度全面超越了中原地区，当时成都的人口规模及发展水平，丝毫不亚于长安、洛阳等帝都之城。三国时期，巴蜀是刘备建立的蜀汉之核心区域，由于不断与曹魏或孙吴交战，经济不堪重负、国力消耗殆尽、人民生活困苦、社会动荡不安，这一状况由汉末直至六朝，未曾真正改变。

李唐王朝建立之后，巴蜀的社会经济文化得到全面恢复与快速发展。从唐代到北宋，将巴蜀与内地最发达的扬州并称为"扬益"（益即益州，指蜀地），南宋则将蜀地的繁荣与京城临安（杭州）并称。唐宋时期巴蜀的繁荣，既表现在经济、商贸方面的十分活跃，更表现在文化方面的空前兴盛。这里诞生了文学家陈子昂、李白、薛涛、"三苏"、苏舜钦、张孝祥，史学家范祖禹、李焘、李心传，哲学家李鼎祚、张栻，数学家秦九韶；同时也是高适、杜甫、韦庄、陆游、范成大纵情歌吟、流连忘返的地方①。从巴蜀文化与内地文化关系发展角度说来，夏商时期（三星堆文物为证）初步奠定基础、秦汉时期实现了发展的同步、唐宋时期在很大程度上超越了内地水平。南宋末年，蜀地军民与元军开展了半个世纪的殊死搏斗（1231—1280年），惨烈程度与江浙地区相比犹有过之，其表现从根本上是为了维护中华主体文化。由于元军的大肆摧残，巴蜀经济崩溃、人民流离，直至明清两代，再也不复此前的繁盛景象。但是，中华文化的血脉已然深深融入巴蜀人民心中，巴蜀与内地的紧密联系已经牢不可破。

巴蜀地理位置重要，是内地与西南边地社会文化连接的津梁。巴蜀南接云南和贵州、西接青海与西藏，是中国西南地区的首善之地。基于自身优越的自然条件（成都平原为首），以及与国家主流文化的深度融合，巴蜀地区自秦汉以降便承担着引领、影响周边落后地区的职责。以行政管理为例，巴蜀地区自秦朝便设置郡县，直接接受封建王朝的管理；云贵地区虽已归属秦朝版图，汉唐之后设置州郡等机构，但直至元明时期，地方行政权力仍为当地少数民族的上层（头人）把持；中央政府及主流文化，对青海、西藏地区的影响更是微乎其微。清朝雍正年间，朝廷在西南地区大力推行"改土归流"政策，亦即废除由少数民族上层世袭的土司制度，改由中央政府委派可以随时任免及流动的官员（流官）直接进行统治，实现与内地地方行政管理一致的制度。巴蜀作为行政管理早已入"流"的地区，兼有紧临云贵地区的便利，因而"改土归流"的很多工作，是以之为基地展开的。进入云贵地区工作的地方官员，不少是经由蜀地前往，或是由巴蜀选派的。伴随着"改土归流"之后向边疆地区的大量移民，大多是由巴蜀地区动员前去的。清朝"改土归流"政策的实施，大大强化了中央政府对西南少数民族聚居区的统治，消除了土司制度对当地百姓的人身束缚，

---

① 参见：袁庭栋《巴蜀文化志》第9—13页，上海人民出版社，1998年10月。

促进了经济及社会的全面发展，推动了汉族与少数民族的深度融合。在这一进程中，巴蜀地区的贡献是巨大的。以成都为中心的巴蜀地区，至今仍然居于西南地区社会经济文化发展的前列，对周边地区具有显著的示范及拉动作用。

巴蜀能够守护文化脉系，是支撑政治集团的大后方。巴蜀地区以其盆地型的地理条件，成为易守难攻的独立地域单元；盆地内部以成都平原为主体的肥沃土地，为人们的生存提供了可靠保障；由秦汉时期奠定的主体文化体系，与内地社会具有高度的一致性。基于这样的特征，一旦中原大乱，蜀地不但成为普通民众的向往之地，也常常成为政治集团的存身之处、退避之所。三国时期刘备入蜀立国称帝、东晋十六国时期李雄建立成汉、唐玄宗躲避"安史之乱"退入蜀地、五代十国时期王建的前蜀与孟知祥的后蜀、明末张献忠建立的大西国等，都是以蜀地为根据地建立的政权。这些政权在蜀地存在期间，大多充分利用当地良好的经济基础、维护了社会的稳定安宁、延续着中华文化传统，成为天下动荡之时的一方乐土。值得注意的是，自古凡是退入蜀地的政治集团，无一能够冲出蜀地而重返中原、统一中国。以三国时期的蜀汉政权为例，刘备礼贤下士、以诚示人，堪称贤明之君；诸葛亮及关羽、张飞、赵云等文臣武将，均为智能忠勇之人；他们高举惩治汉贼（曹氏集团）、复兴汉室的旗帜，也具有相当的号召力。但是，刘备集团最终未能实现收复中原志向的主要原因，在于力量对比的不相匹配。就当时魏、蜀、吴三国实力而言，以蜀最弱。它不仅无法攻灭曹魏，甚至也不是吴国的对手（关羽失荆州、刘备击吴惨败病死白帝城可证）。诸葛亮几次出兵伐魏皆未成功，虽然事出有因（如马谡失街亭、李严督运失职等），但根本原因乃是双方政治、经济、军事力量的悬殊。在中原地区没有发生巨大变故的情况下，伐魏之举是万难成功的。诸葛亮的高呼伐魏、力主出兵，实乃"知其不可为而为之"，意在报答刘备父子的知遇之恩。

持平而论，蜀地四面环山隔水、自成体系，在军事上具有易守难攻的特点，在经济上可以维持一定数量人口的生存需求。不过，其整体的社会潜力及最大能量，不仅无法与中原地区广袤大平原的人口物产相比，即使同与之为邻的关中平原地区相比，实力也无法企及。另外，巴蜀地形的险峻封闭，也使其发展大受局限，从大格局的政治军事意义上讲，以之退避存身尚可，借之扩张图强则难。不过，巴蜀地区的整体条件，对继承前代传统、保存民族文化，还是十分有利的。

中国的地域文化，当然不止上述所列，此处只是择要而叙之。博大精深的中国传统文化，就是在中原文化奠基、齐鲁文化主骨、燕赵文化加力、三秦文化立法、江南文化扩展、巴蜀文化增色等基础之上，以鲜活的生命力、坚强的自持力、强大的整合力，成为独立于世界文化之林的重要成员。

第六章

御侮睦邻　择用固本：中外文化交流的方式

中国政治文化的发展及国家建构，在夏、商时期尚不完备。西周建立了以礼乐为主的行政制度，但其采用分封方式，导致周天子与各诸侯国的关系较为松散，统治力较弱。东周（春秋战国）时期，礼崩乐坏、诸侯纷争，属于中华文化内部交流融合阶段。秦朝建立强大的中央集权统治、实现了全国统一，在国家政权、制度建设方面取得巨大成就；可惜短命而亡的结局，使其未曾展示应有的辉煌。直至西汉王朝建立，以汉族为主体的中华民族文化，以大一统中央集权为特征的国家政权，以东至大海、西至戈壁、南至岭表、北至广漠的辽阔国土为承载的强盛帝国，方才真正展现出雄伟的姿容态势。同时，与遥远的国家、异域的民族文化交流，也从此大规模地展开。

一、中外文化交流的基本态势

按照人类文明发展阶段划分，人类古代历史可以分为远古、上古、中古、近古四个发展时期。就中国历史而论，远古，指遥远漫长的原始社会时期；上古，指夏商周秦时期；中古，指汉魏六朝至唐宋时期；近古，指元明清（鸦片战争爆发之前）时期。鸦片战争爆发至"五四运动"时期，称为"近代"[①]。从大规模进行对外交流的汉代为始，至清王朝灭亡为终，可以将中华文化对外交流分为"古代"（西汉至元代）、"近世"（明清）两

---

① 关于历史分期的观点颇多，如将汉代归入"上古"、宋代归入"近古"，或者比照国外以欧洲中世纪为"中古"加以划分。此处所取，是其中较为通行的观点。

个时期。前一时期，中华文化占据对外交流的优势；后一时期，则陷于文化交流的衰弱、被动局面。

（一）古代：中华文化具有明显优势

在宋元之前，中国文化处于对外交流的主导地位，具有明显的优势，主要原因是高度发达的农业文明。先民们在致力于农业生产劳动、熟练掌握生产技术过程中，不断地积累经验、增进知识。这种知识，起始于对自身所处自然环境的认知，如水土状态、气候条件、寒暑变换、灾害情况等，接着延及天文（日月星辰）、地理（山地平原）方面的知识。随着对客观世界认识的深入，人们逐步了解、适应了自然规律，充分利用自然并且在一定程度上予以改造。经过不断的努力，农民的农田耕作技术、种子选育及作物管理水平不断提高，兼之以修渠或挖井灌溉以抗旱、挖沟或护坡以防涝等，保证了粮食的稳产高产。毫不夸张地讲，中国农民的精耕细作、对庄稼的呵护珍视，是无与伦比的。中华农业文明不但生成时间极早，而且传统农业的发展水平最高。

当农业生产收获的粮食产品，足以支撑生活需求之时，人类生活方式也发生了重要变化。因为粮食可以在固定的土地上年复一年地生长，没有必要到处奔波狩猎采集食物；又因为掌握了粮食长期存储的方法，也不用担心食物的匮乏。土地为人们提供了生活资料，人们由追逐食物而迁徙，转变为依靠土地的定居生活。定居生活，有利于农业及相关产业（如畜牧业）的发展；充足的食物，提高了人的生活质量、促进了人口数量的增长。这种居地固定、人口聚集且能够创造财富的局面，需要有一套与之相适应的社会制度进行管理。西周时期，完成了与农业生活相适应的社会制度建构。西周的制度，包括以封建（分封）为特征的国家体制、以血缘为基础的宗法制度、以封建领主为土地所有者的经济模式、以道德伦理为中心的礼法制度，等等。这些制度，有些在后世有所调整（如"分封制"被改为"郡县制"、土地"封建领主制"变为"地主所有制"），而"宗法"与"礼法"制度则一直得以延续。上述制度及相应的思想观念（以儒家思想为主的人本、礼法、伦理、群体意识等），与农耕文明高度契合，有助于经济发展、国家统治与社会稳定。因此，中华社会文化达到了高度发达、十分繁荣、令人艳羡的程度，与异域文明相比，具有明显的优势。

古代中国与异域文明的交往，主要指向三个方向：北方（西北）游牧文明、西域商贸文明和东方岛屿文明。北方的游牧民族，与内地的交往最早且延续时间极为长久：从先秦时期的羌与戎、秦汉时期的匈奴、魏晋南北朝时期的鲜卑、隋唐时期的突厥，直至宋元时期的契丹、女真、蒙古，一直与内地进行着碰撞交流。在漫长的历史时期内，这些游牧民族以其强悍的军事实力，不时袭扰内地，甚至占据中原建立政权。但是，内地文化以其明显的领先优势，很大程度上将游牧民族"同化"（汉化）。通观整个古代，在与北方游牧民族交往过程中，只有"用夏变夷者，未闻变于夷者也"①。内地与西域各国之间交往的路线，在西汉时期即已通畅。由于内地的丝绸多从河西走廊经新疆向西域输出售卖，因而这条商路有"丝绸之路"的美誉。中国文化与西域文化的交往，很大程度上体现在商贸方面。东方岛屿文明的主要代表是日本。日本在古代对中国文化十分仰慕，基本上是全方位地照搬照抄，形成"汉化"色彩极为浓厚的日本文化体系。与日本相仿，中国周边的朝鲜、越南等地区，由于大量学习中华文化，成为"中华文化圈"（亦称汉字文化圈、儒学文化圈、东亚文化圈）的重要成员。此外，佛教虽然由南亚的印度传入，但其真正对中国社会产生重要影响，是唐代实现"本土化"亦即大量吸收中国文化元素之后。可见，宋元之前的中国文化，以其高度发展文明的神情样貌，成为异域文明的榜样，保持着中华"天朝上国"的光荣与尊严。

（二）近世：中华文化遭遇严重挑战

在元代之前，外来的威胁主要来自周边游牧地区，总体属于落后文明向先进文明的进攻，以农业文明支撑的中华文化仍然居于高位、根基稳固。限于路途遥远及技术的落后，当时的中国与西方（欧洲）并无真正意义上的关联。

进入明代，朱明王朝致力于强化中央集权以巩固封建统治、继承发展宋代理学以禁锢思想，兼之多数皇帝的荒唐懒政、宦官专权、党争频发，造成政治黑暗、国力衰落、万民困顿的局势。与此同时的西方社会，开始告别延续千年的中世纪（5—15 世纪），从天主教对人民思想禁锢及人身迫害（宗教裁判）、众多封建割据邦国相互间频繁战争、严重流行疫病造成人口锐减（1350 年前后"黑死病"导致欧洲死亡 2500 万人）的黯淡困局中

---

① 《孟子·滕文公上》：杨伯峻《孟子译注》第 125 页，中华书局，2005 年 1 月。

走出，实现了文艺复兴。文艺复兴（14—16世纪）大力弘扬人文主义精神，主张用"以人为中心"取代"以神为中心"、明确肯定人的价值和尊严、倡导个性解放，是一场新兴资产阶级发动、反对封建主义的新文化运动。此后的"宗教改革"（16世纪）和启蒙运动（17—18世纪），进一步清算了封建专制主义、宗教愚昧及特权主义，让自由、平等、民主思想深入人心，使资产阶级在意识形态领域真正战胜了封建主义，直接促成了欧洲各国资产阶级革命（17—18世纪）的成功。欧洲资产阶级革命的胜利，彻底解除了长期的思想禁锢，人们的创新精神得以充分展现。以大规模工厂化生产取代个体工场手工生产的工业革命，由英国发起（18世纪中叶）且很快波及欧美各国。蒸汽机提供强大动力、煤炭提供充足燃料、钢铁制造坚船利炮，再加上资产阶级培育出的极度膨胀的个人私欲、弱肉强食的丛林法则，这些条件构成了领先世界的工业文明。

欧洲由资产阶级带领开展工业革命之时，正当中国清代的乾隆王朝。乾隆皇帝自信于自己的文治武功、满足于帝国的强大富足、陶醉于数度前往的江南美景，全然不知中华农业文明已经到了危急关头。此时的中国与西方并非没有交往，只是在进口钟表、玻璃穿衣镜及红衣大炮等器物的时候，从未思考过这些器物的科学原理及制造工艺流程。甚至在西方国家使者来访时，关心的重点乃是叩头跪拜问题。就在这种狭隘无知、盲目自大的心理状态下，中国错过了与世界接轨并进的机会。中华早已老熟的农业文明，在与之形成"代差"的欧洲工业文明面前，变得不堪一击。自鸦片战争为始，来自海上的西方文化，从器用、制度、观念诸层面均优于东方的农业文明，中华文化遇到了数千年未有之严重挑战。自此之后，中华民族进入了文化的救亡图存时期。

二、中外文化交流的具体状况

不同文化之间的交流，也是文化传播的过程。这种交流传播，构成双向（多向）相互作用的关系。对于文化输入方而言，这一过程属于向内采纳；对于文化输出方而言，则属于向外传播。任何文化形态，只有不断地与其他文化进行交流，借鉴经验、汲取营养，方可使自身健康发展、充满活力。中华文化与外部文化的交流，同样属于输出、输入及相互吸纳有益营养的过程。

（一）中华文化输出

古代的中华文化，长期占据着世界文化的高地，对外文化输出（特别是对周边国家的辐射）是一种常态行为。其中，汉代和唐代是输出（传播）中华文化最为重要的两个时期。

第一，汉代丝绸之路的开拓。丝绸之路，指古代由中国通向欧洲的道路。这条道路的直接开拓者，是西汉的张骞（前164年？—前114年）。张骞奉汉武帝之命出使西域，打通了中西交流的通道。我国制造的丝绸运输到中亚、波斯（今伊朗）、地中海沿岸的罗马等地，引起西方人民的惊奇和喜爱，人们便把我国称为"丝国"，把这条商路称为"丝绸之路"（简称"丝路"）①。

丝绸之路的开辟，最初是西汉王朝的政治需要。在西汉初期，北方的游牧民族匈奴日益强盛，不断向内地袭扰，对汉朝边防造成的压力极大。同时，西域地区各少数民族政权，更是遭受着匈奴的奴役和压榨。虽然匈奴不知礼仪、没有文字，尚未进入文明社会，但风雪严寒的恶劣自然条件、迁徙无定的游牧生活、弱肉强食的心理意识，造就了他们强健的体魄和勇猛剽悍的性格特征。他们拥有的全民皆兵体制、擅长骑射的军事技能，使其能够在自我畜牧狩猎、向外争战掠夺两种生活方式之间，随心所欲地进行切换。匈奴对内地袭扰时犹如狂风漫卷、撤退时不知所踪，实在难以提防，成为汉朝的心腹大患。到了汉武帝时期，西汉国力大大增强，为彻底解决匈奴问题，汉武帝在命令大军武力进击匈奴的同时，派遣张骞出使西域、联络各国共同打击匈奴，这是汉朝与西域沟通的初衷。

张骞第一次出使西域（前139年），由长安行至河西走廊，即被匈奴捕获扣留，11年之后才借机逃出，辗转到达大宛（今乌兹别克斯坦境内）、康居（今哈萨克斯坦境内）、大月氏和大夏（均在今阿富汗境内）等地。归国时沿着塔里木盆地南缘而行，经过莎车（今新疆维吾尔自治区喀什地区莎车县）、于阗（今新疆维吾尔自治区和田地区）、鄯善（今新疆维吾尔自治区巴音郭楞蒙古自治州若羌县），进入青海而回到长安，历时共计13年。

---

① "丝绸之路"的名称，最早是由德国地理学家李希霍芬于1877年提出的。1949年以后，我国学者开始使用这一名称。参见：关立勋《中国文化杂说》（中外交流卷）第1页，北京燕山出版社，1997年4月。

张骞这次出使，虽然未能达到联合抗击匈奴的目的，但对西域的政治军事、地理形势、风土人情、物产经济等情况，有了深入的了解。汉武帝得知这些情况之后，更加积极地组织实施讨伐匈奴的战争。不久之后，卫青大败匈奴并夺取河套地区（前 123 年），霍去病更是率军向北对匈奴实施远征（前121 年），使汉朝完全控制了河西走廊，通往西域的大道得以畅通。张骞第二次奉命出使（前 119 年），任务是联合乌孙（今吉尔吉斯斯坦一带）共讨匈奴、访问西域其他国家。此次使团共计 300 余人，携带大批黄金、币帛等物品，除了此前的大宛、大夏诸国，还到达安息（今伊朗）、身毒（今印度）等地，均受到友好接待与欢迎。这些国家了解到汉朝的富足与强盛，交往日渐密切，丝绸之路由此应运而生。

丝绸之路的起点是西汉都城长安，向西经河西走廊到达敦煌，从敦煌向西分南北两条路线。南线沿昆仑山北麓经和田至疏勒（今新疆维吾尔自治区喀什地区）；北线经罗布泊沿天山南麓经库车、阿克苏至疏勒，由疏勒越葱岭（帕米尔高原及喀喇昆仑山脉的总称）或南往印度，或西经波斯（今伊朗）往地中海沿岸诸国。在整个古代，中国与西方国家的交流，大多通过这条道路（另有经北地向西的"草原路线"及经南海向西的"海上路线"，此处从略）。随着丝绸之路的开通，中国内地陆续向外输出的商品，包括丝绸、纸张、漆器、铁器、瓷器、茶，还有冶铁术、水利技术（凿井开渠法）、水果种植（桃和杏）、养蚕缫丝法、丝绸织造工艺，等等。中国"四大发明"中的造纸术、印刷术和火药，都是由丝绸之路传入西方的（指南针由海上丝绸之路传出）。这条丝绸之路，在漫长的历史进程中，有力地推动了中西方的商品及各种经济、文化交流，促进了欧亚各国和中国的友好往来。汉代对这一文化交流之路的形成，具有首创之功。

第二，唐代文化的强大辐射。如果说，汉代开拓的丝绸之路，主要表现为由东向西的线条型文化传播；那么，唐代的文化则是由中心向四面八方传播的辐射型传播。其因在于，大唐帝国的全面繁荣昌盛。大唐的繁荣，以唐太宗"贞观之治"、唐玄宗"开元之治"为最。对于"贞观之治"，历来受到各界人士的极大关注。史学家公认："盛哉，太宗之烈也！其除隋之乱，比迹汤、武；致治之美，庶几成、康。自古功德兼隆，由汉以来未之有也。"[①]、"太宗文武之才，高出前古。驱策英雄，网罗俊义，好用善谋，

---

① 宋·欧阳修《新唐书·太宗本纪》第 13 页，上海古籍出版社，1986 年 12 月。

乐闻直谏。拯民于汤火之中，而措之于衽席之上，使盗贼化为君子，呻吟转为讴歌。衣食有余，刑措不用。突厥之渠，系颈阙庭；北海之滨，悉为郡县。盖三代以还，中国之盛，未之有也。"①文学家称誉："唐太宗之贤，自西汉以来，一人而已。任贤使能，将相莫非其人；恭俭节用，天下几至刑措。自三代以下，未见其比也。"②军事家盛赞："昔者唐之太宗，以神武之略起定祸乱，以王天下，威加四海矣。然所谓固天下之势，以遗诸子孙者，盖未立也。于是乎藉兵于府，置将于卫，据关而临制之。处兵于府，则将无内专之权；处将于卫，则兵无外擅之患。然犹以为未也，乃大诛四夷之侵侮者：破突厥，夷吐浑，平高昌，灭焉耆，皆俘其王，亲驾辽左而残其国。凡此者，非以黩武也，皆所以立权而固天下之势者也。"③理学家肯定："太宗富有天下，贵为天子，功业皆其所自致，而能俯首抑意，听拂逆之辞于畴昔所恶之臣。呜呼！此其所以致贞观之治，庶几于三代之王者乎？"④可见，人们对唐太宗及其"贞观之治"评价之高。

　　关于"开元之治"的盛况，比之"贞观之治"不遑多让。且看杜甫《忆昔》诗的描述：

> 忆昔开元全盛日，小邑犹藏万家室。
> 稻米流脂粟米白，公私仓廪俱丰实。
> 九州道路无豺虎，远行不劳吉日出。
> 齐纨鲁缟车班班，男耕女桑不相失。
> 宫中圣人奏云门，天下朋友皆胶漆。
> 百余年间未灾变，叔孙礼乐萧何律。⑤

　　这种"人口繁衍、物产充裕、社会安定、人尽其职、风气良好、礼乐完备"的描述，正是盛唐时期的真实写照。诗中所述情况的真实性，可以官修的《旧唐书》为证："开元之有天下也，纠之以典刑，明之以礼乐，爱

---

① 宋·司马光《唐论》，载《宋文选》（卷三）：《四库全书》第 1346 册第 55 页，上海古籍出版社，1987 年 1 月。

② 宋·苏辙《历代论·唐太宗》：郭预衡《唐宋八大家散文总集》第 6921 页，河北人民出版社，1995 年 11 月。

③ 宋·何去非《何博士备论》（卷下）《唐论》：《四库全书》第 727 册第 169 页，上海古籍出版社，1987 年 1 月。

④ 宋·陆九渊《象山集·外集》（卷三）：《四库全书》第 1156 册第 528 页，上海古籍出版社，1987 年 1 月。

⑤ 杜甫《忆昔》（二首之二）：清·仇兆鳌《杜诗详注》第 1163 页，中华书局，1979 年 10 月。

之以慈俭，律之以轨仪。黜前朝徼幸之臣，杜其奸也；焚后庭珠翠之玩，戒其奢也；禁女乐而出宫嫔，明其教也；赐酺赏而放哇淫，惧其荒也；叙友于而敦骨肉，厚其俗也；蒐兵而责帅，明军法也；朝集而计最，校吏能也。庙堂之上，无非经济之才；表著之中，皆得论思之士。而又旁求宏硕，讲道艺文。昌言嘉谟，日闻于献纳；长辔远驭，志在于升平。贞观之风，一朝复振。于斯时也，烽燧不惊，华戎同轨。西蕃君长，越绳桥而竞款玉关；北狄酋渠，捐毳幕而争趋雁塞。象郡、炎州之玩，鸡林、鳀海之珍，莫不结辙于象胥，骈罗于典属。膜拜丹墀之下，夷歌立仗之前，可谓冠带百蛮，车书万里。天子乃览云台之义，草泥金之札，然后封日观，禅云亭，访道于穆清，怡神于玄牝，与民休息，比屋可封。于时垂髫之倪，皆知礼让；戴白之老，不识兵戈。虏不敢乘月犯边，士不敢弯弓报怨。'康哉'之颂，溢于八纮。所谓'世而后仁'，见于开元者矣。年逾三纪，可谓太平。"[①]正史所载如此，可见"开元之治"名副其实。正是以"贞观之治""开元之治"为代表的大唐盛世，使得李唐王朝成为中国古代最具影响力的时代。

唐代文化的强大影响力，首先表现为直接影响周边国家民族，形成"中华文化圈"。这个文化圈以中国为核心，主要包括日本、朝鲜、韩国、越南等国。虽然早在春秋战国时期，汉字已经传入朝鲜半岛及日本列岛，儒学在魏晋南北朝时期，也在东亚各国流行，但"中华文化圈"的正式确立，是在李唐王朝。其原因：一方面大唐帝国臻于极盛、文化成果丰硕璀璨，占据高势地位；另一方面，周边各国的文化特质要素、功能效用等，与中华文化具有明显的相近及关联之处，双方形成良好的输出、接受的互动状态。在"中华文化圈"内，中国的汉字、儒教、法律、科技及中国化的佛教，构成共享的文化要素。例如，日本自贞观四年（630 年）派出第一批遣唐使为始，此后 200 余年共 18 次派团入唐。日本著名的"大化革新"（645年），是以"中华化"（大唐化）为目标的（其意义与近代模仿西洋的"明治维新"相当）；新政的各项政治制度，都是以唐制为蓝本。当时的日本，各级学校以儒家经典为教科书，佛教以中国为母国，历法沿用唐历，建筑按照唐朝式样；社会各界诵唐诗、赏唐乐、学唐画、行唐礼、着唐服、使用唐式餐具，唐世风气极为流行。日本文化对唐文化的学习，可谓全面而

---

① 后晋·刘昫《旧唐书·玄宗纪》第 35 页，上海古籍出版社，1986 年 12 月。

切实[①]，其影响至今仍然清晰可见。朝鲜半岛与唐帝国的文化交往，与日本相比犹有过之。先是半岛上的高句丽、百济、新罗各国，均选派留学生前往长安，入国学（国子监）学习中国文化；等到新罗统一朝鲜半岛之后，更是全面接受唐朝制度。新罗的中央及地方政府机构设置、学校教育科目和教材选用（儒学及儒家经典为主）、姓氏制度，以及服装饰物、民间节日等，无不全面照搬或明显借鉴唐朝。越南等南方与我国相邻国家，也在很多方面受到中国文化的深刻影响。这种影响，在相当程度上涉及东亚、东南亚的其他国家。

唐代文化的影响力，还表现为远播异域殊方。其中，最为重要的仍然是与西域的文化交流。自汉武帝时期打败匈奴、张骞出使西域之后，中西方通过"丝绸之路"进行着持续的交流。自东汉末年大动乱至魏晋时期，双方交流时断时续。东晋南渡之后，不仅南朝（宋齐梁陈）与西域完全隔绝，北方的政权有的维持时间较短（如前秦），更多的则是数个政权并存（西凉、北凉、南凉、北燕、南燕、后秦、魏、夏等），正常的中西方交往根本无法开展。隋朝统一中国，开始重新打通西域之路。李唐王朝建立之后，十分重视"丝绸之路"建设，为了确保前往西域的畅通无阻，唐太宗先后派大军击败控制西域地区的西突厥，并且在当地设置安西都护府、北庭都护府及若干羁縻州、府，为丝路的开通与管理，提供了可靠的保证。与此同时，唐朝政府在丝路沿线设置驿站，配置人员及马匹饮食等，为过往官员、客商提供便利。为了完善商贸交易管理，政府制定了一系列的相关律令并推行"过所"（证明文书）制度：通过关、戍，必须勘验执照及货物，并且收取一定数额的税金。由于唐朝政府推行了适宜的政策措施，从而保证了丝绸之路的畅通、实现了商贸经营的大繁荣，成为古代中西文化交流史上最为辉煌的时期。大量的中国商品，通过丝路进入中亚、欧洲等地。西域的大批客商经行丝路、云集长安，"大蒙之人，西方之国，与时盛衰，随世通塞。勿谓戎心，不怀我德。贞观开元，藁街充斥"[②]。不少胡商经营有方、获利颇丰，在长安买田宅、成婚配、生儿育女、长期居住。当时的长安，绝对称得上国际化大都市，政府负责招待宾客的鸿胪寺，曾经接待过 70 多个国家的外交使团。唐太宗李世民在接受外国使者拜见时，面对

---

① 参见：冯天瑜、何晓明、周积明《中华文化史》，第 626-628 页，上海人民出版社，1990 年 8 月。
② 后晋·刘昫《旧唐书·西戎传》第 640 页，上海古籍出版社，1986 年 12 月。

"百蛮奉遐赆，万国朝未央"①的情景，感到非常满意。居于长安的西域商人，还出资建造具有纪念性的建筑。据称武则天当政时，"造天枢于定鼎门，并番客胡商聚钱百万亿所成。其高九十尺，下以铁山为脚，铸铜为二麒麟，以镇四方。上有铜盘，径三丈，蛟龙人立，两足捧大火珠，望之如日初出。镌文于柱曰：大周万国述德天枢"②。这些描述虽然出自文学作品，但可以证明大唐帝国对世界各国的巨大吸引力，同时也是强大文化辐射力量的表现。这种吸引力、辐射力，既表现在唐朝的政治清明、经济繁荣、军事强大、制度健全等方面，也表现在文学创作的非凡成就方面。例如，大诗人白居易的诗歌，在日本、朝鲜乃至西域流传极广，以至"童子解吟长恨曲，胡儿能唱琵琶篇"③。可见，大唐时代的对外文化影响力，是多层面、全方位的。

（二）外来文化传入

在中国文化外传的同时，域外文化（主要是西方）也不断传入中国。这些文化包括物质文化中的生活物用，精神文化方面的思想观念，以及西方完成工业革命之后输出的科学技术。

有关生活物用的引进，在中外文化交流中最为便利且种类繁多。西域盛产马匹，自汉代引入乌孙西极马、大宛汗血马，陆续又有波斯马、吐蕃马、吐谷浑草马等优良马种进入中国。这些马种的输入，对于内地马匹品种的改良优化，满足军队及民间骑乘之用，发挥了重要作用。动物毛皮，也是西域各地盛产之物。汉唐时期，不但大量输入牛、羊、貂皮，还有许多毛织品进入内地。相比于其他各国，大秦国织成的"氍毹（毡毯）、毾㲪（坐垫）、罽（毛织品）帐之属，其色又鲜于海东诸国所作也"④。皮革及毛制品的进入，增强了北方地区人们御寒的能力，而珍贵的皮毛制品（如貂皮大衣）则成为达官贵人和巨商富贾的专属。汉代由西域传入的棉花，后世逐渐推广，成为中国主要的制衣原料。域外传入的食物种类极多，大宛的蒲陶（葡萄）、胡麻（芝麻）、胡饼，波斯的核桃、石榴、胡豆、胡椒、胡萝卜，西亚（埃及一带）胡瓜，阿拉伯的椰枣、安息香，印度的红兰花、

---

① 唐·李世民《正日临朝》：清·彭定求《全唐诗》第3页，中华书局，1960年4月。

② 宋·李昉《太平广记》第1815页，中华书局，1961年9月。

③ 唐·李忱《吊白居易》：清·彭定求《全唐诗》第49页，中华书局，1960年4月。

④ 唐·杜佑《通典·大秦》第2744页，岳麓书社，1995年11月。

乳香、苏合香、金颜香等，人们因此得以品尝新的食品。至于较晚（明代）传入中国的玉米、红薯、花生（原产于美洲），更是极大地改变了国人的粮食结构，甚至直接影响人口增长及社会发展状况。随着丝绸之路的开通，西域商人带来的珊瑚、琥珀、玫瑰、宝石、明珠等珍宝，是权贵之家非常喜爱的饰品。

对于外来的各种物品，国内对其品性特征进行了深入研究认知。例如，"胡椒出摩伽陀国，呼为昧履支。其苗蔓生，茎极柔弱。叶长寸半，有细条，与叶齐。条上结子，两两相对。其叶晨开暮合，合则裹其子于叶中。子形似汉椒，至芳辣，六月采。今作胡盘肉食，皆用之。"[1]有的则在掌握要领基础之上，进行适度的改良，如钠钙玻璃的制造方法，在晋代已被国内工匠掌握："外国作水精碗，实是合五种灰以作之，今交广多有得其法而铸作之者。"[2]到了唐代，已经出现玻璃制作的灯罩、串珠、佩饰等，标志着中国玻璃工艺技术水平的进一步提高。西域的音乐，如龟兹乐、天竺乐、疏勒乐、安国乐等，于唐世大量传入，与之相应的舞蹈及适配乐器也随之而来，在长安及其他地区影响很大。唐诗中对此多有描绘，如张说《苏摩遮》，记述了向皇帝献艺的西域歌舞："摩遮本出海西胡，琉璃宝服紫髯胡。闻道皇恩遍宇宙，来时歌舞助欢娱。"[3]白居易《胡旋女》，描写擅长"胡旋舞"的康居国女子的优美舞姿，她们"心应弦，手应鼓。弦鼓一声双袖举，回雪飘摇转蓬舞。左旋右转不知疲，千匝万周无已时"[4]。贺朝《赠酒店胡姬》，记录欣赏酒店驻唱胡姬的情景："胡姬春酒店，弦管夜锵锵。红毯铺新月，貂裘坐薄霜。玉盘初鲙鲤，金鼎正烹羊。上客无劳散，听歌乐世娘。"[5]在保存大量唐代小说的《太平广记》之中，出现许多"胡人、胡商、胡贾、胡客、胡僧、胡儿、胡女、胡妇"等人物形象，"胡饼、胡帽、胡服、胡靴、胡床、胡琴、胡笳、胡椒、胡粉、胡桃"等器物，"胡家、胡语、胡法（佛法）、胡神（佛祖）、胡兵、胡贼、胡店、胡书、胡钱"等称谓，以及"西域、月支、波斯、突厥、天竺、高昌国、于阗国"等地名国名。由此可知，以西域为主的外来文化在中国流行的情形。

---

① 宋·李昉《太平广记》第 3372 页，中华书局，1961 年 9 月。
② 晋·葛洪《抱朴子·论仙》第 7 页，上海书店，1986 年 7 月。
③ 唐·张说《苏摩遮》（五首其一），清·彭定求《全唐诗》第 415 页，中华书局，1960 年 4 月。
④ 唐·白居易《胡旋女》：《白居易集》第 45 页，岳麓书社，1992 年 7 月。
⑤ 唐·贺朝《赠酒店胡姬》：清·彭定求《全唐诗》第 1181 页，中华书局，1960 年 4 月。

中国古代由域外进入的思想理念，主要是宗教。经由丝绸之路传入中国的宗教，包括佛教、伊斯兰教、景教、祆教、犹太教等。

对中国社会文化影响最大的是佛教。佛教的创始人悉达多·乔达摩（前565—前485），原本是伽毗罗卫城（今尼泊尔境内）的净饭王之子，弃家出走而创立佛教，后来被佛徒尊称为释迦牟尼（先知先觉的圣人）。佛教兴盛于印度孔雀王朝阿育王统治时期（公元前3世纪），然后向西域等地传播。张骞连通西域之后，开始有佛教信息传入。永平十年（公元67年），东汉明帝派蔡愔西行寻求佛法，从大月氏请来天竺僧人竺法兰等人。据称他们以白马驮着佛经到达洛阳，受到皇帝礼遇并为其造寺居住（白马寺）。此后经过魏晋南北朝的大力译经建寺，直至唐代实现佛教本土化，佛教广泛影响到中国社会的各个方面。

伊斯兰教于公元7世纪在阿拉伯半岛形成，创始人是出生于麦地（今属沙特阿拉伯）的穆罕默德（约570—632）。伊斯兰教起初流行于阿拉伯地区，其信奉者被称为穆斯林。随着阿拉伯人持续的军事扩张，伊斯兰教迅速在西亚、中亚、南亚、北非地区传播，在公元8世纪已经成为世界性宗教。在中国，伊斯兰教旧称"大食法、大食教、天方教、清真教、回回教、回教"等。其传入的时间，有"隋开皇年间""唐贞观初年""唐永徽二年""公元8世纪初年"等多种说法，但可以确定在唐代已经进入中国。据史籍记载，自唐高宗永徽二年（651年）至唐德宗贞元十四年（798年），大食（阿拉伯帝国）遣使来唐达39次。在平定"安史之乱"过程中，唐王朝曾向信奉伊斯兰教的西域各国借兵，此后伊斯兰教徒被允许在内地落籍居住。五代时期，我国西北边疆地区开始伊斯兰化，天山南北的一些民族，逐步改信伊斯兰教。随着元帝国对欧亚大陆的征服占领，使得中国西部、北部边界处于开放状态，阿拉伯及中亚地区的穆斯林大量迁入这里的城市乡村，成为中国社会的组成部分。

相比于佛教和伊斯兰教，祆教、景教、摩尼教、犹太教在中国的存在感及影响力要小得多。祆教（琐罗亚斯德教、火祆教）的创立者，是波斯人琐罗亚斯德（公元前6世纪在世）。它以善、恶二神斗争为主旨，号召人们在善神的引领之下，与恶神进行斗争。景教，即基督教聂斯脱利（里）派，由担任东罗马帝国君士坦丁堡牧首的叙利亚人聂斯脱利创立（428—431年间）。该教派主张基督有神、人"二性二位"，属于从希腊正教（东正教）分裂出来、被正统基督教派判定为"异端"的基督教教派。由于无法在东罗马帝国立足，其骨干分子逃至波斯，成为独立教派。摩尼教，又称明教、明尊教、二尊教、末尼教、牟尼教等，形成于公元 3 世纪中叶，由波斯人摩尼（216—274？）创立。这一教派吸收了祆教、基督教、佛教等宗教的思想理念，执持的核心教义为"二宗三义"："光明"与"黑暗"是相互对立的"二宗"，需要经过"初际、中际、后际"三个阶段，光明便可战胜黑暗。摩尼教起初被视为宗教异端而遭到排斥，摩尼本人也被波斯王处死，但此后仍在中亚及地中海一带传播开来。上述祆教、景教、摩尼教，因为主要流行于波斯地区，故称作"波斯三教"。它们传入中国的时间虽有所不同（祆教在南北朝时已有所流传，景教和摩尼教在唐太宗至武则天当政期间），但在唐代皆得到发展甚至兴盛一时（如景教在高宗至肃宗期间）。到了会昌五年（845 年），唐武宗实施大规模"灭佛"行动，佛教受到严重打击，祆教、景教、摩尼教等也被严厉禁止，此后走向衰落与灭亡（祆教绝于宋代，景教在元代曾有所恢复，摩尼教唐代之后在民间有所流传）。至于希伯来人创立的犹太教，由唐代来华经商的犹太人引入，宋代得到一定的发展，并且在汴京（今河南省开封市）建造了犹太教寺（堂）。在后来的时日，中国境内的犹太人逐渐汉化，失去了作为宗教派别的特征。[①]另外，在鸦片战争之后，以基督教（天主教）为代表的西方宗教在中国的传播，是以其坚船利炮为强大支撑的，并不属于正常的文化交流，在此不予详述。

　　西方科学技术向中国的输出，在明代后期已经展开，承担这一任务的是西方来华的传教士。传教士翻译出版了不少相关书籍，从万历（1573—1620 年）到明末崇祯（1628—1644 年）年间，先后印制了意大利人熊三拨（Sabbathino de Ursis）介绍西方制药技术的《药露说》、介绍西方农田水利技术的《泰西水法》，瑞士人邓玉函（Jean Teyyenz）系统讲解工程机械的著作《远西奇器图说录》、人体解剖著作《泰西人身概说》，意大利人艾儒略（Julio Aleni）介绍世界五大洲基本状况的《职方外纪》（附有《万国全图》），意大利人利玛窦与徐光启合作翻译的《几何读本》等著作。这些著作及作者（译者），对于西方科学文化的传入，具有开创之功。

　　清朝入主中原之后，全面继承了以汉族为主体的内地文化，同时也对西方文化保持着一定的开放政策。其中，热心中西文化交流的康熙皇帝，在推动西方科技文化输入方面，发挥了特殊重要的作用。康熙皇帝对数学

---

① 参见：关立勋《中国文化杂说》（中外交流卷）第 47-48 页，北京燕山出版社，1997 年 4 月。

情有独钟，南怀仁、和安多、徐日升、白晋等传教士，都曾给他讲授过关于数学方面的课程。他专门研究过当时西方流行的《几何原本》《理论与实用几何》等数学著作，并且亲自主持编写了一套数学著作《数理精蕴》，供算学馆中的八旗子弟学习数学之用。他在宫中摆放着大量用于数学计算的工具，如手摇计算器、分厘尺、半圆仪、比例规及各种几何模型。同时，他还下令将西方科技用于国家政务。例如，由传教士南怀仁负责督造大炮，撰写刊行《神威图说》；接受利用西法推算的《时宪历》，实行传教士以此为基础形成的《康熙永年历法》；利用西方传教士的测绘技术，完成具有世界一流水平的中国地图《皇舆图》，等等[①]。可惜，康熙皇帝这种对西方科技应用的做法，在其接任的子孙中并未得以继续发扬，反而一味满足于天朝上国的盲目自信自闭之中（以乾隆皇帝为甚）。直至鸦片战争爆发之后，中国面临着亡国灭种的严峻形势，"师夷人之长技"成为当时有识之士的共识。大规模地选派出洋留学生、开办新式学校学习西方科学技术、引进设备建造工厂等举措，推动古老的中国开眼望世界、学先进。沿袭数千年的农业文明，开始了向工业文明迈进的征程。

三、中外文化交流的主要启示

中国文化与域外文化的交流，是一个延续数千年的漫长过程。其中有华夏文明近传远播的高光时期，也有双方交流的阻滞或断绝阶段，甚至出现外来文化占据中原或大幅度超越中国文化之局势。回顾历史，可以通过中国文化在对外交流中的种种经历，获得一些体会与启示。

（一）坚持固本护体原则

不同文化之间交流的主要目的，是学习借鉴异质文化的优长、增进自身文化的生命活力。如果未能深刻体认而满足于样貌的模仿，就会形成"东施效颦""邯郸学步"之状；如果完全放弃自身文化，则属文化投降主义行径，其后果是民族文化的灭亡。因此，在与外来文化交流之时，必须坚持守本护体的原则。

[①] 参见：关立勋《中国文化杂说》（中外交流卷）第428-429页，北京燕山出版社，1997年4月。

中国文化是原生性的大陆型农业文化。原生文化，是在自己的土地上孕育生成、发展壮大的文化形态，不同于受到强大文化影响而成的次生文化（如东亚地区"中华文化圈"诸国）；大陆文化，具有保守性、内敛性与崇尚和平安宁心理，不同于海洋文化的开放性、向外性和冒险精神；农业文化，要求安守土地、辛勤劳作、注重实际，既不同于游牧文化的居无定所、逐水草而行，也不同于商业文化的漂泊不定、唯利是图。基于这些特征，中国自古将农业作为立国之本，形成与之相适应的中央集权的国家体制、以血缘为依据的宗法伦理体系、以修身为要旨的个人道德完善标准、以中庸和谐为追求的社会关系准则、以弃虚务实为重点的现实生活原则、以崇尚团结统一为标志的社会心理。凡此种种的自有文化特征，是经过长期累积、验证而逐步形成的。它们既是上层统治集团意志的反映，也得到身为社会中坚力量的知识阶层支持与认同，更是普遍体现在社会大众的日常生活之中（如各种节日，多与传统文化密切相关）。这些传统，在整体上适应中国古代社会的实际，迄今仍有相当的生命力与参考价值，应当视为宝贵的文化财富。

在中国文化与异质文化的交流历程中，曾经表现出极为突出的柔韧性与包容性，从而保持了中国文化的血脉且变得更为强健壮大。即使在清朝后期受到西方工业文明空前严峻挑战的情况之下，仍然有一批头脑清醒的有识之士，对中国传统文化保持着较为客观公正的体认。他们一方面反对携洋自重的"全盘欧化派"（要求废除汉字、否定传统道德观念及社会习俗、推行欧风欧俗）；另一方面明显区别于冥顽不化的"全面守旧派"，而是主张保存"国粹"（取精华而去糟粕）、在对外文化交流中坚持"中学为体"的理念。持平而论，这种维护民族文化主旨要义的主张，是应当加以肯定的。因为，自己的文化传统是无法割断的，对待外来文化，只能在本民族传统基础上适度嫁接吸收。中国是传统积淀极其深厚、文化历史特别悠久、疆域领土非常辽阔、居住人口密集众多的泱泱大国。如果我们故步自封、拒绝学习借鉴其他文化的优点，当然不可取法；如果全盘否定自我文化传统、全面照搬其他社会文化，也是根本无法实现的，并且会造成灾难性的严重后果。因此，对自己的传统文化"去粗存精"、对外来的文化"取长补短"，乃是唯一正确的做法。这也是被我国前代先辈们所证明，并且正在被当代中国快速发展之社会文化证明着的事实。

（二）采用适宜交流方式

不同文化之间的交流，采用的方式各不相同。人们通常认为，西方文化倡导基督教的"普世主义"，属于具有明显扩张性的外向型文化，表现较为主动张扬；中国文化主张儒家的"道德感化"，更多体现为内向型文化，通常较为谦退内敛。事实上在对外交流的具体过程中，展示出的风貌及方式是多种多样的。

文化交流的基本方式，包括官方会见、民间交往、商业贸易、宗教传布、发动战争等。汉代张骞接受汉武帝指令出使西域，日本、朝鲜等国家多次派出"遣唐"使团，都属于国家层面、通过外交途径的文化交流。商业贸易的交流，是不同国家民族之间最为常用的交流方式，起初大多是以民间、边贸的形式出现，如果双方互补性强、需求旺盛，就会扩大到国家社会的层面。由"丝绸之路"到达西域及欧洲的中国丝绸、瓷器等物品，受到当地王公贵族及社会各界人士的欢迎；由西域进入的马匹、珠宝等，得到汉唐朝野的青睐，都是商贸交流的结果。宗教传布，在古代主要表现为西方宗教进入中国，其中能够融入中国传统文化的是佛教，伊斯兰教主要流行于少数民族区域，基督教的真正进入是在清朝晚期之后（唐代盛行一时的景教，并非正宗的基督教）。战争是文化交流的极端方式，其后果则各不相同，有的被彻底消灭（如古埃及文化被阿拉伯文化取代），有的残留些许余脉而无望重新振作（如美洲的玛雅文化），也有历经磨难而屹立不倒者（最典型的是中国传统文化）。

从文化交流双方（或多方）的态势来看，大致包括主动型、被动型及平等型三种模式。主动型的文化交流，可以分成两种情况：一种是处于"高势"的文化向外输出推广（如欧洲基督教文化），一种是处于"低势"的文化主动向"高势"文化学习吸收（如日本向大唐派出"遣唐使"）。被动型的交流，大都是受到"高势"文化压迫的结果，其因或是自身体量过于弱小（大国周边的小部族或国家），或是在文化上处于明显弱势（如西方工业文明打压中国农业文明）。平等型的交流，属于不附加条件、互通有无的交流，在双方势均力敌或路途遥远的情况下（如古代中国与欧洲、印度），普遍采用这种交流方式。

在文化交流中，各方应当坚持平等友好、互惠互利的根本原则。只有这样，文化交流才是良性的、有益的和持久的。与此同时，参与文化交流必须具备实力，包括现有的政治、经济或军事实力，以及蕴藏的未来社会文化发展潜力。如果没有足以支撑自己的实力，在交流过程中只能任人宰割，甚至导致自身文化的消亡。此外，无论自身处于强势或弱势，站在全局角度审时度势、精细分析，采用最为适宜的方式进行交流，对于维护及增强自身文化的影响力，都是大有好处的。

（三）具备与时俱进意识

在中国传统文化中，很早就形成了与时俱进的思想意识。《易经》有"损益盈虚，与时偕行"的说法①，意在说明：为了取得平衡中和的效果，可以采用减损、增益、充盈、虚化的方式，但都必须以符合现实条件为前提。韩非子以法家的身份、从治国方略角度，反复强调必须"不期修古，不法常可，论世之事，因为之备"、不可"守株待兔"的道理②。汉代的刘向，将其表述为"世异则事变，时移则俗易。故圣人论世而立法，随时而举事"③。可见在中国古代，与时俱进的思想是深入人心的。

回望中国古代社会文化的发展历程，基本上是将与时俱进落到了实处。从史前文化时期的采集狩猎转变为农耕生活方式，从原始社会、奴隶社会过渡到封建社会，中华民族都走在了世界各民族的前列。进入文明时代的封建社会时期，中国确立了以儒家思想为主的精神文化统领、建立了完备的制度文化体系、取得了举世瞩目的物质文化成果。在中国历史上，虽然经历多次改朝换代甚至异族入主中原，但是处于封建时代"高势"文化的中华（中原）文化地位未变，而且随着现实有所增益改新（如孔子之后的孟子、荀子、董仲舒、朱熹、王阳明等人，都对儒家思想有新的体认与解读）。凡是逆时代潮流而动者，都难免失败的下场（如王莽复古、袁世凯称帝）。不过，曾经有过的辉煌，也会助长保守自大心理、陷入故步自封的境地。许多人满足于农业文明的安乐窝中，言必称汉唐、自命为天朝上国，就是这种心理的反映。因此，当欧洲发动资产阶级革命、制造机器进行大规模生产、远航世界各地占领殖民地时，明朝的皇帝还在炼丹求药、醉生梦死，后继的清王朝固守成规、自我封闭、自高自大，进一步拉大了与西方的差距，形成农业文明与工业文明的"代差"。于是，面对来自海上的坚

---

① 唐明邦《周易评注》第125页，中华书局，2009年5月。
②《韩非子·五蠹》：清·王先慎《韩非子集解》第339页，上海书店，1986年7月。
③ 汉·刘安《淮南子·齐俗训》：汉·高诱注《淮南子注》第178页，上海书店，1986年7月。

船利炮，没有丝毫的还手之力、应对之方，不仅自己的王朝覆灭，并且几乎造成中华文化的消亡。

惨痛的历史（尤其百年以来中华民族遭受外敌入侵的屈辱史）告诉我们：落后就要挨打。从宏观上讲，这种落后就是文化的落后，包括思想观念、社会制度及科学技术等领域。因此，无论任何时候，都必须保持清醒的头脑，准确把握现实社会的脉搏、预测未来的走向，保证自己始终站在时代的前沿、走在世界的前列。欲达此目的，必须始终坚持放眼观察世界大局、具备危机忧患意识、真正解放思想、积极开拓进取，在继承优良传统、契合现实条件基础上，永葆中华民族的青春活力、实现社会文化的持续健康发展。

（四）实现和睦友好目标

进行文化交流，必定设有希望达成的目标；这种目标的实现，必然是有利于自己的。在文化交流过程中，如此设定与达成自己的目标，是无可厚非的。但是，设定怎样的目标、采用什么方式实现目标，则是需要认真思考的。

在中国传统文化之中，儒家的代表人物孔子和孟子，大力提倡"以德服人"。对于远域外邦，主张依靠道德感化，使对方真正心悦诚服。墨子主张兼爱互利："昔者文王封于歧周，绝长继短，方地百里，与其百姓兼相爱，交相利则，是以近者安其政，远者归其德。闻文王者，皆起而趋之；罢不肖、股肱不利者，处而愿之，曰：'奈何乎使文王之地及我，吾则吾利，岂不亦犹文王之民也哉！'是以天鬼富之，诸侯与之，百姓亲之，贤士归之。未殁其世而王天下，政诸侯。"[1]儒、墨两家的上述理论，在很大程度上表现出中国传统文化的核心理念和交流原则。正是遵循这种道德感化、仁爱至上的原则，使得起于中原地区的中华文明向四面八方扩展、与周边地区融为一体，共同构成地域辽阔、人口众多的中华民族。由于秉持"道德仁义"的理念，即便在中国极为强盛的时期（如汉与唐朝），中国也很少依靠武力和强权欺凌周边弱小国家，而是以绥靖怀柔的政策与之进行交流合作。这些国家则是满怀崇敬地学习中国文化、提升自己的整体文化水平。这样的交流方式，保证了中国与周边国家长期的和平与安宁。

---

[1]《墨子·非命上》：清·孙诒让《墨子间诂》第166页，上海书店，1986年7月。

　　反观西方文化，其主要特征表现为：个人至上、向外扩张、唯我为是（基督教称信奉其他信仰者为"异教徒"）、推崇弱肉强食的"丛林法则"。因此国家与国家之间、宗教与宗教之间、宗教内部各派之间（基督教中的天主教与东正教、伊斯兰教中的逊尼派与什叶派）不断产生矛盾甚至诉诸战争。特别是西方率先掌握机器制造技术、进入工业文明阶段之后，更是信心满满、欲壑难平，在带来工业化成果的同时，制造了许多社会文化灾难。梁漱溟先生曾经指出：西洋人"总是改造外面的环境以求满足，求诸外而不求诸内，求诸人而不求诸己，对着自然界就改造自然界，对着社会就改造社会。于是征服了自然，战胜了威权，器物也日新，制度也日新，改造又改造，日新又日新，改造到这社会大改造一步，理想的世界出现，这条路便走到了尽头了！……人类渐渐不能承受这态度，随着经济改正而改造得的社会，不能不从物的一致而进为心的和同——总要人与人间有真妥洽才行。又以前人类似可说在物质不满足时代，以后似可说转入精神不安宁时代；物质不足必求之于外，精神不宁必求之于己"①。梁先生此言，指出了西方文化的弊端，以及中国文化在纠正西方文化偏颇中的作用。

　　持平而论，以欧美为代表的西方文化，致力于个人自主自由、努力探索物质世界、引领科学技术的快速发展、改造人类现实生存环境等，值得予以肯定；而以中国为代表的东方文化，重视人与人、人与社会、人与自然和谐，强调中和平等的理念，则是实现不同国家民族之间、不同文化之间相互学习借鉴、和睦相处的正确方式。

---

① 梁漱溟《东西方文化及其哲学》第 171-172 页，商务印书馆，1999 年 7 月。

第七章

纪实录功　心智结晶：经史子集的辉赫业绩

中华文明之于世界四大原生文明，是唯一持续五千年而未曾断绝者，汉字的发明及应用、历代文献典籍的记录，从中发挥了不可替代的作用。现存最早的甲骨文虽然简略，却记录了商朝社会政治、军事、文化等多方面的丰富内容；此后随着春秋战国以降的文化下移、文字简化及书写印刷技术的提高，上至王朝政府、下及文士私门，有关国计民生、哲思理念、天象人事、物态情感等，无不诉诸文字、载于著述。中国作为重视传统、珍视文化成果的国度，不仅时时刻刻产生大量的文字材料，并且从官方到私人都十分注重收集保存前代的文献资料，进而将其精心编辑校订、出版发行。这些书籍文献历代累积，以巨额的数量、丰富的内容与类别，成为传统文化的重要组成和宝贵财富。

最早对书籍进行系统分类的是西汉刘向、刘歆父子。在他们所著《七略》中，将图书为"六艺略、诸子略、诗赋略、兵书略、数术略、方技略"六大类别（下属三十八小类），形成了图书分类的基本框架，被称为"六略法"。西晋秘书监荀勖，编纂《晋中经簿》，将书籍分为四部：甲部（六艺、小学）；乙部（诸子、兵书、数术）；丙部（史记、旧事、杂事）；丁部（诗赋、图赞、汲冢书）。唐朝初年官修的《隋书·经籍志》，对荀勖分类法进行调整，四部的名称改为"经、史、子、集"。这种"四部"分类得到广泛认同且付诸书籍编纂实践，其中最为著名者，莫过于清代《四库全书》。《四库全书》编纂于乾隆年间，是我国古代最大的一部官修丛书。此书按类别划分的经、史、子、集"四部"，可视为"经学（儒学）、史学、子学、文学"四大领域。在此即以之为参照，以"儒经、史传、诸子、文集"为标目，从学术思想理念角度，对古代经典的成就予以简要述说。

一、儒经：占据思想正统位置

通常所说"四部"中的"经部"典籍，是指儒家学派所属的文献。与之相应，"经学"是指对儒家学说进行修习与研究。儒家经典，占据着中国思想文化的正统与主导位置。

（一）儒学与经学的创立发展

1. 儒学的创立

儒学，指儒家学说。儒家学说的首倡者及儒家学派的创始人是孔子，他也是古代最为著名的大儒。但是，以"儒"为业的儒家，并非起于孔子。按照《汉书·艺文志》的意见，儒家"出于司徒之官"。"司徒"作为官职，相传最早设置于少昊（黄帝的长子）时代，尧、舜时期继续沿用。到了周朝，设有地官大司徒之职，是朝中六卿之一，其职责是掌管国家的土地和人民教化。教化人民，当然不能仅仅依靠司徒一人，需要一批具有专门知识技艺（天文地理、阴阳变化等）的人士，用来协助进行文德教化。因此，在周朝至汉代，人们将那些具有专门知识、技艺的人称为"儒者"。由司徒统领的儒者群体，在西周时期是专门服务于上流社会（君主贵族）的职业集团。到了春秋晚期，随着周天子统治力的弱化，社会出现全方位的大动荡、大变化。在诸侯征战、土地私有化的形势下，一部分贵族地位下降；另有一部分平民凭借实力提升了身份地位，构成以知识立足的新型"士"阶层。鲁国是周公的封国，本来就注重文化礼仪的教育与应用，再加上鲁国相对安定、经济发展较好（推行"初税亩"），从而为儒家学派的创立奠定了基础。

孔子的出现，标志着儒家学派的正式形成。孔子是知识渊博的学问家和笃实的道德实践者，他首开私学，"弟子三千"，曾担任鲁国的大司寇，后来带领部分弟子周游列国10余年。晚年着力修订"六经"（《诗》《书》《礼》《易》《乐》《春秋》），对文献的保存与传播，发挥了重要作用。身为儒家学派的创立者，孔子构建了较为完备的儒家思想体系：孔子的思想核心是"仁"，在此基础上构建了以"仁"为德性（爱人）、以"礼"为德行（社会规范）的道德思想体系；在治国理念上，孔子主张"为政以德"、实行"德治"（礼治），亦即利用道德感化及礼仪规范治理国家、管理万民；孔子是伟大的教育家，"学以致道""温故知新""举一反三"等教学思想，以及"因材施教"、注重"启发"的教学方法，都是由其提出或亲自践行的；他提出"见利思义""义然后取"的观点，提醒人们在谋求物质利益时，应当以符合社会规范为前提，表现出"重义轻利"的经济思想理念；他主张做人要"文质彬彬"、文艺创作达到"尽美尽善"的程度，这种"美"与"善"统一、形式与内容的统一，是孔子美学思想的主要观点。孔子的这些思想观点，成为儒家学派的思想源泉与理论基础；孔子其人，则以开山祖师的身份，标志着儒家学派的形成。经过数十年办学授徒、奔走列国的弘扬传播，孔子创立的儒学成为当时的"显学"，并且在其身后得到发扬光大："自孔子之死也，有子张之儒，有子思之儒，有颜氏之儒，有孟氏之儒，有漆雕氏之儒，有仲良氏之儒，有孙氏之儒，有乐正氏之儒。"[1]其中，由孔子弟子曾参传至子思（孔子嫡孙孔伋）、子思的门人再传至孟子的"思孟学派"，被公认为承接孔子思想的正统。

孟子生活于战国中期，是孔子之后儒家学派最重要的代表人物。他将孔子的德治思想发展为仁政学说，强调坚持与维护道义的重要性；反对不义战争和横征暴敛，希望统治者实行"仁政""王道"，推崇以德服人；要求君王与民众同忧共乐，指出人民乃天下国家之根本。他一方面区分了统治者"治人"、被统治者"治于人"的不同地位关系；同时又具有鲜明的民本思想，将"民"置于比"社稷"及君王更为尊贵的地位。孟子强调道德修养是政治的根本，制定了"仁、义、礼、智"的道德规范。为论证这些道德规范的起源，又提出"性善"之说，认为人性本原于善。孟子强调君子人格及社会责任感，设定"独善其身"与"兼善天下"的士子人生范式。比之孔子，孟子更加强调君王推行仁政、以民为本的重要性，在宣扬这一理念过程中，他始终展现着身为帝王之师的"士人"风采。

到了战国后期，荀子在继承孔子的伦理思想基础上，吸收各家学说之长，提出以"性恶"为基础、以"礼法"为核心、以"化性"为手段的伦理学说。荀子学说的要旨在于"礼"，其目的是"正身"。为达此目的，又衍生出区分等级、令人不争的"礼义"，以及协调相互关系的"礼乐"。荀子之所以制定这样的道德伦理规范，盖源于"人之性恶"；性恶的表现是好

---

[1]《韩非子·显学》：清·王先慎《韩非子集解》第351页，上海书店，1986年7月。

利、争夺、残贼、暴乱，因此必须以礼义予以治理；对于人"性恶"的状况，认为只有经过后天教育、环境影响及本人刻苦努力，才可能得以改变。荀子政治思想的突出特征是以礼容法，特别强调"贵贱有等，长幼有差，贫富轻重皆有称"①的道德规范。他所提倡的礼义，已经具备了法律之功能，从中不难看出与韩非之间的学理渊源。此外，荀子反对迷信天命，认为"天行有常"，须当遵循规律、正确应对，表现出唯物主义的立场与精神。

孟子与荀子同宗孔子，双方主张相同之处颇多，亦有分歧。其异点主要表现在：性善与性恶、仁义与礼义、主情与主智三个层面。由孔子的"仁"、孟子的"义"到荀子的"礼"，显示出先秦儒家学派发展演化的基本轨迹。自此之后，"至圣"孔子、"亚圣"孟子及"后圣"荀子，成为儒家学派的代表，其中孔、孟的影响最为巨大。

2. 经学流派的形成与发展

研究以孔子学说为标志的经学流派，在先秦时期已然形成，上文述及《韩非子》所云"子张之儒""子思之儒"等"儒学八派"便是。从事经学研究，需要依据儒家学派的经典，这些经典包括孔子整理的"六经"、孔子弟子及再传弟子记录其思想言行的《论语》等文献。如果将孔子整理"六经"，作为经学研究的起始；将孔子身后的"儒学八派"及孟子、荀子等，作为经学研究的延续；而真正将儒家学说置于社会思想的正统位置，进行官方主持的大规模、系统性修习与研究，是从西汉武帝时期开始的。

经学在汉武帝时期兴起，与当时社会对文化需求、儒学自身条件及政治统治的选择密切相关。秦始皇统一中国，曾经实行"焚书坑儒"之策，再加上秦末社会大动荡的冲击，文化事业遭受到毁灭性打击；刘邦统一天下之后，经过数十年的涵养，文化事业有所恢复、社会对文化的需求快速增长。儒学在孔子时代已成为"显学"，孔子死后的儒家分为八派，又有孟子、荀子等领军人物，其声势丝毫未减；嬴秦虽然坑杀儒生数百人，但无法将儒生赶尽杀绝，入汉之后很快重获新生。儒学自身不仅具有鲜明的政治、伦理思想观点，而且承担着一般的文化教育、官方及民间各种礼仪活动之职能，与现实社会形成极为广泛而紧密的联系，从而具备其他任何学派难以企及的文化影响力②。西汉立国至文帝、景帝时代，大体上采用"黄

---

① 《荀子·礼论》：清·王先谦《荀子集解》第 231 页，上海书店，1986 年 7 月。

② 参见：商聚德《中国传统文化导论》第 251—252 页，河北大学出版社，1996 年 4 月。

老之术"治国理政，尽管对于缓解民病、休养生息发挥了一定作用，同时也在统治集团内部造成养虎为患、尾大不掉之弊，以至于景帝当政时发生"吴楚之乱"。在这样的背景下，汉武帝以其雄才大略，致力于强化中央集权、提升国力、安定天下，与其政治定位最为吻合的儒家学说，成为必然的选择。

汉武帝推行"罢黜百家，独尊儒术"政策，是儒学占据社会意识形态、学术思想主导地位的标志。这一政策的推行，出自董仲舒的建议。董仲舒应汉武帝要求，以"天人感应"之说为要旨，三次进呈对策（"天人三策"）。他提出"王者承天意以从事""天不变，道亦不变"的观点，认为"春秋大一统者，天地之常经、古今之通谊也。今师异道、人异论、百家殊方、指意不同，是以上无以持一统，法制数变；下不知所守"，希望"诸不在六艺之科、孔子之术者，皆绝其道，勿使并进；邪辟之说灭息，然后统纪可一，而法度可明，民知所从矣"①。武帝采纳了他的意见，"卓然罢黜百家，表章六经。遂畴咨海内，举其俊茂，与之立功；兴太学，修郊祀，改正朔，定历数，协音律，作诗乐，建封坛，礼百神，绍周后号令，文章焕焉。可述后嗣，得遵洪业，而有三代之风"②。在推尊儒术的同时，汉武帝设置五经博士为学官，用以教授弟子、传授儒家经学。因每位博士学问承接有自、各成一家，他们对儒家思想的理解与研究方法不同，形成"今文经"和"古文经"两大经学流派。

今文经学以董仲舒为代表，古文经学以刘歆为代表，两派之间存在诸多不同。关于对孔子身份的认定：今文经学以孔子为政治家、教育家，尊孔子为"素王"（拥有君王之德而未居其位的君王），"六经"乃致治之道、孔子政治思想之寄托；古文经学尊孔子为先师，视之为史学家。关于"六经"的来源及书写文字：今文经的文本，源自儒家学者记忆、背诵、师生接续口耳相传，是用汉代通行的隶书记录书写而成；古文经的文本，来自地下挖掘及孔壁中获取的古本③，是用古文字（篆文）书写的。关于经学的起始：今文经学认为，"六经"皆由孔子亲手删定，有孔子然后才有"六经"，经学自孔子为始；古文经学认为，"六经"属于古代史料，并非始于

---

① 汉·班固《汉书·董仲舒传》第235—237页，上海古籍出版社，1986年12月。
② 汉·班固《汉书·武帝纪》第22页，上海古籍出版社，1986年12月。
③ 汉代搜集的古文经，包括河间献王挖掘出的《周官》《礼经》，鲁恭王从孔子旧宅墙壁中发现的《礼记》《孝经》《尚书》《论语》等。

孔子。关于"六经"的排序：今文经学以"六经"为教育文本，按照内容的浅深排列，《诗》《书》《礼》《乐》属普通且较易理解的课程，因此排在前面，而《易》和《春秋》是孔子的哲学、政治学的思想所在，学习难度很大，所以排在后面；古文经学认为"六经"是史料，应按照产生的时代排序，《易经》位列第一（八卦是伏羲所作）、《尚书》第二（篇中最早的《尧典》，晚于伏羲之时）、《诗经》第三（最早的《商颂》，较《尧典》又晚）、《礼》与《乐》位列第四和第五（二者皆为周公所作，晚于商代）、《春秋》排序最后（此著为鲁国国史且经过孔子整理，时代最近）。关于学理统系：今文经学以《春秋公羊传》为主，重在对《春秋》"微言大义"的阐发；古文经学以《周礼》为主，重在对典章制度的疏解[1]。基于上述歧见，两派之间的矛盾斗争接连不断。但是，由于今文经学主张"天人合一"（天人感应、君权神授）的宇宙观、"大一统"（中央集权）的政治观、"三纲五常"的伦理观，显然对封建王朝的统治更加有利，自武帝至西汉末年，今文经学一直居于统治地位。进入东汉，长期藏于秘府及流传民间的古文经，逐渐受到重视、取得一定社会地位。东汉中后期，马融、郑玄等出身古文经的学者，注重引入今文经的优长，大大消弭了双方的争斗。尤其是郑玄，在博采今、古文经学说基础上，精心注疏的《周易》《毛诗》《礼记》《论语》诸经，具有"括囊大典，网罗众家，删裁繁诬，刊改漏失"[2]之特征，引导经学向着融合方向发展。

曹魏代汉之后，郑玄融合各家的治学方法得到普遍认同，使得"郑学"在魏晋时期大行其道。与此同时，兼通今、古文经学的王肃（马融的学生）也为《尚书》《诗经》《论语》等经典作注释，并且刻意与郑玄的注释相左。为了贬低郑玄，他甚至伪造了《孔子家语》《孔丛子》两部作品。王肃在曹魏时期拥有一定政治影响力（曾任光禄勋等职）、学术水准亦大大高于常人，因而曾在一定时段压倒了"郑学"。更为重要的是，王肃这种不拘门户、广征博引的做法，为人们研究经学提供了借鉴。稍晚于王肃的何晏（《论语集解》）、王弼（《论语释例》）引入道家思想而形成的"玄学"，很大程度上就是受到王肃的影响。总体而言，魏晋南北朝是经学转型时期，主要是儒学与道家的结合。事实上，"儒、道二家哲学之说，本无大异同。自《易》之

---

① 参见：何耿镛《经学概说》第37-43页，湖北人民出版社，1984年1月。
② 南朝宋·范晔《后汉书·郑玄传》第150页，上海古籍出版社，1986年12月。

大义亡，而儒家之哲学，不可得见。魏、晋以后，神仙家又窃儒、道二家公有之说，而自附于道。于是儒家哲学之说，与道家相类者，儒家遂不敢自有，悉举而归诸道家；稍一援引，即指为援儒入道矣。其实九流之学，流异原同。凡今所指为道家言者，十九固儒家所有之义也。魏、晋间人谈玄者率以《易》《老》并称，即其一证"[1]。

　　自汉末至隋朝的 400 年间，与南北隔离及政权不断更迭的局势相伴，经学形成了南学、北学。"大抵南人约简，得其英华；北学深芜，穷其枝叶。"[2]为了解决此类因简约而失实、虽细致而琐屑的问题，将众说纷纭的经义归于统一，唐太宗诏命孔颖达（时任国子祭酒）撰定五经并疏解义旨，合称《五经正义》。孔颖达在选择底本时，《毛诗正义》用郑玄本、《尚书正义》用孔安国本、《周易正义》用王弼本、《春秋正义》用杜预本、《礼记正义》用郑玄本，体现出破除藩篱、择善而从的原则，但所取内容以古文经为多。《五经正义》于高宗永徽四年（653 年）正式颁行，由此结束了儒学派系的纷争，为修习儒家经典、参加科举考试等，提供了可靠的依据。到了唐文宗开成二年（837 年），朝廷应国子祭酒郑覃提议，将《易》、《书》、《诗》、"三礼"（《周礼》《仪礼》《礼记》）、"三传"（《左传》《公羊传》《谷梁传》）等"九经"的文字，雕刻于石并且树立在长安国子监，以备刊正经文、从学应考之用。这九部儒学经典，被称为"开成九经"或"开成石经"。唐代对经学的主要贡献，是利用重新编辑经典的方式，将芜杂多歧的儒学经义加以统一，以之作为明经取士的必备。同时，渴望进身入仕的士子学人，为了应考中试而固守《五经正义》之结论，也限制了经学的创新发展。

　　晚唐五代的大动荡，不仅打乱了政局民生，而且使社会心理、学术意识理念发生了极大的变化。这种意识理念的变化，明显地表现在宋仁宗当政之后。南宋著名诗人陆游曾就此感慨道："唐及国初，学者不敢议孔安国、郑康成，况圣人乎！自庆历后，诸儒发明经旨，非前人所及；然排《系辞》（欧阳修），毁《周礼》（欧阳修、苏轼、苏辙），疑《孟子》（李觏、司马光），讥《书》之《胤征》《顾命》（苏轼），黜《诗》之序（晁说之），不难于议经，况传注乎！"[3]怀疑或讥讽上述儒家经典的代表人物，包括欧阳修、苏

　　① 吕思勉《经子解题》第 178 页，上海文艺出版社，1999 年 1 月。

　　② 唐·魏徵《隋书·儒林传序》第 204 页，上海古籍出版社，1986 年 12 月。

　　③ 宋·王应麟《困学纪闻》（卷八）：《四库全书》第 854 册第 324 页，上海古籍出版社，1987 年 1 月。

轼、司马光、李觏等人。欧、苏等人解释经典，弃置汉唐经学家重视训诂义疏的学术传统、不拘泥于传笺注释，而是直接从经典文本中探求义理、按照自己的理解予以阐析。宋代学术具有的这种基本特征，被称为"宋学"。"其长处，在能廓清摧陷，一扫前人之障翳，而直凑单微。其短处，则妄以今人之意见，测度古人；据后世之情形，议论古事；遂至不合事实。"①宋代重视对儒家经典的研究，涌现出一批硕儒名师，如周敦颐、张载、程颐、朱熹等。他们研究儒学着力于"性命义理"（本自先秦"思孟学派"），因而被称为"理学"；又因宋儒以孔、孟道统的继承者自居，又被称为"道学"。理学家们因对"理"的体认不同，分为两个派别：一派是以周敦颐、程颐、朱熹为代表的客观唯心派（理学），致力阐释义理，兼谈性命，认定"理"就是"性"和"命"（天命），是先天地而存在的；这种"理"（天理）与人间的伦理关系（三纲五常）是相应的，因此要做到"存天理，灭人欲"（朱熹语）。另一派是以邵雍、陆九渊为代表的主观唯心派（心学），断言"心"是宇宙万物的根源与本体，只有"我"和我的理性（心）是真实的存在，因而主张"心即理"（包括合于规范的"事理"及表现爱憎的"情理"）。总之，宋代的理学，作为"宋学"的主体，堪称以儒家伦理思想为核心，糅合佛、道而成的新儒学。理学通过借鉴佛学，形成完整的思想体系，实现了儒学的新变及真正意义上的哲学化，对后世的影响是巨大的。

　　元明时期儒学代表人物，以明代王阳明（王守仁）最为著名。他不仅承认南宋陆九渊"心即理""心外无理"之说，而且进一步探索"心之本体"的问题。他以"良知"（先天具有的道德意识）为德性本体（道德自觉），以"致良知"为修养方法（向内自省），以"知行合一"为实践功夫（弘扬且践行善德），以"明德亲民"为政治应用（民本思想及人文精神）。他提出的"四句教"，即"无善无恶是心之体，有善有恶是意之动，知善知恶是良知，为善去恶是格物"②，堪称对"心学"理论的概括。王阳明在陆九渊之后加以发挥的"心学"理论，是承继孟子（性善：良知、良能）、折中朱陆（朱熹理学及陆九渊心学）、会通佛老（主要是禅宗"顿悟"）而成，体现出"和而不同"及"多元和谐"的精神。

　　清代是传统文化总结的时期，也是政治统治、思想钳制极为严厉的时

---

① 吕思勉《经子解题》第 3 页，上海文艺出版社，1999 年 1 月。

② 明·王守仁《王文成全书》（卷三四）：《四库全书》第 1266 册第 76 页，上海古籍出版社，1987 年 1 月。

期。虽然前有顾炎武、黄宗羲发端，中有惠栋、戴震为首的"乾嘉学派"扛鼎（古文经学），后有康有为收尾（今文经学），使经学研究取得相当之成绩（主要是古文经学）。但是，随着西学东渐的空前巨变，传统经学终于走向了尽头。

综上可知，儒学由孔子创立，经孟子、荀子接续充实；至汉武帝与政治紧密结合，占据"独尊"地位，标志"经学"的形成；魏晋时期与道家融会并以"玄学"面世；唐代对儒学经典重新整合阐析，成为科举取士的依据；宋儒将经学与佛学结合成为"理学"，使儒学进一步哲学化；明儒（王阳明）虽倡导"心学"，但特别重视"知行合一"，使经学与现实的结合愈益紧密；清代的经学，大略表现为"汉学"（古文经学）的回归。回顾整个经学发展历程，最为重要的是汉代"今文经学""古文经学"和宋代"理学"。著名经学史家周予同认为，三者的区别在于对孔子和《六经》的认识不同："今文学以孔子为政治家，以'六经'为孔子致治之说，所以偏重于'微言大义'，其特色为功利的，其流弊为狂妄。古文学以孔子为史学家，以'六经'为孔子整理古代史料之书，所以偏重于'名物训诂'，其特色为考证的，而其流弊为烦琐。宋学（理学为主）以孔子为哲学家，以'六经'为孔子载道之具，所以偏重于心性理气，其特色为玄想的，而其流弊为空疏。"[①]明乎此，可获知孔子在儒家学派之崇高地位、可掌握经学发展变化之大要。

（二）儒家学派核心经典释义

儒学的生成发展，经历了2000余年的历史，累积了数量众多的相关著作。其中，被《四库全书总目》著录的经部著作即达1700余部。不过，在众多儒学著作中，绝大多数属于后学对经典（或前辈著述）研究的成果，因而不能被称为经典著作。真正的经典应当是"原典"，亦即形成时间最早、完全属于本初状态、未经修饰阐释之思想学说的典籍。因此，儒家学派经典著作的范围与时限，以确定在先秦时期为宜。

自先秦为始，历代曾多次对儒家重要经典进行选择与推崇，最有代表性的包括："六经""五经""七经""九经""十二经""十三经"。"六经"，指《诗》《书》《礼》《易》《乐》《春秋》。"六经"之称最早见于《庄子》："孔子谓老聃曰：'丘治《诗》《书》《礼》《乐》《易》《春秋》六经，自以为

---

① 清·皮锡瑞著、周予同注释《经学历史》序言，第3页，中华书局，2004年7月。

久矣.’”①根据相关史料可以大致推定，孔子参与了编撰"六经"的工作。西汉时期，今文经学占据主导地位，该派经学家不承认《乐经》单独存在，而古文经学家则认为《乐经》已失传②。于是，原有的"六经"，变为《诗》《书》《礼》《易》《春秋》"五经"。到了东汉，基于最高统治者倡导"以孝治天下"之理念，在"五经"之后增加《孝经》《论语》，合称为"七经"。唐代将《礼》分为《周礼》《仪礼》《礼记》、将《春秋》分为《左传》《公羊传》《谷梁传》，与《诗》《书》《易》合称为"九经"；唐代后期又将《论语》《孝经》和《尔雅》加入，成为"十二经"。宋代理学家推崇《孟子》，将其置于"十二经"之内，成为"十三经"。至此，儒家最重要的经典得以汇集。对"十三经"进行校订注释的工作，代不乏人，其中以清代阮元主持校刻的《十三经注疏》质量最优，为研究儒学及传统文化提供了重要参照。

严格说来，上述所列儒学的经典（从最初"六经"至"十三经"），其实分属于传统"四部"（经史子集）的不同类别。例如，《春秋》及其"三传"（《左传》《公羊传》《谷梁传》）应归"史部"；《诗经》皆为诗歌作品，显然属于"集部"；至于用以解释词语、类属辞典的《尔雅》，更是不具备与《易》《礼》并列的资质。因此，真正属于"经部"的乃是《易经》《论语》《孟子》等著作，它们组成了儒学最具代表性的核心经典。

1. 儒学祖典：《易经》

《易经》亦称《周易》，简称《易》。按照郑玄的说法，"易"包括三种含义："易简，一也；变易，二也；不易，三也。"③《周易》之"周"的含义，一说是"周朝"，意指其产生的时间是周朝；一说是"周遍、周密"，表明"易道"（变化）具有普遍性。通常的解释是：《易经》形成于周朝，最初用于占卜，加入《易传》的内容之后，成为重在讲述哲理的著作。

《易经》由《经》与《传》两部分组成：《经》，由六十四卦和三百八十四爻（每卦六爻）组成，卦和爻用符号（阴爻：- -、阳爻：—）表示，且各有文字说明（卦辞、爻辞），作为占卜之用；《传》，全部用文字书写，包

①《庄子·天运》：曹础基《庄子浅注》第 224 页，中华书局，1982 年 10 月。

② 今文经学家认为："乐"包含在《诗》《礼》之中，并无独立成篇的《乐经》；古文经学家则认为：前代实有《乐经》，不过已在战国纷争或秦朝"焚书"时损毁失传。

③ 宋·魏了翁《周易要义·纲领》之《易一名而含三义》：《四库全书》第 18 册第 127 页，上海古籍出版社，1987 年 1 月。

含解释卦辞和爻辞的七种文辞共十篇（《十翼》）。这种由"符号"和"文字"两大系统组成的结构方式，符号系统直观醒目、井然有序，文字系统用语简洁、形象鲜明，达到了双方的有机结合。《易经》的内容十分丰富，包含天文、地理、军事、科学、文学、农学等各种知识，并且将自然及社会现象上升至哲学层面，因而被称为"六经之原""百家之首"，对中国数千年来的政治、经济、文化等各个领域的影响极其深远。

《易经》包含着深刻的哲学思理观念。比如《易传》中"太极生两仪，两仪生四象，四象生八卦"的本体论；"天地絪缊（天地阴阳二气交合），万物化醇"的宇宙发展观；"穷则变，变则通，通则久"的事物运行法则；"刚柔相推，变在其中"的变化内因论；"一阴一阳之谓道、阴阳不测之谓神"的对立统一及矛盾转化理论，等等。这些思想理念，极大地提升了中国古代哲学的品级。《易经》中体现出的"自强不息"的进取精神、"居安思危"的忧患意识、"革故鼎新"的创新思想等，都成为传统文化的精髓、中华民族精神的标志。

古代修习《易经》者形成两个派别：一则力主象数，用以卜筮灾异；一则重视义理，用以进行哲理探究。"汉之今文家，言理者也；今文别派京氏（京房），及东汉传古文诸家，言数者也。晋王弼之学，亦出汉古文家，然舍数而言理；宋邵雍、刘牧之徒，则又舍理而求诸数。惟程颐言理不言数。……从来治《易》之家，言理者则诋言数者为诬罔，言数者则诋言理者为落空。平心而论，皆非也。汉儒《易》说，其初盖实止传大义；阴阳灾异之说，不论今古文，皆为后起。……读《易》之法，可分精粗二者言之。若求略通易义，可但观王注（王弼《周易注》）《程传》（程颐《周易程氏传》），以《易》本文与周、秦诸子互相钩考。若求深造，则象数之说，亦不可不通，说已见前。惟仍须与哲学之义不背，不可堕入魔障耳。"[①]以现代的立场而论，从哲学视角研究《易经》的"变易"之理，是更为切实的修习路径。

2. 政务集典：《尚书》

《尚书》亦称《书经》，简称《书》。关于其书名，有多种说法："孔安国曰：'以其上古之书，谓之《尚书》。'王肃曰：'上所言，下为史所书，曰《尚书》也。'孔颖达曰：'言惬群心，书而示法，既书有法，因号曰《书》。

① 吕思勉《经子解题》第 56、58、61 页，上海文艺出版社，1999 年 1 月。

后人见其久远自于上世，尚者，上也，言此上代以来之书，故曰《尚书》。'……
夏氏曰：'此上代之书，为后世所慕尚，故曰《尚书》。'"①这些说法的重
点在于"尚"，其义主要包含"时代是'上古'、内容为'君上'之事"两
种意思。关于《尚书》的性质，荀子认为："《书》者，政事之纪也。"②司
马迁也说："《书》记先王之事，故长于政。"③可见《尚书》属于政事著作，
主要载录商、周时期王室的"诰"（政令）、"命"（指示）、"誓"（军令）、
"训"（训词）、"谟"（记述谋议国事）等，是我国最早的政府文件及论政文
献合集。《尚书》出自史官之手，"古之王者世有史官。君举必书，所以慎
言行，昭法式也。左史记言，右史记事，事为《春秋》，言为《尚书》，帝
王靡不同之"④。自西汉开始，《尚书》立为官学，成为帝王及士大夫治国
理政的政治教材。

《尚书》在汉代形成今文、古文两种版本。最初流传的是出自伏生（曾
任秦朝博士）之手，用当时通行文字书写的今文《尚书》。汉武帝末年，出
现孔安国整理的古文《尚书》（据称鲁恭王从孔子旧宅所得）。根据宋以后
学者的深入考证，孔安国的古文《尚书》（包括晋代梅赜又添加的篇目），
全部都是伪作。因此，现今公认的可靠文本，是伏生的今文《尚书》（28
篇）。按照时代顺序分为：虞书（2篇）、夏书（2篇）、商书（5篇）、周书
（19篇），跨越了从舜、禹二帝至商、周两朝的漫长历史阶段。

作为记录政事的经典，《尚书》保存了不少上古社会政治方面的材料。
比如，"禅让式"的政权交接方式：当帝尧"将逊于位，让于虞舜"时，是
各部落长官向他推荐了舜，此后经过三年的考验，才在"正月上日（初一）"
举行了禅位典礼（见《尧典》）。这种对"尧舜禅让"的描述，再现了氏族
社会民主制推举首领的情形，展示了上古帝王"大公无私"的思想境界，
为后世树立了人格榜样。又如，政治理念的转变：《尚书》表现出由"神本"
政治向"德本"政治转变的过程。在殷商以前，主宰社会的是"上帝""天
命"："有夏多罪，天命殛之。……予畏上帝，不敢不正""先王有服，恪谨
天命""予迓续乃命于天"。周灭商之后，"德"在政治中的作用大大强化：

---

① 元·黄镇成《尚书通考》（卷一）《尚书名义》：《四库全书》第62册第11页，上海古籍出版社，
1987年1月。

② 《荀子·劝学》：清·王先谦《荀子集解》第7页，上海书店，1986年7月。

③ 汉·司马迁《史记·太史公自序》第358页，上海古籍出版社，1986年12月。

④ 汉·班固《汉书·艺文志》第164页，上海古籍出版社，1986年12月。

"惟乃丕显考文王，克明德慎罚，不敢侮鳏寡，……别求闻由古先哲王，用康保民。弘于天，若德裕乃身，不废在王命""王其德之用，祈天永命。……其惟王位在德元，小民乃惟刑用于天下"。此中体现的"敬德保民"与"敬天保民"同义，"德"与"天"的地位相当，甚至取代了"天"，从而实现了政治的"神本"变为"德本"。这对于《左传》及《孟子》中的"民本"思想，具有启示作用。《尚书》是传统文化经典中，最早论及"大一统"的："克明俊德，以亲九族。九族既睦，平章百姓；百姓昭明，协和万邦"是从君主臣民和睦相处角度的"统一"；"九州攸同，四隩既宅。九山刊旅，九川涤源，九泽既陂。四海会同，六府孔修。庶土交正，厎慎财赋。咸则三壤成赋，中邦锡（赐）土、姓，祗台德先，不距朕行"①则是从华夏区域划分及行政管理方面，对"统一"的展现。自古至今，中华"统一"的观念在国人心目中根深蒂固，与《尚书》的相关表述具有绝大的关系。此外，《尚书》中有关"赏罚严明"的治理方法（参见《酒诰》《吕刑》等篇）、"五行、五祀、五事、八政"等概念命题（参见《洪范》篇），都为后世的哲学理论、社会治理提供了借鉴。

3. 修身要典：《礼记》

中国自古重视礼仪，被称为"礼仪之邦"。礼仪制度的确定，大致是在西周初年（周公主持完成）。到了东周，随着"礼崩乐坏"状况的加剧，孔子竭尽全力以求恢复西周的礼乐制度，其中包括整理编撰"六经"。不过，"六经"及西汉立于学官"五经"中的《礼》，指的是《仪礼》（亦称《礼经》或《士礼》），主要记述"冠、婚、丧、祭、饮、聘"等的仪式。《周礼》之名，起于西汉末年的刘歆（汉初称之为《周官》），记述了300多种官职的具体情况，属于周朝政治制度的汇编。《礼记》，亦称《小戴礼记》，其重点在于阐释礼的作用与意义。东汉学者郑玄曾分别注解《仪礼》《周礼》和《礼记》，此后即称之为"三礼"。唐代将"五经"扩展为"九经"，《周礼》《礼记》与《仪礼》一起入列，其中《礼记》被定为"上经"（《仪礼》《周礼》为"中经"），其重要地位开始显示。此后历代，《礼记》的影响力益增，远远超过了《仪礼》和《周礼》。

《礼记》共计49篇，其内容主要有以下几类：一是解释礼仪的义旨，

---

① 本节文字的引文，出自《尚书》之《汤誓》《盘庚上》《盘庚中》《康诰》《召诰》《尧典》《禹贡》篇；唐·孔颖达《尚书正义》第48、56、59、91、101、7、40页，中华书局，1980年10月。

如《冠义》《昏义》《乡饮酒义》《燕义》《射义》《聘义》，与《仪礼》中的《士冠礼》《士昏礼》《乡饮酒礼》《乡射礼》《聘礼》相对应，是集中讨论这些礼仪仪式之意义（礼义）的专篇。二是介绍若干礼仪制度的具体情况与相关要求，如《王制》《礼器》《明堂位》《玉藻》《郊特牲》《祭法》等。三是说明日常礼仪的注意事项，如《内则》对家庭成员（子女、儿媳）的待人接物、行为举止、饮食劳作等，提出了详细的要求；《少仪》对如何外出参加活动（访问、吊丧、乘车、入座等），进行了具体说明，包括不同礼仪场合使用的辞令；《儒行》对儒者（士人）应当具有的学识、行为、品格、立场等，划定了明晰的标准。四是记述孔子的言论，如《哀公问》《仲尼燕居》《孔子闲居》《坊记》《表记》等，几乎通篇都是孔子话语的记录；这些言语，有的采自《论语》等典籍，更多的则是虚构而成。五是发表礼学思想的见解，如《礼运》规划出"天下为公"的"大同"世界蓝图；《学记》提出的"化民成俗，其必由学""建国君民，教学为先""玉不琢，不成器；人不学，不知道""学然后知不足，教然后知困""教学相长"等观点，对于有志于学的人们，发挥着引导与激励作用；《乐记》作为我国最早的音乐理论专文，不仅说明了音乐的生成情况，而且重点论述了礼与乐共同发挥的"管乎人情""移风易俗"的重要作用。至于《中庸》《大学》两篇著名的哲学论文，更是以其对"天命人性""大学之道"的深刻分析，得到宋代理学家的格外推崇，使之与《论语》《孟子》并列而合称"四书"，成为宋以降的学子科考、文士案头必备的经典。

《礼记》与儒家其他经典相比，虽属系统性不够严谨的"杂著"，但其包含着丰富的资料，体现出鲜明的儒学思想。如果从儒学发展史上看，"研究早期儒家思想，需要读《论语》；研究战国秦汉时期的儒家思想，就不能不读《礼记》了。读《论语》能够看到儒家学派的确立，读《孟子》《荀子》《礼记》能够看到儒家学派的发展"①。如果从增进礼学知识、提升个人修养的视角观照，《礼记》的价值更高、作用更大。

4．处世宝典：《论语》

《论语》记载孔子及其弟子的言行，其结集工作是由孔子门人及再传弟子完成的。班固认为："《论语》者，孔子应答弟子时人，及弟子相与言而接闻于夫子之语也。当时弟子各有所记。夫子既卒，门人相与辑而论纂，

---

① 王文锦《礼记译解·前言》第 5 页，中华书局，2001 年 9 月。

故谓之《论语》。"①这一说法，大体可信。《论语》最后编定的时间，大约是在战国初期，主持者以曾参（曾子）门人为主。由于秦始皇"焚书"之故，西汉时期仅有鲁人传授的《鲁论语》（20 篇）、齐人传授的《齐论语》（22 篇），以及从孔子住宅夹壁中发现的《古论语》（21 篇）。西汉后期，曾为汉成帝讲授《论语》的张禹，以《鲁论语》为底本，参照《齐论语》，编撰结集为《张侯论》。郑玄以《张侯论》为基础，参以《齐论语》《古论语》，编撰《论语注》，成为流传最广的文本，《齐论语》《古论语》不久即告亡佚。此后，重要的《论语》文本是：三国魏何晏注、宋邢昺疏《论语注疏》，宋朱熹《论语集注》，清刘宝楠《论语正义》，以及今人杨伯峻《论语译注》。现存《论语》共 20 篇，492 章，使用语录体书写。

《论语》集中表现了孔子的哲学、政治、美学、教育等思想理念，其思想核心是仁。仁爱、礼敬、宽恕、中庸，构成孔子正心修身、处世为人的主要观点。《论语》鲜明地体现出"儒"字的"会意"特征，从各个方面提出建议、指明方向，用以提供"人"之所"需"：

要树立坚定的理想信念、具有独立人格："士不可以不弘毅，任重而道远。仁以为己任，不亦重乎？死而后已，不亦远乎"（《泰伯》）、"三军可夺帅也，匹夫不可夺志也"（《子罕》）；要坚持不懈地践行自己的人生规划："譬如为山，未成一篑，止，吾止也。譬如平地，虽覆一篑，进，吾往也"（《子罕》）；要善于总结经验、戒除不良习气："吾十有五而志于学，三十而立，四十而不惑，五十而知天命，六十而耳顺，七十而从心所欲，不逾矩"（《为政》）、"君子有三戒：少之时，血气未定，戒之在色；及其壮也，血气方刚，戒之在斗；及其老也，血气既衰，戒之在得"（《季氏》）；要推己及人、保持仁恕之心："恭、宽、信、敏、惠。恭则不侮，宽则得众，信则人任焉，敏则有功，惠则足以使人"（《阳货》）、"己所不欲，勿施于人"（《卫灵公》）；要勤奋修习，经常反躬自问、克服怨恨情绪："吾日三省吾身，为人谋而不忠乎？与朋友交而不信乎？传不习乎"（《学而》）、"学而时习之，不亦说乎？有朋自远方来，不亦乐乎？人不知而不愠，不亦君子乎"（《学而》）、"不怨天，不尤人"（《宪问》）、"不患无位，患所以立；不患莫己知，求为可知也"（《里仁》）；要勤奋好学、做到学以致用："入太庙，每事问"（《乡党》）、"见贤思齐焉，见不贤而内自省也"（《里仁》）；要真诚对待亲朋、

---

① 汉·班固《汉书·艺文志》第 164 页，上海古籍出版社，1986 年 12 月。

勇于担当责任："弟子入则孝，出则悌，谨而信，泛爱众，而亲仁"（《学而》）、"君子以文会友，以友辅仁"（《颜渊》）、"可以托六尺之孤，可以寄百里之命，临大节而不可夺"（《泰伯》）；要认真遵法守礼、注重生活小节："非礼勿视，非礼勿听，非礼勿言，非礼勿动"（《颜渊》）、"食不语，寝不言"（《乡党》）；要清醒认识现实状况、正确应对问题："邦有道，危言危行；邦无道，危行言孙（逊）"（《宪问》）、"可与言而不与言，失人；不可与言而与之言，失言。知者不失人，亦不失言"（《卫灵公》）；要坚持独立思考、避免独断专行："众恶之，必察焉；众好之，必察焉"（《卫灵公》）、"毋意，毋必，毋固，毋我"（《子罕》）；要执持以德治国理念、做到以身作则："为政以德"（《为政》）、"其身正，不令而行；其身不正，虽令不从"（《子路》）；要找准自身位置、做好分内工作："不在其位，不谋其政"（《泰伯》）、"君子思不出其位"（《宪问》）；要努力提升自我、塑造君子形象："君子义以为质，礼以行之，孙（逊）以出之，信以成之"（《卫灵公》）、"君子矜而不争，群而不党"（《卫灵公》）、"君子有三变：望之俨然，即之也温，听其言也厉"（《子张》）；要精通文学艺术、具备审美评鉴能力："《诗》三百，一言以蔽之，曰：'思无邪'"（《为政》）、"《关雎》，乐而不淫，哀而不伤"（《八佾》）①。

　　从以上引述可知，《论语》囊括了人们所期盼的"治身"（立德）、"治国"（立功）、"治学"（立言）的丰富内容。既有精练的经验概括总结，又有具体的操作方法路径；既可用于治国平天下的宏图大业，又可解决日常生活中的各种问题。举凡修身、齐家、治国、平天下之方略，进学、交友、知人、处事之途径，尊仁、循礼、泛爱、守义之理念等，无不令人深受教益。再加上使用通俗平易语言叙事说理（有别于《易经》《尚书》的古奥晦涩），以及时常展现出孔夫子和蔼亲切、循循善诱的音容笑貌，就更增加了人们阅读、理解与接受的意愿。因此，《论语》是儒学典籍中最有代表性、最易理解、最具实用功能的一部，也是中华主流文化之"圣经"、国民为人处世之宝典。

　　5. 辩理名典：《孟子》

　　自《易经》至《论语》，多为"语录体"或简要情节片断（如《论语》"侍坐"）。《孟子》的成书与《论语》相似，是由孟子与其弟子合著而成，

---

①　此处所引《论语》片段较多且大都为人熟知，为节省篇幅且避免烦琐，仅在正文中标示其所属的篇名，不再一一注明出处、页码等。

多载孟子的言行。其体式虽仍属语录体，但结构趋于复杂、篇幅大大增长。作者善用比喻及浅显事实说明道理，感情浓厚、气势充沛，具有极为明显的论辩说理之特征。《孟子》全书共七篇（各篇由"上下"两部分组成），全部属于针对重要问题进行阐析的论辩之文。

《梁惠王上》：与梁惠王论说弃除"霸道"、采用"王道"以达到"保民而王"的目标，说明梁惠王具备实施"仁政"、推行"王道"的资质，为其指明具体的施政方略。《梁惠王下》：希望齐宣王"与民同乐"，用"王道"赢得百姓的拥护；批评了齐王"好货""好色"而不能治国安民的错误。《公孙丑上》：讨论人的"养气"问题，这种气"至大至刚，以直养而无害，则塞于天地之间。其为气也，配义与道"，表明保持自己独立人格、决不向权势低头的坚强意志。《公孙丑下》：强调人心向背的重要性，明确指出"天时不如地利，地利不如人和""得道者多助，失道者寡助"；同时，列举"古之君子"与"今之君子"对待自己过错的不同表现："古之君子，过则改之；今之君子，过则顺之。古之君子，其过也，如日月之食，民皆见之；及其更也，民皆仰之。今之君子，岂徒顺之，又从为之辞。"希望人们向"古之君子"学习，做"真君子"而不做"伪君子"。《滕文公上》：讨论"社会分工"问题，提出"无君子，莫治野人；无野人，莫养君子""或劳心，或劳力；劳心者治人，劳力者治于人；治于人者食人，治人者食于人"的观点。这一观点的前提是：人与人的能力差别很大，每个人无法解决自身的所有需求（衣食器用），必须进行社会分工、发挥各自专长，为社会提供相应服务。《滕文公下》：坚决反对依靠阴谋诡计上位立功的做法，不承认公孙衍、张仪等纵横家为"大丈夫"；认为"居天下之广居，立天下之正位，行天下之大道；得志，与民由之；不得志，独行其道。富贵不能淫，贫贱不能移，威武不能屈，此之谓大丈夫"。《离娄上》：针对治国理政，指出遵守规则的重要性，提出"不以规矩，不能成方圆""不以仁政，不能平治天下"的主张，意在说明施政方式之于国家的重要价值。《离娄下》：重点论述君臣关系，孟子向齐宣王明确指出："君之视臣如手足，则臣视君如腹心；君之视臣如犬马，则臣视君如国人；君之视臣如土芥，则臣视君如寇仇。"表达的是希望统治者出自真心、平等地对待臣民的思想观点。《万章上》：以舜"不告而娶"为例，探讨孝顺父母与守护"人伦"大义的关系；以舜传位于禹，而禹则传位于儿子（启）为例，说明"子不贤则传贤，子贤则传子"的道理。《万章下》：以伯夷（治则进，乱则退）、伊尹（治亦进，

乱亦进）、柳下惠（不羞汙君，不辞小官）和孔子（可处而处，可仕而仕）
的不同表现，为人们提供仕进、退居的几种生存方式；其中，充分肯定了
孔子的人生定位与选择。《告子上》：专论人性，提出著名的"性善"主张，
并且进行了深入分析。《告子下》：提出"入则无法家拂士，出则无敌国外
患者，国恒亡"，以之警示统治者；强调常具"忧患"意识，方可保证本人
"死于安乐"、国家长治久安。《尽心上》：主要探讨个人修养问题，要求人
们在任何时候都应坚守"道义"；其中提出的"万物皆备于我"及"良能"
"良知"诸说，对宋明理学产生了极大的影响。《尽心下》：主要论述国家治
理，认为："不信仁贤，则国空虚；无礼义，则上下乱；无政事，则财用不
足。"，特别是提出了"民贵君轻"的观点，是"民本"思想的鲜明体现[①]。

　　《孟子》各篇皆属论旨明确的议论，而且突出体现出孟子"好辩"之特
征。对于"好辩"，孟子解释说，自己是以大禹、周公和孔子三位圣人为榜
样："亦欲正人心，息邪说，距诐行，放淫辞，以承三圣者。岂好辩哉？予
不得已也。"[②]他就是以这种"好辩"的形象，成为抵制杨朱、墨子等人学
说的中流砥柱。孟子曾说"人之患在好为人师"[③]，而他却始终将自己置
于"人师"，确切地讲是"国师"的位置上。纵览《孟子》全文内容，孟子
总是居高临下地指点江山、提出治理方略、批驳谬误观点，显示出卓越的
识见与不俗的气度风范。但是，他的论题，是站在儒家的立场、遵循并延
展了孔子的学说："《孟子》一书，存儒家大义实多。他姑勿论，民贵君轻
之义，非《孟子》即几于泯没不传。此外道性善，明仁义，亦皆孔门大义，
至可宝贵。康有为谓孟子传孔门大同之义，荀卿只传小康，合否今姑勿论，
要其为书，则远出荀卿之上。非他儒书所得比并。"[④]因此，将其与《论语》
并列为儒家核心经典，是名副其实的。同时，如果有志于培育"大丈夫"
风范、学习论辩技法，《孟子》一书也是很好的选择。

　　以"十三经"为代表的儒家经典，在中国文化史上，占据着无可替代
的重要位置、具有极其宝贵的文化价值。这些经典，承载着儒家学派的"天
下国家、人伦关系、立德修身"等核心理念，支撑起中华传统文化的主干、

----

①　以上文字，是按照《孟子》书中排序，对各篇所作撮要简介。因为已经标出篇目名称，所引原
文多为常见易知者，故不再列出具体出处、页码。

②《孟子·滕文公下》：杨伯峻《孟子译注》第 155 页，中华书局，2005 年 1 月。

③《孟子·离娄上》：杨伯峻《孟子译注》第 181 页，中华书局，2005 年 1 月。

④　吕思勉《经子解题》第 74 页，上海文艺出版社，1999 年 1 月。

居于统领地位（儒学独尊）。通观 2000 余年儒学的发展状况，可以做出如下表述：作为一种治世之学、入世之学，它以深厚的农业文明为基础，立足现实、坚持以人为本；重视社会生活的核心问题（人与人、人与社会之关系），并且予以切实可行的解答（忠孝礼义）；勇于面对各种各样的挑战（诸子百家及佛学道教），在保留自身思想内核的同时，不断变革创新（孔仁—孟义—荀礼）；注重学说思想体系的建构与教育传承，使得儒学不断发扬光大。直至今日，儒家提倡的加强品德修养、具备仁爱礼义、用人选贤任能、构建和谐社会、坚持国家统一等理念，仍然具有现实意义与可资借鉴之处。其在中国精神文化、制度建设乃至日常生活中的地位与影响力，是任何思想学派难以并肩共论的。

二、史传：纪录兴替经验教训

重视历史，是中国文化的突出特征。自华夏文明初起为始，人们就有意识地记录一些事实。随着社会组织（氏族公社、国家政权）形成，设立了专门机构及人员从事记录现实事件、编辑整理史料、撰写史书的工作。经过历代的累积，存留了大量的历史著作，为后人了解前代事实、获取经验教训，提供了丰富的材料。

（一）历史传统的形成与延续

1. 历史传统的生成

通常所说的历史，指的是人类社会史（区别于自然史），亦即人类在生存过程中经历的事实。如果以时间为标准衡量，那么事实一旦发生，便即成为历史。站在后世的角度，前人经历的事情（历史），为后人生存提供着经验。这种经验，小到父母教给孩子的生活技巧，大到治国平天下的政策方针，统统可以归之于来自历史。在人类文明的初级阶段，这种历史（经验）的承传，近期者主要依靠言传身教（如祖父子之间）、远期者则借助口耳相传（如"黄帝战蚩尤""大禹治水"之类的故事），成为保存历史的主要方式。随着人类文明进步，特别是文字出现，对历史事实的记录提高到全新层面，标志着真正的历史、历史传统的形成。

　　"历史"一词，在汉语中较为晚出①，其含义最初由"史"表示。"史"字在甲骨文中已经出现，因其字形与"事"字相似，释其义为"事实、事件"。"史"的另一含义为"史官"，根据《尚书·金縢》（"史乃册祝"）、《周礼·春官》（"凡卜筮，君占体，大夫占色，史占墨，卜人占坼"）、《周礼·天官》（"六曰史，掌官书以赞治"）等记载可知：至迟在西周时期，已经设立了以"史"为名称的官职，用来承担祭祀、卜筮、记事等职责。史官的出现，对于当代事实的记录、过往资料的整理、历史著作的编辑印行，发挥了很大的作用。史官们的分工明确："动则左史书之，言则右史书之。"②官设"左史""右史"、职司"纪言""纪事"，可见当时对历史的重视；而纪事的《春秋》，成为中国最早（真正意义）的历史著作。

　　西周时期重视历史，与社会文化的发展状况密切相关。作为原生的农耕文明社会形态，当时的生活固然受到大自然（天）的制约（四季变化与风雨雪霜），但人们逐渐知晓并掌握了相当的自然规律，并且使之为自己服务。同时，自身投入的多少，对劳动成果的收获具有决定性作用。因此，去"虚"（鬼神）就"实"（实践经验）的思想，在商周之际已经较为流行。周王朝迎合这种社会心理，改变了商朝"敬天畏神"的指导思想，代之以"敬祖尊礼"。在这一过程中，统治者利用"巫史"神异化先贤的方式（女娲、大禹），将"崇神"逐渐变为"敬祖"，从而达到由"神本"向"人本"（德本、民本）转化的目标。与此相伴，人们的血缘关系进一步强化，大家最为关心的是与现实生活直接相关的事情与问题，鬼神与宗教再也无法占据社会主导地位。那么，由谁取代"鬼神"让人们崇拜敬畏呢？自然是"祖先圣贤"。了解祖先圣贤的真实情况，当然是通过史官记录的文字材料。此外，还有一个更为重要的原因，就是在世生活的人们，都希望建功立业、留名于后世："上起帝王，下穷匹庶，近则朝廷之士，远则山林之客，谅其于功也名也，莫不汲汲焉、孜孜焉。夫如是者何哉？皆以图不朽之事也。何者而称不朽乎？盖书名竹帛而已。"③这种追求"不朽"的思想，成为积累事实材料以编撰留传的最大动力，进而促进了历史及史学传统的形成。

<hr>

　　①《三国志·吴主传》："魏帝（曹丕）问曰：'吴王（孙权）何等主也？'咨（赵咨）对曰：'聪明仁智雄略之主也。……屈身于陛下，是其略也。'"裴松之注引《吴书》："〔吴王〕志存经略，虽有余闲，博览书传历史，藉采奇异，不效诸生寻章摘句而已。"

　　②《礼记·玉藻》：王文锦《礼记译解》第401页，中华书局，2001年9月。

　　③《史通》（卷十一）：《四库全书》第685册第82页，上海古籍出版社，1987年1月。

2. 史学的发展

中国历史悠久且未曾间隔阻断，历史学家从中发挥了很大的作用。伴随着中国历史的进程，历史作为重要的文化门类也得到不断发展且颇具特征。

首先，史官职务权重位尊。根据《周礼》的记述，西周时期的史官分为几个类别："大（太）史掌建邦之六典"，负责制定管理国家及地方的法令；"小史掌邦国之志"，负责梳理君王贵族的谱系关系、避讳禁忌及祭祀礼仪；"内史掌王之八枋之法"，负责按照君王制定的八条标准（"爵禄废置杀生予夺"），对官员的政绩进行考核；"外史掌书外令"，负责掌管图书档案资料、撰写对外交往信函等工作；"御史掌邦国、都鄙及万民之治令"，负责制定实施针对诸侯国及城乡百姓的治理法令①。这五类史官，各自手下还有几名或几十名的工作人员，可见其工作繁多及重要之状况。春秋战国时期，各诸侯国及权宦之家，也设有史官，事关国与家的人事皆予记录："赵鞅，晋之一大夫尔，有直臣书过，操简笔于门下；田文，齐之一公子尔，每坐对宾客，侍史记于屏风。至若秦、赵二主渑池交会，各命其御史书某年某月鼓瑟、鼓缶。此则《春秋》'君举必书'之义也。"自秦朝统一天下，历代均设有史职："秦有天下，太史令胡毋敬作《博学章》"；汉武帝"置太史公位在丞相上，以司马谈为之。汉法，天下计书先上太史，副上丞相。叙事如《春秋》。及谈卒，子迁嗣"；"王莽代汉，改置柱下五史，秩如御史。听事，侍傍记迹言行，盖效古者动则左史书之，言则右史书之，此其义也"；东汉"明帝以班固为兰台令史，诏撰《光武本纪》及诸列传、《载记》"；曹魏明帝"太和（227—233 年）中，始置著作郎，职隶中书，其官即周之左史也"；偏于一隅的蜀汉、东吴，也有史官收集书籍、掌管资料；晋惠帝"元康（291—299 年）初，又职隶秘书，著作郎一人，谓之大著作，专掌史任"；南朝"宋之徐爰、苏宝生，梁之沈约、裴子野，斯并史官之尤美，著作之妙选也。而齐、梁二代又置修史学士，陈氏因循，无所变革"。外族入主中原的政权，在史学方面的表现，丝毫不亚于汉族王朝："元魏（北魏）初称制，即有史臣，杂取他官，不常厥职。故如崔浩、高闾之徒，唯知著述，而未列名号。其后始于秘书置著作局，……（北魏节闵帝）普泰（531—532）

① 此处引文，见汉·郑玄注、唐·贾公彦疏《周礼注疏》第 179、180、182、182、184 页，中华书局，1980 年 10 月。

以来，三史稍替，别置修史局。……高齐及周，迄于隋氏，其史官以大臣统领者，谓之监修。"到了唐代，"乃别置史馆，通籍禁门。西京则与鸾渚为邻，东都则与凤池相接。而馆宇华丽，酒馔丰厚，得厕其流者，实一时之美事"[1]。从北魏设立"修史局"为始，国史的修撰由朝中重臣主持。北齐、北周直至明、清时期，更是由宰相领衔修史（监修国史），可见历代王朝对其重视之程度。能够进入史馆、参与修史，必须具备丰富的知识与撰述才能，再加上史职带来的极大荣耀，使得史官队伍的数量与质量得以保障。

其次，史学观念与著述体制创新。《说文解字》对"史"（史官）解释是："记事者也；从又持中，中、正也。"[2]说明身为史官，不能仅限于做一个"记事者"，而应当坚持原则、站稳正确立场。据称孔子在编辑《春秋》的过程中，做到了据实直书、字寓褒贬。这种录实且含有褒贬之意的"春秋笔法"，具有很大的震慑作用："孔子成《春秋》，而乱臣贼子惧。"[3]同时，也成为史学家修史的基本原则。司马迁作《史记》，在叙事说理、语言运用等方面多有创新，同时继承"春秋笔法"的传统，做到了"善序事理，辨而不华，质而不俚。其文直，其事核，不虚美，不隐恶"[4]。司马迁明确表示出"究天人之际，通古今之变，成一家之言"的心愿[5]，更是为史家树立了高标。不过，史学家的原则及立场，与其所处时代密切相关。清代史学家章学诚曾就"正统"问题写道："陈寿《三国志》，纪魏而传吴、蜀，习凿齿为《汉晋春秋》，正其统矣。司马《通鉴》仍陈氏之说，朱子《纲目》又起而正之。……陈氏生于西晋，司马生于北宋，苟黜曹魏之禅让，将置君父于何地？而习与朱子，则固江东南渡之人也，惟恐中原之争天统也。……是则不知古人之世，不可妄论古人文辞也。知其世矣，不知古人之身处，亦不可以遽论其文也。身之所处，固有荣辱隐显、屈伸忧乐之不齐，而言之有所为而言者。"[6]可见，修史者所持原则与思想观念的表达，并非随心所欲。相对于有所约束的史学思想观念，历史著作的编撰方式，

① 此处所列历代史职情况，均出自唐·刘知几《史通·史官建置》（卷十一）：《四库全书》第 685 册第 85 页，上海古籍出版社，1987 年 1 月。

② 清·段玉裁《说文解字注》第 116 页，上海古籍出版社，1981 年 10 月。

③《孟子·滕文公下》：杨伯峻《孟子译注》第 155 页，中华书局，2005 年 1 月。

④ 裴骃《史记集解·序》：《四库全书》第 243 册第 15 页，上海古籍出版社，1987 年 1 月。

⑤ 司马迁《报任少卿书》：汉·班固《汉书·司马迁传》第 254 页，上海古籍出版社，1986 年 12 月。

⑥ 清·章学诚《文史通义·文德》：叶瑛《文史通义校注》第 324—325 页，中华书局，2014 年 7 月。

显示出更大的灵活性。现存史书的体式，以"纪言"的《尚书》和"纪事"的《春秋》为最早。"后之纪述者以言与事合而为一，左右史之体始混。《左传》传《春秋》者，名非史也，其体则右史混于左史焉；《国语》纪列国之语，名非史也，其体则左史混于右史焉。《左》氏以下，其体虽混而未至于大乱也。及司马迁为《史记》，创为帝纪、世家、列传、书，表、志而左右史之体始大乱。然自迁而后代之为史者，皆宗之。"①所谓的《左传》《国语》及《史记》的"乱"，其实是在《尚书》与《春秋》基础之上的书写体式创新。此后的"断代史（体）""通鉴体"及"纪事本末体"等，都属于体制创新的实例。这些史书体式，推动了史书撰述与史学研究的不断发展。

最后，史学著作十分丰富。历史是前代的经验，保存这些经验的最好方式，是文字书写、刊之于简册。经过孔子（编《春秋》）、左丘明（撰《左传》）等早期史家的引发；司马迁（著《史记》）、班固（作《汉书》）等开创"正史"编撰格局；杜佑（《通典》述典章制度）、司马光（《资治通鉴》为编年通史）、郑樵（《通志》注重年谱序列）、袁枢（《通鉴纪事本末》创纪事本末体）等对历史领域的扩展开拓；刘知几（《史通》）、马端临（《文献通考》）、章学诚（《文史通义》）等对史学进行专题研究，他们为史学著作的大量出现，发挥了引领示范作用。再加上历代最高统治者的重视、史家文士们的积极参与，以及 2000 多年连续不断的累积叠加，以汗牛充栋指称中国的史学类著作之丰富，绝非过誉之辞。

（二）历史著作编撰状况

《四库全书》将"史部"著作划分为"正史、编年、纪事本末、别史、杂史、诏令奏议、传记、史抄、载记、时令、地理、职官、政书、目录、史评"等 15 个类别，共计 500 余部。史书的编撰，"或出一人之手，或成一家之学。陈寿、范晔、沈约、萧子显、魏收暨欧阳修《新五代史》，记出于一人之手者也；司马谈子迁、班彪子固女昭、姚察子思廉、李德林子百药、李大师子延寿，成于一家之学者也。自唐之太宗诏廷臣一十七人，以何法盛、臧荣绪等一十八家《晋史》，再加撰次，称制旨临之。既成，题曰：

---

① 明·王行《半轩集》（卷二）《郡庠公试策题》：《四库全书》第 1231 册第 308 页，上海古籍出版社，1987 年 1 月。

'御撰'，自是国史遂成官书"[①]。个人自撰、家族共撰、官方主撰，成为史书编撰的基本方式。此处就史书的主要特征略加阐述。

1. 编撰体例

按照编撰体例，历史著作可以分为编年体、纪传体、纪事本末体等。编年体：纪事以时间为线索，依照年代的顺序记述重要事件，使史实发展变化的过程清晰明确。这是我国古代最早的史书编撰体式，孔子编辑的《春秋》及所附"三传"（《左传》《公羊传》《谷梁传》）、宋代司马光《资治通鉴》，是编年体史书的代表作。纪传体：以人物为核心，通过人物言行事迹叙述历史史实，能够较为集中地展现人（传主）在历史上的作用与地位。纪传体史书的主体是记载人物的"本纪"和"列传"，辅以"书志、年表、传赞"等内容。司马迁是纪传体史书的创立者，所著《史记》是我国最早的纪传体通史，此后班固《汉书》直至《清史稿》等历代"正史"，皆属纪传体史书。纪事本末体：以重大事件为标题且独立成篇，每篇按照时间顺序编排材料、展现事件的整体状况。这种以事实为主、时间为辅的编写方式，使用文字比"纪传体"简略、阐明事理优于"编年体"，便于利用较少的阅读时间系统掌握历史史实。纪事本末体的创始人是南宋学者袁枢，他将司马光《资治通鉴》的内容压缩整合，编成《通鉴纪事本末》，设立由"三家分晋"至"（周）世宗征淮南"共239个标题，大大减省了人们阅读《资治通鉴》之劳累。此后的《春秋左传事类始末》（南宋·章冲）、《三朝北盟会编》（南宋·徐梦莘）、《宋史纪事本末》（明·陈邦瞻）、《明史纪事本末》（清·谷应泰）等，都是仿照袁枢创制的体例编撰而成。

除了编年体、纪传体和纪事本末体这三大主要编写体式，另有记述典章制度的"典制体"（唐代杜佑《通典》、宋代郑樵《通志》、元代马端临《文献通考》）；收辑某一朝代制度沿革及风俗民情等内容的"会要体"（北宋王溥《唐会要》、南宋徐天麟《西汉会要》）；记录某一位皇帝统治期间大事的"实录体"（唐代韩愈《唐顺宗实录》、北宋钱若水《宋太宗实录》）；等等，均可单独分类成体。

2. 史书性质

按照史书的性质，可以分为正史、别史、杂史等。"正史"之名，始于

---

① 清·朱彝尊《曝书亭集》（卷三五）《元史类编序》；《四库全书》第1318册第46页，上海古籍出版社，1987年1月。

《隋书·经籍志》对《史记》和《汉书》的称谓，此后便将依照《史记》之体例（纪、传、表、志），以及《汉书》之时限（断代）的官修史书，称为"正史"。自唐玄宗开元（713—741年）之世为始，属于"正史"类史书的称呼包括："三史"（《史记》《汉书》《后汉书》）、"四史"（加《三国志》）、"十三史"（加《晋书》《宋书》《齐书》《梁书》《陈书》《魏书》《北齐书》《周书》《隋书》）、"十七史"（宋代加《南史》《北史》《新唐书》《新五代史》）、"二十一史"（明代加《宋史》《辽史》《金史》《元史》）、"二十二史"（清代乾隆初年加新修成的《明史》）、"二十四史"（乾隆四十年加《旧唐书》《旧五代史》）、"二十五史"（民国时期加《新元史》）、"二十六史"（民国时期加《清史稿》）。以上列入"正史"的二十六部史书，皆属以帝王"本纪"为纲的纪传体式，内容多为歌颂君王功德、记述忠孝节义的人物事件。"正史"属于官修史书，参加修撰的人员，或是专司史职（如司马迁和班固）、或是朝廷指派的大臣主持（隋唐以降由宰相领衔），其撰述必然反映官方的理念意志，这些"正史"因而得到历代统治者的认同。

在二十六部"正史"之中，最值得关注的是被称为"四史"（前四史）的《史记》《汉书》《后汉书》和《三国志》。《史记》开创了"纪传体"史书撰写的先河，以"本纪、表、书、世家、列传"的分类，记述了由传说中的黄帝到汉武帝时期约3000年的华夏历史。在撰写《史记》过程中，司马迁继承了褒贬善恶的"春秋笔法"，怀抱着"述往事、思来者"的强烈责任感，重视传主人格魅力而不以成败论英雄的评价标准，坚持忍辱负重、发愤著书的不屈精神，完成了这部被称为"史家之绝唱，无韵之《离骚》"（鲁迅《汉文学史纲》）的不朽巨著。司马迁的《史记》，为史学家编撰史书，提供了范式；为文学家塑造人物、描述事件，提供了方法；为普通读者为人处世、增进学识，提供了借鉴。班固编撰的《汉书》（又称《前汉书》），记述了汉高祖刘邦至王莽当政期间的历史，是我国第一部纪传体的断代史。《汉书》的体例与《史记》相仿，但将"书"改为"志"，增写了《刑罚志》《五行志》《地理志》《艺文志》，使内容更加丰富完备；又将《史记》所设"世家"并入"列传"，使人物传记更加简洁明确。《汉书》在体例及若干称谓方面的变革，为后世历代修撰的"正史"所遵行。相较于司马迁，班固的忠君思想严重，缺少应有的批判精神；但其选取的史料富赡切实，用语精练典雅，多录诗赋奏议全文（如司马迁《报任安书》、贾谊《治安策》、晁错《举贤良对策》、司马相如《子虚赋》等），使《汉书》在史学及文学方面均显示出极为鲜明的特色。《后汉书》的作者是范晔，全书记载了东汉（光武帝刘秀至献帝刘协）近200年的历史。《后汉书》对东汉时期谶纬迷信的社会思潮、豪强专权的政治形态有所揭露与批判，体现出较高的思想境界与历史观念。作者在"列传"系列中，新创了反映东汉政治实况的《党锢传》和《宦者传》、与《儒林传》并列新建《文苑传》（经学与文学分离）、在"正史"中率先设立《列女传》以录德才优异女子的事迹（如蔡文姬）。这些都表现出范晔识见眼界的与众不同，也为《后汉书》赢得很高的声誉。陈寿编写的《三国志》，由《魏志》《蜀志》和《吴志》组成，载录了黄巾军起义至西晋灭吴的近百年历史，其核心内容是魏、蜀、吴三国鼎立时期的史实。由于陈寿的身份是晋代朝臣，而且司马氏是承接曹魏而得天下，因此《三国志》尊魏为正统，《魏志》的文字篇幅达到全书之半。《三国志》能够统摄三国之全局、文笔简要而叙事次序井然[①]、描述"三国"之间的斗争真切具体、塑造人物形象生动，是后世朝野人士特别关注的历史名著。

　　上述四部史书的重要，不仅在于其成书早、体例新，还在于它们皆出自著名史学家一人之手，受到其他方面的影响较小（如朝廷的干预、多人参与的水平不一，等等）。因此，四部史书体现出的史学思想观念、材料选择取舍、行文用语、整体风格等，都展现出鲜明的特征与极高的水平，成为后代编撰史书、研修史著的标杆与重要参照。与此相比照，人们对"二十六史"中的《宋史》《辽史》《元史》评价较低。主持《宋史》编写的元朝宰相脱脱（托克托）、阿鲁图及主要负责人（总裁官）多为蒙古族，他们对内地文化较为生疏（宰相阿鲁图不识汉字），再加上时局不稳（元朝末年），致使《宋史》成书显得草率，在史实鉴别、资料剪裁、结构编排等方面，皆有失当之处。与《宋史》同时编撰、亦由脱脱等人主持的《辽史》，存在问题与《宋史》相似，并且成书时间很短（元至正三年，即1343年4月开始、翌年3月成书），其编撰质量更是等而下之。编撰《元史》的主持者，是明初著名学者宋濂。由于明太祖朱元璋急于证明自己取得政权的"顺天应命"，在其即位之初（1368年）便下令于南京开馆、半年内编成《元史》；因资料缺失太多，又于洪武三年（1370年）重修，用时不足半年。《元史》两次编撰不足一年，且由于元王朝用蒙文写成的资料难以尽解等原因，造

---

　　① 陈寿的行文简略，导致所述事实欠详。南朝宋·裴松之为《三国志》作"注"，很大程度上补救了这些不足之处。

成其疏漏多多，致使民国时期柯劭忞重新编著《新元史》，用以补救其失。

"别史"之称，最早见于南宋陈振孙《直斋书录解题》。其中设有与"正史类""编年类"并列的"别史类"书目，包括唐代高峻《高氏小史》、宋代吕祖谦《新唐书略》等。明代黄虞稷将"非编年、非纪传，杂记历代或一代之事实者"称为"别史"（《千顷堂书目》卷五）。《四库全书总目》指出："陈振孙《书录解题》创立'别史'一门，以处上不至于正史、下不至于杂史者。"此类史书"包罗既广、六体兼存"，可以与有关"正史""互取证明""检校异同"①。可见，"别史"属于体例较为完备、史实较为准确的历史著作，其重要性仅次于"正史"而高于"杂史"等类型的史书。

"杂史"的名称，来自《隋书·经籍志》。此类著作"多钞撮旧史，自为一书，或起自人皇，或断之近代，亦各其志，而体制不经。又有委巷之说，迂怪妄诞，真虚莫测。然其大抵皆帝王之事，通人君子，必博采广览，以酌其要，故备而存之，谓之'杂史'"②。其特征与作用为："凡所著录，则务示别裁。大抵取其事系庙堂、语关军国，或但具一事之始末，非一代之全编；或但述一时之见闻，只一家之私记。要期遗闻旧事，足以存掌故、资考证，备读史者之参稽云尔。"③诸如记述战国时期各国政治外交活动的《战国策》、载录唐太宗与群臣讨论国事的《贞观政要》、叙写五代时期轶事的《五代史阙文》、描写宋徽宗父子被俘前往金国腹地情形的《北狩见闻录》等，均属于这一类别。"杂史"是私人著述，体例并非固定，叙写方式灵活，内容更是真假兼备、不免掺入传言稗说。其中虽有某些材料可补"正史"之缺，但不可完全信实。此外，由私人撰写而区别于官修"正史"的"野史"、特指称霸一方国家历史的"霸史"，乃至记载民间轶闻琐事的"稗史"等，均可归之于"杂史"。这些著作，可读性较强，史学价值较弱。

3. 内容范围

按照史书内容涵盖范围，可以分为通史、断代史、地方史等。通史：记述史实纵贯古今，不限于某一个朝代，涵盖社会政治、经济、文化等各个方面内容的史书。例如，纪传体的《史记》、编年体的《资治通鉴》，均为"通史"之属。断代史：以每一朝代为断限单元的史书。断代史的开山之作，是东汉班固所著的《汉书》。在我国已经编成的"二十六史"中，除

---

① 清·永瑢《四库全书总目》第445页，中华书局，1965年6月。
② 唐·魏徵《隋书·经籍志》第120页，上海古籍出版社，1986年12月。
③ 清·永瑢《四库全书总目》第460页，中华书局，1965年6月。

了《史记》之外均属断代体史书。此外，"编年体"和"纪事本末体"以某一朝代为单元的史书，也属于断代史。例如，东汉荀悦《汉纪》、东晋袁宏《后汉纪》、南宋李心传《建炎以来系年要录》（编年体），明代陈邦瞻《宋史纪事本末》、清代谷应泰《明史纪事本末》（纪事本末体）。国别史：记载某一时期并立共存国家政权之事的史书。《国语》是最早的国别体史书，记载了齐、晋、楚等八国的史事，主要通过"记言"（人物对话）的形式，反映当时的历史状况。《战国策》记述以战国"七雄"为主的十二国之事，再现了相互进行政治、外交等斗争的情形，重在彰显纵横家发挥的作用。如果将魏、蜀、吴"三国鼎立"作为主要参照，则《三国志》也可以视为国别史。它如北魏崔鸿编撰的《十六国春秋》，记载与东晋并立的十六国之史实，亦属较有影响的国别体史书。地方史（方志）：是对某个特定区域历史状况的记录，包括该地的历史沿革、风俗习惯、人物事件、诗文著述、地理环境、名胜古迹等情况。方志可区分为三种类型：一是全国性的总志，用"一统志"命名，如《明一统志》《大清一统志》；这些"总志"按照京师、府、州为单位进行记述，具备"方志"（地方史）的特征。二是地方性的省府州县志，其中"省"级地方志称作"通志"，如记述京师（北京）地区的《畿辅通志》、记述省区的《浙江通志》《福建通志》；府州县级别的称作"志"，如《绍兴府志》《赵州志》《昌平县志》。三是各地景观、物产、人文方面的专"志"，如记录山水的《钦定盘山志》《西湖志》、记录城市的《长安志》《汴京遗迹志》、记录河流的《直隶河渠志》、记录名胜的《洞霄图志》，等等。在现存 8700 余种方志之中，保存了非常丰富的材料，为研究历史，特别是该方志所述地区的历史，提供了重要的基础性资料。团体史：记述某一团体或类别人物事件，如汉代刘向《列女传》、晋代皇甫谧《高士传》、元代辛文房《唐才子传》、宋代朱熹《伊洛渊源录》、清代黄宗羲《明儒学案》等。个人史：专门记述某一人物生平事迹的著作，如南宋胡仔《孔子编年》、无名氏《晏子春秋》、清代王懋竑《朱子年谱》等。

传统的史学分类，还包括"目录""史评"及"时令""地理"等类别，因其所录或非第一手史实，或属于其他门类学科，此处不再予以介绍。

（三）历史典籍的功用

编撰历史著作以记录史实，是历代官民尽皆致力的事业。宋代著名学者曾巩认为，史书著述的意义在于："以是非得失兴坏理乱之故而为法戒"，帮助人们理解并掌握治理天下的正道。胜任这一职责的"良史","其明必足以周万事之理,其道必足以适天下之用,其智必足以通难知之意,其文必足以发难显之情,然后其任可得而称也"[①]。众多优秀的历史著作,确实发挥了阐明治道、经世致用、劝善惩恶等多方面的作用,具有重要意义。

1. 体现主流思想理念

自孔子创制儒家学说、经过汉武帝予以"独尊",此后儒家思想始终处于华夏文化主流地位。"经学"是对儒家思想学说的集中概括,而传统"史学"与儒家"经学"具有极为密切的关系。唐代王通曾说:"昔圣人述史三焉。其述《书》也,帝王之制备矣,故索焉而皆获;其述《诗》也,兴衰之由显,故究焉而皆得;其述《春秋》也,邪正之迹明,故考焉而皆当。此三者,同出于史而不可杂也。"[②]在他看来,《尚书》《诗经》和《春秋》全部属于史书。明代王守仁认为:"五经亦只是史,史以明善恶、示训戒。善可为训者,特存其迹以示法;恶可为戒者,存其戒而削其事以杜奸。"此前曾有"经史一体"的观点,清代章学诚更是明确提出"六经皆史"。不过,经与史毕竟属于不同体类,笼统地将二者归一,则失之于粗疏而不严谨。相对而言,王守仁的解释较为妥帖:"(门人徐爱)曰:'先儒论六经以《春秋》为史,史专记事,恐与五经事体终或稍异。'先生(王守仁)曰:'以事言,谓之史;以道言,谓之经。事即道,道即事;《春秋》亦经,五经亦史。'"[③]也就是说:"史"重在"摆事实","经"重在"讲道理",二者表达方式虽异,但警世正人之意旨是相同的。

那么,史书中体现着怎样的主流(儒学)思想理念呢?可以兼任"经"与"史"最为典型的《春秋》为例证明:天下统一(大一统),是《春秋》的基本主张,《春秋公羊传》(隐公元年)对此做过专门阐释。这种主张,既是孔子思想的体现,也为后世儒者所重视甚至引申发挥。比如,宋代在历代王朝中的国力较弱,而且北宋与南宋所处局势又有不同,人们对《春秋》的解读也随之而变:"宋儒所著之书,以孙复之《春秋尊王发微》、胡安国之《春秋传》为最著。孙《书》专主尊攘,盖亦北宋时势使然。胡《传》

---

① 宋·曾巩《南齐书目录序》:郭预衡《唐宋八大家散文总集》第 3037 页,河北人民出版社,1995 年 11 月。

② 唐·王通《文中子中说·王道篇》:《百子全书》第 287 页,浙江古籍出版社,1998 年 8 月。

③ 此处两段引文,皆出自:明·王守仁《王文成全书》(卷一):《四库全书》第 1265 册第 13 页,上海古籍出版社,1987 年 1 月。

本经筵进讲之书，时直南宋高宗，故尤发挥大复仇之义，欲激其君以进取。意有所主，不专于说经也。"①北宋政权处于中原而受到辽与西夏的压迫，孙复因而强调"尊王攘夷"（推尊赵宋而贬抑辽与西夏）；南宋政权丧失中华根本之地（中原）而偏安江南，胡安国则强调"复仇"（收复中原）。二人所言，都是围绕"大一统"而论的。遵守礼义规则，是《春秋》对维护社会秩序提出的要求。司马迁就此做过分析："夫春秋，上明三王之道，下辨人事之纪，别嫌疑，明是非，定犹豫，善善恶恶，贤贤贱不肖，存亡国，继绝世，补敝起废，王道之大者也。……夫不通礼义之旨，至于君不君，臣不臣，父不父，子不子。夫君不君则犯，臣不臣则诛，父不父则无道，子不子则不孝。此四行者，天下之大过也。以天下之大过予之，则受而弗敢辞。故春秋者，礼义之大宗也。"②《春秋》中传达的奉行"礼义"、做到"善善恶恶，贤贤贱不肖"、君臣父子各安其位等信息，也是儒家学说的核心理念。《春秋》之外，在众多"正史""别史"乃至"杂史""野史"之中，与传统主流思想相合的观点与事例亦不胜枚举。

2. 提供多方面的经验与借鉴

历史著作是承纳史实的载体，记录的均属前代经验，特别是有关治国理政方面的内容，尤为后世所关注。人们重视历史著作的重要原因，就在于其能够提供经验（或教训）、为"经世"提供帮助："所贵乎史者，述往以为来者师也。为史者，记载徒繁，而经世之大略不著，后人欲得其得失之枢机以效法之无由也，则恶用史为？"③这种思想既是读史者的愿望，也是撰史者的目标。自《春秋》开始，古代史学即具有"经世之学"的特征；历代的史书，也都提供了大量治国理政、为人处世等方面的典型事例与经验。

关于治国理政，史书中提供了很多具有明显倾向性、针对性的案例。有的支持维护"天下统一"行动：如"秦始皇统一各项制度"（《史记》卷6）、"汉景帝平定七国之乱"（《史记》卷 11）、"康熙朝消灭噶尔丹"（《清史稿》卷7）；有的强调"修德爱民"方可成就太平盛世：如西汉"文景之治"（《汉书》卷5）、唐太宗"贞观之治"（《旧唐书》卷2、《新唐书》卷2）；有的说明运用"谋略"的重要作用：如"苏秦约六国'合纵'以抗秦"（《史

① 吕思勉《经子解题》第 70 页，上海文艺出版社，1999 年 1 月。
② 汉·司马迁《史记·太史公自序》第 358—359 页，上海古籍出版社，1986 年 12 月。
③ 清·王夫之《读通鉴论》第 156 页，中华书局，1975 年 7 月。

记》卷 69）、"诸葛亮劝说孙权联刘抗曹"（《三国志》卷 32）；有的赞赏"招贤纳谏"行为：如"淳于髡谏齐威王"（《史记》卷 126）、"刘备三顾茅庐"（《三国志》卷 35）等。在治理国家的过程中，最高统治者制定的某一重要政策，多与国运相关：如"秦国商鞅变法"（《史记》卷 68）、"王莽托古改制"（《汉书》卷 99）、"宋太祖杯酒释兵权"（《宋史》卷 250），其目的不同但效果明显。假使君王施政不当而造成动荡局势，则国势必定衰败：如"西晋八王之乱"（《晋书》卷 4）、"唐代安史之乱"（《旧唐书》卷 9、《新唐书》卷 5），便是晋、唐由盛而衰的转折之点。历史上发生了许许多多的战争，有的发挥着决定王朝命运之作用：如"秦赵长平之战"（《史记》卷 73）、"秦末巨鹿之战"（《史记》卷 7）、"三国赤壁之战"（《三国志》卷 1）、"东晋前秦淝水之战"（《晋书》卷 79）、"宋金采石之战"（《宋史》卷 383）。这些战例的发生背景、力量对比、战略战术等各不相同，但对双方（多方）的命运走向具有巨大的影响。

史书中记述了大量的人物，其中优秀者的表现与作为，为人们树立了榜样。他们有的品德高尚、清廉自律：如"介之推不受晋文公封赏"（《史记》卷 39）、"李广身先士卒"（《史记》卷 109）、"宋弘不弃糟糠之妻"（《后汉书》卷 56）、"于成龙天下廉吏第一"（《清史稿》卷 279）；有的精忠报国、视死如归：如"申包胥哭秦庭"（《史记》卷 66）、"苏武拒降匈奴"（《汉书》卷 54）、"祖逖渡江北伐"（《晋书》卷 62）、"岳飞志复中原"（《宋史》卷 365）、"戚继光率军抗倭"（《明史》卷 212）、"林则徐虎门销烟"（《清史稿》卷 369）；有的惩治邪佞、关爱百姓：如"西门豹治邺除佞兴农"（《史记》卷 126）、"王猛严惩豪强"（《晋书》卷 114）、"张养浩赈灾力尽而卒"（《元史》卷 175）；有的坚持原则、见义勇为：如"蔺相如完璧归赵"（《史记》卷 81）、"魏徵直言敢谏"（《旧唐书》卷 71）、"寇准坚请真宗亲征"（《宋史》卷 281）；有的忍辱负重、发愤图强："勾践卧薪尝胆"（《史记》卷 41）、"韩信受胯下之辱"（《史记》卷 92）、"苏秦'头悬梁锥刺股'"（《史记》卷 69）、"宋濂终生不释书卷"（《明史》卷 128）；有的珍视友谊、赤诚相待："鲍叔牙推举管仲代己为相"（《史记》卷 62）、"刘备托孤于诸葛亮"（《三国志》卷 32）。诸如此类的人物，都成为人们学习与敬佩的对象。

当然，史书也列举了若干反面的人物事例。例如，君王中的"秦始皇暴虐而灭国"（《史记》卷 6）、"隋炀帝好大喜功而亡身"（《隋书》卷 4）、"宋徽宗玩物丧志而被俘"（《宋史》卷 22）；文士中的"祢衡言行不逊"（《后汉书》卷110）、"谢灵运恃才傲物"（《宋书》卷67）而招祸被戮；等等，都是应当引为鉴戒的。

对于历史经验重要性的阐释，唐太宗的一段名言颇为贴切："夫以铜为镜，可以正衣冠；以古为镜，可以知兴替；以人为镜，可以明得失。朕常保此三镜，以防己过。"①历史作为"三镜"之一，在"知兴替"的同时亦可"明得失"，这不仅对帝王有益，对普通大众也极有帮助。

要之，在浩如烟海、类型繁多的历史典籍之中，能够展示史书核心要素的是"正史、编年、纪事本末"等类别的著作；"前四史"的编撰质量，是二十六部"正史"中的翘楚之作；进行深入的史学研究，必须参考典制、方志、年谱等录实细密的史料；评价历史人物事件，则应参考《史通》《文史通义》《十七史商榷》《廿二史札记》等"史评类"著作。只有在研修过程中观其大况、择其名著、知其要义、借其经验，才可能真正发掘历史著作中的重要价值，也可使自己及他人真正有所收获。

三、诸子：拓辟哲思义理视域

"诸子"的原初之义，是指那些学问赅博、可以为师从教的人士。"诸子"之称，起于西汉，本指春秋战国时期各种学术思想流派的代表人物；因刘向、刘歆父子编撰的目录学著作《七略》设有"诸子略"，"诸子"又成为各家学派著作的代称。东汉班固《汉书·艺文志》列出140部先秦诸子著作（另有49部汉代著作），将其分为儒、墨、道、名、法、阴阳、纵横、农、杂等九种流派，外加"小说家"，合称"九流十家"。魏晋之后，子书范围不断扩大，数量日益增加。《隋书·经籍志》专列"子部"，成为书籍"四部"（经史子集）的重要组成部分。《四库全书》更将子书分为儒、兵、道、释、农、医等14大类，共收入3259部作品（包括存目）。据统计，现存历代子部著作约有6000部，但其中最为重要的是先秦诸子之作。

（一）诸子的兴起与演化

春秋战国是诸子兴起的时期，著文立说及建群立派者并起，形成"百

---

① 后晋·刘昫《旧唐书·魏徵传》第308页，上海古籍出版社，1986年12月。

家争鸣"的盛况。这种局面的出现，是由多方面因缘促成的。

周王朝统治力衰弱、社会动荡不安，是诸子兴起的根本原因。在人类进入阶级社会、产生国家政权之后，最高权力集团的统治力，对全社会的现实状况及发展走向，具有决定性作用。西周初期的统治者，直接经历了商朝灭亡的"殷鉴"，表示认真总结夏商两朝兴衰的经验教训："我不可不监于有夏，亦不可不监于有殷。……惟不敬厥德，乃早坠厥命。今王嗣受厥命，我亦惟兹二国命，嗣若功。"①在此基础上，提出"敬德""保民"的治国理念。这种理念与完善的"礼乐"及"分封"制度相结合，保证了西周开国较长时间的社会安定。西周末年以暴虐、贪腐著称的周厉王、周幽王，导致了西周的灭亡、平王的东迁。周平王迁居洛邑建立东周之后，伴随着"礼崩乐坏"的政治局面，周王朝的统治力急剧下降，原本"礼乐征伐自天子出"的"有道"治世，变成了"礼乐征伐自诸侯出"的"无道"乱世（《论语·季氏》）。这种王权式微、诸侯并起、杀伐不断的局势，为各种思想学说的出现，提供了相对宽松的社会环境。同时，乱世面临着的众多问题，也为验证各种思想学说提供了机遇："天下大乱，贤圣不明，道德不一。天下多得一察焉以自好。譬如耳目鼻口，皆有所明，不能相通。犹百家众技也，皆有所长，时有所用。……天下之人各为其所欲焉以自为方。"②也就是说，如果不是周王朝衰微而形成的"天下大乱"，诸子百家生成兴盛的可能性极其微小。

春秋战国的"天下大乱"，打破了西周时期的王官垄断思想学术之格局，致使"以吏为师"的承传方式无法延续。随着私人办学（如孔子）的增多，学术思想由官方（王官）主导逐步转入"私门"之手。这些拥有思想见解和专门知识的人，构成了新的"士"阶层。能够跻身"诸子"之列，皆为"士"阶层中的佼佼者。他们拥有丰富的知识、对社会的真切体认及深刻思想，在面对大量亟待解决的社会问题时，其优势是超越凡俗的。这些人有的曾担任周王朝的官员，有的是官员或贵族的子弟及后裔，也有虽出身较低但掌握了相关知识、具备超群能力的人。正是由于他们的阶级出身、现实境遇各异，因而关注的重点、表达的思想、提出的解决问题方案各不相同。但是，他们共同拥有排忧解难的积极性，从而形成了不同的学

---

① 唐·孔颖达《尚书正义》第 101 页，中华书局，1980 年 10 月。
② 《庄子·天下》：曹础基《庄子浅注》第 494 页，中华书局，1982 年 10 月。

说流派。因此，"士"阶层不断增多壮大的人员，为诸子思想学说的形成提供了保障，也是其发展兴盛的主体（主观）原因。

先秦诸子各家学说，皆属精神文化范畴。梳理思想文化脉系、确定文化站位，是诸子兴起的学术原因。"九流之学，同本于古代之哲学；而古代之哲学，又本于古代之宗教。故其流虽异，其原则同。"①西周时期，周王朝大大淡化了殷商时期浓厚的尊神事鬼风气，采取"事鬼敬神而远之"的策略。同时，又将天帝与君王（天子）、尊神与敬祖等同并列，而且不断强化君王与祖先的地位，从而实现了由"神本"向"民本"（人本）的文化大转型，确定了中华文化的基本特征。但是，这种转型并非完全彻底、一劳永逸的，诸子百家各不相同的观点，验证了对前代文化的态度及当代文化的意见。儒家保持着远鬼神而重人民的立场，是西周"礼乐"文化的坚定支持者；墨家"明鬼"与亲民并重，很大程度上保留了夏商"神本"思想理念；道家的形而上色彩浓厚，最终成为中国古代唯一本土宗教（道教）的祖始，说明其与原始宗教具有的承继关系。其他诸家，也都各自表明了思想观点与文化立场。他们固执己见、相互辩难，无法实现思想的统一："百家往而不反，必不合矣！后世之学者，不幸不见天地之纯，古人之大体。道术将为天下裂。"②如果从纯学术的视角评判，正是各学派之间的"不合"、不肯回归"古人之大体"，造成的"道述将为天下裂"，为中国精神文化（思想史及哲学史）奠定了深厚的基础与良好开端。

在春秋战国时期，各学派面对着"乱世"提供的大舞台、人们（尤其各国诸侯）寻求"治世"（称霸天下）的迫切期望，争先恐后地粉墨登场，为各国开出解决现实问题的"药方"。儒家：熟知文献典籍，"游文于六经之中，留意于仁义之际，祖述尧、舜，宪章文、武"，目的在于"助人君顺阴阳、明教化"；道家：精通历史发展流程，"历记成败存亡祸福古今之道，然后知秉要执本，清虚以自守，卑弱以自持"，意在提供君王治国的"南面之术"；阴阳家：研究大自然现象，"敬顺昊天，历象日月星辰，敬授民时"，可以协调人类与自然之关系；法家：强调"信赏必罚，以辅礼制"，主张"以明罚饬法"治理国家；名家：重视礼仪，认为"名位不同，礼亦异数"，与孔子强调"正名"之意相合；墨家：执掌宗庙祭祀之事，"茅屋采椽，是以

---

① 吕思勉《经子解题》第 177 页，上海文艺出版社，1999 年 1 月。
②《庄子·天下》；曹础基《庄子浅注》第 494 页，中华书局，1982 年 10 月。

贵俭；养三老五更，是以兼爱；选士大射，是以上（尚）贤；宗祀严父，是以右鬼；顺四时而行，是以非命；以孝视天下，是以上（尚）同"；纵横家：擅长出使交往，能够"当权事制宜，受命而不受辞"，多能以口舌之辩而不辱使命；杂家：知识广博，"兼儒、墨，合名、法，知国体之有此，见王治之无不贯"，可资备问及参与谋划；农家：通晓农业事务，承担督促"播百谷，劝耕桑，以足衣食"，事关民众生活、国家安定之大局；小说家：信息虽然来自"街谈巷语，道听涂说者之所造"，但其反映了民间舆情，"虽小道，必有可观者"；兵家：彰显军事的重要，国家只要"足食"就应"足兵"，军队的主要作用是借助"弧矢之利，以威天下"①。当时主要学派的核心理念及施政举措，大略可见于此。

由于各学派所处立场不同、所持主张及现实可行性各异，其社会影响及取得成效差别甚大。在春秋战国出现的所有学派之中，当时被称为"显学"的是儒、墨两家。儒家力图恢复西周的"礼乐"制度及社会秩序，主张维护王权掌控的天下一统，希望君王施行仁政而爱护万民。这些主张直接依托大众对"盛世"（西周）的怀恋之情、顾及统治者（统一天下）与被统治者（获得生活保障）的利益诉求；再加上孔子、孟子和荀子三位杰出领袖的个人魅力，以及为适应现实需要而对儒学理念及时的调整，因而得到了社会各界广泛的认同。墨家与儒家颇有渊源，据称墨子最初学习儒学，因不满于儒学过分注重礼乐中的繁文缛节、耗费资财且往往有形而无实，于是便独创新说、自成一派。墨子提出的"兼爱""节用""节葬"等主张，代表了下层民众的利益，具有数量最大的群众基础，吸取了许多信众投身相从，成为与儒家并立的"显学"。但是，墨家对自身要求极严，以至于"短褐之衣，藜藿之羹，朝得之，则夕弗得"②；为了天下万民百姓，则是竭尽全力、"摩顶放踵利天下为之"③。如此高尚的品格与执持的毅力，除了墨子本人及少数坚定的信徒，难觅其同道与传人。同时，墨家学说之中，"尚同""兼爱"难以落实、"节用""节葬"有失人情④、"天志""明鬼"不免虚幻，而"非攻"之说，更与当时诸侯纷争的大局不合。因此，在墨

---

① 本节文字中评价诸家的引文，皆出自：汉·班固《汉书·艺文志》第 165-167 页，上海古籍出版社，1986 年 12 月。

② 《墨子·鲁问》：清·孙诒让《墨子间诂》第 289 页，上海书店，1986 年 7 月。

③ 《孟子·尽心上》：杨伯峻《孟子译注》第 313 页，中华书局，2005 年 1 月。

④ 汉·班固评价墨子："见俭之利，因以非礼，推兼爱之意，而不知别亲疏。"见《汉书·艺文志》第 166 页，上海古籍出版社，1986 年 12 月。

子去世之后，虽然"有相里氏之墨，有相夫氏之墨，有邓陵氏之墨"[①]，但不足以阻止墨学快速衰落的趋向。到了秦汉时代，残存的墨家多表现为无视国家管理体系、带有侠义特征的民间组织或个人，因而受到官方的严厉禁绝与打击。

儒家学派人多势众（孔子弟子三千）、理论主张堂皇正大（尊君护国利民）、益于社会长治久安，但施之于诸侯国之间激烈竞争、攻伐频发的春秋战国时期，显然不合时宜。当时真正得到各诸侯国重视、取得实效的首推法家。法家主张重视农耕奠定经济基础、利用严刑峻法进行社会管理、实行奖励军功政策激发斗志，进而实现富国强兵、统一天下的目标。法家的主张直观简捷、便于操作、适应当时的社会需要，得到诸侯国的响应。齐国（管仲）、晋国（郭偃）、郑国（子产）等国家，都曾实行法家之策，取得了很好的成效。特别是秦国，先是重用商鞅变法革新，极大地提高了秦国国力，为消灭六国、统一天下奠定坚实基础；后有韩非，对法家思想进行系统归纳总结，成为法家思想学说的集大成者。法家的理论与实践，对后世中国产生的影响甚巨。

纵横家在当时各国交往中发挥了很大作用。史籍曾载录苏秦《苏子》、张仪《张子》等著作，但这些著作久已亡佚，并且苏、张等人多有"上诈谖而弃其信"之行为（《汉书·艺文志》），因而其社会认同度不高。汉代刘向整理编辑的《战国策》，虽然多录战国时期纵横家（游说之士）的政治主张和施政策略，而其体例属于史书，不应列入诸子之中。相较而言，兵家不仅涌现出孙武、孙膑、吴起等一大批优秀的军事家，而且著有多种兵法著作，涉及战略设定、局势评判、战术技巧等重要内容，且可与纵横家的若干表现互动对证。道家、阴阳家多为玄远深奥之说，大略属于"阳春白雪、和者盖寡"之列；农家与小说家之言，来自社会下层，很难受到当权者的重视；至于兼具诸家之说的杂家，虽可游走于诸侯之间猎取名利，其于思想理论并无独特贡献。

自春秋末期的孔子、老子和墨子为始，至战国中后期的孟子、庄子及荀子、韩非子，诸子学说臻于鼎盛。到了秦朝统一中国，曾以"焚书坑儒"之策打击了儒家。汉代最初选择"黄老之学"，使得道家得势一时；汉武帝的"独尊儒术"奠定了儒家牢固的思想统治地位；东汉引入佛教，经过较

[①]《韩非子·显学》：清·王先慎《韩非子集解》第351页，上海书店，1986年7月。

长时间的努力而实现"中国化",曾经取得与"儒、道"并列的地位。持平而论,汉唐以降的王朝所推行的国策,可概之以"儒表法里、兼用佛道"。其核心理念与重要观点举措,主要源于先秦诸子,诸子学说在华夏社会文化进程中发挥的作用普遍而深远。

(二)诸子重要流派及著作

在"四部"的"子部"之中,"儒家类"占据着首要的位置。以《四库全书》为例,收录在"子部"的儒家著作达 112 部,包括先秦荀子、宋代"二程"和朱熹等儒学大家的著作。由于在前文("儒经"部分)已经对儒家的整体情况及著作有所梳理,此处不再设题专论;又因先秦属于诸子百家形成和创获最丰的时期,故而拟以先秦为时限,选介道、墨、法、兵(另加"佛教")等几家重要的诸子流派及著作。

1. 道家

道家,是以"道"为核心理念的学派。该派在先秦时期的代表人物是老子和庄子,因而道家学派也被称为"老庄之学"。不过,老子与庄子"其学实当分二派:一切委心任运,乘化以待尽,此一派也。现存之书,《庄》《列》为其代表。秉要执本,清虚以自守,卑弱以自持,此一派也。现存之书,以《老子》为最古。此二派,其崇尚自然之力同;然一因自然力之伟大,以为人事皆无可为,遂一切放下;一则欲因任之以致治,善用之以求胜;其宗旨固自不同"[①]。双方皆崇尚自然、遵从大道,但老子意在以之作为治国之策,入世特征明显;庄子却是将其作为避世之方,颇具出世色彩。

老子是道家学派的创始人,据称曾任周王朝的史官。他以自己丰富的历史知识、对社会现实的真切体认,以及高度的提炼概括能力,撰成道家最重要的经典《老子》。此著旨在"言道德之意"(《史记·老子韩非列传》),故又名《道德经》。其主要内容包括四个方面:一是追寻万物生成的本源。道,是老子思想学说的原点与归宿。它不仅是天地万物的根源,也是天地万物的本体;它无处不在、无时不有,既是生成万物之母,却不以具体事物的形态而存在:"有物混成,先天地生,寂兮寥兮,独立而不改,周行而不殆,可以为天下母。吾不知其名,字之曰道,强为之名曰大"(第二十五

---

① 吕思勉《经子解题》第 94 页,上海文艺出版社,1999 年 1 月。

章）、"道可道，非常道；名可名，非常名。无名，天地始；有名，万物母"
（第一章）、"道生一，一生二，二生三，三生万物"（第四十二章）。道，也
是人类及万物必须遵循的法则，生发起始于道，最终亦将返归于道。老子
这种以顺随自然规律为特征的、形而上的"道"，成为道家学说的哲学基础。
二是强调分析事物的辩证思维。老子借助日常生活的器物，展示了"无"
与"有"共处同在，方可"为利""为用"的辩证法思想："三十辐共一毂，
当其无，有车之用。埏埴以为器，当其无，有器之用。凿户牖以为室，当
其无，有室之用。有之以为利，无之以为用。"（第十一章）为此，他特别
强调事物之间相互对立状态下的相互依存："天下皆知美之为美，斯恶已。
皆知善之为善，斯不善已。故有无相生，难易相成，长短相形，高下相倾，
音声相和，前后相随"（第二章）。同时，他提醒人们注意矛盾双方的转化
及其后果："祸兮，福之所倚；福兮，祸之所伏"（第五十八章）。老子的这
些观点，虽然将事物的转化视为同一层面的、绝对循环往复的现象，很大
程度上无视人的主观能动作用，但其以"对立统一"为标志的朴素辩证法
思维，仍然具有重要价值。三是提供为人处世的策略方法。无为，是老子
提出的治国与为人基本方法。无为，是指依照自然规律、事物本性而为，
是与任意而为（有为）相对而言的。这种方法适用于治国理政："我无为，
而民自化；我好静，而民自正；我无事，而民自富；我无欲，而民自朴"
（第五十七章）；也适用于个人修德处世："为学日益（增加才智机巧），为
道日损（减少智巧）。损之又损，以至于无为。无为无不为"（第四十八章）。
以柔克刚，是老子秉持的处世原则。他列举了看似柔弱的"水、草木"等
不少例子，用以论证"天下之至柔，驰骋天下之至坚"（第四十三章）、"柔
胜刚，弱胜强"（第三十六章）的道理。老子希望做人要知足知止，因为"罪
莫大于可欲，祸莫大于不知足，咎莫大于欲得"（第四十六章）。这对戒除
人们的贪欲，也有一定的警示作用。不过，他主张"塞其兑，闭其门，挫
其锐，解其忿，和其光，同其尘"（第四章），与世俗达到毫无差别的"玄
同"（第五十六章），则属于丧失原则的妥协，显然是不可取的。四是构建
治理社会的政治模式。老子对现实社会是关注的，并且提出了治国方略构
想。推行愚民政策，是他的一个重要主张："古之善为道者，非以明人，将
以愚之。民之难治，以其智多。故以智治国，国之贼；不以智治国，国之
福"（第六十五章）、"天下多忌讳，而民弥贫；民多利器，国家滋昏；人多
伎巧，奇物滋起；法物滋彰，盗贼多有"（第五十七章）。缩小行政区划、

限制人们交往，是他的另一主张："小国寡民，使有什佰之器而不用；使人重死而不远徙。……邻国相望，鸡狗之声相闻，民至老死不相往来"（第八十章）。老子这两种主张，与历史发展规律及社会现实需要背道而驰，肯定是行不通的。不过，他提出"治大国若烹小鲜"（第六十章）①，希望统治者不要频繁变更政策、搅扰百姓，这对社会安定、民生幸福还是有益的。

《老子》以短短的五千言，构建了以"道"为核心的博大精深思想体系。在这一体系中，有对哲学本质问题的探寻界定，有对思维理性的梳理整合，有对遵守自然规律的反复强调，有对朴素辩证法的解释说明，有对现实政治的批评指正，还有对弱小无助者的支持引领。因此，老子其人，成为历代深受敬仰的哲学圣哲与智慧大师；《老子》其书，成为人们探寻大道、开悟启智的座右经典。

庄子与老子并称，是战国中期道家学派的代表人物。据称他曾任漆园吏，楚威王有意聘其为相，遭到他的拒绝，此后终身未仕。《庄子》现存33 篇，一般认为其中的"内篇"（7 篇）为庄子自作，"外篇"（15 篇）和"杂篇"（11 篇）多为其后学所作。《庄子》将《老子》中的自然无为、相对辩证等思想予以绝对化，形成取消一切区别、崇尚精神自由、趋向虚无与混世的人生观念和思想体系。其主要指向，可以归结为五个方面。一曰追求精神自由：自由自在、无拘无束地生活与交游，是庄子的人生理想。他十分仰慕"不食五谷，吸风饮露；乘云气，御飞龙，而游乎四海之外"的藐姑射之山"神人"，希望自己也能够"乘天地之正，而御六气之辩，以游无穷"（《逍遥游》）。如何在纷扰的现实社会中做到这一点呢？庄子的方法是，对任何事物都要"无听之以耳而听之以心，无听之以心而听之以气。听止于耳，心止于符"，达到心境虚静纯一的"心斋"状态（《人间世》）。这样就可以摆脱世俗，"无为名尸，无为谋府，无为事任，无为知主。体尽无穷，而游无朕"（《应帝王》）。可见，庄子追求的逍遥游，是一种心灵超越的精神自由，也是其自由主义思想的体现。二曰主张万物齐平：在庄子看来，世间万事万物是没有区别的。《齐物论》集中表达了这一思想："物无非彼，物无非是。自彼则不见，自知则知之。故曰：彼出于是，是亦因彼""莛与楹，厉与西施，恢诡谲怪，道通为一""其分也，成也；其成也，

---

① 本节引用《老子》之文字片断较多，为减省篇幅、避免注释烦琐，仅标出其所属"章"次，不再列出具体出处、页码。

毁也。凡物无成与毁，复通为一"。他认为，对待得与失、哀与乐乃至生与死，都应当一视同仁："得者，时也；失者，顺也。安时而处顺，哀乐不能入也"（《大宗师》）、"以死生为一条，以可不可为一贯"（《德充符》）。这种完全抹杀美与丑、长与短、成与毁等的区别之做法，是将老子的相对理念予以绝对化，陷入了相对主义的境地。三曰倡导顺从自然：关注自然、主张遵循自然规律，是道家学说的重要内容，老子与庄子对此都很重视。与老子相比，庄子对自然的亲近感更加强烈，他认为自己与之一体："天地与我并生，而万物与我为一"（《齐物论》）；大自然赋予了自己所有的需求："大块载我以形，劳我以生，佚我以老，息我以死。故善吾生者，乃所以善吾死也"（《大宗师》）。因此，他曾经霸气地说道："既受食于天，又恶用人"（《德充符》），甚至以自己"梦蝶"（庄周梦蝶）之事，表达期待"物化"的思想（《齐物论》）。庄子完全将自己付之于自然而无所作为，属于消极的自然主义或混世主义，其境界不及老子的顺随客观规律而修德治国，更与荀子"人定胜天"的思想相去甚远。四曰注重远害养生：庄子对"养生"很有心得，专门以《养生主》为题介绍自己的体会。他以庖丁"彼节者有间而刀刃者无厚，以无厚入有间，恢恢乎其于游刃必有余地"的解牛技巧，说明充分利用机会（有间）的重要性；提出"为善无近名，为恶无近刑，缘督以为经"的处世原则；以便达到"可以保身，可以全生，可以养亲，可以尽年"的目标（《养生主》）。在《逍遥游》《人间世》《山木》等篇目中，他多次列举残疾或有缺点的树木、人物及禽类，论证无论"有材"或"无材"，都容易受到伤害，最好的办法就是"处乎材与不材之间"（《山木》）。庄子的这套生存理论，既反映出乱世生存之不易，也展示了庄子明哲保身的机会主义心理状态。五曰否定现实政治：在春秋战国时期，诸子各派均不满于乱象横生的现实，提出自己的治理主张，庄子的表现更为直白强烈。他尤其反感儒家倡导的"仁义"和推崇的"圣人"，"自我观之，仁义之端，是非之涂，樊然淆乱，吾恶能知其辩"（《齐物论》），一针见血地指出："窃钩者诛，窃国者为诸侯，诸侯之门，而仁义存焉""圣人不死，大盗不止"（《胠箧》）[①]，体现出强烈的现实批判意识和愤世主义精神。同时也可看出，脱离现实并非庄子人生之全部。

　　《庄子》是一部特色独具的道家经典。"《庄子》之旨，主于委心任运，

---

① 此处引录《庄子》文字片断，仅列出其所属之篇名，不再列出具体出处、页码等，以免过于烦琐。

颇近颓废自甘；然其说理实极精深。中国哲学，偏重应用，而轻纯理；固以此免欧洲、印度哲学不周之诮，而亦以此乏究极玄眇之观。先秦诸子中，善言名理，有今纯理哲学之意者，则莫《庄子》若矣。"①此外，《庄子》在先秦诸子中最具文采，其文想象丰富、描绘逼真、语言灵动、汪洋恣肆，具有浓郁的浪漫色彩和强烈的感染力量。

2. 墨家

墨家学派的创始人是墨子。他是战国初期鲁国（一说宋国）人，其出身微贱，据称做过木匠，曾任宋国大夫。墨子创立的墨家学派，立足下层民众，以注重实践、生活简朴、纪律严格而著称。《墨子》原有71篇，今存53篇；其中少数篇章为墨子自作，多数是弟子及再传弟子对其言论、思想的记录或引申发挥。墨子思想主要表现为尚贤兼爱、反战非攻、节用利民等，都是直接针对社会现实而发，反映了下层小生产者的利益与愿望。

"尚贤""尚同"，是墨子的政治主张。"尚贤"，即选拔优秀人才。墨子指出：天下"不得富而得贫，不得众而得寡，不得治而得乱"的原因，是在王公大人"为政于国家者，不能以尚贤事能为政也"。他希望统治者重视"尚贤"，因为这是实现国家富强、天下大治的前提："欲祖述尧、舜、禹、汤之道，将不可以不尚贤"（《尚贤上》）。"尚同"的要旨在于，地位居下者逐层服从居上者："上之所是，必亦是之。上之所非，必亦非之"；各诸侯都要服从天子："国君治其国，而国既已治矣，有率其国之万民，以尚同乎天子"。他认为，圣明的君王"所以济事成功、垂名于后世者，无他故异物焉，曰唯能以尚同为政者也"（《尚同中》）。因此，"尚同"与"尚贤"一样，都属于"为政之本而治要也"（《尚同下》）。

"兼爱""非攻""节用"诸说，是墨子解决现存社会问题的具体办法。"兼爱"，是针对人们相互猜疑侵扰而提出的。他认为社会的混乱，"皆起不相爱。""若使天下兼相爱，国与国不相攻，家与家不相乱，盗贼无有，君臣父子皆能孝慈，若此，则天下治"（《兼爱上》）。为此，墨子提出的解决方法是"兼相爱、交相利"。具体说来，就是做到"视人之国，若视其国；视人之家，若视其家；视人之身，若视其身"（《兼爱中》）。墨子的"兼爱"与儒家的仁爱思想相似，都是主张爱护一切人。不同之处在于，儒家强调的是君王对百姓万民的施惠推恩，"兼爱"更多的则是人与人（国与国、君

---

① 吕思勉《经子解题》第99页，上海文艺出版社，1999年1月。

与民）之间的相互之爱。"非攻"，是针对各诸侯国相互争战而提出的。墨子历数战争造成的多种危害："上不暇听治，士不暇治其官府，农夫不暇稼穑，妇人不暇纺绩织纴。则是国家失卒，而百姓易务也"，体现出鲜明的反战思想。他特别反对大国欺压小国的不义战争，主张"大国之攻小国也，则同救之；小国城郭之不全也，必使修之；布粟之绝则委之；币帛不足则共之"（《非攻下》）。对于弱小一方的防御性战争，墨子是支持的。他率领数百名弟子帮助宋国制器械、固城防以抵御楚国，最终制止了其进攻的企图，就是一则典型事例（见《公输》）。"节用"（包括"节葬""非乐"），是针对物欲横流、因追求享乐引发争执的社会风气而提出的。墨子对统治者造成的"其使民劳，其籍敛厚，民财不足，冻饿死者不可胜数"之现状，表现出极大的不满，强烈要求"去无用之费"（《节用上》），以减轻百姓的负担。他列举了各阶层"厚葬"的例子："王公大人有丧者，曰棺椁必重，葬埋必厚，衣衾必多，文绣必繁，丘陇必巨；存乎匹夫贱人死者，殆竭家室；存乎诸侯死者，虚车府，然后金玉珠玑比乎身，纶组节约，车马藏乎圹，又必多为屋幕、鼎鼓、几梴、壶滥、戈剑、羽旄、齿革，寝而埋之"（《节葬下》）。同时借古代圣王名义，提出了自己的葬埋之法："棺三寸，足以朽体；衣衾三领，足以覆恶。以及其葬也，下毋及泉，上毋通臭，垄若参耕之亩，则止矣"（《节葬下》）[①]。墨子的这种观点，迄今仍然发人深思。

在先秦诸子中，墨家心怀天下、舍己为人、积极救世的精神，以及俯身实践的表现，是最为突出的。同时，通过《墨子》中的《天志》《明鬼》两篇，了解墨家主张"法天、敬鬼、利人"（三利）的"天人相通"思想；通过《墨经》《大取》《小取》诸篇，认知以"三表法"为基础的逻辑体系。这些思想理念，都是墨家留下的极有价值之精神财富。

3. 法家

关于法家的发展历程，通常认为起始于春秋前期的管仲，兴盛于战国中期的李悝、商鞅等人，大成于战国末期的韩非。相较而言，管仲身为齐国宰相，偏重以刑罚治理国家的法制实践；李悝、商鞅分别主持魏国、秦国的变法，将法家理论进行实际应用；韩非则是将法家思想予以高度的理论总结。载录法家思想学说的著作，主要是《管子》《商君书》《韩非子》等。

---

① 本节引文皆出自：清·孙诒让《墨子间诂》，为省篇幅，仅列出其所属之篇名，不再列出具体出处、页码等。

　　法家的核心理念，可以概括为：法、术、势。

　　法，指统治者公开发布的成文法。对法律的重视，体现在法家所有的著述之中。例如，《管子》强调法律的权威性："令重于宝，社稷先于亲戚，法重于民，威权贵于爵禄""圣君任法而不任智，任数而不任说，任公而不任私，任大道而不任小物，然后身佚而天下治""合于法则行，不合于法则止。功充其言则赏，不充其言则诛"[①]；《慎子》说明制定法律的依据及守法的重要性："法非从天下，非从地出，发于人间，合乎人心而已""官不私亲，法不遗爱，上下无事，唯法所在""民一于君，事断于法，是国之大道也"[②]；《商君书》论述了法律与治国理政的密切关系："圣王者不贵义而贵法，法必明，令必行""明王之治天下也，缘法而治，按功而赏""法令者，民之命也，为治之本也"；等等[③]。

　　术，指君王权贵控制臣民下属的方法与手段。申不害是精通权术且付诸实践的著名法家，史称他"学术以干韩昭侯，昭侯用为相。内修政教，外应诸侯十五年。终申子之身，国治兵彊，无侵韩者"[④]。慎到和商鞅，也都对"术"有所论及："弃道术，舍度量，以求一人之识识天下，谁子之识能足焉""善为国者，移谋身之心而谋国，移富国之术而富民，移保子孙之志而保治"[⑤]；"君子操权一正以立术，立官贵爵以称之，论荣举功以任之，则是上下之称平"[⑥]。

　　势，指君主贵要拥有的地位与权力。对"势"特别关注的是慎到，他深刻认识到权势地位的重要："贤而屈于不肖者，权轻也；不肖而服于贤者，位尊也。尧为匹夫，不能使其邻家；至南面而王，则令行禁止。由此观之，贤不足以服不肖，而势位足以屈贤矣。"[⑦]这种重"势"的观点，在管仲、商鞅等人的心目中，也都有明确的体认："人君之所以为君者，势也。故人

　　①《管子》之《法法》《任法》《明法解》篇：清·戴望《管子校正》第91、255、349页，上海书店，1986年7月。

　　②《慎子》之《逸文》《君臣》《逸文》篇：战国·慎到《慎子》第12、6、7页，上海书店，1986年7月。

　　③《商君书》之《画策》《君臣》《定分》篇：张觉《商君书校注》第144、177、189页，岳麓书社，2006年5月。

　　④ 汉·司马迁《史记·老子韩非列传》第247页，上海古籍出版社，1986年12月。

　　⑤ 战国·慎到《慎子·逸文》第9、13页，上海书店，1986年7月。

　　⑥《商君书·算地》：张觉《商君书校注》第66页，岳麓书社，2006年5月。

　　⑦ 战国·慎到《慎子·德威》第1页，上海书店，1986年7月。

君失势，则臣制之矣。势在下，则君制于臣矣；势在上，则臣制于君矣"[1]；"先王不恃其强，而恃其势；不恃其信，而恃其数。……故先王贵势"[2]。法家力主依法治国、变法图强，如果没有绝对的权势地位，其心愿是难以实现的。

韩非深刻领悟了李悝（曾编辑《法经》）、商鞅等人的法制思想，加上自己的真切体会，对法家思想进行了融会提升。韩非认为，立法的原则是"劝善""胜暴"："圣王之立法也，其赏足以劝善，其威足以胜暴，其备足以完法"；君主要善于行使权术、做到恩威并重："明主之所导制其臣者，二柄而已矣。二柄者，刑德也。何谓刑德？曰：杀戮之谓刑，庆赏之谓德。为人臣者，畏诛罚而利庆赏。故人主自用其刑德，则群臣畏其威而归其利矣"；君主必须充分利用权势，与臣下保持距离、借势固位："爱臣太亲，必危其身；人臣太贵，必易主位；主妾无等，必危嫡子；兄弟不服，必危社稷"。这些以"法"为中心、兼用"术""势"、确保君权至上的专制主义政治主张，构成了法家"法、术、势"三位一体的基本思想体系。韩非特别重视借事论理，例如，"今有不才之子，父母怒之弗为改，乡人谯之弗为动，师长教之弗为变。夫以父母之爱，乡人之行，师长之智，三美加焉，而终不动其胫毛，不改；州部之吏，操官兵、推公法而求索奸人，然后恐惧，变其节，易其行矣。故父母之爱不足以教子，必待州部之严刑者，民固骄于爱、听于威矣。"[3]此中以"不才子"不畏父母、乡邻、师长而畏惧法律的表现，得出百姓"骄于爱、听于威"的结论，从而论证了制定法律、严格执法、严惩违法的重要性（兼有否定儒家"德化"思想之含义）。这段简短的文字，充分显示出韩非长于论辩的特征，其中有事实、有分析、有明确的结论，具有很强的说服力。《韩非子》多为说理文，以阐析深切、逻辑严密、笔锋犀利、言简意赅、多用寓言、形象生动为特征，不愧为法家集大成之作。

法家学说的勃兴，是先秦诸子学派中最晚的。它在战国中后期受到各诸侯国的重视，缘于其理论上虽不及儒、墨等学派的明道宣德，但就治国强兵的直接作用而言，其他各家皆难以与之相比。因而，在战国争雄过程

---

[1] 清·戴望《管子校正》第91页，上海书店，1986年7月。
[2] 《商君书·禁使》：张觉《商君书校注》第174页，岳麓书社，2006年5月。
[3] 引文分别出自《韩非子》之《守道》《二柄》《爱臣》《五蠹》篇：清·王先慎《韩非子集解》第149、26、16、343页，上海书店，1986年7月。

中得到广泛应用、取得真正实效。秦国无疑在推行法家学说方面用力最大：商鞅变法，奠定了秦国以"法"为国策的坚实基础；到韩非之时，法制理论趋于完备。秦国的"以法治国"之国策，并未因商鞅和韩非的获罪被杀而改变。至于秦朝因"法"短命而亡，主因是"无教化，去仁爱，专任刑法而欲以致治。至于残害至亲，伤恩薄厚"①。因此，后世王朝将治国之策修正为"儒表法里"，由儒家登台表演、法家退居幕后，其作用仍在而相对隐蔽而已。应当特别指出的是，法家在先秦诸子中，是唯一强调创新以解决现实问题、推动社会发展的学派（法后王）。这与其他学派一味回望过去、倡导复古的做法（法先王），形成鲜明的区别。仅此一端，法家的价值就应予肯定。

4．兵家

春秋战国时期诸侯并立、攻伐不断的社会现状，使得兵家比之儒、道诸家更加急需和实用，此乃兵家与兵书盛行的主因。先秦兵家以孙武、孙膑、吴起最为知名，且均有兵法著作传世。《孙膑兵法》久已失传，所幸1972 年 4 月于山东临沂银雀山西汉墓中发掘出土了万余字的残简，但因缺失错舛过多而难觅完整章节。此处以介绍孙武、吴起所著兵书为主。

孙武，春秋晚期齐国人。他精通兵法、执法严明，得到吴王阖闾的重用，曾率吴军西破强楚，北威齐、晋，声名显扬于诸侯。所著《孙子》（《孙子兵法》）13 篇，内容涉及战争体认、战略原则、将帅选用、攻防策略、实战技法、士兵管理、奖惩规章等。

《孙子》论述的要义，可以归纳为六种思想观点：一是安国全军的慎战理念："兵者，国之大事，死生之地，存亡之道，不可不察也""主不可以怒而兴师，将不可以愠而致战。合于利而动，不合于利而止。怒可以复喜，愠可以复悦，亡国不可以复存，死者不可以复生。故明君慎之，良将警之，此安国全军之道也"②。二是不战而胜的战略思想："百战百胜，非善之善者也；不战而屈人之兵，善之善者也。故上兵伐谋，其次伐交，其次伐兵，下政攻城"③。三是知己知彼的战争决策："知彼知己，百战不殆；不知彼

---

① 汉·班固《汉书·艺文志》第 166 页，上海古籍出版社，1986 年 12 月。
② 引文分别出自《孙子》之《计篇》《火攻》篇：三国魏·曹操《孙子十家注》第 1、224 页，上海书店，1986 年 7 月。
③《孙子·谋攻》：三国魏·曹操《孙子十家注》第 35 页，上海书店，1986 年 7 月。

而知己，一胜一负；不知彼不知己，每战必殆"①。四是灵活机动的实战
原则："兵者，诡道也。故能而示之不能，用而示之不用，近而示之远，远
而示之近。利而诱之，乱而取之，实而备之，强而避之，怒而挠之，卑而
骄之，佚而劳之，亲而离之。攻其无备，出其不意"②。五是因形任势的
战术选择：要做到"我欲战，敌虽高垒深沟，不得不与我战者，攻其所必
救也；我不欲战，画地而守之，敌不得与我战者，乖其所之也"，因为"兵
形象水，水之形，避高而趋下；兵之形，避实而击虚。水因地而制流，兵
因敌而制胜。故兵无常势，水无常形，能因敌变化而取胜者，谓之神"③。
六是赏罚严明的治军方略：使全军将士"其疾如风，其徐如林，侵掠如火，
不动如山""勇者不得独进，怯者不得独退"④。另如将帅必备"智、信、
仁、勇、严"的能力素养、利用"火攻、间谍"等方式谋取战果最大化，
凡此种种，《孙子》之中都有详细论述。

　　吴起，战国中期卫国人。史称其早年跟随曾子修习儒业，又学兵法以
事鲁、魏，在军事上均有显著成就。后来离魏至楚，楚悼王任之为相，推
行富国强兵之策，南平百越，北并陈、蔡，击退三晋，西向伐秦，威震诸
侯。悼王死后，楚国宗室大臣作乱，吴起被乱箭射杀。所作《吴子》一书，
《汉书·艺文志》录称 48 篇，现存"图国、料敌、治兵、论将、应变、励
士" 6 篇。

　　《吴子》表达的若干观点，如：发动战争要极为谨慎、必须最大限度地
做到知己知彼、密切关注战场情况且灵活地加以应对、严格管理军队以提
高战斗力等，与《孙子》是大体一致的。同时，《吴子》对战争过程中的具
体问题，论述得更加精细。比如，在《料敌》篇中，列举了不可与对方开
战的六种情况："一曰土地广大，人民富众；二曰上爱其下，惠施流布；三
曰赏信刑察，发必得时；四曰陈功居列，任贤使能；五曰师徒之众，兵甲
之精；六曰四邻之助，大国之援。"又列举了可以立即阻击敌人的 13 种情
况："敌人远来新至，行列未定，可击；既食未设备，可击；奔走，可击；
勤劳，可击；未得地利，可击；失时不从，可击；涉长道后行未息，可击；
涉水半渡，可击；险道狭路，可击；旌旗乱动，可击；阵数移动，可击；

---

① 《孙子·谋攻》：三国魏·曹操《孙子十家注》第 52 页，上海书店，1986 年 7 月。
② 《孙子·计篇》：三国魏·曹操《孙子十家注》第 13 页，上海书店，1986 年 7 月。
③ 《孙子·虚实》：三国魏·曹操《孙子十家注》第 91 页，上海书店，1986 年 7 月。
④ 《孙子·军争》：三国魏·曹操《孙子十家注》第 113 页，上海书店，1986 年 7 月。

将离士卒，可击；心怖，可击。"①如此的见解，是符合实际、颇具可操作性的。另外，由于吴起"尝受学于曾子，耳濡目染，终有典型。故持论颇不诡于正。如对魏武侯则曰：在德不在险；论制国治军则曰：教之以礼、励之以义；论为将之道则曰：所慎者五，一曰理、二曰备、三曰果、四曰戒、五曰约。大抵皆尚有先王节制之遗"②。有学者甚至认为，《论语》中孔子"'足食足兵''世而后仁''教民即戎'等，应即《吴子》思想之渊源"③。对照其"内修文德，外治武备"（《图国》）等主张，可知其确实具有"兵中兼儒"之特征。

《孙子》和《吴子》两部兵书，在战国时期即已广为传播，"藏孙、吴之书者家有之"（《韩非子·五蠹》），后代军事家亦对其推崇备至。特别是《孙子》，被称为"百代谈兵之祖"（《四库全书总目》）。以《孙子》《吴子》为代表的古代兵法著作，不独可用之治军作战，而且对于人生目标的择定、管理决策水平的提高等，都是大有帮助的。

5. 佛家

佛家（佛教）的学说及教派，并不起于中华，它在中土的流行始于东汉以后。依照常理，这一并非中华"原生"的学说流派，是不能与上述诸子并列的。但是，佛教自魏晋迄唐代，在中国发展极为迅猛，几度出现近乎成为"国教"之势（如梁武帝、唐宪宗当政时期）。其学说在中古以降，长期形成与"儒、道"并称的局面。因此，将其附于"诸子"之末，单独立题略予述说。

佛教起源于古印度，是一种以出世为基本特征的宗教，创始人是与孔子同时代的悉达多·乔达摩（释迦牟尼）。作为外来宗教，佛教在东汉传入之初，遭到儒、道等多方面的排挤与压制。为了生存与传播，佛教吸收了汉代流行的神仙方术之说，使自己逐渐站住了脚跟。魏晋南北朝长期的动荡不安，为佛教的发展提供了社会条件。魏晋时期，门阀势族大力推行玄学，文人学士以谈玄为尚，佛界学者借老庄玄学解说佛教"般若"（辨识智慧）学说（如僧肇的《肇论》），消除了玄学与佛学交流的障碍；而精通佛、儒学说的著名僧人慧远，则推动了佛学与儒学的融通。南北朝时期虽然政权林立、不断改朝换代，但大多数统治者支持佛教。南朝梁武帝曾三次舍

---

① 引文分别出自《吴子·料敌》：《百子全书》第342、343页，浙江古籍出版社，1998年8月。

② 清·永瑢《四库全书总目》第836页，中华书局，1965年6月。

③ 郭沫若《十批判书》第468页，人民出版社，1954年6月。

身入寺，北魏造佛寺 3 万余所、僧尼达 200 余万人等事例，都印证了佛教在此期间的极大发展。隋唐两个封建王朝，得到统治者的继续扶持，佛教又一次进入繁荣期。特别是唐代禅宗"顿悟"法门流行，为所有人铺就了成佛的路径，使佛教真正实现了"中国化"，最大限度地赢得了信众。

佛教在与神仙方术（汉代）、道教玄学（魏晋）和儒家伦理观念（三纲五常）融合过程中，不断充实完善自己的学说、构成严密的理论及组织管理体系。

佛教的世界观是"无常""缘起"：无常，指任何事物都不存在永恒、固定的状态；缘起，指所有事物都因为各种条件（缘）的相互依存与作用而处在变化之中。世界上的一切都是"刹那生灭"的"因缘和合"，当然就是"诸行无常，诸法无我"。佛教的人生观是"四圣谛"（苦因灭道）：苦，指人生就是经历各种痛苦的过程，至少包括生、老、病、死、怨憎会、爱别离、求不得、五取蕴等"八苦"，人生皆苦是佛教对人生的根本观念；因（集），指佛法所揭示造成人生之苦的身（行为）、口（言语）、意（思想）"三业"，以及贪、嗔、痴、慢、疑、恶见"六烦恼"等各种原因；灭，指信奉佛法达到涅槃、摆脱所有因果业报，才是彻底实现消灭痛苦的唯一路径；道，指佛教信徒应当掌握的实现涅槃、灭苦目标的相关理论与具体方法。佛教的时空观是"三际""三界"：三际，即过去、现在、未来，是对人生整体经历时间的界定；三界，指欲界（俗世间的饮食男女等欲望）、色界（摆脱自身欲望而追求社会属性）、无色界（彻底摆脱欲望及形体而专属纯粹的精神境界）。为了解释"三际""三界"之间的因缘果报的相互变化，又设计了天道、修罗道、人道、畜生道、饿鬼道、地狱道等"六道轮回"。其中以"人道"为基点，行善即可向上至"天道"入佛境；作恶会向下遭受惩治，如若堕入"地狱"则永世不得转世超生。佛教的认识论是"万法皆空"：万法，指所有的事物。因事物皆由因缘和合而生成破灭、并非固定的实在，其"有"（色）是短暂的现象，其"无"（空）则是必然的结果。从本质上讲，所谓的"色"也就是"空"，世间一切都是空的。"色不异空，空不异色；色即是空，空即是色"（《心经》）、"一切有为法，如梦幻泡影，如露亦如电，应作如是观"（《金刚经》），可以视为"万法皆空"的注脚。佛教的修养论是"三学""六度""八正道"：三学，指戒、定、慧；六度，指布施、持戒、忍辱、精进、禅定（静虑）、智慧；八正道，指正见、正思维、正语、正业、正命、正精进、正念、正定。这些都是修习佛法的基本路径与方法。其中，"三学"的表述最为精练，"六度"是对"三学"内容的扩展，"八正道"则是对"三学""六度"方向的提示与把控。佛教的组织基干是"三宝"（佛法僧）：佛，是"佛陀"的简称，意为"觉者""智者"，通常用以称呼佛教创始人释迦牟尼（如来佛）；法，即佛法经籍，包括释迦牟尼涅槃之后，弟子记录其讲说佛法编辑的经（佛教根本教义）、律（佛教戒律威仪）、论（解释佛经蕴义）"三藏"经书；僧，是"僧伽"的简称，即信奉佛法且出家的僧人（僧人团体）。"三宝"之间关系密切，"佛"是佛教的最高领袖及崇拜对象，"法"是保存佛教理论、戒律制度等的文字材料，"僧"是维持佛教正常运作的人员和引领信众修行的导师。佛教有此"三宝"，确保了长久的生存与发展。佛教的运作程式是戒律仪规：主要包括丛林（居住的寺院）、传戒（设立法坛传授戒法）、清规（日常遵守的规则）、课诵（定时念诵经咒）、法会（诵经拜忏的法事活动）等，是佛寺僧人日常生活及弘扬佛法的安排。

　　伴随着佛教传入中国的进程，佛教经典的求取、翻译、印行亦与之并行。据不完全统计，自汉代至宋代千余年间，著名的中外翻译家有 130 余位，他们译出的佛教典籍数量极大、涵盖佛教各个方面的内容。现今收录于汉文《大藏经》的佛典，共计 1520 部、5620 卷（前代佚失及藏文佛典不计入内），可见佛教经典之丰富。与此同时，由于对经义理解的相异，佛教在南朝出现了不同的学派（如解释般若性空的"六家七宗"）。到了隋唐时期，佛僧师徒之间既传习本派佛学，又继承寺庙田产，形成封建宗法式的父子嗣法世系，开始形成宗派。著名的包括天台宗（智𫖮）、法相宗（玄奘）、华严宗（法藏）、净土宗（善导）、禅宗（惠能），其中影响最大的是禅宗。禅宗远承印度摩诃迦叶、近尊南北朝时期来华的菩提达磨为初祖，至六祖惠能而真正形成宗派。

　　惠能的佛学思想，保存在《坛经》之中。《坛经》，亦称《六祖坛经》《六祖大师法宝坛经》，是由惠能口述、弟子法海集录而成的一部经典，也是唯一由中国僧人所著、被佛教界和学术界共同称为"经"的禅宗著作。惠能的核心思想是：佛性自具、直指人心、见性成佛。佛性，指众生本具之成佛可能性。他认为"世人性本自净，万法在自性""人虽有南北，佛性本无南北"[①]，任何人都具备成佛的条件。那种脱离尘世求取佛法的做法

---

① 唐·慧能著、郭朋校释《坛经校释》第 20、8 页，中华书局，1983 年 9 月。

是错误的，因为"法元（原）在世间，于世出世间。勿离世间上，外求出世间""若能心中自有真，有真即是成佛因。自不求真外觅佛，去觅总是大痴人"[1]。为此，惠能提出"无念为宗、无相为体、无住为本"[2]的修行原则。无念，即任何境遇状况都不起心动念；无相，即不执着于事物形态相貌，通晓诸相皆是虚妄之理；无住，即面对一切现象，不在行为与意识上停留或眷恋，做到无所牵挂。坚守"无念"的宗旨、抓住"无相"的主体和"无住"的根本，就可以达到"外离相"而"内不乱"的"禅定"境界。惠能为修禅设定了最终的目标，可以概之为：觅真识本、自省顿悟。在他看来，佛与众生的差异只在迷或悟之间："不悟，即佛是众生；一念若悟，即众生是佛""迷即佛众生，悟即众生佛。愚痴佛众生，智惠众生佛。心险佛众生，平等众生佛。一生心若险，佛在众生中"[3]。他承认由于个人条件限制，会形成"迷即渐契，悟人顿修"的情况，但是大家的目标是一致的："自识本心，自见本性，悟即原无差别。"[4]关于目标达成的过程，惠能特别强调"顿悟"的重要性："若悟无生顿法，见西方只在刹那；不悟顿教大乘，念佛往生路遥。"[5]其意在于提醒人们，注意把握刹那间的感觉，实现体会本真的弃迷开悟。这种开悟，实质就是彻底地"空无"。惠能所作偈诗："菩提本无树，明镜亦非台。佛性常清净，何处有尘埃。"[6]便是其"顿悟"之后的心得体会，也是理解惠能其人其心的方便法门。更为重要的是，惠能提出"直指人心，见性成佛"的顿悟法门、主张"众生皆有佛性，人人皆可成佛"，使佛教真正实现了中国化、大众化。其意义与影响是无可估量的。此外，惠能所谓"见闻读诵是小乘，悟法解义是中乘，依法修行是大乘，万法尽通、万行俱备、一切无杂、但离法相、作无所得，是最上乘"的"四乘等法"[7]，不仅为修习佛禅提供了路径法门，对于从事任何研学修业，都有参考价值。

《汉书·艺文志》在介绍先秦诸子"九家"时，说它们"皆起于王道既微，诸侯力政，时君世主，好恶殊方，是以九家之术蜂出并作，各引一端，

---

① 唐·慧能著、郭朋校释《坛经校释》第72、110页，中华书局，1983年9月。
② 唐·慧能著、郭朋校释《坛经校释》第31页，中华书局，1983年9月。
③ 唐·慧能著、郭朋校释《坛经校释》第58、108页，中华书局，1983年9月。
④ 唐·慧能著、郭朋校释《坛经校释》第30页，中华书局，1983年9月。
⑤ 唐·慧能著、郭朋校释《坛经校释》第66页，中华书局，1983年9月。
⑥ 唐·慧能著、郭朋校释《坛经校释》第16页，中华书局，1983年9月。
⑦ 唐·慧能著、郭朋校释《坛经校释》第88页，中华书局，1983年9月。

崇其所善，以此驰说，取合诸侯。其言虽殊，辟犹水火，相灭亦相生也。仁之与义，敬之与和，相反而皆相成也。《易》曰：'天下同归而殊途，一致而百虑。'今异家者各推所长，穷知究虑，以明其指，虽有蔽短，合其要归，亦《六经》之支与流裔。使其人遭明王圣主，得其所折中，皆股肱之材已。仲尼有言：'礼失而求诸野。'方今去圣久远，道术缺废，无所更索，彼九家者，不犹瘉于野乎？若能修六艺之术，而观此九家之言，舍短取长，则可以通万方之略矣"①。这段文字，对诸子形成的社会背景、各自特征、相互关系及其发挥的作用等，给予了较为恰当的评价（外来的佛家也具有这些特征）。"诸子"各学派及其著作，作为传统文化的重要组成部分，值得我们认真而理性地对待。应当注重其提供的开放式原型、哲理式路向、启智式命题等，切勿流连于冰冷的判定、死板的教条和腐朽之观念。如此研读"诸子"之书，可助立本修身、经世致用、增进学识，同时也能够再现"诸子"学派的重要价值与生命活力。

四、文集：展现言志抒情才华

文集，指汇集一人或多人作品编成的书籍；亦即"四部"分类中"集部"的图书。相较于经书与子书重在发表经世治国的见解、史书以载录事实为主，文集则以展示作者的志向情感、文学创作才华为特征。

（一）文学作品的结集

中国古代文学作品的结集，如果依据现代的标准，应当以《诗经》为开山标志。但是，《诗经》被列为儒家经典，因而楚辞成为文学结集的起始："屈原作《离骚》，为百代词章之祖。众士慕向缀文、接踵于道，各名一家之言。别而聚之，命之曰'集'。"②《隋书·经籍志》首列"集部"之名，下辖"楚辞、别集、总集"三个类目，将前代作品集分别收录其中。《四库全书》的"集部"，区分为"楚辞类、别集类、总集类、诗文评类、词曲类"五大类别，总计著录 1390 部、29051 卷的文学作品，是"四部"中数量最

---

① 汉·班固《汉书·艺文志》第 167 页，上海古籍出版社，1986 年 12 月。
② 宋·王应麟《玉海》（卷五四）：《四库全书》第 944 册第 433 页，上海古籍出版社，1987 年 1 月。

大、内容最多的。相较而言，"集部"的作品，区分为总集、选集和别集三个类型，显得更为合适。

1. 总集

总集，指汇集多人（多类）作品而成的著作集。按照《隋书·经籍志》的意见，总集的编辑起自晋代的挚虞："总集者，以建安之后，辞赋转繁，众家之集，日以滋广。晋代挚虞，苦览者之劳倦，于是采摘孔翠，芟剪繁芜，自诗赋下，各为条贯，合而编之，谓为《流别》。是后又集总钞，作者继轨。属辞之士，以为覃奥而取则焉。"[①]挚虞选编的《文章流别集》早已散佚，无缘觅得真容，但从上文"苦览者之劳倦，于是采摘孔翠，芟剪繁芜"的描述中，似乎称其为"选集"更为合适。不过，采用将作品"各为条贯，合而编之"的方式，确实成为后世编辑总集的常法。

最典型的"总集"，是带有"全"字的作品集。此类总集，有的收录作品涵盖不同时代，如清代严可均《全上古三代秦汉三国六朝文》、清代陈元龙《历代赋汇》（辑录先秦至明代赋作）、近人丁福保《全汉三国晋南北朝诗》；有的则是收录某一朝代的作品，如清代彭定求《全唐诗》、今人唐圭璋《全宋词》等。有的集子虽未以"全"命名，也属于"全集"性质。比如《诗经》，收录了西周至春秋中叶的诗歌作品，虽然只有305篇（另有6篇有目无辞），也是我国最早的诗歌总集。

2. 选集

选集，是选取某一人或多人的作品结成的集子。选集的类型较多，有的跨越不同时代、选录多种文体，如南朝梁昭明太子萧统主持选辑的《文选》（先秦至梁初的诗赋散文）、宋朝李昉《文苑英华》（梁至晚唐五代作品以接续《文选》）；有的选集录入不同朝代某一文体的作品，如南朝徐陵《玉台新咏》（汉代至南朝梁诗歌）、清代朱彝尊《词综》（唐宋金元词）、清代吴楚材《古文观止》（春秋战国至明代散文）；有的限于某一朝代多种文体的作品，如北宋姚铉《唐文粹》、南宋吕祖谦《宋文鉴》、元代苏天爵《元文类》；有的限于某一朝代的一种文体，如清代孙洙（蘅塘退士）《唐诗三百首》、清代吴之振《宋诗钞》、明代臧懋循《元曲选》等；还有的是选取某一作家的作品，如《李白诗选》《杜甫诗选》《韩愈散文选》《苏轼选集》《辛弃疾词选》，等等。

---

① 唐·魏徵《隋书·经籍志》第131页，上海古籍出版社，1986年12月。

需要注意的是，有论者将"选集"归于"总集"之中（其依据是上文所引《隋书·经籍志》对"总集"的定义），其实并非尽妥。从命名上讲，"总集"的重点是"总"，意在求"全"，亦即将所有作品全部聚集，而"选集"的要点是"选"，是有意识地挑选一部分作品，二者的标识含义不同；从功能上讲，"总集"的目标在于最大限度地保存作品，"选集"的主旨则是推荐优秀作品，二者的侧重点不同；从收录作品的数量上讲，也很难将尽录一代、或网罗古今全部的作品集（如《全唐诗》《全汉三国晋南北朝诗》），与选录某一类型、某一时代甚或某个人的作品结集（如《唐诗三百首》《边塞诗选》）相互等同看待。因此，将"选集"与"总集"加以区分，是具有必要性、合理性的。

3．别集

别集，即收录个人创作的作品结集。这一名称，是与总集相对而言的。关于别集的形成，《隋书·经籍志》认为："别集之名，盖汉东京之所创也。自灵均已降，属文之士众矣，然其志尚不同，风流殊别。后之君子，欲观其体势，而见其心灵，故别聚焉，名之为集。"①班固根据刘向、刘歆父子的《七略·诗赋略》，在《汉书·艺文志》中录入《屈原赋》25篇、《唐勒赋》4篇、《宋玉赋》16篇等，堪称对别集最早的著录。魏文帝曹丕在其《与吴质书》中写道："昔年疾疫，亲故多离（罹）其灾，徐（干）、陈（琳）、应（玚）、刘（桢），一时俱逝，痛可言邪！昔日游处，行则连舆，止则接席，何曾须臾相失。每至觞酌流行，丝竹并奏，酒酣耳热，仰而赋诗。……何图数年之间，零落略尽，言之伤心！顷撰其遗文，都为一集。"②可知他曾经将徐干、陈琳、应玚、刘桢等人的作品编辑成集，可视为三国时期拥有别集的证据。此后的作者对此更加注重，别集的编写日益增多。

作为个人作品的结集，有些别集是作者本人所定（如白居易《白氏文集》），这种自编的别集，作者对不满意的作品会进行删改，录入的内容较为严谨可靠。大多数的别集，是由他人（作者的子孙、学生或研究者）编辑而成，此类别集在收录作品时尽力求全，不会轻易放弃任何作品，因而其整体质量未必上佳。

别集在编排体例上，通常是按照作品体式编排，如唐代高适《高常侍

---

① 唐·魏徵《隋书·经籍志》第130页，上海古籍出版社，1986年12月。
② 《与吴质书》，南朝梁·萧统编、唐·李善注《文选》第1303页，岳麓书社，2002年9月。

集》的顺序为"诗、赋、赞、记、序、祭文、表"，清代王琦编辑《李太白集注》的顺序为"古赋、诗、表、书、序、记、颂、赞、铭、碑、祭文"。这种方式操作起来相对容易，也有助于读者集中解读同类型的作品。另一种方式是按照作品创作时间（编年）编排，如清代杨伦笺注的《杜诗镜铨》，将杜甫诗歌按照"开元、天宝、至德、乾元、上元、宝应、广德、永泰、大历"的年号，并与"东都、京师、秦州、成都、夔州、江陵、岳阳"等居留地相互对应予以编排。这种方式，对于纵向了解作者整体创作状况的帮助极大，但因作品创作时间并非作者亲自审定，难免出现失准的现象。还有的按照作品题材或风格特征进行编排，如白居易将自己的诗歌分为"讽谕诗、闲适诗、感伤诗、杂律诗"四个类别（见《与元九书》），这个分类标准虽不统一（讽谕、闲适、感伤诗基于作者情志心理状态，杂律诗则纯任诗歌外在形式），但因出自作者之手，后世编选或分析白居易诗歌，大多仍依此例。

　　至于别集的命名，更是样貌百出。使用最多的几类是姓名字号、官阶职位、谥号封号、籍贯居地。姓名字号类命名包括：本名（《李商隐诗集》）、字（《欧阳行周集》的行周，是唐代欧阳詹的字）、号（《淮海词》的淮海，出自北宋秦观"淮海居士"的别号）；官阶职位类命名包括：初任官（东汉班固初任兰台令史，集名《班兰台集》）、终至官（南朝梁何逊官至水部员外郎，集名《何水部集》）、贬谪官（西汉贾谊贬为长沙王太傅，集名《贾长沙集》）、追赠官（北宋魏野追赠秘书省著作郎，集名《东观集》）；谥号封号类命名包括：官谥（北宋欧阳修被朝廷谥为文忠，集名《欧阳文忠公全集》）、私谥（元代吴莱被门人私谥为渊颖先生，集名《渊颖集》）、封号（南朝谢灵运封为康乐公，集名《谢康乐集》）、谥号封号共用（三国魏曹植封为陈王，死后谥为思，集名《陈思王集》）；籍贯居地类命名包括：籍贯（北宋曾巩籍贯江西南丰，集名《曾南丰文集》）、居住地（北宋陈襄居于侯官县古灵村，集名《古灵集》）、难忘之地（南宋陆游时常心念蜀地，集名《剑南诗稿》）、自家别墅（唐代杜牧晚年居于长安之南的樊川别墅，集名《樊川文集》）、斋堂书室（明代汤显祖读书待客室曰玉茗堂，集名《玉茗堂文集》）。还有一些别集，是用写作年代（白居易《白氏长庆集》的长庆，是唐穆宗年号）、化用典故（明代吴鼎《过庭私录》，出自《论语》孔鲤"趋而过庭"之典）等方式命名的①。此外，有些作家集子不止一个命名，如初唐骆宾王的诗文集，有《骆宾王文集》《骆丞集》《唐骆先生集》《骆临海集》等名称。

针对别集命名、尤其是一人多名的情况，清代章学诚曾做过评论："人心好异，而竞为标题，固已侈矣。至于一名不足，而分辑前后，离析篇章，或取历官资格，或取游历程途，富贵则奢张荣显，卑微则酝酿寒酸，巧立名目，横分字号；遂使一人诗文，集名无数，标题之录，靡于文辞，篇卷不可得而齐，著录不可从而约；而问其宗旨，核其文华，黄茅白苇，毫发无殊。"②章氏的批评，可谓切中要害。因此在面对别集时，应当注意对比互参，选择内容可靠、编辑质量优良者研读或使用。同时，数额巨大的别集（《四库全书》中别集数量占集部的三分之二，清代可考的个人文集达 3 万余部），保存了海量的作品，成为编辑总集、选集的基本素材，其文献及文化价值是十分珍贵的。

（二）古典文学体类特征

中国文学的产生，是与上古时期人们的劳动生活、情感表达相伴而成的。殷商时期的甲骨卜辞，记录着农事、田猎、祭祀、战争、气候等多方面的内容，有些较长篇幅的卜辞（数十字或上百字），内含时间、地点、人物、事件等叙事要素，可以视为古代散文的源头。进入周朝，特别是春秋战国时期，文学创作开始全面发展，诗歌以《诗经》为代表，散文则有诸子散文和历史散文两大体类。此后的汉赋、六朝骈文、唐诗、宋词、元曲及明清小说，皆以特出的"一代之文学"（王国维语），不断丰富着文学的题材内容、提升格调品质，从而构建成中国古代万紫千红的文学园苑。

随着文学事业的发展，不仅作品的数量持续增长，创作关涉的题材内容、外在形式、表现手法、风格特征等，也形成了明显差异。于是，对文学作品进行体类的区分，自然而然地提上日程。划分文学体类，主要包括两种方法：一种是以作品的文字使用形式和语言声律为标准，可以区分为韵文（诗赋颂赞）和散文。这种方法简便易行、人皆可识，但其缺点是每个类别容量过大、不够精细，而且仅依有韵无韵区分，其实际意义不大。

---

① 参见：北京大学图书馆学系《图书馆古籍编目》234-235 页，中华书局，1985 年 3 月。
② 章学诚《文史通义·繁称》；叶瑛《文史通义校注》第 460 页，中华书局，2014 年 7 月。

第二种方法，按照作品的体式、内容和功能加以区分，曹丕《典论·论文》、陆机《文赋》、刘勰《文心雕龙》等，都曾就此专门讨论文体，萧统的《文选》则是依照作品内容功能分类的文学作品集。这一方法自汉末直至清代，都是主要的分类方法。古代的文体分类，经历了由最初极简（秦汉的韵与散两类）、中期烦琐（魏晋至明代的数十甚至上百类）、后期精练（清代多分为 10 余类）的过程，变得趋于合理①。

历代对文学作品的分类虽然纷繁，其主要体类则是诗歌、散文、戏剧与小说。这四个类别，可以基本囊括所有文学作品，并且各具其独有之特征。

1. 诗言情志

中国是诗的国度。从《诗经》辑录的先秦直到 20 世纪初，诗歌占据着中国古代文学发展的主流。以已确知的屈原为始，历代诗坛名家辈出、灿若群星，留下了浩如烟海的优秀作品。在漫长的诗歌发展演进历程中，经历了四言为主的《诗经》、六言为主的楚辞、五言为主的汉魏六朝诗、近体（格律）为主的唐诗，以及宋词和元散曲等"变体"诗歌。随着时代的前行与诗歌体式的变化，形成众多的诗人群体、诗歌流派、创作思潮，掀起多次的诗歌革新运动。这对于拓展诗歌创作领域、丰富诗歌题材内容、提炼诗歌风格特色等，都是极为有益的。若论古代诗歌发挥的功能，其重点当是言志抒情。

诗歌用以言志抒情的主张，出自《毛诗序》（大序）："诗者，志之所之也，在心为志，发言为诗。情动于中而形于言，言之不足，故嗟叹之；嗟叹之不足，故永歌之；永歌之不足，不知手之舞之足之蹈之也。情发于声，声成文谓之音。治世之音安以乐，其政和；乱世之音怨以怒，其政乖；亡国之音哀以思，其民困。故正得失，动天地，感鬼神，莫近于诗。"②这段被概括为"诗言志"的文字，将诗歌视为作者内在意志的外化；内在心意的不同，则显示为安乐、怨怒、哀伤等不同的情感。正是这种意志情感的真实抒发，使诗歌形成"动天地、感鬼神"的巨大感染力，进而发挥"美教化、移风俗"的社会功能。《毛诗序》的表述，成为对诗歌功能作用的定评，得到历代大多数评论家的认同，也在诗歌创作中得到鲜明地体现。

---

① 有关古代文体分类的情况，请参见：张寿康《文章学概论》第 51-63 页，山东教育出版社，1983年 6 月。

② 唐·孔颖达《毛诗正义》第 1 页，中华书局，1980 年 10 月。

　　《诗经》是我国最早的诗歌总集，其"风、雅、颂"的分类，表达了不同社会阶层的思想感情。"国风"大多反映下层百姓生活，诗中或描述遭受剥削压迫的状况，如《魏风·伐檀》《魏风·硕鼠》；或反映徭役兵役之苦，如《豳风·东山》《王风·君子于役》；或揭露统治阶级荒淫残暴，如《邶风·新台》《鄘风·相鼠》《秦风·黄鸟》等。透过这些作品，展示出民众的不平之情。"大雅"和"颂"是歌颂统治者的作品，如"大雅"中的《生民》《公刘》《大明》等是周民族的史诗，记叙了自周始祖后稷至周武王灭商的整个历史过程；"周颂"中的《维清》歌颂周文王、《武》歌颂周武王、《噫嘻》歌颂周成王。此类作品出自贵族士大夫之手，虽然内容不免夸大失实、用语失于板滞枯燥，但其借助歌颂先祖功德而维护自身统治的用意，表露得非常明显。

　　以"言志抒情"为标准，很容易在《诗经》之后的诗界确定相应的代表。以诗风而论：汉乐府民歌多反映民生疾苦，汉代文人诗（《古诗十九首》）再现了文士的困境，建安诗歌（三曹七子）指向安定天下，唐诗充满昂扬激情，宋诗更偏于理性思考。以诗人而论：屈原、陆游、辛弃疾以爱国著称，杜甫、白居易以忧民为要，李白、李贺重在彰显个性，李商隐、李煜诉说个人感受，温庭筠、柳永沉浸男女情爱，晏殊、苏轼则是着力探究人生。以诗作而论：屈原《离骚》、曹操《短歌行》、陶渊明《饮酒》（结庐在人境）、陈子昂《登幽州台歌》、李白《宣州谢朓楼饯别校书叔云》、杜甫《春望》、高适《燕歌行》、孟郊《游子吟》、白居易《卖炭翁》、杜荀鹤《山中寡妇》、李清照《声声慢》（寻寻觅觅）、陆游《示儿》、辛弃疾《破阵子》（醉里挑灯看剑）、马致远《天净沙·秋思》、睢景臣《哨遍·高祖还乡》、于谦《石灰吟》、夏完淳《别云间》、纳兰性德《蝶恋花》（辛苦最怜天上月）、龚自珍《己亥杂诗》（九州风气恃风雷）等，都是流播广远的名作。至于历代诗歌名句，如"路曼曼其修远兮，吾将上下而求索"（屈原《离骚》）、"世胄蹑高位，英俊沉下僚"（左思《咏史》）、"仰天大笑出门去，我辈岂是蓬蒿人"（李白《南陵别儿童入京》）、"欲为圣明除弊事，肯将衰朽惜残年"（韩愈《左迁至蓝关示侄孙湘》）、"诚知此恨人人有，贫贱夫妻百事哀"（元稹《遣悲怀》）、"春蚕到死丝方尽，蜡炬成灰泪始干"（李商隐《无题》）、"九死南荒吾不恨，兹游奇绝冠平生"（苏轼《六月二十日夜渡海》）、"两情若是久长时，又岂在朝朝暮暮"（秦观《鹊桥仙》）、"莫等闲，白了少年头，空悲切"（岳飞《满江红》）、"人生自古谁无死，留取丹心照汗青"（文天祥

《过零丁洋》）、"兴，百姓苦；亡，百姓苦"（张养浩《潼关怀古》）、"十人九人堪白眼，百无一用是书生"（黄景仁《杂感》）。凡此等等，更是直白切当地传达出作者的真情实感，在无数读者心目中引起强烈的共鸣。

古代诗歌与其他文学体式相比，其篇幅相对短小、句式规范齐整、音律谐和易诵、传播迅速便捷，因而影响力极为广远。这种巨大影响力的主要因素，是其所具有的"言志抒情"之特性功能。

2. 文述事理

散文是与韵文相对的一种文体。"散文"之称，当起于宋代（朱熹《朱子语类》、黄震《黄氏日钞》皆用之）。其含义等同于唐代韩愈提出的"古文"（见《师说》《题欧阳生哀辞后》等），亦即以先秦两汉散文为楷模，以散行单句、不拘格式为特征的散体文（文言散文）。韩愈提出"古文"的概念，是为了与当时流行的"俗下文字"（骈文）加以区别。韩愈虽然反对骈体文，其创作亦不免受骈体影响，如《进学解》就显示出骈散兼具的特点。由于对骈体赋类文章的不同看法，古代散文的界定出现了广义、狭义两种意见：广义的包括通常的散体文（叙事、议论及抒情散文），同时包括骈体、赋体文；狭义的则仅限于散体类文章。基于骈赋（尤其是赋体中的"文赋"，如欧阳修《秋声赋》）与散体文的体制相近，此处选择"广义"作为古代散文之范围。

古代散文的渊源，虽可追溯至殷商时代的甲骨卜辞，但大致形成完整篇章的散文，则应以《尚书》为始。《尚书》收录夏商周三代的典、谟、训、命等文献，承载着记言为主而兼记事的功能，注意命题旨意及篇章布局，后世的应用文体（诏令、奏议等）对其多有参照；而其简练的行文用语（有些过于佶屈聱牙），则对春秋战国的诸子散文及历史散文有所启发。先秦时期"百家争鸣"的出现，促成了古代散文创作的第一个高潮期。西汉初年贾谊、晁错等人的政论文，此后司马迁及班固的史传散文，司马相如和扬雄等人的大赋及东汉的抒情小赋，是汉代散文的标志。魏晋南北朝散文整体成就不高，值得一提的是曹操的议论文，以及郦道元《水经注》、杨衒之《洛阳伽蓝记》、颜之推《颜氏家训》等，此时占据文坛主导地位的是骈体文。唐代韩愈、柳宗元领导的古文运动，沉重打击了形式华丽、内容空洞的骈体文，重新恢复了先秦两汉时期散文创作的传统，并且在理论与实践上皆有创新，成就古代散文创作的第二个高潮期。到了宋代，欧阳修率领王安石、曾巩及"三苏"父子，继续接力唐代古文运动，取得了散文革新的彻底胜利。自此之后，"唐宋八大家"成为散文创作的泰山北斗，人人仰而视之、俯而学之，其影响直至于今。

散文的主要功用，在于叙事与说理。从文体上加以区分，记叙文以记述事实为主，论说文以议论说理为主。我国古代"崇经尚史"且长期未曾明析文体，因而所谓"左史记言，右史记事；事为《春秋》，言为《尚书》"之论（前引《汉书·艺文志》语），既可别史，亦可辨文。"记事"之《春秋》，则是记叙文之祖，承传者是《左传》等历史散文；"记言"之《尚书》，可视为议论文之祖，胤续者为先秦诸子散文。

《左传》以《春秋》编年记事纲目为线索，记述了春秋列国的政治、军事、外交及社会生活各方面的活动。其中的某些片断，已经属于体制较为完备的记叙文。比如《郑伯克段于鄢》《晋公子重耳之亡》《晋楚城濮之战》《烛之武退秦师》等，皆为记述人物事件的名篇。这些篇目的编排富于故事性、戏剧性，拥有紧张动人的情节；在人物塑造上，善于将其置于历史事件之中，通过典型的语言、行动和细节描写表现人物性格。《左传》这种忠于史实且叙事写人形象生动的风格，被司马迁的《史记》继承和发扬，成为优良的史传文学传统，也为历代散文作家学习与借鉴。除了直接沿袭《左传》的史传散文，古代以传、记、志、序、跋等命名者，内容以记人、叙事、写景、状物为主者，皆应归入记叙文之内。记叙文的写作，应当以内容真实为原则。比如，属于记叙体、重在叙事塑人的人物传记，旨归似与小说无别。但小说以虚构为主要特征，可跨越时空编排事件、拼接人物；传记的对象须是真人实事，虽然可作适当加工取舍，但基本原则乃是实录。据此，柳宗元的《童区寄传》和《种树郭橐驼传》均以"传"相称，但前者源自真人真事，是合乎规制的记叙文；后者则多有虚构成分，应归之于小说（或寓言）之属。相对于虚构之小说、冷静之议论、抒情之诗篇，记叙文所录内容，必须与社会现实、人生境况更为接近甚或相同。

议论文的特征，明确显现于先秦诸子散文。相较而言，《论语》《老子》成文时代较早，所录多为孔子、老子之言语，一定程度上留有《尚书》"记言"之余韵；而其中以简洁文字立论说理，则突出了议论文"论"之特征。延及战国时期的《孟子》《庄子》《荀子》《韩非子》，标志着议论文已然成体有形。经两汉而至唐宋，议论文臻于极盛。古代议论文名目繁多、分类细密，有的可由"论、议、说、辨、策、疏、解、原"等标题而识之，更多的须由文章所具之特征予以体认。例如，东汉李固《遗黄琼书》，通篇论说士人在政治上的出处行止；唐代韩愈《答李翊书》，主要讲解学子增进学识的方法。这两篇虽属"书信"体类，但不应以记述文视之。关于议论文的核心特性，南朝著名理论家刘勰认为，其条理要清晰："述经叙理曰论。论者，伦也；伦理无爽，则圣意不坠"；其例证要广博而论点须专精："论也者，弥纶群言，而研精一理者也"；其论述方式要与论题相符："陈政则与议说合契，释经则与传注参体，辨史则与赞评齐行，铨（诠）文则与叙引共纪"①。刘勰强调运用材料、分条缕析以持论说理，这与现代议论文"论点、论据、论证（三要素）"之说十分吻合，可谓古今相通。至于议论文作品，哲学论文如庄子《逍遥游》《齐物论》，法制论文如韩非子《守道》《五蠹》，政治论文如贾谊《治安策》、晁错《论贵粟疏》，文学论文如曹丕《典论·论文》、欧阳修《答吴充秀才书》，史学（评）论文如苏洵《六国论》、曾巩《战国策目录序》。凡此等等，读之皆可有获。

散文以叙事、说理为主，其中大都含有作者的情感（纯粹的说明文除外），如诸葛亮《前出师表》、李密《陈情表》、韩愈《祭十二郎文》、欧阳修《泷冈阡表》、归有光《项脊轩志》等，表达出的君臣、祖孙、叔侄、母子、夫妻之间的深厚情感，读之令人慨叹动容。此外，如范仲淹《岳阳楼记》、王安石《游褒禅山记》属于记叙与议论结合的佳作。因此，解读古代散文，不可过于拘泥记叙、议论或抒情之体式，而应以言事说理之当否为准则。

3．戏剧娱人

戏剧，作为一种文学样式，其文体包含诗歌（唱词）与散文（道白），其情节编排与小说近似，其艺术表现兼备诗、乐、舞之成分，具有诸体合成的特征。关于中国戏剧的起源，以《吕氏春秋》所云"葛天氏之乐，三人操牛尾，投足而歌八阕"的"歌舞说"较为可信。这种歌（诗）、乐、舞三位一体的紧密结合，至今仍是中国戏曲最基本的属性。

中国古代戏剧的发展，大致可划分为准备（先秦至唐五代）、初成（宋金）、完善（元代）、提高（明代）、变化（清代）五个阶段。如果从表演的方面考察，先秦的俳优戏乐、汉朝角抵戏、北朝"代面""钵头"（拨头）、唐代参军戏、宋杂剧、金院本、元杂剧、明传奇、清代"花部""雅部"，均属各时期戏剧创作的标志。

---

① 南朝梁·刘勰著、周振甫注《文心雕龙注释》第 200 页，人民文学出版社，1981 年 11 月。

戏剧是将人物活动的情节搬上舞台，通过典型化的手法，最为直观地反映生活状况的艺术形式。所谓"戏如人生"，就包含着戏剧演出与人生实况最为贴近的成分。使用戏剧的形式演绎人生、提供娱乐，这是中国戏剧的重要功能。这一特征，在上古"前戏剧"时代即已奠定。殷商之前主持原始宗教的"巫觋"、后来负责娱乐的"俳优"（不晚于周朝），可称作中国最早的演员。他们服务的对象及承担任务不同："巫以乐神，而优以乐人；巫以歌舞为主，而优以调谑为主。"①中国古代戏剧具有的"娱乐"基因，与西方（古希腊）戏剧明显不同："希腊悲剧流露着古代的智慧、哲学的对话，反映着与其说是戏剧故事，毋宁说是希腊人对历史、对祖先、对人的一种解释，过程语调既是训诫性，亦是传授式的。而中国古戏剧，基本上全是娱乐性的，现实生活一种重复和修正，专用作寻求耍乐和消闲的观众而设，即使里面蕴含有某些道德教条、参军式讽刺，那恐怕亦不过是中国文人惯有的社会使命感。"②中国戏剧作为一种"民间娱乐"和"大众文化"，在宋元时期能够迅猛发展，是因为"戏剧一定要在中国式的'消费性的经济社会'，成熟而且人口聚居，才可能出现的。……中国到了宋、元才具备了这个条件，只有到了公元 10 世纪以后，消费性的大都市出现了，大众文化如小说、戏剧，才能发展完成"③。元代城市经济的发达及轻视文人政策，造就了新型社会环境，为戏剧的繁荣创造了最佳条件。

元代杂剧的创作活动以元成宗大德（1297—1307）年间为界，可以划分为前后两期。前期的创作中心在大都，元杂剧中的杰出作品，绝大部分产生在这一时期，是元杂剧的繁荣阶段。后期杂剧以杭州为创作中心，杂剧数量、质量均不及前期。代表杂剧创作最高水平的"元曲四大家"中，关汉卿、白朴和马致远都是前期作家，只有郑光祖活跃在后期剧坛。元杂剧题材内容丰富，通常分为社会剧（关汉卿《窦娥冤》、郑廷玉《看钱奴》）；公案剧（关汉卿《鲁斋郎》、李潜夫《灰栏记》）；婚恋剧（王实甫《西厢记》、郑光祖《倩女离魂》）；历史剧（马致远《汉宫秋》、白朴《梧桐雨》）；仙道剧（李时中《黄粱梦》、马致远《任风子》）等五大类别。

在众多的元杂剧剧目中，既有"列之于世界大悲剧中，亦无愧色"的

---

① 王国维《宋元戏曲史》第 3 页，东方出版社，1996 年 3 月。
② 唐文标《中国古代戏剧史》第 2 页，中国戏剧出版社，1985 年 8 月。
③ 唐文标《中国古代戏剧史》第 65 页，中国戏剧出版社，1985 年 8 月。

关汉卿《窦娥冤》、纪君祥《赵氏孤儿》之类的悲剧[①]，更多的则是喜剧或悲喜剧（正剧）。以喜剧方式扬善惩恶、为正剧安排大团圆的结局，乃是元杂剧的基本理念。这种理念，体现在元杂剧的各个方面。元杂剧以"唱、念、做、打"为基本技法演绎故事。其剧本创作与现场演出，最大限度地追求本真与自然，"元曲之佳处何在？一言以蔽之，曰：自然而已矣。古今之大文学，无不以自然胜，而莫著于元曲。盖元曲之作者，其人均非有名位学问也；其作剧也，非有藏之名山传之其人之意也。彼以意兴之所至为之，以自娱娱人。关目之拙劣，所不问也；思想之卑陋，所不讳也；人物之矛盾，所不顾也；彼但摹写其胸中之感想，与时代之情状，而真挚之理，与秀杰之气，时流露于其间"，使其"写情则沁人心脾，写景则在人耳目，述事则如其口出是也"。此外，为了更加贴切现实、服务于普通观众，元杂剧作者在唱词中有意识地使用衬字、俗语："古代文学形容事物也，率用古语，其用俗语者绝无。又所用之字数亦不甚多。独元曲以许用衬字故，故辄以许多俗语，或以自然之声音形容之。"正是拥有本真自然的特色，元杂剧不仅为普通大众所喜闻乐见，即使那些平时"大抵屏元剧不观"、自命不凡的"学者文人"，"其见元剧者，无不加以倾倒"。[②]元杂剧适应人心、娱乐民众的作用，由此可见一斑。

元杂剧的价值指向、演出形式等，在明清戏剧中得以延续。明代著名剧作家徐渭的"四声猿"（《渔阳弄》《雌木兰》《女状元》《翠乡梦》）、汤显祖的《牡丹亭》，以及清代洪昇的《长生殿》、孔尚任的《桃花扇》，无不带有古已有之且经元杂剧定型的愉悦人心、寓教于乐之风格特征。

4. 小说应世

"小说"一词，最早见于《庄子·外物》："饰小说以干县令，其于大达亦远矣。"[③]其含义同于"小道"，乃是与有关治国之大道理相对而言，并不具备小说文体意义。首次论及小说文体形式者，是东汉人桓谭："小说家合丛残小语，近取譬喻，以作短书。治身理家，有可观之辞。"[④]稍后的班固认为小说是"街谈巷议，道听途说者之所造""闾里小知者之所及""刍荛狂夫之议"（《汉书·艺文志》）。桓谭和班固将"小、浅、俗"及不堪大

---

① 王国维《宋元戏曲史》第102页，东方出版社，1996年3月。
② 此段引用文字，见王国维《宋元戏曲史》第101、102、105、101页，东方出版社，1996年3月。
③《庄子·外物》：曹础基《庄子浅注》第410页，中华书局，1982年10月。
④ 汉·桓谭撰、朱谦之校辑《新辑本桓谭新论》第1页，中华书局，2009年9月。

用、不登大雅之堂，视为小说特征的看法，得到后世普遍认同。由于对小说文体认识的欠缺，小说长期被列在"子部"之末或附于"史部"之中，并且羼入不少非小说性的作品。

古代小说的分类，始于唐代历史学家刘知几。他在《史通》（内篇·杂述）中，将小说分为"偏记、小录、逸事、琐言、郡书、家史、别传、杂记、地理书、都邑簿"10 类，虽不免将小说附属于史之嫌，但其为小说分类的首创之功可嘉。明代以研究小说著称的胡应麟，将小说分为 6 类："一曰志怪，《搜神》《述异》《宣室》《酉阳》之类是也；一曰传奇，《飞燕》《太真》《崔莺》《霍玉》之类是也；一曰杂录，《世说》《语林》《琐语》《因话》之类是也；一曰丛谈，《容斋》《梦溪》《东谷》《道山》之类是也；一曰辨订，《鼠璞》《鸡肋》《资暇》《辨疑》之类是也；一曰箴规，《家训》《世范》《劝善》《省心》之类是也。"①这种分类比刘知几有了很大进步，其中"志怪""传奇"二类为公认的小说，"杂录"与"丛谈"亦大致属于小说范畴。《四库全书总目》"小说家类"将小说简化为"杂事、异闻、琐记"三类，大致涵盖了"传奇、志怪、杂事"等小说类型。

中国古代小说创作，虽可上溯至远古神话传说，但较为明晰的线索则为六朝志怪、唐人传奇、宋元话本、明清章回小说。六朝时期的作品，从体式上很难被称为真正意义的小说，但以干宝《搜神记》为代表的"志怪"作品，为后世同类作品（《西游记》《聊斋志异》）提供了借鉴；以刘义庆《世说新语》为代表的"志人"作品，为后世记录世情类作品（《金瓶梅》《红楼梦》）开启了先路。唐代是"始有意为小说"的时代（鲁迅语），涌现出李朝威《柳毅传》、元稹《莺莺传》、蒋防《霍小玉传》、沈既济《枕中记》、李公佐《南柯太守传》、杜光庭《虬髯客传》等优秀的传奇小说，标志着古代短篇小说的成熟。唐传奇题材广泛、内容丰富，在艺术形式、表现手法上也做出了可贵的贡献，对后世的文言短篇小说、白话小说及戏曲等，都产生了极大的影响。宋元话本由唐代"变文""俗讲"演化而成，因其与艺人"说话"（说书的故事底本或由底本增补而成）关系甚密，进而初步构建了分章立目的白话小说体制。元末明初出现的长篇章回小说，是在宋元讲史话本基础上形成的。章回小说是我国古代长篇小说的基本形式，其体制特征为：划分章回（将复杂的故事分为若干段落，每个段落通常称作一

---

① 明·胡应麟《少室山房笔丛》第 282 页，上海书店出版社，2001 年 8 月。

"回")；每回标目（每回之首，用两句对偶文字标为题目，概括本回故事的主要内容，称为"回目"）；故事相互连接（前、后回的故事情节紧密关联）；首尾用语固定（每回开首多用"话说"，结尾则多用"且听下回分解"，此形式源自"说话"）。明代章回小说的主要题材，可以分为"历史演义"（罗贯中《三国演义》）、"英雄传奇"（施耐庵《水浒传》）、"神魔小说"（吴承恩《西游记》）和"世情小说"（兰陵笑笑生《金瓶梅》）等四大类别。不同于长篇的章回小说，明代文人模拟宋元话本形式而创作的"拟话本"，属于主要用于案头阅读的白话短篇小说。冯梦龙"三言"（《喻世明言》《警世通言》《醒世恒言》）、凌濛初"二拍"（《初刻拍案惊奇》《二刻拍案惊奇》）中收录的作品，不乏白话短篇小说的优秀之作。"三言""二拍"中的作品，大多从现实生活中取材，直观地表现了人们的恋爱婚姻、亲情友谊、经商谋利等观念；故事大多首尾相连、情节曲折变化、结构较为严密；塑造人物注意细节描写、关注人物动作与心理活动、能够深刻揭示人物性格的复杂性。其观赏性较强，而且引人思考，颇具教育及借鉴意义。清代蒲松龄创作的文言短篇小说集《聊斋志异》，继承志怪、传奇小说的传统，吸收了白话小说的优长，将文言短篇小说创作推向高峰，被誉为古代"短篇小说之王"。蒲松龄"用传奇法，而以志怪"（鲁迅语），亦即以细腻完整的艺术技法，记述怪异题材内容。其中或虚写与实写结合，或真景与幻境交织，或插叙与倒叙相间，创造出迷离奇幻的境界。《聊斋志异》在故事情节编排、人物形象塑造、行文及语言运用等方面，都达到了文言短篇小说创作的高峰。曹雪芹创作的《红楼梦》，以清代中期为社会背景、以贾府为主要演绎平台、以宝黛钗爱情婚姻故事为中心线索，深刻揭露了封建社会末期的黑暗及不可克服的内在矛盾，展示出封建社会必然走向灭亡的历史命运。作品歌颂了以贾宝玉、林黛玉为代表的叛逆精神，肯定了他们鄙弃封建枷锁束缚、追求婚姻自由的理想愿望。全书以中国封建时代"百科全书"式的丰富社会文化内涵，为世人提供了多方面的借鉴与启示；而从中流露出的感伤、虚无、幻灭的情调，也产生了一定的负面影响。《红楼梦》以高度的写实技法、精细的人物刻画、缜密的艺术架构以及浓郁的悲剧色彩，感动了无数的读者受众，成为中国文学史上空前的现实主义小说巨著。

对于小说之功能，唐代以前的观念可概括为"史官末事""小道可观"

"明道辅教""游心寓目"四种①。明代胡应麟认为"小说者流，或骚人墨客游戏笔端，或奇士洽人汇罗宇外，纪述见闻无所迴忌，覃研理道务极幽深，其善者足以备经解之异同、存史官之讨覈，总之有补于世，无害于时"②。清代纪昀也承认：小说"中间诬谩失真、妖妄荧听者，固为不少；然寓劝戒、广见闻、资考证者，亦错出其中。"③凡此种种的观点，意在说明：小说有益于社会治理及劝世育人；小说能够发挥这种作用，在于其真切地反映社会现实、适应了人们的需要。为了最大限度地发挥小说的吸引作用与教育功能，优秀的小说主要依靠紧张的情节、激烈的矛盾冲突、鲜明的对比等手段进行描写，很少使用大段的景物、环境、心理描写，等等。这是中国小说的特征，与异域小说有着明显的不同。小说与诗文戏剧等文学体类一起，发挥着以文载道、用文警世、因文化人之功能。这些文学作品，在承载和传播传统文化精神的广泛性、深入程度方面的作用，大大超过其他类型的文化典籍。

统观中华传统文献的经、史、子、集：就其内容而言，经，用以传递占据主导统治地位的思想理念；史，用以记载可资借鉴的人物事件；子，用以表达鲜明的观点见解；集，用以抒写心愿情感。就其作者而言，经，出自最高统治者或其认可的圣贤；史，出自国家专司机构的人员；子，出自政治学术派别专家的创作；集，出自作者个人之手。就其产生时间而言，经，事关治理社会、统合人心，初现于西周，形成最早；史，记录事实可供借鉴，不晚于东周（春秋），成期稍次；子，寻求治疗社会病患之良方，盛于战国，时间又次；集，描述个人心思情感才艺，汉代时有而后世渐夥，出现最晚。就数量而言，经，作为基本纲领，数量最少；史，按照朝代更替为准，随之增加；子，依凭学术派别而成，代或有之；集，因文人学子众多，随时间推移而数量愈巨。若追寻其首要，经、子本自《周易》，史本自《春秋》，集本自《诗经》。此后，难以尽数且时时新出的各类典籍，源源不断地充实着祖国文化的宝库。

---

① 对小说观念的解释，可参见拙著《诗与唐人小说》第 6 页，天津古籍出版社，2004 年 6 月。
② 明·胡应麟《少室山房笔丛》第 283 页，上海书店出版社，2001 年 8 月。
③ 清·永瑢《四库全书总目》第 1182 页，中华书局，1965 年 6 月。

第八章

才艺技能 国粹象征：传统技艺文化的蕴意功能

人类拥有的才艺技能，是与文化生成及发展相伴而行的。如果将"技"与"艺"加以区分，则用以满足基本生存需求的"技"，在文化发展的低级阶段即已形成；而具备实用价值且满足审美意愿的"艺"，则是文化发展较高阶段的产物。当某一文化进入高级（文明）阶段，其艺术特征就会愈益鲜明、形成不同的艺术文化类型。中华民族在悠久的历史进程中，与满足物质生活需要、展示审美情感追求相应的才艺（艺术）文化，以其门类众多、形式各异、蕴意丰富、特色独具而著称于世。早在先秦时期，"六艺"是社会生活中最为重要的才艺，研讨传统的艺术文化，当可以之为始。

一、"六艺"及其演化

按照现代的解释，艺术是通过典型化的方式塑造形象，用以反映现实生活、表达思想感情的一种社会意识形态。例如绘画、雕塑、音乐、舞蹈、戏剧、电影、曲艺、建筑等，均属于艺术的范畴。在中国古代社会，"艺"是指"书、数、射、御"；"术"则指"医、方、卜、筮"等各种技艺能力（见《后汉书·伏湛传》李贤注）。这些才艺技能，随时代变迁而有所增益转换，但在先秦的"六艺"中可见其踪迹渊源。

（一）"六艺"的内涵

六艺，指礼、乐、射、御、书、数。这是西周王朝确定的、要求贵族子弟掌握的六项技能。根据《周礼》的记载，"六艺"是与"六德"（知、仁、圣、义、忠、和）及"六行"（教、友、睦、姻、任、恤）并列的育人传艺的重要内容。这六个方面的才艺，具体内容包括"五礼、六乐、五射、五驭、六书、九数"。五礼，指"吉礼、凶礼、军礼、宾礼、嘉礼"。其作用是"以吉礼敬鬼神，以凶礼哀邦国，以宾礼亲宾客，以军礼诛不虔，以嘉礼合姻好"①。六乐，指黄帝、尧、舜、禹、汤、周武王六代的古乐，其乐名分别为《云门》《咸池》《大韶》《大夏》《大濩》《大武》。其作用是"以六乐防万民之情，而教之和"。五射，指进行射礼时的五种射法，名称为"白矢、参连、剡注、襄尺、井仪"。这五种射箭方法的具体要求是："白矢者，矢在侯而贯侯过，见其镞白；参连者，前放一矢，后三矢连续而去；剡注者，谓羽头高镞低而去，剡剡然；襄尺者，臣与君射，不与君并立，襄（让）君一尺而退；井仪者，四矢贯侯，如井之容仪。"②五驭，指五种驾车的技术，亦即"鸣和鸾、逐水曲、过君表、舞交衢、逐禽左"。其含义分别是：行车时驭马的铃声相互应和、车在弯曲的岸边疾驰而不坠水、依照礼仪经过天子的表位、通过较狭窄的通道而驱驰自如、驾车行猎时追逐禽兽从左面射获。六书，指汉字造字的六种方式，即"象形、会意、转注、处事（指事）、假借、谐声（形声）"。按照许慎的解释，"指事者，视而可识，察而见意，'上、下'是也；象形者，画成其物，随体诘诎，'日、月'是也；形声者，以事为名，取譬相成，'江、河'是也；会意者，比类合谊，以见指㧑，'武、信'是也；转注者，建类一首，同意相受，'考、老'是也；假借者，本无其字，依声托事，'令、长'是也"③。九数，指九种计算方法，即"方田、粟米、差分、少广、商功、均输、方程、赢不足、旁要"。成书于汉代的《九章算术》，便是以此为据编撰而成。

负责教授"六艺"的人员，是"掌谏王恶，而养国子以道"的"保氏"。④他们是在修德治国之"道"的引领下，传授这些技艺的："其能礼乐也，非特钟鼓玉帛而已，礼与天地同节、乐与天地同和，彼之所及也；其能射御也，非特主皮执辔而已，至于射以观德行而武可习御，不诡其遇而驰必正，彼之所及也；其能书数也，非特记今昔，计乘算而已，至于书足以文道德性命之情，数足以致高天星辰之远，彼之所及也。六艺之所致理，不在乎

---

① 唐·魏徵《隋书·礼仪志》第 15 页，上海古籍出版社，1986 年 12 月。

② 宋·王与之《周礼订义》（卷二二）：《四库全书》第 93 册第 372 页，上海古籍出版社，1987 年 1 月。

③ 清·段玉裁《说文解字注》第 755-756 页，上海古籍出版社，1981 年 10 月。

④ 此节与"六艺"相关的文字中，凡未单独注释的引文，皆出自《十三经注疏》之《周礼注疏》第 69、93 页，中华书局，1980 年 10 月。

粗而在乎精，则何适而非道乎。"①这些与"道"相适的"艺"，属于贵族儿童"小学"期间（六岁开始）的学习内容："六年，教之数与方名。七年，男女不同席，不共食。八年，出入门户及即席饮食，必后长者，始教之让。九年，教之数日。十年，出就外傅，居宿于外，学书计，衣不帛襦裤，礼帅初，朝夕学幼仪，请肄简谅。十有三年，学乐，诵诗，舞《勺》，成童舞《象》，学射御。"②待其步入青年（二十而冠），则正式修习"六经"（亦称"六艺"的《诗》《书》《礼》《易》《乐》《春秋》），从而具备入仕从政的基本条件。在整个周朝（特别是西周），"六艺"是考核贵族子弟技能素养的重要标准，在培养贵族人才、区分社会阶级、稳固政治统治等方面，发挥了不小的作用。

（二）"六艺"的演化

当社会进入春秋战国时期，西周创立的以"礼乐"为主的制度难以维持，形成了"礼崩乐坏"的局面。与之相应，以"六经""六艺"为代表的上流社会文化，随着私人办学而向下（民间）移动。"士"阶层的出现，为"六艺"的承续与演化提供了条件。

春秋战国处于乱世，各诸侯国根本无法完整执持"周礼"，真正掌握"六艺"的人才日渐稀缺。孔子是最为崇尚西周制度、以"克己复礼"为己任的儒家圣人，他一生的事业，很大程度上是围绕着"六经""六艺"展开的。在教育弟子时，他将"文、行、忠、信"作为主要内容（四教），兼顾了品德修养、知识积累及实践能力等多个方面。他提醒自己的儿子："不学诗，无以言。……不学礼，无以立"；要求学生按照"兴于诗，立于礼，成于乐"的路径，进而达成人生目标。但是，他培养出的优秀学生，大都只具备一技之长："孟武伯问：'子路（仲由）仁乎？'子曰：'不知也。'又问。子曰：'由也，千乘之国，可使治其赋也，不知其仁也。''求（冉求）也何如？'子曰：'求也，千室之邑，百乘之家，可使为之宰也，不知其仁也。''赤（公孙赤）也何如？'子曰：'赤也，束带立于朝，可使与宾客言也，不知其仁

---

① 宋·王与之《周礼订义》（卷二二）：《四库全书》第 93 册第 372 页，上海古籍出版社，1987 年 1 月。

②《礼记·内则》：王文锦《礼记译解》第 397 页，中华书局，2001 年 9 月。

也'"①；"德行：颜渊、闵子骞、冉伯牛、仲弓；言语：宰我、子贡；政事：冉有、季路；文学：子游、子夏"。造成学生不能"六艺"赅备的原因，有其自身性格资质的限制，如："柴（高柴）也愚（愚笨），参（曾参）也鲁（迟钝），师（颛孙师）也辟（偏激），由（仲由）也喭（卤莽）"。同时，受到动荡的政治环境及社会风气影响，学生的积极性也打了折扣。季康子曾经问孔子："弟子孰为好学？"孔子深有感慨地回答道："有颜回者好学，不幸短命死矣，今也则亡（无）。"子路曾经当面对孔子说："有民人焉，有社稷焉，何必读书，然后为学？"②说明他对读书进学的兴趣不高。由孔子弟子的表现可知，当时人们对"六艺"体认及掌握的大致情景。当然，孔子之后并非没有真正贯通经、艺之人，例如汉代的张衡："少善属文，游于三辅，因入京师，观太学，遂通五经，贯六艺。虽才高于世，而无骄尚之情。"③只不过这样的"全才"太少，无法改变"六艺"之学随时弱化之趋势。

通观中国古代社会，"六艺"中的"射、御"，在秦汉以后大致归于军事技能（御：由驾车变为骑马），基本退出了学校教育体系。"礼、乐、书、数"四种技艺，在保留于庙堂的同时，又以"琴棋书画"等才艺形式，向着知识阶层（上流社会）、普通大众（民间社会）两个方向发展演变。

1. 琴棋书画：知识阶层的品位象征

由"六艺"派生的琴、棋、书、画四项技艺，在中国古代堪称衡量身份地位的坐标。精通这些技艺，是对文人学士的基本要求；爱好这些技艺，则是进入上流社会的标志。

琴，是古代乐器的代表，创制者相传为炎帝。《吕氏春秋》描述了上古时期琴瑟的形成与发展变化情况："昔古朱襄氏（炎帝别号）之治天下也，多风而阳气畜积，万物散解，果实不成，故士达作为五弦瑟（形状似琴而皆为弦乐器），以来阴气，以定群生。……（帝尧立）瞽叟乃拌五弦之瑟，作以为十五弦之瑟，命之曰《大章》，以祭上帝。舜立，命延乃拌瞽叟之所为瑟，益之八弦，以为二十三弦之瑟。"④桓谭《新论》中设有《琴道》篇，

---

① 此处引文，见《论语》之《季氏》《泰伯》《公冶长》篇：杨伯峻《论语译注》第 178、81、44 页，中华书局，1980 年 12 月。

② 此处引文，皆见《论语·先进》篇：杨伯峻《论语译注》第 110、115、111、118 页，中华书局，1980 年 12 月。

③ 南朝宋·范晔《后汉书·张衡传》第 209 页，上海古籍出版社，1986 年 12 月。

④ 许维遹撰、梁运华整理《吕氏春秋集释》第 118-126 页，中华书局，2017 年 6 月。

认为"八音之中，惟弦为最，而琴为之首。……昔神农氏（炎帝）继宓羲而王天下，上观法于天，下取法于地，近取诸身，远取诸物，于是始削桐为琴，绳丝为弦，以通神明之德，合天地之和焉。梧桐作琴，三尺六寸有六分，象期之数；厚寸有八，象三六数；广六寸，象六律。上圆而敛，法天；下方而平，法地。上广下狭，法尊卑之体。琴隐长四十五分，隐以前长八分。五弦第一弦为宫，其次商、角、徵、羽，文王、武王各加一弦，以为少宫、少商，说者不同。下徵七弦，总会枢极。琴七弦，足以通万物而考治乱也"①。桓谭将"瑟"改称为"琴"（二者可以并称互代），介绍了其制作的材质及形制，特别强调了琴为"八音之首"的重要地位。

不过，所谓神农制琴、尧舜继之的说法，尚无可靠依据，只能作为参考。到了先秦时期，有关琴（瑟）的记载，在各种典籍中已经十分普遍。《周礼》记录了周王朝的礼仪制度，当时设有的大司乐官职，是专门负责音乐的。琴瑟是当时重要典礼中的主要乐器，而且在不同时节或场合，琴瑟的材质形制各不相同："凡乐，圜钟为宫，黄钟为角，大蔟为徵，姑洗为羽，雷鼓、雷鼗，孤竹之管，云和之琴瑟，云门之舞。"冬日所用为"空桑之琴瑟"，夏日使用"龙门之琴瑟。"②《左传》是记述春秋时期人物事件的"实录"著作，其中涉及琴者，有 10 处左右。如：卫献公"有嬖妾，使师曹诲之琴，师曹鞭之。公怒，鞭师曹三百"；晋国的张骼、辅跞在攻打楚国军队时，"将及楚师，而后从之乘，皆踞转而鼓琴"；卫国的孙文子，在自己的封地（戚）铺张音乐，路过的公子札（吴国人）对其提出了批评，从此孙文子"终身不听琴瑟"；被俘至晋国的楚国人钟仪，擅长演奏琴曲，当晋国国君"使与之琴"命其演奏时，他坚持"操南音"进行表演③。可见当时的琴乐，在宫廷、城邑、军队乃至南方的吴楚地区，都是普遍流行的。《诗经》既是儒家经典，也是最早的诗歌总集，其中记述"琴"的表现及作用，更是多种多样。包括选材制作琴器："树之榛栗，椅桐梓漆，爰伐琴瑟"；以琴传递爱情："窈窕淑女，琴瑟友之"；以琴瑟招待宾客："我有嘉宾，鼓瑟鼓琴。鼓瑟鼓琴，和乐且湛"；以琴瑟喻指夫妻和谐："妻子好合，如鼓瑟琴""宜言饮酒，与子偕老。琴瑟在御，莫不静好"；琴可与其他乐器合

---

① 汉·桓谭撰、朱谦之校辑《新辑本桓谭新论》第 64 页，中华书局，2009 年 9 月。

② 汉·郑玄注、唐·贾公彦疏《周礼注疏》第 151-152 页，中华书局，1980 年 10 月。

③ 引文分别出自《左传》之"襄公十四年""襄公二十四年""襄公二十九年""成公九年"：晋·杜预注、唐·孔颖达疏《春秋左传正义》第 255、278、306、203 页，中华书局，1980 年 10 月。

鸣共奏："鼓钟钦钦，鼓瑟鼓琴，笙磬同音"；琴还可用以祭祀祈福："琴瑟击鼓，以御田祖。以祈甘雨，以介我稷黍，以谷我士女"①。《老子》《庄子》《孟子》《荀子》等诸子散文之中，也都有琴瑟的记述。另据《论语》的记载，孔子喜欢弹琴吟唱："孺悲欲见孔子，孔子辞以疾。将命者出户，取瑟而歌，使之闻之。"他的弟子曾皙，甚至在师生讨论问题时仍在演奏瑟乐，直到孔子问道"点（曾皙）！尔何如"时，他方才"鼓瑟希，铿尔，舍瑟而作"地回答了提问。子路在孔子弟子中，属于较为粗鲁浅陋之人，但他也能够弹奏琴瑟："子曰：'由之瑟奚为于丘之门？'门人不敬子路。子曰：'由也升堂矣，未入于室也。'"②

通过这些记述可知，在春秋战国时期，演奏或欣赏琴乐，不仅用于朝堂公府礼仪活动，也是文人士子必备的技能。这种技能也成为一种传统，为后世历代文士所继承。相关的记载，在历代政书、史传及文学作品中比比皆是。

棋，属于闲暇之时游戏娱乐活动的用具，通常由数量相等的两种棋子和一个棋盘组成。下棋的双方，按照规则将自己的棋子摆放在棋盘上（或移动棋子），进行围堵搏杀、决出胜负。中国传统的棋类很多，以围棋和象棋最为著名，而上流社会、文人士子更加青睐的是围棋。

围棋，古代称之为"弈"，亦作"围碁"。早期围棋的形制，是在棋盘上刻画纵横各 11（或 15）道线条；汉魏时期，棋盘线条增加为纵横 17 道，共 289 个交叉点；到了唐宋时期，改为 19 道线条、361 个交叉点。弈棋的双方，分别持黑色或白色棋子相互围堵对方而争胜。关于围棋产生的时间，迄今尚无定论；张华《博物志》所谓"尧造围棋"之说，并不可信。不过，根据《左传》（襄公二十五年）、《论语·阳货》等的有关记述推测，围棋的出现应当不晚于西周。生活于战国中期的孟子，曾以"通国之善弈者"弈秋教人围棋为例，说明"专心致志"的重要性（《孟子·告子上》）。可见当时已有公认的弈棋名家，并且有人拜师学艺。围棋在汉代得到快速发展，主要体现在对围棋知识、作用等的具体描述与形容。东汉时期的桓谭，对

---

① 此处诗句分别出自《诗经》之《鄘风·定之方中》《周南·关雎》《小雅·鹿鸣》《小雅·常棣》《郑风·女曰鸡鸣》《小雅·鼓钟》《小雅·甫田》篇：伍心镇、鲁洪生《诗经析释》第 101、2、334、342、171、489、500 页，春风文艺出版社，1986 年 10 月。

② 此处引文分别出自《论语》之《阳货》《先进》《先进》篇：杨伯峻《论语译注》第 188、119、114 页，中华书局，1980 年 12 月。

围棋的布局做过分析："世有围棋之戏，或言是兵法之类也。及为之，上者，远棋疏张，置以会围，因而伐之，成多得道之胜；中者，则务相绝遮，要以争便求利，故胜负狐疑，须计数而定；下者，则守边隅，趋作罫目，以自生于小地，然亦必不如。"[①]稍晚于桓谭的马融，专门创作《围棋赋》，其中对围棋的价值进行了评说："略观围棋，法于用兵，三尺之局，为战斗场；陈聚士卒，两敌相当；怯者无功，贪者先亡。先据四道，保角依傍；缘边遮列，往往相望；离离马目，连连雁行；蹄度间置，徘徊中央；收取死卒，无使相迎；当食不食，反受其殃。离乱交错，更相度越；守规不固，为所唐突；深入贪地，杀亡士卒；狂攘相救，先后并没；计功相除，以时早讫。事留变生，拾棋欲疾；营或窘乏，无令诈出；深念远虑，胜乃可必。"[②]不难看出，桓谭和马融二人，都是从军事视角体认围棋的。从中可以得知：围棋的生成完善，与战争特别是春秋战国时期诸侯争雄密切相关，属于军事战略思想、战术技巧的一种体现。汉末三国时期的曹操、孙策、陆逊等，既是著名军事家，又对围棋十分精通，也可印证早期围棋与军事的密切关系。魏晋至南北朝，是围棋发展的高潮期，其标志是由"武"向"文"的转化。围棋得到更多文士的喜爱，"王中郎以围棋是'坐隐'，支公以围棋为'手谈'"[③]。"坐隐""手谈"的称呼，显示出围棋减低锋芒、强化弈棋双方会友交流的特征。《世说新语》的"方正""巧艺"等篇中，多有相关的记述。这一时期，围棋界参照"九品中正制"的官阶制度，按照弈棋者的棋艺划分品级：最高为"一品"，最低为"九品"，对棋手的评价具备了标准（现代围棋以"段"划分，"九段"最高，"一段"最低）。唐代的围棋进一步发展繁荣，帝王将相、文人士子、贵妇小姐、佛僧道徒乃至平民百姓，多有围棋爱好者。与此同时，围棋也成为对外文化输出交流的式样，传入朝鲜及日本等国。直至现今，围棋仍然被社会各界人士所喜爱，并且传播至欧美各国。

书，原本是指用文字进行书写。根据考古资料，在距今 6000 年前的仰韶文化时期彩陶上刻画的符号，可以视为汉字的雏形。殷商时期的甲骨文，呈现出以象形为特征的早期汉字样貌，后经周秦时期的金文、篆书（大篆

---

① 汉·桓谭《新论·述策》：汉·桓谭撰、朱谦之校辑《新辑本桓谭新论》第 58 页，中华书局，2009 年 9 月。

② 唐·欧阳询撰、汪绍楹校《艺文类聚》第 1271 页，上海古籍出版社，1982 年 1 月。

③ 南朝宋·刘义庆《世说新语·巧艺》第 186 页，上海书店，1986 年 7 月。

和小篆）而至西汉，隶书成为主要的书体。在先秦至汉初，汉字的书写属于士大夫的基本技能，并未作为一种艺术看待。到了东汉时期，伴随着对隶书进行改造（简化）而生成草书书体，以进行汉字体式创新、研究书写技艺方法、提供典范书写汉字作品为标志的书法，成为自成一家的艺术形式。自此之后，书法成为文人必须研习的专学，促使书法不断地发展变化，造就了一大批声名卓著的书法家，同时出现了不少用于总结经验、指导书法实践的理论著述。

东汉时期是书法艺术生发期，此时逐渐流行的草书，以字形变化明显、字与字相互连属、篇章灵活流动的特征，区别于篆书、隶书文字的相互独立与板滞。杜度、崔瑗和张芝，是本期以草书见长的书法家。三国西晋时期，书体进一步增多，在篆书、隶书、草书流行的同时，出现了行书和楷书。本期最著名的书法家是钟繇，他以书写行书、楷书著称，所作《贺克捷表》"备尽法度，为正书（楷书）之祖"①。与钟繇同时而长于篆书和隶书的邯郸淳，西晋的荀勖、卫瓘等人，也是名重当时的书法家。东晋南渡之后，迎来了中国书法史的第一个高潮期，从君王到臣工士子，无不热衷推崇书法艺术。当时的门阀士族贵家，以其深厚的政治、文化根基，垄断了书法高位：王家的王导、王羲之、王献之，谢家的谢安、谢尚，庾家的庾亮、庾冰，桓家的桓温、桓玄等，均以书法知名。其中的王羲之，更是因其继承之上的大胆创新，超卓于众家之上，成为后世尊崇的"书圣"。隋唐时期，书法艺术得到进一步提高。由隋入唐的书法家虞世南、欧阳询、褚遂良，与出生稍晚的薛稷并称为"初唐四家"，他们均以学习王羲之书法而成名。进入盛唐之后，书法风格发生了明显变化，颜真卿的"厚重典雅"、柳公权的"瘦硬通神"，代表着楷书的最高水平；张旭与怀素的草书，以"张颠素狂"为特征；另如李邕的行书、李阳冰的小篆等，都名重当时、影响后世。唐代的书法艺术，以其名家辈出、求异创新、成果卓著，成为书法史的第二个高潮期。宋代书法得到一定程度的发展，杰出的代表是被称为"宋四家"的苏（轼）、黄（庭坚）、米（芾）、蔡（襄），他们以自己的书法成就，在书法史上占据着重要地位。元代最著名的书法家是赵孟頫，其书法以晋、唐名家为楷模，表现出崇古复古的倾向。明代的祝允明、文徵明、

---

① 宋·无名氏《宣和书谱》（卷三）：《四库全书》第 813 册第 219 页，上海古籍出版社，1987 年 1 月。

董其昌，清代的傅山、金农、郑燮、杨守敬等人，均以书法名世，但与前代名家相较，其成就不可比肩同语。不过，能够掌握书法要领、用毛笔写出漂亮文字的才艺，至今仍然被人们羡慕与叹服。

画，指中国传统绘画（国画），其形成与记录事物或装饰器物有关。记录事物，即采用"绘形"的方式，刻画出事物的大致样貌，用以记录与保存（与象形文字的产生同源）；装饰器物，则是在生活用具上雕刻图画，我国出土的新石器时代陶器，多有鱼、鸟、蛙、人形及花叶图画，用红、黑等颜料涂抹以作装饰。凡此，可以视为传统绘画的萌芽之作。殷商时期雕刻在青铜器、玉器上的花纹图形，较此前陶器上的纹饰更加精致，但整体上属于实用工艺的范畴，尚未真正具备绘画艺术之特征。绘画功能的提升，在东周（春秋战国）时期已然显现。孔子在与弟子交流时，曾经涉及绘画："子夏问曰：'巧笑倩兮，美目盼兮，素以为绚兮。何谓也？'子曰：'绘事后素。'"①《庄子》录入了一则挑选画师的故事："宋元君将画图，众史皆至，受揖而立，舐笔和墨，在外者半。有一史后至者，儃儃然不趋，受揖不立，因之舍。公使人视之，则解衣般礴臝。君曰：'可矣，是真画者也。'"②《韩非子》更是以绘画对象难易的问答，获得人们的广泛认同："客有为齐王画者，齐王问曰：'画孰最难者？'曰：'犬马最难。''孰易者？'曰：'鬼魅最易。'夫犬马，人所知也，旦暮罄于前，不可类之，故难。鬼魅无形者，不罄于前，故易之也。"③通过这些记述，可知绘画在当时受到文士关注的程度。绘画之于春秋战国时期的发展，在考古发掘中也得到印证。长沙楚国墓葬中出土的多幅帛画，其中两幅分别为龙凤携祝祷女子腾空飞升、男子驾驭巨龙伴有鱼与鹤在水中前行，从中传达出仙道思想的印迹。两汉时期，儒家思想占据统治地位，绘画受此影响，主要表现歌功颂德、记述权贵生活等内容。在出土的汉墓壁画中，多有筵宴、乐舞、出行等画面，说明当时的绘画与社会政治、统治阶层的联系较为紧密。魏晋南北朝是社会大动荡、大变化的时代，伴随着这种变化，绘画也出现了新的面貌，主要表现为题材类型的增多、定位的改变及技法的提高。在绘画题材类型方面，本期的山水画开始出现、人物画得以发展、宗教画形成并大量创作；在绘画定位上，改变了两汉时期的重政治、重实用的倾向，开始关注精神

---

① 《论语·八佾》：杨伯峻《论语译注》第 23 页，中华书局，1980 年 12 月。
② 《庄子·田子方》：曹础基《庄子浅注》第 315 页，中华书局，1982 年 10 月。
③ 《韩非子·外储说左上》：清·王先慎《韩非子集解》第 202 页，上海书店，1986 年 7 月。

气质（如利用画中人物的眼睛展现）、思想感情（如借山水景物传达老庄思想）的描述与表现；在绘画方法上，充分利用"点、染"等笔法，出现显示明暗的"晕染"技法，加强了色彩的运用。取得如此的成就，使得魏晋南北朝绘画，占据了绘画史的重要席位。唐代是绘画艺术的全盛期，其题材主要包括人物、山水、花鸟、宗教画等类别；其风格则是在继承传统基础上，予以多方面的创新。唐代的人物画，有的重在录功表德（如阎立本《历代帝王图》），另有再现时代风气、彰显"贵美"的仕女画（如张萱《虢国夫人游春图》）。唐代山水画，在吴道子、李思训等名家努力下，彻底改变了魏晋南北朝山水画的稚嫩粗疏，形成"焦墨薄染"与"金碧重彩"两种山水画的创作风格。花鸟图画，原本用于丝织面料、器物用品的涂染雕刻，唐代画家使其成为独立画种，并且分化出若干的绘画专项：韩干的马、薛稷的鹤、戴嵩的牛、姜皎的鹰、萧悦的竹，均自成一家、成为后世的范式。以洞窟壁画为代表的宗教画（包括洞窟中的佛教塑像），在唐代也发生了重大的改变。敦煌洞窟中的绘画，与六朝讲述佛祖本生故事、令人敬畏恐惧的画面不同，而是取材于经变故事、施以斑斓的色彩、描绘西天佛界的奇妙安乐，佛祖高坐、菩萨环侍、祥云飘飞、仙女散花、玉宇琼楼、瑶草遍地，乃是本期宗教画的标配。其意在于引发士夫俗众的向往之情，也反映了佛教在唐代实现本土化（中国化）的时代特征。关于唐代绘画，特别值得一提的是王维。王维是琴、棋、书、画皆通的艺术家，又是深谙佛理的著名诗人。苏轼评之曰："味摩诘之诗，诗中有画；观摩诘之画，画中有诗。"[①]足见其将文学与绘画融合之高超能力与技巧，由其创立的"文人山水画"，对后世绘画具有深远的影响。宋元时期，是花鸟画最为繁荣的阶段，颇具声名者为黄居寀、徐崇炬、唐希雅等人。花鸟画的昌盛，与最高统治者的喜好和倡导有关，宋徽宗本人便是花鸟画家，亲手创作的绘作数量很大，至今尚有留存。本期的山水画，也取得很大成就，关仝与李成、董源与巨然，分别代表了南北方不同的山水画风；宋元之交的马远与夏珪，则因画面大量留白、着意于"边角"之景的描绘，而被称为"马一角"和"夏半边"；北宋张择端的《清明上河图》，更是以其人物、风景及社会生活的全景式表现，成为古代绘画的杰作。到了明清时期，画家们也进行了一

---

① 宋·苏轼《书摩诘蓝田烟雨图》：郭预衡《唐宋八大家散文总集》第 6569 页，河北人民出版社，1995 年 11 月。

些新的探索尝试，明代的沈周、陈洪绶，清代的石涛、朱耷（八大山人）、郑燮、金农等人，画作的特色较为鲜明。

　　中国古代绘画的发展历程，大致可分为四个阶段：秦朝之前，为实用化阶段，多为录实增饰；两汉时期，为礼教化阶段，用以宣扬儒家思想理念；魏晋南北朝时期，为宗教化阶段，佛教教义通过绘画得以充分展现；唐宋以降，为文学化阶段，绘画中融入更多文学元素，题材与方式更加丰富多彩。与此同时，以不求写形而主写意、不注重客观真实再现而追求主观性情表达、不使用定点透视及光线色彩而多用笔画墨色凸显特征的"文人写意画"（国画），形成了融画、印、诗、书于一体的绘画样式。这种独具中华民族特色的绘画方法，不仅直接影响日本、朝鲜等东方国家，而且足以与西洋主流绘画（油画）分庭抗礼。

　　先秦时期士人应当具备的"六艺"，经过两汉而至魏晋之后，演化为以"琴、棋、书、画"为代表的技艺。某个个人拥有这些技艺，已不足以直接用于入世从政治国，甚至难免"玩物丧志"之讥。但是，完全不具备这些知识技能，则无法进入知识阶层、成为真正的文人士子。

　　2．民间艺术：抒情遣兴的方式

　　相对于士人群体以"琴棋书画"显示自己的品位修养、标明社会地位，流行于民间的艺术，更多的是作为抒发情感、游戏玩乐的方式。

　　如果将"琴"作为乐器的代名词，上流社会、士人阶层使用的乐器，包括琴、瑟、筝、箫、编钟等；其共同特征是音量较小、音阶较低、音声较长、富于余味，适合朝堂客厅演出，用以抒发温柔敦厚、平正谐和之情感。反观民间的乐器，主要使用穿透力极强的弦乐器（胡琴、板胡、高胡、京胡等），声音高亢的管乐器（唢呐、笛子），以及颇具震撼力的打击乐器（大鼓、铜锣）；这些乐器更适合面对大庭广众、酣畅淋漓地表情达意。古人所谓"诸侯倦于听治，息于钟鼓之乐；士大夫倦于听治，息于竽瑟之乐；农夫春耕、夏耘、秋敛、冬藏，息于聆缶之乐"[①]，正是说明不同阶层对音乐的爱好不同。民间对音乐的属性及使用对象的区分，远不如上流社会那般分明。典型的例证是：无论举办婚礼还是葬礼，往往邀请同一个乐队，并且使用的乐器，甚至演奏的乐曲大多是相同的。这种情况，与国人将结婚与送葬都视为"喜事"（红白喜事）的理念有关；也与人们依托嘹亮的乐

─────────────

　　①《墨子·三辩》：清·孙诒让《墨子间诂》第22页，上海书店，1986年7月。

器声音进行聚集、借以宣泄自己的情感相关。

不同于士人阶层对"围棋"的热衷，民间更加流行的是"象棋"。象棋亦作"象碁"或"象戏"。《楚辞·招魂》有"菎蔽象棋，有六簙（博）些。分曹并进，遒相迫些"之诗句①。西汉刘向《说苑·善说》记述孟尝君："燕则斗象棋而舞郑女。"②可证战国时代已有作为游戏器具的象棋。北宋高承根据刘向的说法，认为象棋的形成与战国时期用兵征战的社会局势有关："《说苑》雍门周谓孟尝君：下燕则斗象碁（棋）。亦战国之事乎？故今人亦曰：象碁盖战国用兵争强，故时人用战争之象为碁势也。"③不过，更多的论者认为象棋出自北朝周武帝之手：天和四年（569年）"五月己丑，帝制《象经》成，集百寮讲说"④。《隋书·经籍志》（兵家类）著录《象经》一卷，题周武帝撰，原书佚而不传。明代学者胡应麟认为，周武帝《象经》中的象棋，与民间的象棋并不相同："周武帝《象经》有日月星辰之象，意者以兵机孤虚、冲破寓于局间，决非今之象戏车、马之类也。若如今之象戏，刍夫牧竖俄顷可解，岂烦文人之注、百僚之讲哉？……周武所造象棋，一曰天文、二曰地理、三曰阴阳、四曰时令、五曰算数、六曰律吕、七曰八卦、八曰忠孝、九曰君臣、十曰文武、十一曰礼义、十二曰（《御览》缺此二字），与今俗象戏迥不同。"⑤民间流行的象棋（象戏），相传为唐代牛僧孺所制，他的小说集《玄怪录》之《岑顺》篇，记录的是鬼怪下棋故事。其中所谓"天马斜飞度三止，上将横行系四方。辎车直入无回翔，六甲次第不乖行""两军俱有一马，斜去三尺止。又鼓之，各有一步卒，横行一尺。又鼓之，车进"等⑥，与后世象棋规则相侔。象棋棋子为圆形，通常用木材或象牙、兽骨制成，共计棋子32枚，红黑各半，放置于棋盘各自一方的固定位置（由横五条、竖九条线条构成的交叉点），双方开始对弈。一方以帅统士、相及车、马、炮各二，卒五；一方以将统士、象及车、马、炮各二，兵五。对弈时双方轮流行棋，以清除对方有生力量（车马炮卒）、将其帅（将）围困至死或直接消灭为胜（现代象棋又称中国象棋，以区别于国际象棋）。由于象棋具有棋子数量较少、开局局势固定、行棋相对简单、厮

① 《楚辞·招魂》：雷庆翼《楚辞正解》第217页，学林出版社，1994年7月。

② 汉·刘向《说苑·善说》：《百子全书》第194页，浙江古籍出版社，1998年8月。

③ 宋·高承《事物纪原·象戏》：《四库全书》第920册第254页，上海古籍出版社，1987年1月。

④ 唐·李延寿《北史·周本纪·武帝纪》第40页，上海古籍出版社，1986年12月。

⑤ 明·胡应麟《少室山房笔丛·丹铅新录二·象经》第69页，上海书店出版社，2001年8月。

⑥ 宋·李昉《太平广记》第2936页，中华书局，1961年9月。

杀激烈火爆、胜负结局易于判断、完成棋局通常用时较短等特点，人们既可利用工作中的休息时间"杀"上一两盘，也可在空闲之时进行轮番大战。每逢下棋双方落座开战，周围往往不乏观战的人们。虽然在观棋过程中不许发言（观棋不语），但在分出胜负之后，旁观者一定会加以评论，甚至上阵参战。这与围棋的环境静寂、时间动辄几个时辰相比，区别极为明显。除了象棋，民间还流行牌九、骨牌、麻将等棋类游戏，它们全都以简捷明快、易于学习、参与程度高之类的优点，为普通民众所喜爱。

民间书法，以楷书、行书为主。草书的识记需要较高的文化知识、懂得其书写技巧，而且其字形不整，难以做到两两相合、应对齐正，因而民间使用不多。民间书法多用于春联、喜帖、礼单、契约等，只要字迹工整、便于识认即可。这些书法作者，多是落魄文人或乡村塾师，他们的书法大都使用真（楷）、隶书体，并且按照书体的基本规则进行书写，以便于那些识字不多的普通读者知晓其内容含义。民间使用书法最为集中的时间，是在春节时张贴春联（又称春帖、门帖、门贴、门符、门联）。关于我国古代贴春联习俗的起源，历来说法不一。有人认为是古人在门户画像著符以驱鬼魅习俗的延续，如《后汉书·礼仪志》有"以桃印长六寸，方三寸，五色书文如法，以施门户"之语，说明东汉时期流行的用桃木画符悬挂于门户，与春联的形成颇具关联。更多的人则认为，春联源于晚唐五代时期。据《宋史》记载，五代后蜀"每岁除，命学士为词，题桃符，置寝门左右。末年，学士幸寅逊撰词，昶以其非工，自命笔题云：'新年纳余庆，嘉节号长春'"[①]。孟昶此作，是见诸正史最早的春联。北宋王安石题为《除日》诗中"爆竹声中一岁除，春风送暖入屠苏。千门万户瞳瞳日，总把新桃换旧符"[②]是人们时常引用以证明当时"新年换符"盛行的例证。不过王安石所讲的"新桃换旧符"，究竟仅为驱鬼的画像，抑或包括撰写的联语，甚至用联语代替了画像，尚未形成确论。但是，生活于南宋后期的陈元靓，在论及春联用语时写道："或用古人诗，或后生拟撰，作为门帖，亦有用厌胜祷祠之言者。"[③]可以说明使用对仗形式的语句作为春联，在当时（南宋）已经流行。至于普通百姓之家，用纸张撰写春联张贴于两侧门框之习俗的

---

① 元·脱脱《宋史·西蜀孟氏世家》第 1571 页，上海古籍出版社，1986 年 12 月。

② 宋·王安石《除日》：《王文公文集》第 771 页，上海人民出版社，1974 年 7 月。按：此诗题又作《元日》。

③ 宋·陈元靓《岁时广记·撰春帖》第 170 页，中华书局，2020 年 6 月。

流行，不会晚于明朝初年（据传明太祖亲自为屠户撰写春联）。这种春节张贴春联的习俗，一直盛行至今。近古以来流行的春联，与前期悬挂桃符相比，改变了以"驱鬼"为主的职能，更多地利用简练精巧、对仗工整的文字，表达祝福节日、欢乐喜庆、期盼愿景之情感。每当此时，也是民间知书的文人大显身手之时段。除了年节之时书写对联、帖契之类，也有人以卖文鬻字为生计。据《拾遗记》所述，东汉安帝时期的王溥（西汉昭帝、宣帝朝名臣王吉的后人），"家贫不得仕，乃挟竹简插笔，于洛阳市佣书。美于形貌，又多文辞。来僦其书者，丈夫赠其衣冠，妇人遗其珠玉，一日之中，衣宝盈车而归。积粟于廪，九族宗亲，莫不仰其衣食，洛阳称为善笔而得富"[①]。《拾遗记》虽为"笔记小说"，但此故事当有一定的可信度。说明在汉魏六朝时期，已经有人利用书法的一技之长养家糊口。此外，书法技艺高超者，也可将书法作品悬挂于中堂、制作成匾额，或者选择喜欢的文词书写于扇面："羊孚作雪赞云：'资清以化，乘气以霏。遇象能鲜，即洁成辉。'桓胤遂以书扇。"[②]这种做法，是将审美性与实用性相互结合的良好方式。此中的书写者，既有著名的书法大家、知名人士（如悬挂于宫殿、名寺的书法作品）；更多的则是普通文人或书法爱好者，他们极大地满足了民间的各种题写文字的需求（家居中堂、同族宗祠、野寺小庵、山水景观、屏风团扇），使得具备书法技能者的才华得以尽情展示。

民间绘画与文人画相比，更具烟火气、实用性，最有代表性的是"年画"。年画的形成，与上文所述的桃符大有关系（或可将桃符视为年画的源头）；由桃符直接演化而成的"门神"，堪称最早的年画。门神，即守卫门户之神。最初的门神，并非以画像的形式出现。先秦时期的儒家经典《仪礼·士丧礼》和《礼记·丧服大记》中，都记述了君主参加臣子丧礼时，需要举行"释采（菜）"的仪式，方可进入死者家中。东汉著名学者郑玄的解释是："释采者，祝（丧礼主持人）为君礼门神也。必礼门神者，明君无故不来也。"[③]这里的"门神"，当是理念中的虚化神灵。到了汉代，门口张贴（悬挂）画像用以驱逐鬼怪的方式开始流行。东汉王充在其《论衡》中写道："上古之人，有神荼、郁垒者，昆弟二人，性能执鬼。居东海度朔

① 前秦·王嘉《拾遗记·后汉》，载《汉魏六朝笔记小说大观》第 533 页，上海古籍出版社，1999年 12 月。
② 南朝宋·刘义庆《世说新语·文学》第 70 页，上海书店，1986 年 7 月。
③ 汉·郑玄注、唐·贾公彦疏《仪礼注疏》第 197 页，中华书局，1980 年 10 月。

山上，立桃树下，简阅百鬼。鬼无道理，妄为人祸，荼与郁垒缚以卢索，执以食虎。故今县官斩桃为人，立之户侧；画虎之形，著之门阑。"[1]东汉末年的应劭与王充所述相同，只是最后一句稍有不同："于是县官常以腊除夕，饰桃人，垂苇茭，画虎于门，皆追效于前事，冀以卫凶也。"[2]他们的这种说法，在已出土的砖石壁画"门吏画"中得到印证。此类壁画在辽宁省大连市金州区、河南省南阳市等地的汉代古墓中多有发现，画中人物大多体态威猛雄健、手执斧钺盾矛，承担守卫墓主之职责。南朝梁·宗懔的《荆楚岁时记》，正式将"门神"与绘画（门神画）合一，并且详细说明了正月初一张贴"门神"的情形："帖画鸡户上，悬苇索于其上，插桃符其傍，百鬼畏之。……《括地图》曰：'桃都山有大桃树，盘屈三千里。上有金鸡，日照则鸣。下有二神，一名郁、一名垒，并执苇索，以伺不祥之鬼，得则杀之。'应劭《风俗通》曰：'黄帝书称，上古之时，兄弟二人曰荼与郁，住度朔山上桃树下，简百鬼。鬼妄揞人，援以苇索，执以食虎。'于是县官以腊除夕饰桃人，垂苇索，虎画于门，效前事也。"[3]自此之后，以"门神"为名的"年画"大行其道，画像除了神荼、郁垒、雄鸡、猛虎，还有武圣关羽、捉鬼的钟馗等。唐宋时期，年画得到很大发展，尤其是宋代雕版印刷技术的出现，为年画的批量生产提供了便利（时称"纸画"）。到了明清两代，年画达到极盛时期（"年画"始称于清代道光年间）。随着时代的推移，年画不仅仅限于驱鬼除魔，而是大大扩展了题材内容，其类别大致包括：护宅避邪的门神画（保持对传统的延续）、表达对美好愿景向往之情的吉庆画（如《贵子有余》《富贵满堂》《送子娘娘》）、反映生活现实状况的风俗画（日常劳作或游戏的画面）、取材于历史及文学作品的故事画（如《群英会》《西厢记》《白蛇传》《宝莲灯》）等。这些年画，也不限于年节之时张贴，而是成为居室、店堂的装饰品或吸引顾客的招牌。由于需求巨大，自明朝中期之后，大江南北遍布刻印年画的作坊，而天津杨柳青、河北武强、陕西凤翔、河南开封朱仙镇、江苏苏州桃花坞、湖南邵阳、广东佛山等地的年画，更是以各自鲜明的风格及地方特色，成为著名的年画之乡。

　　文士技艺与民间艺术之间，虽然在表达方式上具有写意与写实、委婉

---

① 汉·王充《论衡·乱龙篇》第 157 页，上海书店，1986 年 7 月。

② 汉·应劭《风俗通义》（卷八）：明·程荣《汉魏丛书》第 659 页，吉林大学出版社，1992 年 12 月。

③ 南朝梁·宗懔《荆楚岁时记》：《汉魏六朝笔记小说大观》第 1052 页，上海古籍出版社，1999 年 12 月。

与直白、轻柔与激烈等种种不同，但也不乏互通相融之处。比如书法，所有的学书之人，均以书法名家（王羲之、颜真卿、柳公权等）为师习字；在众多民间书法爱好者之中，有的书写水平不亚于知名书法家。又如绘画，民间流行的年画，与唐代吴道子（《送子天王图》）、唐代韩滉（《五牛图》）、北宋李公麟（《五马图》）、南宋李嵩（《货郎图》）、元代钱选（《秋瓜图》）、明代边文进（《双鹤图》）、清代赵之谦（《五桃图》）等著名画家画作，具有较为明显的连带关系。正是这些身处不同阶层、术业专长有别的艺术家之间的相互学习借鉴，共同促成了"六艺"的延续与演化、成就了传统技艺文化百花齐放的繁荣局面。

二、技艺在古代社会的作用

先秦时期的"六艺"，以及此后演化而成的琴棋书画等，都属于"技艺"的范围。从其直接功能而言，这些"技艺"可以为拥有者带来实际的利益（金钱财货、官职声名等）。不过，其价值绝非仅限于此，而是在社会生活中发挥着多方面的作用。

（一）参与社会管理

传统技艺参与社会管理，最典型的是"礼"与"乐"。礼乐在社会管理中的地位与职能，周朝时期已经十分明确。《仪礼》对举行各种仪式时演奏音乐的相关要求，有着具体的规定。例如参加"燕礼"："乐正先升，北面立于其西。小臣纳工，工四人，二瑟。小臣左何瑟，面鼓执越，内弦右手。相入，升自西阶，北面东上坐。小臣坐授瑟，乃降。工歌《鹿鸣》《四牡》《皇皇者华》。"又如参加"乡饮酒礼"："设席于堂廉东上。工四人，二瑟，瑟先。相者二人，皆左何瑟，后首，挎越，内弦，右手相。乐正先升，立于西阶东。工入，升自西阶。北面坐。相者东面坐，遂授瑟，乃降。工歌《鹿鸣》《四牡》《皇皇者华》。卒歌，主人献工。工左瑟，一人拜，不兴受爵。"再如参加"乡射礼"："乐正先升，北面立，于其西，工四人，二瑟，瑟先，相者皆左。何瑟面鼓，执越内弦右手。相入，升自西阶，北面东上。工坐，相者坐授瑟，乃降。笙入，立于县中，西面。乃合乐《周南》：《关雎》《葛覃》《卷耳》，《召南》：《鹊巢》《采蘩》《采蘋》。工不兴，告于乐正，曰：'正歌备。'乐正告于宾，乃降。"①

儒家对"礼乐"极其重视。孔子主张以"礼"立身、以"乐"成人，荀子更是为"礼"和"乐"专题立论，对其进行详细阐述。他具体说明了制定礼仪的原因、作用及实施标准："人生而有欲，欲而不得，则不能无求。求而无度量分界，则不能不争。争则乱，乱则穷。先王恶其乱也，故制礼义以分之，以养人之欲，给人之求。使欲必不穷乎物，物必不屈于欲。两者相持而长，是礼之所起也。故礼者养也，刍豢稻粱，五味调香，所以养口也；椒兰芬苾，所以养鼻也；雕琢刻镂，黼黻文章，所以养目也；钟鼓管磬，琴瑟竽笙，所以养耳也。""礼者，以财物为用，以贵贱为文，以多少为异，以隆杀为要。文理繁，情用省，是礼之隆也。文理省，情用繁，是礼之杀也。文理情用，相为内外，表里并行而杂，是礼之中流也。故君子上致其隆，下尽其杀，而中处其中。"②对于音乐，荀子也进行了相应的分析："乐者、乐也，人情之所必不免也。故人不能无乐，乐则必发于声音，形于动静，而人之道声音动静性术之变尽是矣。……故乐在宗庙之中，君臣上下同听之，则莫不和敬；闺门之内，父子兄弟同听之，则莫不和亲；乡里族长之中，长少同听之，则莫不和顺。""乐者，圣王之所乐也，而可以善民心。其感人深，其移风易俗。故先王导之以礼乐，而民和睦。夫民有好恶之情，而无喜怒之应，则乱。先王恶其乱也，故修其行，正其乐，而天下顺焉。"③荀子特别指出，掌握礼乐知识与规则的人，是可以为人师表的："礼者，所以正身也；师者，所以正礼也。无礼何以正身？无师吾安知礼之为是也？……故非礼，是无法也；非师，是无师也。不是师法而好自用，譬之是犹以盲辨色，以聋辨声也，舍乱妄无为也。故学也者，礼法也。夫师，以身为正仪而贵自安者也。"④这些具备礼乐知识、能够亲身演奏或主持礼仪仪式的人，都是依靠自己掌握的"技艺"立命存身。他们的社会地位普遍较低，但在社会政治管理体系中，占据着一席之地。

重视礼乐的思想观念，不仅体现在上流社会、政治管理机构，而且波及整个华夏大地，成为中华民族文化的重要成分及普遍社会心理，当然也

---

① 引文分别出自《仪礼》之《燕礼》《乡饮酒礼》《乡射礼》篇：汉·郑玄注、唐·贾公彦疏《仪礼注疏》第 76、41、51 页，中华书局，1980 年 10 月。

② 《荀子·礼论》：清·王先谦《荀子集解》第 231、237 页，上海书店，1986 年 7 月。

③ 《荀子·乐论》：清·王先谦《荀子集解》第 252、253 页，上海书店，1986 年 7 月。

④ 《荀子·修身》：清·王先谦《荀子集解》第 20 页，上海书店，1986 年 7 月。

就融入平民百姓的日常生活之中。在这种礼乐思想的影响之下，民间举凡婚丧嫁娶、节日庆典、拜神祛魔等，必定按照一定的程式行礼、奏乐，使相关人员从中感应心灵、接受教益："凡音乐，通乎政而移风平俗者也，俗定而音乐化之矣。……故先王之制礼乐也，非特以欢耳目、极口腹之欲也，将以教民平好恶、行理义也。"[①] "上古明王举乐者，非以娱心自乐，快意恣欲，将欲为治也。正教者皆始于音，音正而行正。故音乐者，所以动荡血脉，通流精神而和正心也。故宫动脾而和正圣，商动肺而和正义，角动肝而和正仁，徵动心而和正礼，羽动肾而和正智。故乐所以内辅正心而外异贵贱也，上以事宗庙，下以变化黎庶也。"[②]

绘画也承担着一定的社会职能。比如对待某些著名人物，在用文字记录其事迹的同时，也要绘制画像；这既是为了使其身虽死而名长存，也是为了树立榜样、供后人学习："惟年命之遒短，速流光之有经；疾没世而不称，贵立身而扬名，既铭勒于钟鼎，又图像于丹青。"[③]即便是民间鼓词小调及年画对联，也多含有忠孝节义、修德行善、循礼守法等发挥教化作用的内容。

通过这些论述及具体举措不难看出，以礼、乐为代表的"技艺"，在社会管理中扮演着重要的角色，对于国家政治统治、社会秩序维护、家庭关系协调、个人观念意识等，发挥着不可缺少的作用。

（二）展示才情品格

如果站在国家民族大业的立场观照，"六艺"及其衍生的各项技艺，具有上文所述的"治国平天下"之功能作用；但是，站在拥有此类技艺的个人角度，则更加突出地展示出其才情与品格素养。

掌握某种技艺（表演性艺术或实用性手艺），并非人人皆可做到；在拥有同类技艺的群体中出类拔萃，更需要天赋、才智及刻苦努力。由于种种原因，从先秦至汉代，对技艺及艺人的重视程度不够。到了魏晋南北朝时期，伴随着"人性自觉、个性解放"的社会风气，文人雅士在张扬个性的同时，对具体的才能技艺颇为重视。南朝刘义庆《世说新语》中的《巧艺》

---

① 许维遹撰、梁运华整理《吕氏春秋集释》第116-117页，中华书局，2017年6月。
② 汉·司马迁《史记·乐志》第161页，上海古籍出版社，1986年12月。
③ 晋·傅咸《卞和画像赋》，载《汉魏六朝百三家集》（卷四六）：《四库全书》第1413册第323页，上海古籍出版社，1987年1月。

篇，对才艺之士进行了记述或品评："羊长和（羊忱）博学工书，能骑射，善围棋。诸羊后多知书，而射、弈余艺莫逮。""谢太傅（谢安）云：'顾长康（顾恺之）画，有苍生来所无。'""顾长康画人，或数年不点目精。人问其故？顾曰：'四体妍蚩，本无关于妙处；传神写照，正在阿堵中。'""戴安道（戴逵）就范宣学，视范所为：范读书亦读书，范钞书亦钞书。唯独好画，范以为无用，不宜劳思于此。戴乃画《南都赋图》；范看毕咨嗟，甚以为有益，始重画。"①此中的戴逵，除了擅长绘画，又博学能文、精通琴艺书法，得到东晋名相谢安的器重（见《世说新语·雅量》）。南朝刘宋时期的羊玄保，"善弈棋，品第三。文帝（刘义隆）亦好弈，与赌郡，玄保戏胜，以补宣城太守"②，因为弈棋得胜而获得宣城太守的美差，可见高超棋艺在当时的价值。唐宋时期，社会整体的艺术水平进一步提升，涌现出不少兼具多种才艺的名人。例如，出身名门的卢藏用："工篆隶，好琴棋，当时称为多能之士。"③著名山水田园诗人王维："书画特臻其妙，笔踪措思，参于造化；而创意经图，即有所缺，如山水平远，云峰石色，绝迹天机，非绘者之所及也。人有得《奏乐图》，不知其名，维视之曰：'《霓裳》第三叠第一拍也。'好事者集乐工按之，一无差，咸服其精思。"④宋代"四大书法家"之一的米芾，所画竹木岩石、山水景物各具特色，所书篆、隶、楷、行、草无一不精，被朝廷"召为书画学博士"（《宋史·米芾传》）。北宋文坛领袖欧阳修，在其《六一居士传》中写道："吾家藏书一万卷，集录三代以来金石遗文一千卷，有琴一张，有棋一局，而常置酒一壶。……以吾一翁，老于此五物之间，是岂不为六一乎？"⑤可见其精通琴棋之艺术。苏轼作为宋代首屈一指的大文豪兼书法家、画家，在其诗文作品中，多有专论书画的文字。论书法的如："吾虽不善书，晓书莫如我。苟能通其意，常谓不学可。貌妍容有矉（颦），璧美何妨椭。端庄杂流丽，刚健含婀娜。……吾闻古书法，守骏莫如跛。世俗笔苦骄，众中强鬼骕。钟张忽已远，此语与时左。"⑥"书法备于正书，溢而为行、草，未能正书而能行、草，犹未

　　① 南朝宋·刘义庆《世说新语·巧艺》第 186-187 页，上海书店，1986 年 7 月。
　　② 唐·李延寿《南史·羊玄保传》第 104 页，上海古籍出版社，1986 年 12 月。
　　③ 后晋·刘昫《旧唐书·卢藏用传》第 361 页，上海古籍出版社，1986 年 12 月。
　　④ 后晋·刘昫《旧唐书·王维传》第 607 页，上海古籍出版社，1986 年 12 月。
　　⑤ 宋·欧阳修《六一居士传》：郭预衡《唐宋八大家散文总集》第 1720 页，河北人民出版社，1995 年 11 月。
　　⑥ 宋·苏轼《次韵子由论书》：清·王文诰《苏轼诗集》第 210 页，中华书局，1982 年 2 月。

尝庄语而辄放言，无是道也。""欧阳文忠公用尖笔干墨，作方阔字，神采秀发，膏润无穷。后人观之，如见其清眸丰颊，进趋裕如也。"关于绘画，他在《文与可画筼筜谷偃竹记》一文中，批评了那些"节节而为之，叶叶而累之"的画竹者，提出"画竹必先得成竹于胸中，执笔熟视，乃见其所欲画者，急起从之，振笔直遂，以追其所见，如兔起鹘落，少纵则逝"的绘画原则，表现出身为画家兼理论家的深厚素养。苏轼对琴棋之技艺可能不太精通，但对琴棋的精妙特征，是有深切感知的。他在《书林道人论琴棋》中说自己"听林道人论琴棋，极通妙理。余虽不通此二技，然以理度之，知其言之信也"①。他的作品中，有不少以观棋、听琴为内容者，也可证明对这些技艺的喜爱之情。如此这般记述文士"技艺"的资料，在魏晋以降的各类著作中，可谓比比皆是。

每个人的品格性情各不相同，在精通某种（或多种）技艺的艺术家身上，其性情表现得尤为明显。戴逵生活在东晋，他"性不乐当世，常以琴书自娱。……太宰、武陵王晞（司马晞）闻其善鼓琴，使人召之，逵对使者破琴曰：'戴安道不为王门伶人！'"②如此明确地拒绝为当权的王爷演奏琴曲，足见其个性之卓立。再看明代的几位艺术家："王绂，字孟端，无锡人。博学，工歌诗，能书，写山木竹石，妙绝一时。……于书法，动以古人自期。画不苟作，游览之顷，酒酣握笔，长廊素壁淋漓沾洒。有投金币购片楮者，辄拂袖起，或闭门不纳，虽豪贵人勿顾也。有谏之者，绂曰：'丈夫宜审所处，轻者如此，重者将何以哉！'""昆山夏昶者，亦善画竹石，亚于绂。画竹一枝，直白金一锭，然人多以馈遗得之。……昶与上元张益，同中进士，同以文名，同善画竹。其后，昶见益《石渠阁赋》，自谓不如，遂不复作赋。益见昶所画竹石，亦遂不复画竹。"与唐寅、祝允明等人为好友的文徵明，早年得名师传授："学文于吴宽，学书于李应祯，学画于沈周。"他辞官之后，"四方乞诗文书画者，接踵于道，而富贵人不易得片楮，尤不肯与王府及中人，曰：'此法所禁也。'周、徽诸王以宝玩为赠，不启封而还之"③。这些记述传主才艺超群而不贪金钱、不慕荣华、不媚权贵的文

---

① 宋·苏轼《跋陈隐居书》《跋欧阳文忠公书》《文与可画筼筜谷偃竹记》《书林道人论琴棋》：郭预衡《唐宋八大家散文总集》第5564、5609、4748、6574页，河北人民出版社，1995年11月。

② 唐·房玄龄《晋书·戴逵传》第287页，上海古籍出版社，1986年12月。

③ 此处引文分别出自清·张廷玉《明史》之《王绂传》《夏昶传》《文徵明传》：第800、800、802页，上海古籍出版社，1986年12月。

字，出自官方正史，是可以信实的。

艺术家在社会生活、人事交往中的表现，也与普通人多有不同。俞伯牙与钟子期"以琴为友"的故事广为流传，《吕氏春秋》的记载如是："伯牙鼓琴，钟子期听之。方鼓琴而志在太山，钟子期曰：'善哉乎鼓琴，巍巍乎若太山。'少选之间，而志在流水，钟子期又曰：'善哉乎鼓琴，汤汤乎若流水。'钟子期死，伯牙破琴绝弦，终身不复鼓琴，以为世无足复为鼓琴者。"①演奏"高山流水"类的雅乐，只有"知音"者方可聆听，俞伯牙的人品艺格是何等地脱俗！东汉后期的蔡邕多才多艺、精通音律："吴人有烧桐以爨者，邕闻火烈之声，知其良木，因请而裁为琴，果有美音，而其尾犹焦，故时人名曰'焦尾琴'焉。初，邕在陈留也。其邻人有以酒食召邕者，比往而主以酣焉。客有弹琴于屏，邕至门试潜听之，曰：'憘！以乐召我而有杀心，何也？'遂反。将命者告主人曰：'蔡君向来，至门而去。'邕素为邦乡所宗，主人遽自追而问其故，邕具以告，莫不怃然。弹琴者曰：'我向鼓弦，见螳螂方向鸣蝉，蝉将去而未飞，螳螂为之一前一却。吾心耸然，惟恐螳螂之失之也。此岂为杀心而形于声者乎？'邕莞然而笑曰：'此足以当之矣。'"②这种"闻火烈之声"而知其为制琴的"良木"、"潜听"琴音而得其"杀心而形于声"的高超技艺，更是常人无法企及的。蔡邕的这则故事虽然载于正史而其情节过于奇异，因此多收录于笔记、小说类著作之中（如《太平广记·蔡邕》），可见其影响之大。

自己拥有高超才艺，原本是值得夸耀的，但也有以精通才艺为憾事者。北朝颜之推在其所撰《颜氏家训》中，曾经列举若干事例："王逸少风流才士、萧散名人，举世唯知其书，翻以能自蔽也。萧子云每叹曰：'吾著《齐书》，勒成一典，文章弘义，自谓可观，唯以笔迹得名，亦异事也。'王褒地胄清华，才学优敏，后虽入关，亦被礼遇。犹以书工，崎岖碑碣之间、辛苦笔砚之役。尝悔恨曰：'假使吾不知书，可不至今日邪？'……吴郡顾士端，出身湘东国侍郎，后为镇南府刑狱参军。有子曰庭，西朝中书舍人。父子并有琴书之艺，尤妙丹青。常被元帝所使，每怀羞恨。"③有的人深知展示技艺有时要承担重大责任，因而反对家中儿孙继承此业："韦仲将能书。

---

① 许维遹撰、梁运华整理《吕氏春秋集释》第 312 页，中华书局，2017 年 6 月。

② 南朝宋·范晔《后汉书·蔡邕传》第 218 页，上海古籍出版社，1986 年 12 月。

③ 北朝·颜之推《颜氏家训·杂艺篇》：明·程荣《汉魏丛书》第 603 页，吉林大学出版社，1992 年 12 月。

魏明帝起殿，欲安榜，使仲将登梯题之。既下，头鬓皓然。因敕儿孙：'勿复学书。'"①这种因技艺受到重压、惧怕灾祸降临的心理，固然表现出性格的较为软弱；而其顾及家人后代的心情，也是可以体谅的。

还有的人并非艺术家，但却能够利用某种技艺，显现其与众不同的品格。例如，《世说新语·雅量》篇，列有多个借琴棋书画显示风度气质的故事："豫章太守顾邵，是雍之子。邵在郡卒，雍盛集僚属，自围棋。外启信至，而无儿书，虽神气不变，而心了其故。以爪掐掌，血流沾褥。宾客既散，方叹曰：'已无延陵之高，岂可有丧明之责？'于是豁情散哀，颜色自若。""谢公与人围棋，俄而谢玄淮上信至。看书竟，默然无言，徐向局。客问淮上利害？答曰：'小儿辈大破贼。'意色举止，不异于常。""裴遐在周馥所，馥设主人。遐与人围棋，馥司马行酒。遐正戏，不时为饮。司马恚，因曳遐坠地。遐还坐，举止如常，颜色不变，复戏如故。"顾雍获知自己的儿子死亡、谢安收到谢玄"淝水之战"的捷报、裴遐当众受到挑衅羞辱，他们竟然继续"围棋"而颜色不变，此中虽不免于"矫情"因素，但其表现已非普通人可比。相较而言，下述几位面对生死而坦然自若地弹琴作书，则是真正的品格超卓："嵇中散（嵇康）临刑东市，神气不变。索琴弹之，奏广陵散。曲终曰：'袁孝尼尝请学此散，吾靳固不与，广陵散于今绝矣！'""夏侯太初尝倚柱作书。时大雨，霹雳破所倚柱，衣服焦然，神色无变，书亦如故。宾客左右，皆跌荡不得住。""裴叔则被收，神气无变，举止自若。求纸笔作书，书成，救者多，乃得免。后位仪同三司。"有的虽未直接与琴棋书画之艺相接，仍显出其非凡的品格："郗太傅（郗鉴）在京口，遣门生与王丞相书求女婿。丞相（王导）语郗信：'君往东厢，任意选之。'门生归，白郗曰：'王家诸郎，亦皆可嘉，闻来觅婿，咸自矜持。唯有一郎，在床上坦腹卧，如不闻。'郗公云：'正此好！'访之，乃是逸少（王羲之：王导侄儿），因嫁女与焉。"利用器乐考验人品定力，也是一种方法："宣武（桓温）与简文（东晋简文帝司马昱）、太宰（王晞）共载，密令人在舆前后鸣鼓大叫。卤簿中惊扰，太宰惶怖求下舆。顾看简文，穆然清恬。宣武语人曰：'朝廷间故复有此贤。'"②《世说新语》虽被归类于"志人小说"，因其多载当时著名人物事件，可信度还是很高的。

---

① 南朝宋·刘义庆《世说新语·巧艺》第185页，上海书店，1986年7月。
② 本节文字中的引文，皆见：南朝宋·刘义庆《世说新语·雅量》第90-96页，上海书店，1986年7月。

流传极广的"祢衡击鼓"故事，更是典型地展示出祢衡"尚气刚傲，好矫时慢物"的名士风范："（孔）融既爱衡才，数称述于曹操。操欲见之，而衡素相轻疾，自称狂病，不肯往，而数有恣言。操怀忿，而以其才名，不欲杀之。闻衡善击鼓，乃召为鼓史，因大会宾客，阅试音节。诸史过者，皆令脱其故衣，更着岑牟、单绞之服。次至衡，衡方为《渔阳》参挝，蹀躞而前，容态有异，声节悲壮，听者莫不慷慨。衡进至操前而止，吏呵之曰：'鼓史何不改装，而轻敢进乎？'衡曰：'诺。'于是先解衵衣，次释余服，裸身而立，徐取岑牟、单绞而着之。毕，复参挝而去，颜色不怍。操笑曰：'本欲辱衡，衡反辱孤。'"①祢衡擅长击鼓且技艺高超，本来无可厚非；而其当众"裸身"击鼓、借以羞辱曹操的行为，显示出其特立不凡的性格。不过，他的最终被黄祖杀害于江夏（武汉市武昌区），也是为这种性格付出的高昂代价。

技艺精纯的艺术家，依靠自己掌握的高超技艺傲世骄人；具有一定社会地位的人（贵族或官员等），借助某种技艺展示自己的人格品性。这种情形，在古代（尤其是魏晋以后）不乏其例，并且形成一种风气而随世流传。

（三）传递文化信息

以展示才艺为标志的艺术文化门类，如果放置于社会文化的环境中考察，其重要功能在于传达正统理念、提供人生经验智慧、宣泄社会成员情绪，从不同方面发挥着烘托渲染文化氛围的作用。

1. 寓教于艺，体现正统思想观念

中华传统文化的鲜明标志是重"礼乐"、修"道德"，特别重视相关的教育与培养，才艺在其中也发挥着作用。对于各种才艺与正统思想、道德教化之间的关系，孔子曾给予明确表述："志于道，据于德，依于仁，游于艺。"②这段话可以视为个人完善人格的标准，也可以看作对社会成员（特别是士人）进学求艺的要求。对于其中的"游于艺"，朱熹的解释是："游者，玩物适情之谓。艺，则礼乐之文，射、御、书、数之法，皆至理所寓，而日用之不可阙者也。朝夕游焉，以博其义理之趣，则应物有余，而心亦无所放矣。"③可知"游艺"与树立弘扬正道的志向、巩固高尚品德的根基、

---

① 南朝宋·范晔《后汉书·祢衡传》第 111 页，上海古籍出版社，1986 年 12 月。
② 《论语·述而》：杨伯峻《论语译注》第 67 页，中华书局，1980 年 12 月。
③ 宋·朱熹《四书章句集注》第 94 页，中华书局，1983 年 10 月。

遵循守仁施爱的原则，构成相互依存关系。换言之：道德仁爱的素养，须由才艺加以展示；才艺的演绎，须当体现道德仁爱之素养。孔子重视才艺的社会教化功能，体现在多个方面：他认为从政的首要工作是"正名"，其次就是大兴"礼乐"，然后才是制定实施"刑罚"律条，因为"名不正，则言不顺；言不顺，则事不成；事不成，则礼乐不兴；礼乐不兴，则刑罚不中；刑罚不中，则民无所措手足"。在治理国家、大兴礼乐过程中，孔子也是有选择的："颜渊问为邦。子曰：'行夏之时，乘殷之辂，服周之冕，乐则《韶》《舞》。放郑声，远佞人；郑声淫，佞人殆。'"他非常喜爱雅正的音乐："子在齐闻《韶》，三月不知肉味，曰：'不图为乐之至于斯也！'"并且亲自在鲁国从事过校正音乐的工作："自卫反鲁，然后乐正，《雅》《颂》各得其所。"[①]身为儒家学派的创始人、被奉为"万世师表"的圣人，孔子的这些思想观点，得到广泛的认同。

《礼记》从进学的角度，对各种才艺之于修德成人的价值，做过具体说明："大学之教也，时教必有正业，退息必有居学。不学操缦，不能安弦；不学博依，不能安诗；不学杂服，不能安礼；不兴其艺，不能乐学。故君子之于学也，藏焉，修焉，息焉，游焉。"在这些才艺中，"礼"与"乐"的作用最为重要。音乐用于陶冶内在情操，礼仪用于规范外在行为，礼与乐共同作用于内心并展现于外表，进而使人形成谦恭有礼、温文尔雅的人格风范："乐，所以修内也；礼，所以修外也。礼乐交错于中，发形于外，是故其成也怿，恭敬而温文。"《礼记·乐记》是专题讨论音乐的篇目，认为音乐与人伦道德直接相关，将是否懂得音乐作为区分人与禽兽、君子与普通民众的标志，音乐对于社会政治、道德品质的提升，都有重要作用："知声而不知音者，禽兽是也；知音而不知乐者，众庶是也。唯君子为能知乐。是故，审声以知音，审音以知乐，审乐以知政，而治道备矣。是故，不知声者不可与言音，不知音者不可与言乐。知乐，则几于知礼矣。礼乐皆得，谓之有德。德者，得也。"那些由普通乐师演奏、少年儿童伴舞的音乐，以及由下等司仪指挥、从事排列座位或引导宾客之类的礼仪，虽然属于不登大雅之堂的才艺，难与修德成行相提并论，但它们共同发挥着教化职能，对治国理政是重要作用的："乐者，非谓黄钟大吕弦歌干扬也，乐之

---

① 引文分别出自《论语》之《子路》《卫灵公》《述而》《子罕》篇；杨伯峻《论语译注》第133、164、70、92页，中华书局，1980年12月。

末节也，故童者舞之。铺筵席，陈尊俎，列笾豆，以升降为礼者，礼之末节也，故有司掌之。乐师辨乎声诗，故北面而弦；宗祝辨乎宗庙之礼，故后尸；商祝辨乎丧礼，故后主人。是故，德成而上，艺成而下；行成而先，事成而后。是故先王有上有下，有先有后，然后可以制于天下也。"同时，射箭的技艺，也被纳入人格塑造的范围："射有似乎君子，失诸正鹄，反求诸其身。"[①]因此，统治者对于"礼乐"为代表的才艺是十分重视的。这种传统，从周朝的制礼作乐、要求贵族子弟掌握"六艺"，直到清朝皇帝率领皇子臣工，每年到木兰围场（今属河北省承德市）举行"秋狩"射猎，都可以看作以才艺为教化的表现。

　　崇拜祖先、重视传统，也是中华文化的重要特征。这种理念，在早期绘画中已有体现："孔子观乎明堂，睹四门墉，有尧舜之容，桀纣之象，而各有善恶之状，兴废之诫焉。又有周公相成王，抱之负斧扆，南面以朝诸侯之图焉，孔子徘徊而望之，谓从者曰：'此周之所以盛也。夫明镜所以察形，往古者所以知今，人主不务袭迹于其所以安存，而忽怠所以危亡，未有异于却步而欲求及前人也，岂不惑哉。'"[②]这段出自《孔子家语》的文字，表明在先秦时期，已经重视利用绘画记述前代兴亡、教育当代世人的工作。南朝齐·谢赫《古画品录》："图绘者，莫不明劝戒，著升沉，千载寂寥，披图可鉴。"[③]唐代张彦远《历代名画记》开篇所言："夫画者，成教化，助人伦，穷神变，测幽微，与六籍同功。"[④]他们表达的观点都十分相似。

　　传统文化推崇的"独善""兼善"的人生定位，在才艺中也得到显现："琴之言禁也，君子守以自禁也。……古者圣贤，玩琴以养心，夫遭遇异时，穷则独善其身，而不失其操，故谓之'操'。达则兼善天下，无不通畅，故谓之'畅'。"[⑤]另如：庙堂音乐讲究雅正平和，书法中隶书、楷书的结构与笔画必须严整规范，悬挂颂圣育德的绘画以宣扬忠孝节义（如学馆的孔

---

① 引文分别出自《礼记》之《学记》《文王世子》《乐记》《乐记》《中庸》篇：王文锦《礼记译解》第 516、274、528、547、779 页，中华书局，2001 年 9 月。

② 三国魏·王肃《孔子家语·观周》：《百子全书》第 7 页，浙江古籍出版社，1998 年 8 月。

③ 南朝齐·谢赫《古画品录》：《四库全书》第 812 册第 3 页，上海古籍出版社，1987 年 1 月。

④ 唐·张彦远《历代名画记》（卷一）：《四库全书》第 812 册第 279 页，上海古籍出版社，1987 年 1 月。

⑤ 汉·桓谭《新论·琴道》：汉·桓谭撰、朱谦之校辑《新辑本桓谭新论》第 64-65 页，中华书局，2009 年 9 月。

子像、民间的《二十四孝图》）等，无不传达出正统主流文化的理念信息。

2. 设境置物，验证传统思维与实用技法

中国社会文化的思维方式及实际运用方法，在传统技艺中多有体现。例如：具备大局意识、注重整体利益与宏观考量、抓住最佳机遇及运用合理战术手段以取胜，等等。

文人雅士喜爱的围棋，是充分展示传统思维与应用的典型例证。东汉班固《弈旨》，对围棋的特征做过说明："局必方正，象地则也；道必正直，神明德也；棋有白黑，阴阳分也；骈罗列布，効天文也；四象既陈，行之在人，盖王政也。或虚设豫置，以自卫护，盖象庖牺网罟之制；堤防周起，障塞漏决，有似夏后治水之势；一孔有阙，坏颓不振，有似瓠子泛滥之败。作伏设诈，突围横行，田单之奇；要厄相劫，割地取赏，苏张之姿；三分有胜而不诛，周文之德。逡巡儒行，保角依旁，却自补续，虽败不亡。缪公之智，中庸之方，上有天地之象，次有帝王之治，中有五霸之权，下有战国之事，览其得失，古今略备。"①关于围棋的布局，前文已引录马融《围棋赋》中的相关文字。坊间所谓"金角、银边、草肚皮"，是对围棋布局的通俗说法。"金角"指棋盘四个角的区域，占据这些区域，只要在"星位"放置一枚棋子，基本即可掌控，付出的代价最小；"银边"指靠近棋盘四条边的区域，需要两个以上相互关联的棋子，方可控制靠边的区域；"草肚皮"指环绕"天元"（棋盘中心点）的区域，这些区域四向开放，必须投入大量棋子围追堵截、奋力搏杀才会有所收获，因而在战略布局阶段，通常不作为首选之策。围棋这种布局原则，就如同两军对垒作战：背靠有利地形者易于坚守，而争夺开阔地域，则必须派出更多兵力、付出更大的代价。南朝沈约的《棋品序》，对围棋的奇正变化做过评价："弈之时义大矣哉。体希微之趣，舍奇正之情，静则合道，动必适变，若夫入神造极之灵，经武纬文之德。故可与和乐等妙、上艺齐工。……虽复理生于数，研求之所不能涉；义出乎几，爻象未之或尽。"②概言之，围棋的"占位、圈地、围空"等，属于战略布局；而其"冲断、打劫、尖顶"等，则属于战术选择。在弈棋过程中，过于贪图利益、恃勇冒进，定会招致失败；如果怯战退缩、画地为牢，也无法取得胜利。因此，从中可以检验对弈者的思维水平与实

---

① 唐·欧阳询撰、汪绍楹校《艺文类聚》第 1273 页，上海古籍出版社，1982 年 1 月。
② 唐·欧阳询撰、汪绍楹校《艺文类聚》第 1274 页，上海古籍出版社，1982 年 1 月。

际运用之能力。

　　书法是传统技艺中使用最为广泛者，历代名家辈出，体式风格多种多样。王羲之的平和自然、婉美健秀，颜真卿的端庄厚重、气势雄大，柳公权的骨力劲健、瘦硬通神，赵孟頫的严整圆熟、温润畅逸，既彰显出各自的鲜明特色，又与传统理念、审美风尚相互切合。在书法理论著作中，唐代书法理论家孙过庭的名作《书谱》，对书法艺术的思想文化意蕴，做过较为全面的阐析。他认为，书法体现着社会公认的"义理"："固义理之会归，信贤达之兼善。"不同书体的风格特色独具，反映出各自的品性情感："篆隶草章，工用多变，济成厥美，各有攸宜。篆尚婉而通，隶欲精而密，草贵流而畅，章务险而便。然后凛之以风神，温之以妍润，鼓之以枯劲，和之以闲雅，故可达其情性，形其哀乐。"他特别强调"情理"在书法创作中的重要性："情动形言，取会风骚之意；阳舒阴惨，本乎天地之心。既失其情理，乖其实原，夫所致安有体哉。"主张将"平正""通会""权变"贯穿于学习书法的整个过程："初学分布但求平正，既知平正务追险绝，既能险绝复归平正。初谓未及，中则过之，后乃通会之际，……故以达夷险之情，体权变之道，亦犹谋而后动，动不失宜，时然后言，言必中理矣。"他认为学习书法应当达到的目标是："傍通点画之情，博究始终之理，镕铸虫篆，陶钧草隶，体五材之并，用仪形不极，象八音之迭起，感会无方。至若数画并施，其形各异，众点齐列为体互乖。一点成一字之规，一字乃终篇之准，违而不犯，和而不同，留不常迟，遣不恒疾，带燥方润，将浓遂枯，泯规矩于方圆，遁钩绳之曲直。"[①]这里的"通情究理、陶钧各体、和而不同、融规矩于方圆"等表述，很容易在传统思想文化中觅得相应的观点。

　　国画与传统思维理念，也有很多契合之处。"写意"是中国画的一大要素，亦可称之为"写意达理"。"意"即思想情感，包括作者及绘画对象的；"理"即客观规律。苏轼曾说："余尝论画，以为人禽、宫室、器用皆有常形。至于山石、竹木、水波、烟云，虽无常形，而有常理。常形之失，人皆知之；常理之不当，虽晓画者有不知。故凡可以欺世而取名者，必托于无常形者也。虽然，常形之失，止于所失，而不能病其全；若常理之不当，则举废之矣。以其形之无常，是以其理不可不谨也。世之工人，或能曲尽

---

　① 唐·孙过庭《书谱》：《四库全书》第 812 册第 32—35 页，上海古籍出版社，1987 年 1 月。

其形，而至于其理，非高人逸才不能辨。"①可见，画家描摹事物的外形，较为容易做到；能够得"意"达"理"，只有高明的画家可以真正做到。传统绘画特别讲究"气蕴生动"，将其作为绘画的要义。其中的"气蕴"，是指画中人物的神态，要能够达到活现而灵动的程度。谢赫《古画品录》提出绘画的六种方法（原则），将"气韵生动"放置在第一位："一气韵生动是也，二骨法用笔是也，三应物象形是也，四随类赋彩是也，五经营位置是也，六传移模写是也。"②只有将人与物的真情实感（意）适宜地表现出来（写），才能够使画面达到"气蕴生动"的效果。

这种"气蕴生动"的特征，不但存在于绘画，在书法中亦是如此，因为书画本为一体。元代学者杨维桢曾说："书成于晋，画盛于唐宋，书与画一耳。士大夫工画者必工书，其画法即书法所在。……论画之高下者，有传形、有传神；传神者，气韵生动是也。"③明代张丑在论及书画时写道："画无笔迹，非谓其墨淡模糊而无分晓也，正如善书者藏笔锋如锥画沙，印印泥耳。书之藏锋，在乎执笔沉着痛快。人能知善书执笔之法，则知名画无笔迹之说。故古人如孙太古、今人如米元章，善书必能画、善画必能书。书画其实一事。"④明代著名画家唐寅（伯虎）也说："工画如楷书，写意如草圣。不过执笔转腕灵妙耳。世之善书者多善画，由其转腕用笔之不滞也。"⑤

总之，注重"气"（精神）、"意"（思想）、"势"（布局）、"骨"（框架）等，是中国传统文化中的重要审美理念。这些理念，既体现在为人（孟子"我善养吾浩然之气"）、为文（曹丕"文以气为主"）之中，也表现在琴棋书画等技艺之内。它们引领着艺术创作的方向，在实际运用的手法及作品中也得到了呈现。

3. 搭建平台，提供情绪释放途径及载体

任何事物都有其两面性，各种才艺也具有这一特征。从官方正统的角

---

① 宋·苏轼《净因院画记》：郭预衡《唐宋八大家散文总集》第 4719 页，河北人民出版社，1995年 11 月。

② 南朝齐·谢赫《古画品录》：《四库全书》第 812 册第 3 页，上海古籍出版社，1987 年 1 月。

③ 元·杨维桢《东维子集》（卷十一）《图绘宝鉴序》：《四库全书》第 1221 册第 482 页，上海古籍出版社，1987 年 1 月。

④ 明·张丑《清河书画舫》（卷九下）：《四库全书》第 817 册第 366 页，上海古籍出版社，1987年 1 月。

⑤ 明·朱谋垔《画史会要》（卷五）：《四库全书》第 816 册第 571 页，上海古籍出版社，1987 年1 月。

度讲，可以利用琴棋书画等才艺及其相关仪式，进行教化民众、统合人心的工作；而从民间私自的角度讲，则是利用展示或观赏才艺，作为宣泄释放个人或群体情绪的机会。这种情绪的表达与宣泄，包括才艺表演者和才艺观赏者两种不同的主体。

首先，才艺表演者总是有感而发的。例如，音乐"其本在人心之感于物也。是故其哀心感者，其声噍以杀；其乐心感者，其声啴以缓；其喜心感者，其声发以散；其怒心感者，其声粗以厉；其敬心感者，其声直以廉；其爱心感者，其声和以柔。六者非性也，感于物而后动"[①]。在此列举的悲伤时焦急衰微、快乐时宽容舒缓、喜悦时悠扬顺畅、愤怒时猛烈凌厉、恭敬时正直明朗、爱恋时平和温柔等六种风格的音乐（演唱），与演奏（唱）者的情感状态密切相关，而其情感的不同表现，是当事人与外物感应而产生的。有时候人们会发现，艺术家在表演（或演奏）同一形象（或作品）时，出现或隐或显的不同，那就是因其情感波动所造成的。再如，书法艺术中的草书，很大程度上承载着作者的内心不平，或是情绪亢奋状态下（如醉酒之后）的产物。典型者如喜欢豪饮的著名书法家张旭，他与贺知章、李白等人并称"饮中八仙"，酒后颠狂异常（世称"张颠"）而书法益佳。杜甫《饮中八仙歌》描述他饮酒之后狂放不羁的个性及书法迅捷自如的状况："张旭三杯草圣传，脱帽露顶王公前，挥毫落纸如云烟。"[②]韩愈则对张旭将情感与书法密切融合的特征进行了品评："张旭善草书，不治他伎。喜怒窘穷，忧悲愉佚，怨恨思慕，酣醉无聊不平，有动于心，必于草书焉发之。观于物，见山水崖谷，鸟兽虫鱼，草木之花实，日月列星，风雨水火，雷霆霹雳，歌舞战斗，天地事物之变，可喜可愕，一寓于书。故旭之书，变动犹鬼神，不可端倪。以此终其身，而名后世。"[③]张旭创作草书时的状况，很好地印证了艺术家的创作与客观外物形态、内心情绪感受之间融会激发的情形。

其次，才艺观赏者也会做出自己的选择。《吕氏春秋·适音》专门讨论音乐与心情的适配问题："耳之情欲声，心不乐，五音在前弗听；目之情欲色，心弗乐，五色在前弗视；鼻之情欲芬香，心弗乐，芬香在前弗嗅；口

[①] 王文锦《礼记译解》第 525 页，中华书局，2001 年 9 月。
[②] 杜甫《饮中八仙歌》：清·仇兆鳌《杜诗详注》第 84 页，中华书局，1979 年 10 月。
[③] 唐·韩愈《送高闲上人序》：郭预衡《唐宋八大家散文总集》第 184 页，河北人民出版社，1995年 11 月。

之情欲滋味，心弗乐，五味在前弗食。欲之者，耳目鼻口也。乐之弗乐者，心也。心必和平然后乐，心必乐然后耳目鼻口有以欲之。故乐之务在于和心，和心在于行适。夫乐有适，心亦有适。……夫音亦有适：太巨则志荡，以荡听巨则耳不容，不容则横塞，横塞则振；太小则志嫌，以嫌听小则耳不充，不充则不詹，不詹则窕；太清则志危，以危听清则耳谿极，谿极则不鉴，不鉴则竭；太浊则志下，以下听浊则耳不收，不收则不抟，不抟则怒。故太巨、太小、太清、太浊，皆非适也。"[1]这段文字分析的是心态平和愉悦之于音乐的重要，以及在此状态欣赏清新明快音乐的情形。其实，人们在不同心境之下，会选择具有相似风格的音乐以引发共鸣（如抑郁、激昂、热烈、柔婉等）。另外，当某种情绪占据心灵主导地位时，所有的艺术形式就会受其统驭：心情大好的时候，即使观看悲剧也无法令其真正难过；心情悲苦之时，任凭怎样的喜剧也难以缓解烦恼。杜甫"感时花溅泪，恨别鸟惊心"[2]的诗句，很可以说明才艺对相关者所形成的逆向影响。

不过，由于自身条件的不同，人们选择释放情绪的方式也各有不同。以音乐而论，君王贵戚，多以钟磬组织中和乐章，以显示天下太平、上下咸同；知识阶层，多以筝、箫等乐器演奏《高山流水》之类的雅曲，以之净化心灵、平复情绪；民间百姓，多以震天的锣鼓、锐响的唢呐等，尽情宣泄心中积聚的爱恨情感。以棋而论，权势者利用围棋，以之作为探测人心、控制下属之工具；文人雅士喜爱围棋，以之作为朋友间"手谈""坐隐"的心得体悟；而普通民众更喜欢象棋，以之作为体会激烈搏杀、顷刻胜负之快感的交流方式。以画而论，文人多用"写意"景物表达情感：以山水表现放浪江湖之志，以松竹彰显卓异之格，以败荷抒写失意之态；民间多用"白描"手法制作年画：以鲤鱼预示年年有余，以石榴期盼多子多福，在大众熟知的事物中寄寓共同的心愿。凡此种种的才艺，极大地满足了社会各阶层释放情绪、抒发感情的需求。

当然，在才艺展示者与观赏者（演员与观众）宣泄情绪的过程中，也需要掌握一定的尺度。这种尺度的制定与把握，通常是由权势方负责的。为了不使社会及参与者的情绪（或行为）失控，官方会制定规则加以推行："先王之制礼乐，人为之节。衰麻哭泣，所以节丧纪也；钟鼓干戚，所以和

---

① 许维通撰、梁运华整理《吕氏春秋集释》第 114 页，中华书局，2017 年 6 月。
② 杜甫《春望》：清·仇兆鳌《杜诗详注》第 320 页，中华书局，1979 年 10 月。

安乐也；昏姻冠笄，所以别男女也；射乡食飨，所以正交接也。礼节民心，乐和民声，政以行之，刑以防之。礼乐刑政，四达而不悖，则王道备矣。"①官方关注的是社会群体性的活动，而家庭更加关注内部成员的表现，家长会对观赏的才艺进行选择。比如：戏剧主要选择宣扬忠孝节义的剧目，不许观看"诲淫"（爱情）、"诲盗"（起义造反）之类的剧目；如果家中有人（特别是年轻人）沉迷于弈棋、演戏等才艺，就会受到强力制止或严厉责罚。这种制止或责罚，在政府机关的上下级之间也不鲜见。据称"陶侃为荆州，见佐史博奕戏具，投之于江。曰：'围棋，尧舜以教愚子；博，殷纣所造。诸君并国器，何以此为！'"②这种官员师长批评下级或晚辈弟子"玩物丧志"的例子，可谓不胜枚举，至今仍然时时眼见或耳闻之。

　　以"六艺"为早期艺术文化标志的各类才艺技能，经过千年的承传演化，始终作为中华文化的重要组成，活动于中国历史的进程之中。当今被列为"中国十大国粹"的项目③，大多出自传统的"六艺"。例如，京剧出自"乐"；武术，出自"射、御"；书法、剪纸、刺绣，本自"书"；中医、围棋，本自"数"。由"六艺"衍生的"琴棋书画"等艺术文化种类，在中华大地仍然具有旺盛的生命力，发挥着各自的重要功能；并且成为中华文化的重要代表，走出国门，向世界展示其华彩丰貌。

---

① 王文锦《礼记译解》第 530 页，中华书局，2001 年 9 月。
② 唐·欧阳询撰、汪绍楹校《艺文类聚》第 1270 页，上海古籍出版社，1982 年 1 月。
③ 通常认为的"十大国粹"，包括：书法、武术、中医、京剧、汉服、茶道、瓷器、围棋、剪纸、刺绣。

第九章

风俗习惯　成规作范：日常生活的文化表现

风俗习惯，是融入日常生活的文化现象。风俗，指人们在社会生活中沿袭累积而成的风气及习俗。习惯，指人们长期养成且不易改变的观念或行为。相较而言，风俗主要体现为全局性、整体性特征，对地域内的所有成员都产生较大的制约及影响；习惯可视为从属于风俗的产物，具有某种程度的局部性、个性化（如某阶层或某家庭及个人）特征。特定的区域、特定的人群、长期的积累，是风俗习惯形成的基本要素。因此，风俗、风尚、风气、风习等称谓，其含义并无本质差别，皆指引领人们在社会日常生活的观念及其具体行为表现。

一、社会风习的形成因缘

任何社会形态下流行的风气习俗之形成，都有着多方面的原因，其中最根本的原因有二：一是社会成员所处的自然生存环境，二是从事管理的社会组织。前者对社会整体风习的形成，具有强制性作用；后者对社会成员遵循风习，发挥引导及推动作用。人们所处环境的自然条件各不相同，促成了社会风习的多样性；社会组织对所辖区域的人们进行管理，促使有益于统治的社会风习，向着更大范围、更多领域传导。这两个方面的特征，在中华风俗文化的形成与发展中，体现得特别明显。

（一）生存环境限定

社会生存环境，指人们所处自然环境及其具备的条件。华夏大地的自然条件，大致可以概括为：地势形态各异，有平原、丘陵、山区、草原、高原等；气候差别明显，或干旱少雨、或四季分明、或严寒冰封、或炎热多雨等；地域状况不同，土地肥沃与贫瘠、物产丰富与寡少、水源充足与缺失等。所有这些条件，都会影响当地风俗习气的形成。因此，如何适应自然环境、解决自然环境中的问题，就成为当地风习形成的依据与前提。

1. 适应自然条件的习俗

大自然是人类的真正主宰，人类必须适应自然环境方可生存。这一状况，在人类文明的初级阶段表现得尤为明显。坦率地讲，作为万物之灵长的人类，最初的生活状况与动物无异：饥则以草叶木果或鱼肉禽卵为食，渴则饮坑塘河湖之水，寒则以鸟羽兽毛及枯草败叶裹体，暑则寻山背树荫之处与日落风行时节歇息。随着人们对大自然的认知，逐步在生活习性上有了一些进步。古籍所载中华先人改善生存状况的几则故事，可以充分说明这一点："燧人氏"有感于茹毛饮血、生食腥臊对肠胃及身体造成的伤害，通过验看林木（枯木败叶）遇热自燃现象，逐步掌握了钻木取火的方法[①]，使人们可以煮熟食物、减少疾病的发生；"有巢氏"为避免睡眠休息时遭受猛兽蛇虫的侵害，教会人们使用竹木搭建围栏住所；"庖牺氏"通过长期观察，懂得了日月东升西落、昼夜交替转换、万物生成衰败的规律，初步具备了依照大自然运行轨迹而为的意识；"神农氏"在遍尝百草基础之上，选择若干草本植物加以培植，使之成为供人类食用的粮食（见《太平御览》卷 78）。这些记载虽然掺杂着神异的成分，但基本符合华夏人（也包括全人类）生存条件改善进步的真实情状。取火、造屋、计时、种粮等方法，存储在人们的记忆中并且代代相传，成为利用自然条件而形成的生存保障与生活习俗。

在中国古代社会，有的习俗一直变化不大。比如取火方法，先民们最先学会的是"钻木取火"，此后出现了"金燧取火"与"敲石取火"之法。"钻木取火"之法起于何时，虽然尚待考证，但可以肯定远在商周时代之前；"金燧取火"方法的出现[②]，应不晚于商朝，因为利用日光照射而取火的"金燧"，是用金（铜）与锡的合金制成，商朝已经具备成熟的冶炼技术。这两

---

① 《太平御览》（卷七八）引王子年《拾遗录》："遂明国有大树名遂，屈盘万顷。后世有圣人，游日月之外，至于其国，息此树下。有鸟啄树，粲然火出，圣人感焉，因用小枝钻火，号燧人氏"云云，显然属于臆想之说。

② "金燧取火"之法，《梦溪笔谈》（卷三）有录："阳燧面洼，向日照之，光皆聚向内。离镜一二寸，光聚为一点，大如麻菽。着物则火发。"

种方法，周代已经十分流行：在朝廷，"司烜氏，掌以夫遂（燧）取明火于日"①；在民间，儿子儿媳每天清晨起身，要穿戴整齐，"左佩金燧、右佩木燧"等日常用品②，前去拜见父母（公婆）。可见，当时利用"钻木"与"金燧"取火的用具，已为人们所常备，而且制作小巧、可随身携带。"敲石取火"的方法，当是感于天雷击木成火、金石相击出火的现象而成，正式出现的时间不晚于魏晋南北朝。北齐刘昼有言："人之短生，犹如石火，炯然以过。"③"石火"在此处指时间短促，显然是从"击石取火"借用而来。到了唐代，这种方法广泛流行，唐人诗文中多有记录形容者："石火无留光，还如世中人"④、"小盏吹醅尝冷酒，深炉敲火炙新茶"⑤、"沙头敲石火，烧竹照渔船"⑥、"邻屋有声敲石火，野禽无语避茶烟"⑦、"观石火之非久，叹芭蕉之不坚"⑧、"硙山成雷，击石火散"⑨。"钻木取火"较为费时，"金燧取火"必须是在白天且阳光强烈，而"敲石取火"则只需火镰（铁片）、火石（燧石）及引燃用的火绒（柔软的纸或艾草）即可，任何时候都可使用。这三种取火方法（特别是"敲石"法），在中华大地传习久长，即使"火柴"在清代后期传入之后⑩，传统取火方法也应用了很长时间。直到20世纪五六十年代，在广大农村地区的中老年吸烟者（旱烟）手中，经常可以看到使用"三件套"（火镰、火石、火绒）打火抽烟的情景。由此，亦可见传统习俗流播之一斑。

有的习俗随着时代推移和技术进步，有了相应的变化。如国人的"坐姿"，最初是席地而跪坐（臀部置于两足之上）。西汉打开了与西域的交通，西方的饮食、服饰、歌舞及用具等传入中土，可以折叠的坐具"胡床"（俗称"马扎"）便是其中之一。史载东汉灵帝"好胡服、胡床、胡坐、胡饭、

---

① 汉·郑玄注、唐·贾公彦疏《周礼注疏》第247页，中华书局，1980年10月。

② 见《礼记·内则》：王文锦《礼记译解》第363页，中华书局，2001年9月。

③ 北齐·刘昼《刘子·惜时》：《百子全书》第934页，浙江古籍出版社，1998年8月。

④ 李白《拟古十二首》其三：清·彭定求《全唐诗》第1862页，中华书局，1960年4月。

⑤ 唐·白居易《北亭招客》：《白居易集》第255页，岳麓书社，1992年7月。

⑥ 唐·李贺《南园》其十三：《李贺诗集》第72页，人民文学出版社，1959年1月。

⑦ 唐·殷尧藩《暮春述怀》：清·彭定求《全唐诗》第5567页，中华书局，1960年4月。

⑧ 唐·卢涣《大唐河南府阳翟县善才寺文荡律师塔碑铭并序》：清·董诰《全唐文》第1478页，上海古籍出版社，1990年12月。

⑨ 唐·王谌《柱础赋》：清·董诰《全唐文》第1493页，上海古籍出版社，1990年12月。

⑩ 元·陶宗仪《辍耕录·发烛》中"杭人削松木为小片，其薄如纸，熔硫磺涂木片顶端分许，名曰发烛，又曰粹儿，盖以发火及代灯烛用也"云云，是将涂有硫磺的木片，用作引火或燃烧之用，不可与现代火柴相提并论。

胡箜篌、胡笛、胡舞，京都贵戚皆竟为之"①，说明当时上流社会对"胡床"在内的外来事物之青睐。"胡床"的出现，使人们坐时的双腿得到解放，坐姿更加从容放松，与跪坐相比的优势显而易见。它对国人"坐"之习俗的改变，发挥了很大作用。到了北宋初年，有靠背的椅子、没有靠背的兀子（亦称杌子或凳）及卓子（桌子）开始出现。南宋时期，桌、椅、凳子已广为应用，跪坐习俗逐步被依靠凳椅而坐的习俗替代。

另外，不同地区的自然条件，对该地人们的生活方式及习俗乃至性格，都有很大的制约性与影响力。《淮南子·地形训》据此提出"土地各以其类生"的观点，并且列举了例证："暑气多夭，寒气多寿，谷气多痹，邱气多狂，衍气多仁，陵气多贪。轻土多利，重土多迟，清水音小，浊水音大，湍水人轻，迟水人重，中土多圣人。皆象其气，皆应其类。故南方有不死之草，北方有不释之冰，……是故坚土人刚，弱土人肥，垆土人大，沙土人细，息土人美，耗土人丑。食水者善游能寒，食土者无心而慧，食木者多力而奰，食草者善走而愚，食叶者有丝而蛾，食肉者勇敢而悍。"②此中的看法未必尽确，但也有一定的合理成分。这些表述，也与现代人熟知的"社会存在决定社会意识"之观点相合，而在不同"存在"中被决定的"意识"，可以引发出此地居民的生活方式与风俗习惯。

2. 应对自然物象的习俗

在漫长的古代社会，人们日出而作、日入而息、饥则觅食、寒则添衣，按照正常的自然运行规律生活。不过，当遇到异常或未知的现象及事物，他们也尝试着予以解答，并且形成一些固定的认识或习俗。例如，"日食"（日蚀）和"月食"（月蚀）现象，很早就被先民们关注。在古代典籍中，多有对其发生时间及采取措施救助等情况的记载。《尚书》载录夏朝每逢日食，朝堂的盲人乐官击鼓、地方官员四处动员、普通百姓奔跑呼喊，可谓举国震动、全员出动："辰弗集于房，瞽奏鼓，啬夫驰，庶人走。"③《周礼》《左传》等著作中，也多有"击鼓救日月"的记录。现代科学证明："日食"现象，是月球运行至太阳与地球中间位置、挡住太阳照射地球的光线所致；"月食"则是地球处于太阳和月球之间，造成太阳照射月球的光线被地球遮蔽所致。在某一特定地区，看到太阳、地球与月亮完全处于一条线

---

① 南朝宋·范晔《后汉书·五行志》第60页，上海古籍出版社，1986年12月。
② 汉·刘安《淮南子·地形训》第59-60页，上海书店，1986年7月。
③《尚书·夏书·胤征》；唐·孔颖达《尚书正义》第46页，中华书局，1980年10月。

上的"日全食"或"月全食"，要数百年才能一遇，但"日偏食"和"月偏食"的现象则经常出现。这两种现象在华夏大地的影响很大，民间分别命名为"天狗食日""天狗食月"（天狗吃月亮），而且虚构出相应的故事。至于敲打锣鼓盘盆驱赶天狗救助日月的风俗，则是沿袭数千年而未曾有变，相信现在年岁较长的人们（特别是生活在农村地区者），仍然有着童幼时期的相关记忆。

厌恶或畏惧某些鸟兽物种，也得到社会的普遍认同。比如，猫头鹰本是捕食老鼠的益鸟，只因其昼伏夜出、形象及叫声特殊，古来被人忌讳。史载西汉名臣霍光死后，他的家中"鼠暴多，与人相触、以尾画地；鸮（猫头鹰）数鸣殿前树上"[1]，引起人们极大的恐惧，成为霍家被朝廷消灭的前兆。与猫头鹰相似，十分聪明的乌鸦，也被人们认为是不祥之鸟。国人对蛇的畏惧，可谓历史悠久，信史杂传皆不乏相关记述："有蛇自泉宫出，入于国，如先君之数。秋八月辛未，声姜（鲁文公母亲）薨，毁泉台（位于泉宫内）。"[2]这则事件出自《左传·文公十六年》，可信度较高。《韩非子》记录一则寓言："泽涸，蛇将徙。有小蛇谓大蛇曰：'子行而我随之，人以为蛇之行者耳，必有杀子者。子不如相衔负我以行，人必以我为神君也。'乃相衔负以越公道而行。人皆避之，曰：'神君也。'"[3]这个故事显然出于虚构，但将人们遇蛇则避之的心理表露无遗。这种怕蛇的情绪至今仍很普遍，农村地区的老人通常会叮嘱小孩子：遇到蛇口吐信子（舌头），要用手拂乱自己的头发，以免被蛇数清头发、索走魂魄。这也属于惧怕蛇、奉蛇为神灵之风俗的延续。

除了对不祥之物厌恶、逃避，人们也选择了应对的方法，如前文所述悬挂"桃符"的习俗，就是上古"以桃木避不祥"观念的具体体现。而烧化纸钱的习俗，不仅限于送给亡故的亲人，更多的是为了请神圣保佑、求鬼怪不要继续施害；民间流行的"奉财消灾""有钱能使鬼推磨"观念，正是这种习俗形成的心理基础。

（二）社会组织推动

当人类摆脱完全蒙昧状态，就会出现社会性组织。社会组织的最小单

---

① 汉·班固《汉书·食货志》第68页，上海古籍出版社，1986年12月。
② 晋·杜预注、唐·孔颖达疏《春秋左传正义》第156页，中华书局，1980年10月。
③《韩非子·说林上》；清·王先慎《韩非子集解》第128页，上海书店，1986年7月。

位是家庭组织，紧邻居住的各个家庭组合为原始部落，相近部落形成的部落联盟，进而发展成为国家。国家的形成，标志着人类走向文明阶段。在这一系列的进程中，社会组织逐步完善，管理益加严密，制定了各种与生活习俗相适应的规范。这些规范，依照社会文化的类别，属于制度文化范畴。

中华文化尤为重"礼"，以之衡量传统制度文化，可以划分为三个层次："礼法"（国家政权正式发布的法律制度）、"礼仪"（表现当事人尊重对方及自身修养的仪式行为）、"礼俗"（普通民众日常生活中习惯的行为方式），三者之间具有密切的联系。促成三者关联、确保以"礼"统合法律与民俗的社会组织，主要是国家与家庭。

1. 国家对民俗的制度干预

根据现有的史料，周朝是中国具备完善国家典章制度的时代。周朝以"礼乐"作为国家制度的根基，被称为"三礼"的《周礼》《仪礼》《礼记》，是周朝制度的汇编，体现着浓厚的礼乐文化精神。这三部经典，不仅论述了国家（天下）宏观层面的治理方略，又对社会基层的民间生活，做出了详细规定。

《周礼·地官·大司徒》将乡村邻里的组织构成、职责范围，进行了明确划分："令五家为比（亦称'邻'），使之相保；五比为闾（亦称'里'），使之相受；四闾为族（亦称'酇'），使之相葬；五族为党（亦称'鄙'），使之相救；五党为州，使之相赒；五州为乡，使之相宾。""五家"为隔墙而居的紧邻，各家情况最易知晓，相互之间要保证不出现奸邪之人或事件，发现异常就要制止或向上报告；二十五家（闾）属于近邻，如有需要帮助，可以相互托付办理；一百个家庭（族）的人、财、物力较大，可以互助办理丧葬之类的事情；五百家（党）、二千五百家（州）的实力更强，能够对遭遇灾荒、疫病的家庭进行救助；到了"乡"级区域（一万两千五百家），就可以通过设置"乡校"，对域内的人们进行礼仪法制教育，并且选拔优秀人才，推荐其担任更加重要的职务。在对百姓进行"忠孝节义"教育的同时，还制定了惩罚条文："一曰不孝之刑，二曰不睦之刑，三曰不姻之刑，四曰不弟之刑，五曰不任之刑，六曰不恤之刑，七曰造言之刑，八曰乱民之刑。"[①]这些刑罚名目，与民间实际状况较为贴切，对制止不良风气、校

---

① 此处引文，见：汉·郑玄注、唐·贾公彦疏《周礼注疏》第 69 页，中华书局，1980 年 10 月。

正社会习俗，具有直接的作用。

乡间的治理，需要有人负责，周朝"所谓州长、党正、族师、闾胥、鄙师、酂长、里宰、邻长等皆乡官，政教兼理，主知民善恶，为役先后；知民贫富，为赋多少，考德行，察道艺，至三年，则比而兴起，贤者能者宾礼之；否则，纠其过恶而戒之，故教化易成。至汉，则以乡吏、亭长、啬夫分司其刑政、钱赋各事，而别举三老、孝悌、力田专掌教化。凡有孝子顺孙、贞女义妇、让财救患，及学士为民式者，皆旌表其门，以兴善行"。这些与百姓共处的基层官员（大多并未进入正式官员系列），"处民师之地，专教导之责，激扬风化，兴举孝廉，善者无不名，能者无不达。讫至东汉，社会风俗之淳良，人民气节之高尚，远非三代所能及，人徒见汉末乱而忽忘之耳！岂知政乱于上、而风清于下，无善行而不彰，无文学而不达者，则以此乡官激扬褒举之力也？"①唐宋以降的民间社会，主要依靠"乡绅"阶层进行治理，就是上古基层治理制度的延续。这种由国家制定相关政策，乡间士绅结合本地民风习俗进行治理的方式，保证了地方习俗与国家大政方针的兼容对接。

2. 家庭对成员的具体要求

与其他国家民族相比，中华民族特别重视家庭。家庭建设的重要标志是"家风"，而确保形成良好"家风"的主要凭据，是用以规范家族成员品德言行的"家规"（家训、家范等）。

家风，指一个家庭（或"家族"）的传统风尚，是长期形成的能够影响家庭成员精神、品德及行为的一种传统风尚和德行传承。家风具有以家庭为单位、以个人为载体、以血缘为纽带、以修德为宗旨、以忠孝为核心、以尊长为榜样、以礼仪为规范、以言行为印证、以和睦为表征、以承传为目标的基本特征。具体而言，"家风"的构成包括这些要素：一是特定的区域范围，即以家庭（家族）为单位；二是较长的承传历程，即经过一定时期的形成与完善过程；三是具体的条例规则（文献），即具有很强约束力的"家规""家训"等文件；四是适度的呈现展示，即家族拥有聚集的场所并开展相关活动（祠堂祭祀——感恩报恩及家族文化认同，年节团聚——增进亲情及化解矛盾，红白喜事——传递信息及互相帮助）；五是成员的身体力行，即全体家庭成员在公众面前（家族内外）的道德礼仪（孝亲、敬长、

---

① 此处引文，见：尚秉和《历代社会风俗事物考》第196页，中国书店，2001年1月。

守礼、睦邻）等方面的表现；六是鲜明的家国同构，即家庭成员的思想言行，与国家的基本理念相吻合。优良的家风，能够为家庭成员立身树人营造很好的氛围，成为家庭和睦幸福的重要标志，也是社会和谐安定的坚实基础。

在促进家庭建设、培育良好家风过程中，"家规"从中发挥的作用，与"三礼"之于国家层面的作用相当，其重要性是毋庸置疑的（这些规则的名称、类别、主要内容等，前文"宗法制度"部分有述）。传统的"家规"条文，受其时代及思想局限，多有陈腐观念甚或怪诞不经之言；同时也不乏贴近人心民俗、迄今仍可借鉴之语。例如，明代温璜《温氏母训》中的"堂上有白头，子孙之福。故旧联络，一也；乡党信服，二也；子孙禀令，僮仆遗规，三也；谈说祖宗故事与郡邑先辈典型，四也；解和少年暴急，五也；照料琐细，六也"[①]，具体说明了为什么要"尊老"。又如，明代朱用纯《朱子家训》（又名《朱子治家格言》《朱柏庐治家格言》）：要求作息有常的"黎明即起，洒扫庭除，要内外整洁；既昏便息，关锁门户，必亲自检点"；提倡节俭物用的"一粥一饭，当思来之不易；半丝半缕，恒念物力维艰"；重视敬祖传统的"祖宗虽远，祭祀不可不诚；子孙虽愚，经书不可不读"；主张婚嫁择良的"嫁女择佳婿，勿索重聘；娶媳求淑女，勿计厚奁"；强调待人平等的"见富贵而生谄容者，最可耻；遇贫穷而作骄态者，贱莫甚"；鼓励立志高远的"读书志在圣贤，非徒科第；为官心存君国，岂计家身"[②]。凡此等等，都能够引发人们在行为规范、品德修养、价值观念、目标定位、文化归属、生命依托等方面的思考与实际行动。

就这样，在国家礼法与家庭规则的管理和引导下，地方民俗、个人习气与国家民族的意志相向而行，有益于个人"修身"、家长"齐家"、君主"治国平天下"目标的实现。

二、传统习俗的主要指向

由于自然条件、地域方位、群体理念、权威导向等因素，致使社会风

---

① 明·温璜《温氏母训》：《四库全书》第 717 册第 527 页，上海古籍出版社，1987 年 1 月。
② 明·朱用纯《朱子家训》第 3、4、5、7 页，北京燕山出版社，2001 年 10 月。

俗习惯式样颇夥、各具特色，所谓"百里不同风，千里不同俗"的说法，正是风俗因地而异的贴切表述。在地域辽阔、人口众多、历史悠久的中华大地就更是如此。不过，通观这些流行的社会风习，均属渊源有自、事出有因，并且可以归于几个主要类别与向度。

（一）源于人类需求的生活常识

在漫长的人类社会进程中，能够满足生活基本需要、保证生存与繁衍，是人类最初的愿望（也是人类必须永远牢记的）。要实现这种愿望，必须具备生活常识、掌握生活技能。大量的习俗，就是对这些生活常识的记录与提炼概括。

1. 创建历法，以区分时间

上古时期，人类生活受到自然条件的极大限制，不同族群的活动地域都比较狭小。不过，凡是跨过蒙昧阶段、进入文明时期的族群，很早就对那些与自己生活密切相关、却又遥不可及或变化莫测的景物现象（日月星辰寒暑风雨等），进行了认真观察，逐步掌握其运行规律并加以概括总结。天文历法，就是华夏先民取得的重要成果。现存的商代甲骨卜辞，以及《诗经》《尚书》《春秋》《论语》等先秦典籍中，都有日食、月食、星辰方位及其与人事关系的记载。《易经》所云"观乎天文，以察时变"，其本义乃是通过日升月落之类的天象运动，了解时间节令的变化状况。明末著名学者顾炎武所谓："三代以上，人人皆知天文。'七月流火'，农夫之辞也；'三星在天'，妇人之语也；'月离于毕'，戍卒之作也；'龙尾伏晨（辰）'，儿童之谣也。"[1]这种说法是有据可稽的。先民们对天象的观察，应是始于太阳和月亮（与生活关系最直接），而肉眼可见的天上银河与众多恒星，也得到了重视。在古代天文学中，用"三垣"（紫微、太微、天市垣）和"二十八宿"（角、亢、氐、房等28个星区）为标志的天空区划，命名为"北斗"（北斗七星）、"五曜"（亦称"五纬"或"五星"的金木水火土星）、牵牛星、织女星等星宿，与人们的生活都有直接关系。大家根据白昼与黑夜时间的长短变化，银河及北斗、参、辰等星宿的方位变化，判定庄稼的管理、生活的节奏、衣物的添减，等等。在天文学知识增进的同时，又创设"天干"（甲乙丙丁戊己庚辛壬癸）与"地支"（子丑寅卯辰巳午未申酉戌亥），用以

---

[1] 清·顾炎武《日知录·天文》；清·黄汝成《日知录集释》第1497页，中华书局，2020年4月。

记年、月、日、时。另外，"地支"又与12种动物结合（鼠牛虎兔龙蛇马羊猴鸡狗猪），用以区分人的生年。这些在观摩天象基础上成就的纪历定时方法，大大有益于日常生活的有序开展。

2．设立时节，以获取物用

在很多人的心目中，"节日"就是庆祝（纪念）的日子。其本初之义，乃是依照自然气候变化而排定的、与人类生存基本需求相符的时间节点。在"衣食住行"这些生存要件中，居于首位的是"食"。在华夏文明发祥的黄河中下游地区，先民们利用当地优越的自然气候条件，由杂用狩猎、采集等求生方式，逐渐转入改良提纯野生植物种子、以种植粮食作为食物的主要来源，从而实现了农业的突破与发展、奠定了中华农业文明的基业。因此，中国传统习俗及节日，有很多出自农事活动或与之密切相关，具体地体现为"节令"的划分。

早在距今五六千年前的仰韶文化时期，已经初步形成12个月的意识（放射12道光芒的"太阳纹"）。《尚书·尧典》以"日中、日永、宵中、日短"之名，指代"仲春（春分）、仲夏（夏至）、仲秋（秋分）、仲冬（冬至）"，这种以每天太阳照射时间的长短、一年中气温高低区分"四时"（四季）的方法，出现时间应不晚于夏朝。这四个时节，与立春、立夏、立秋、立冬相合，构成"八节"。到了秦汉时期，"二十四节气"已经基本形成。"二十四节气"将一年分为24份，其名称及次序为：立春、雨水、惊蛰、春分、清明、谷雨（属春季）；立夏、小满、芒种、夏至、小暑、大暑（属夏季）；立秋、处暑、白露、秋分、寒露、霜降（属秋季）；立冬、小雪、大雪、小寒、大寒（属冬季）。这些名称之中，立春、立夏、立秋、立冬是四季的开端；春分、夏至、秋分、冬至属于四季的标志性时间节点（白昼时长）；小暑、大暑、小寒、大寒标识着气温变化状况（热与冷）；雨水、白露、霜降、小雪、大雪说明各种天气的变化；提示耕作农时者，则有谷雨（完成春播）、小满（夏粮将熟）、芒种（夏收秋种）、处暑（秋粮渐熟）等。可见，"二十四节气"的设定，与其所处的天象气候相适应，且与农业生产、农事活动密切相关。为了能够增强"二十四节气"的普及，人们还编写了《二十四节气歌》："春雨惊春清谷天，夏满芒夏暑相连。秋处露秋寒霜降，冬雪雪冬小大寒。上半年来六廿一，下半年是八廿三。日期一般是固定，最多相差一两天。"即使到了现代，不但很多人能够熟记这首歌谣，而且北方不少的农村地区（华北平原），选择种植与收割的具体时段，仍然参照上述节气进行操作办理。

有些节气，是针对某一时段自然气候条件设计的，如"数伏"与"数九"。"数伏"又称"伏日"或"伏天"，包括"初伏、中伏、末伏"三个时段，因而又称作"三伏"。初伏始于农历夏至后第三个庚日（按照干支纪日的方式计算），10天之后的第四庚日进入中伏，立秋后第一庚日为末伏，总计40天左右。"伏天"的气温高、湿度大，是一年中最为炎热的时候。与"数伏"相反，"数九"是一年中最为寒冷的时候。"数九"从"冬至"开始，每九天为一个"九"，共有九个"九"（81天）。对于每个"九"的情景，古今民谣中也有形象的描述。宋元时期流传的版本是："一九二九相唤弗出手，三九二十七篱头吹觱篥，四九三十六夜眠如鹭宿，五九四十五太阳开门户，六九五十四贫儿争意气，七九六十三布衲两头担，八九七十二猫狗寻阴地，九九八十一犁钯一齐出。"①近代以来的民谣更加简洁贴切："一九二九不出手，三九四九冰上走，五九六九抬头看柳，七九河开，八九雁来，九九加一九，犁牛遍地走。"这些话语，基本概括了从"冬至"到"惊蛰"节气之间的气候状况，其中的"犁钯一齐出""犁牛遍地走"，更是直接记述了春耕播种的农事活动。有感于一年之中最为炎热的"三伏"和极端寒冷的"三九"，人们为了磨炼意志、掌握技艺，多用"夏练三伏、冬练三九"表明刻苦与决心。这种引申发挥，也可归入利用时节（节气）而获得精神成果的范围。此外，传统节日中的春节、清明节、端午节、中秋节、重阳节等，都与"节气"在名称及含义上形成重合或交融的关系，也可视之为由相关"节气"引发而成的习俗。

3. 因地制宜，以适应生活

中国的地域辽阔，地形复杂多样，温度气候差别明显，生活在全国各地的人们，形成了具有当地特色的风俗习惯。这些习俗的不同，从地域大势上讲，可以区分为南、北两方。南方气温高、降雨多、水资源充沛、植物繁茂，人们的食物以稻米及多种蔬菜为主，衣着讲究轻薄宽松。北方的气候及物产与南方差别很大，粮食以谷物面食为主，蔬菜品种较少且难以储存（冬储）而多食咸菜或腌菜（酸菜），衣服选用兽皮布帛，重在抵御冬

---

① 此为冬季"九九歌"，又有自夏至为始的夏季"九九歌"："一九二九扇子不离手，三九二十七冰水甜如蜜，四九三十六拭汗如出浴，五九四十五头戴秋叶舞，六九五十四乘凉入佛寺，七九六十三床头寻被单，八九七十二思量盖夹被，九九八十一家家打炭墼。"皆见：元·陶宗仪《说郛》（卷七五上）：《四库全书》第880册第213页，上海古籍出版社，1987年1月。

季之严寒。南方人的饮食相对清淡，比较喜欢少盐偏甜的菜品、饮用入口柔和的米酒甜酒；北方人口味偏重，不惧荤腥而能饮烈酒。南方女子多置身湖光山色之中采莲采茶，这在古代诗词中多有记述："菡萏香连十顷陂，小姑贪戏采莲迟。晚来弄水船头湿，更脱红裙裹鸭儿"①、"堤边杨柳拂晴波，堤上游人衔绮罗。山色湖光浑似旧，采莲人唱采茶歌"②、"结束乌椎髻，携筐去采茶。归逢邻女笑，也插杜鹃花"③。她们还被作为节日活动的主角："潮州灯节，饰姣童为采茶女。每队 12 人或 8 人，手挈花篮，迭进而歌，俯仰抑扬，备极妖妍。又以少长者二人为队首，擎彩灯缀以扶桑茉莉诸花，采女进退作止，皆视队首。至各衙门或巨室唱歌，赍以银钱酒果，自十三夕起至十八夕而止。"④而在北方寒冷的冬季，女子们很早就有相聚缝纫、纺织的习惯："冬，民既入，妇人同巷，相从夜绩，女工一月得四十五日。必相从者，所以省费燎火，同巧拙而合习俗也。"⑤冬季天寒地冻、昼短夜长，相邻家庭的女子就会选择较为宽敞的屋子，聚在一起纺织或缝纫。由于工作时间大大延长，成倍地提高了工作效率（"一月得四十五日"），又因多人聚集可以抵御寒冷、话语谈笑驱除困倦、相互交流提高技能、共同出资（购买灯烛及保暖物品）节约了费用，这种方式很受欢迎。直至近现代，为抵御冬季严寒而聚居大屋或掘地成室（"地窨"），作为集中劳动之所的习俗，在北方地区仍然存在。

有些习俗通行于南北方，但其成因及用途有所不同。例如辣椒具有促进食欲的功能，在北方广大地区（例如西北）及南方的湖南、四川等地很受欢迎。但是，南方食辣，可借之促使出汗以排除身体内湿、阻隔瘴气侵扰；北方食辣，则有以之代替蔬菜佐食及冬日驱寒的作用。

不仅南方与北方的生活习俗多有不同，即使同一地区的人们，因其生存的具体环境有别（如水滨、平原、山地），也会形成各自不同的生活方式。造成这些不同的原因，可能受到本族群传统观念的影响，而更主要的、具有决定性的因素，必定是受到所居地域自然条件限制、为了更好地在此地

① 唐·皇甫松《采莲子二首》其一：唐·赵崇祚《花间集》第 28 页，武汉出版社，1995 年 7 月。

② 宋·俞德邻《癸未游杭作口号十首》其八，载《佩韦斋集》（卷七）：《四库全书》第 1189 册第 54 页，上海古籍出版社，1987 年 1 月。

③ 明·黄尚质《采茶女》，《御选明诗》（卷九八）：《四库全书》第 1444 册第 434 页，上海古籍出版社，1987 年 1 月。

④ 清·陈廷灿《续茶经》（卷下）：《四库全书》第 844 册第 751 页，上海古籍出版社，1987 年 1 月。

⑤ 汉·班固《汉书·食货志》第 112 页，上海古籍出版社，1986 年 12 月。

生活而形成的。这些事关衣食等最基本需求的获取方式，已经内化为必备的生活常识与习俗。

（二）起于血缘关系的交往礼俗

人是具有社会属性的，每个人都拥有自己的社会关系、必须进行社会交往。这种关系建立与交往的进行，都是由家庭成员构成的血缘关系为初始。中国很早就以血缘为基准，将个人与他人的关系进行了精细划分（家人、亲戚、直系、旁系等），并且按照类别分别命名（亲兄妹、堂兄妹、表兄妹等），每个人都处于其中的特定位置、拥有固定的名称。这种社会关系体系的建立，不仅能够准确判定个人（或部分成员）的位置，同时也为相互间进行交往，提供了重要依据。中国进入文明社会之初，就已弃绝"神本"而崇尚"人本"。因而在社会交往中，大多围绕着"人事"展开、体现着"以人为本"的思想、依照一定的礼俗规则实施。《礼记·昏义》认为："礼始于冠，本于昏（婚），重于丧祭，尊于朝聘，和于乡射，此礼之大体也。"[1]将冠礼（成人礼）为起始，以婚礼为根本，以丧礼与祭礼展示郑重，以朝礼和聘礼表现尊敬，以乡饮酒礼及射礼体现和谐融洽关系。这些礼仪方面的要点（"大体"），对于拥有一定社会地位的成年人，是完全适用的。不过，包含所有人的人生大事，主要是"出生、结婚、去世"，在这几个节点上，也充分展现了传统交往礼俗的情况。

孩子出生，是家庭的大喜事。《诗经》对小孩出生的习俗，做过如是描述："乃生男子，载寝之床。载衣之裳，载弄之璋。其泣喤喤，朱芾斯皇，室家君王。乃生女子，载寝之地。载衣之裼，载弄之瓦。无非无仪，唯酒食是议，无父母诒罹。"[2]如果生育男孩，将放在床上、送上玉璋作玩具，希望他为家为国做出贡献；如果生下女孩，就把她放在席垫上，给她的玩具是纺线用具，期待她将来顺利承担家务。后世由此将生育男孩称为"弄璋之喜"，将生育女孩称为"弄瓦之喜"，此中的"璋"是贵族所用的礼器，"瓦"指纺织用的"陶制纺轮"（并非"视女孩为瓦片而贬低之"），表明亲人们对男、女孩未来发展方向的期盼，其蕴意都是很好的。为小孩子举办的庆祝活动不少，其中最重要的是"满月"和"生日"。"满月"表明小孩

---

① 王文锦《礼记译解》第915页，中华书局，2001年9月。
② 伍心镇、鲁洪生《诗经析释》第411页，春风文艺出版社，1986年10月。

度过了从母体到出生之后最初、也是最危险的阶段，家人亲友要庆祝一番。小孩的生日，每年都要庆祝，而最重要的是刚满一周岁时的"抓周"。"抓周"的习俗在南北朝时期已经形成："江南风俗，儿生一期（期年），为制新衣，盥浴装饰。男则用弓矢纸笔，女则刀尺针缕，并加饮食之物，及珍宝服玩，置之儿前。观其发意所取，以验贪廉愚智，名之为试儿。"①这一做法，自然没有任何科学依据与实际价值，但至今仍有不少家庭保留此习俗。事实上，小儿"抓周"大多是当作游戏玩乐而已，也是借之邀请亲友聚会，作为增进感情的一种方式。

在人们的相互交往中，婚事和丧事属于真正的大事。关于结婚及举办婚礼的重要意义，《礼记·昏义》界定为密切男女双方家族的友好关系（对外）、生儿育女以继承发扬家族传统（对内）："昏（婚）礼者，将合二姓之好，上以事宗庙，而下以继后世也，故君子重之"；要求结婚必须按照一定的程序，郑重其事地举办："是以昏礼纳采、问名、纳吉、纳征、请期，皆主人筵几于庙，而拜迎于门外，入，揖让而升，听命于庙，所以敬慎重正昏礼也"；之所以重视婚礼仪式，是因为："敬慎重正而后亲之，礼之大体，而所以成男女之别，而立夫妇之义也。男女有别，而后夫妇有义；夫妇有义，而后父子有亲；父子有亲，而后君臣有正。故曰：'昏礼者，礼之本也。'"②就缔结婚姻的程序而论，"纳采"（男方请托媒人携雁向女方求亲）、"问名"（媒人询问女方的名字和出生年月时辰，以便男方卜测婚姻是否适配）、"纳吉"（男方卜得吉兆，备礼通知女方确定缔结婚姻）、"纳征"（即"纳币"，将正式文书及聘礼送至女家，表明婚姻正式确定）、"请期"（男方派遣媒人赴女家告知成婚日期）等五项，属于婚礼举办之前依礼而行的事项。这些事项与结婚之日的"亲迎"（男方迎娶新娘），共同构成传统的婚姻"六礼"。以"亲迎"为始，传统婚礼通常举行三天：第一天男方迎接新娘入门，第二天新娘拜见公婆及男方家人亲戚，第三天公婆以酒食款待新娘且知会家事。关于结婚首日迎接新娘的时辰，在魏晋南北朝之前，都是在太阳落山之后的夜晚，原因是白昼与男性为阳，夜晚与女性为阴，迎接女子进家，应当在晚上。唐代的迎亲，有的沿用前代，也有将夜晚改为清晨的迎新方

---

① 北齐·颜之推《颜氏家训·风操》：明·程荣《汉魏丛书》第 588 页，吉林大学出版社，1992年 12 月。

② 王文锦《礼记译解》第 913 页，中华书局，2001 年 9 月。

式①。自宋代以后，清晨迎亲的习俗，逐渐开始流行开来。在我们的当今社会，不少地区结婚当天的程序是：清晨迎亲、早饭后拜见公婆亲友及祭拜祖先、晚上夫妻同入洞房，这与古礼并无本质区别，只是用时更加紧凑而已（三天改为一天）。另如：传统的男方迎亲时"催妆"（以"红包"行贿新娘的家人）、"闹洞房"及"听房"等习俗，而今仍然十分盛行。

办理丧事，不仅主家要按照礼仪习俗为逝者净体、换衣、治棺、报丧、举行祭奠仪式，乡邻及亲友也要参与其中。通常情况下，当某家有老人去世时，由于子女家属极为悲伤痛苦，正常生活完全打乱，也无心无暇照顾自己的一切，乡邻亲友们就会帮助办理丧事。他们有的看到丧家子女"水浆不入口，三日不举火，故邻里为之糜粥以饮食之"②；有的担任主持人代替主家负责管理治丧事务："孔子之丧，公西赤为志；子张之丧，公明仪为志"③；有的则是送去助葬的财物，孔子就曾多次做过这种事情：当时一位贤士伯高死了之后，冉有代表老师"摄束帛乘马而将之""孔子之卫，遇旧馆人之丧，入而哭之哀。出，使子贡说骖而赙之（解下拉车的偏马送给这家人）"④；有的自己贫困、无法提供财物，也可到丧家去帮忙，汉代的陈平就是如此，"邑中有丧，平贫，侍丧，以先往后罢为助"⑤。

婚事与丧事，都是需要大量人员参与的。但是二者的不同点在于：举办婚事，如果主家不邀请，自己无论是以帮忙者还是宾客的身份，都不可以主动前去（单纯跑去"看新娘""闹洞房"不在此例）；举办丧事，则不要等待主家的邀请，只要听到消息，一定要主动赶过去帮忙。民间流传的所谓"红事叫（主家邀请），白事到（主动前往）"，正是此意。当遇到有人家办理丧葬之事时，街坊邻居都会注意自己的言行："邻有丧，舂不相；里有殡，不巷歌。"⑥如果某家办理婚事或丧事之时，参与的人员很少，就说明这家人品行不佳、与邻里及亲友关系不好，这种后果是十分严重的。因此，绝大多数人家，都十分注意与亲友和乡邻搞好关系（不少农村皆为同

---

① 唐代诗人朱庆余《近试上张籍水部》诗中"洞房昨夜停红烛，待晓堂前拜舅姑"之句，可证夜晚迎亲之事。唐代段成式《酉阳杂俎·贬误》："礼，婚礼必用昏，以其阳往而阴来也。今行礼于晓。"可证当时清晨迎亲之实。

② 《礼记·问丧》：王文锦《礼记译解》第 849 页，中华书局，2001 年 9 月。

③ 清·徐乾学《读礼通考·摈相》（卷五五）：《四库全书》第 113 册第 356 页，上海古籍出版社，1987 年 1 月。

④ 《礼记·檀弓上》：王文锦《礼记译解》第 74、77 页，中华书局，2001 年 9 月。

⑤ 汉·司马迁《史记·陈丞相世家》第 238 页，上海古籍出版社，1986 年 12 月。

⑥ 《礼记·檀弓上》：王文锦《礼记译解》第 62 页，中华书局，2001 年 9 月。

一姓氏，乡邻之间皆有血缘关系），而不会轻易造成严重矛盾。因为相互之间矛盾激化成仇，往往子孙相传、负面影响很大。

在传统社会的交往中，不同地域的礼俗也有相异之处。例如，南北朝时期"南人冬至岁首，不诣丧家；若不修书，则过节束带以申慰。北人至岁之日，重行吊礼；礼无明文，则吾不取。南人宾至不迎，相见捧手而不揖，送客下席而已；北人迎送并至门，相见则揖"①。当然，这些区别并不影响交往的意义与效果。人们进行社会交往，固然有着获取利益的因素，但增加感情、增进关系占据着重要地位。双方（或多方）交往的次数、付出情感及财物的多少，绝大多数与相互间的血缘亲疏相关，同时也会参照当地的习俗惯例。

（三）基于传统赓续的尊老敬祖

如同重视血缘关系一样，尊敬长者、崇拜祖先，在中国传统文化中表现得特别鲜明。这一状况的形成，与先民们在商周时期舍弃"神本"、确立"人本"的文化理念具有很大关联。从文化史的角度来说，"神本"文化发展出以"上帝"为主宰、万民皆为背负"原罪"的奴仆和温顺羔羊，每个人只对主宰所有人命运的"上帝"负责；"人本"文化远离虚无缥缈的天帝神仙，以培养高尚道德情操为己任，争取成为德才兼备、利国利民的楷模，因而继承先辈生存经验与优良传统，就显得极为重要。

1. 尊敬师长：敬重知识、汲取经验

在传统的农业文明社会形态中，掌握各种技能，是能够生存及改善生活质量的前提条件。很多技能的取得，不仅需要反复实践，更需要学习借鉴经验以求事半功倍。经验的丰厚积累，往往需要长期的揣摩探索，年长者因其拥有经验，成为值得后生晚辈学习的对象。我国久已形成的"养老、尊老"风习，与此有着直接的关系。"凡养老，有虞氏以燕礼，夏后氏以飨礼，殷人以食礼，周人修而兼用之。五十养于乡，六十养于国，七十养于学，达于诸侯。"在日常生活中，"班白者不提挈，君子耆老不徒行，庶人耆老不徒食"。至于儿女对待自己的父母长辈，就更加要求尽心尽力："孝子之养老也，乐其心，不违其志，乐其耳目，安其寝处，以其饮食忠养之，

---

① 北齐·颜之推《颜氏家训·风操》：明·程荣《汉魏丛书》第 587 页，吉林大学出版社，1992年12月。

孝子之身终。终身也者，非终父母之身，终其身也。是故父母之所爱亦爱之，父母之所敬亦敬之。"为了强化"敬老"的社会氛围，政府还专门设立"乡饮酒"的礼仪仪式："乡饮酒之礼，六十者坐，五十者立侍，以听政役，所以明尊长也。六十者三豆，七十者四豆，八十者五豆，九十者六豆，所以明养老也。民知尊长养老，而后乃能入孝弟；民入孝弟，出尊长养老，而后成教；成教而后国可安也。"①可见，教育民众"尊长养老"，归根结底有益于安定社会、治国平天下。

西周时期确定并推行的尊长敬老的国策，在春秋战国时期受到挫折。战国中期的孟子提出"五十者可以衣帛、七十者可以食肉、颁白者不负戴于道路"的"尊老"主张②，具有"从周、复礼"的含义，但在当时各国争雄的形势下，显得不合时宜。秦朝一味实施严刑苛法，利用实际功利作为论事评人的准则，导致王朝的短命而亡。汉代及时废止了秦法，转而推崇儒家，提出"以孝治天下"，大兴尊老之风。刘邦在未称帝之时，就在自己所辖之地，"举民年五十以上，有修行，能帅众为善，置以为三老（具有正直、刚、柔三种品德），乡一人。择乡三老一人为县三老，与县令、丞、尉以事相教"。文帝专门下诏："老者非帛不暖，非肉不饱。今岁首，不时使人存问长老，又无布帛酒肉之赐，将何以佐天下子孙孝养其亲？今闻吏禀当受鬻者，或以陈粟，岂称养老之意哉！具为令。"他要求善待"三老"、将他们看作"众民之师"③，当然是为了巩固自己的统治，但在客观上提高了老人的待遇，有利于社会风气的改变。此后的历代王朝，大都沿用这一宣扬"贵老、敬长"之方针，也取得了一定的成效。与此同时，历代流传着很多孝亲尊老、肯定长辈经验的故事，除了"缇萦救父""王祥卧冰""郭巨埋儿"（"二十四孝"）等的宣扬孝道之外，送给张良《太公兵法》的"圯上老人"（《史记·留侯世家》）、提醒陈尧咨戒骄的"卖油翁"（欧阳修《卖油翁》）等，都是普通大众耳熟能详的。这些人物故事，都起到了立标作范、教育群众、引导社会风习之作用。

尊师，与敬重长辈具有大致相同的地位。人们普遍认为：父母生养了

---

① 此处引文分别出自：《礼记》之《王制》《内则》《乡饮酒义》篇；王文锦《礼记译解》第191、384、923页，中华书局，2001年9月。

②《孟子·梁惠王上》；杨伯峻《孟子译注》第5页，中华书局，2005年1月。

③ 此处引文分别出自：《汉书》之《高帝纪》《文帝纪》；汉·班固《汉书》第7、15、16页，上海古籍出版社，1986年12月。

身体，师傅教给了入世谋生的技艺。不少人甚至将"一日为师，终身为父"作为自己的信条。在传统社会中，凡是家计并非特别艰难的家庭，都会让孩子入学（或私塾）读书。入学之前，家长定会嘱咐孩子尊敬先生，而入学的学规也对此特别重视。先秦时期的典籍（尤其是子学典籍），大多论及进学、尊师问题。《论语》要求"学而时习""学而不厌"。《荀子》专设《劝学》篇，论证学习的重要性；在《儒效》篇中说明为什么必须从师求法："人有师有法，而知则速通，勇则速威，云能则速成，察则速尽，辩则速论。故有师法者，人之大宝也；无师法者，人之大殃也"；又在《致士》篇中提出为师者的标准："尊严而惮，可以为师；耆艾而信，可以为师；诵说而不陵不犯，可以为师；知微而论，可以为师"①。《管子·弟子职》是记述学生跟随先生读书进学的篇目，其中特别强调了"尊师"，并且将其融入日常生活，提出十分具体的要求。清晨要早早起身，侍奉先生起床盥洗："少者之事，夜寐早作。既拼盥漱，执事有恪。摄衣共盥，先生乃作。沃盥彻盥，泛拼正席，先生乃坐。出入恭敬，如见宾客。危坐乡（向）师，颜色毋怍"；吃饭时要摆盘布菜，侍奉先生就餐："先生将食，弟子馔馈。摄衽盥漱，跪坐而馈。置酱错食，陈膳毋悖。凡置彼食：鸟兽鱼鳖，必先菜羹。羹胾中别，胾在酱前，其设要方"；夜晚要安枕铺被，侍奉先生就寝，而后交流学习体会："先生将息，弟子皆起。敬奉枕席，问所何趾；俶衽则请，有常则否。先生既息，各就其友。相切相磋，各长其仪。"②类似这样的要求，在后世学校的师生之间、行业的师徒之间、家庭的长辈与晚辈之间（儿媳与公婆）制定的规则中（如《学规》《家范》等），经常可以看到。宋代大儒朱熹制定的《白鹿洞书院学规》（亦称《白鹿洞书院揭示》），其核心内容为"父子有亲，君臣有义，夫妇有别，长幼有序，朋友有信（五教之目）；博学之，审问之，慎思之，明辨之，笃行之（为学之序）；言忠信，行笃敬，惩忿窒欲，迁善改过（修身之要）；正其义不谋其利，明其道不计其功（处事之要）；己所不欲，勿施于人。行有不得，反求诸己（接物之要）"③。不难看出，此中对弟子的教育内容，重在守规循礼、立德树人，其出处乃

---

① 引文分别出自《荀子》之《儒效》《致士》篇：清·王先谦《荀子集解》第91、175页，上海书店，1986年7月。

② 清·戴望《管子校正》第315—316页，上海书店，1986年7月。

③ 宋·朱熹《晦庵集》（卷七四）：《四库全书》第1145册第527页，上海古籍出版社，1987年1月。

是《论语》《孟子》《中庸》等儒家经典。朱熹身为宋代理学的代表人物，自元明以降的影响力无人可及，兼之其"学规"确具合理因素，故而颇受学人关注与奉持。

如果对要求儿女孝敬父母长辈、弟子生徒尊敬先生和师傅给予正面评价（也有人认为此乃"压迫"行为），则其对于强化社会管理、敦厚世俗民风有所裨益。若从晚辈弟子进学增艺视角衡量，如果对师长没有敬重感恩之心，又如何能够沉下心思、认真学习？而对方又怎肯将真才实学传授给缺少尊师之心的弟子呢？可见，敬重前辈师长，就是敬重知识与经验；拥有了知识与经验，就拥有了现今的生存能力、拥有了更好的未来。因此，尊师敬长的传统风习，仍然有其合理性，需要予以继承与发扬。

2. 祭拜祖先：纪念先辈、继承传统

祭祀是传统文化的一项重要内容，也是中华民族信仰的主要表达方式。人类早期的信仰，生成于对自然界和人类祖先的崇拜，以此为基础出现了各种各样的祭祀活动。在中国历史进程中，适度保留了对自然界的崇拜，全面继承了对祖先的崇拜，并且利用多种祭祀形式，表达对祖先的感恩、崇敬及祈求护佑的思想理念。

早在商周时期，祭祀活动很多且形成严密的制度规范。《礼记》从国家的角度，提出了确定祭祀对象的标准："圣王之制祭祀也，法施于民则祀之，以死勤事则祀之，以劳定国则祀之，能御大灾则祀之，能捍大患则祀之。……尧能赏均刑法以义终，舜勤众事而野死，鲧障洪水而殛死，禹能修鲧之功，黄帝正名百物以明民共财，颛顼能修之，契为司徒而民成，冥勤其官而水死，汤以宽治民而除其虐，文王以文治，武王以武功去民之灾，此皆有功烈于民者也。及夫日月星辰，民所瞻仰也，山林、川谷、丘陵，民所取财用也。非此族也，不在祀典。"随着时代的推移，特意祭祀天地鬼神的活动渐渐减少，祭拜祖先成为国人最为重视的大事。祭祀的时间，包括忌日（卒日）纪念和节日祭奠（春节、清明节、鬼节等）。举行祭祀祖先的仪式，需要精心准备，根据《礼记》的规定，包括备齐祭祀供品（酒肉果品）、设置神主牌位、预先斋戒静思、诵读致敬祷词、焚烧香烛纸钱、进行叩拜大礼等。其中，斋戒是很重要的环节："斋之日，思其居处，思其笑语，思其志意，思其所乐，思其所嗜。斋三日，乃见其所为斋者。祭之日，入室，僾然必有见乎其位；周还出户，肃然必有闻乎其容声；出户而听，忾然必有闻乎其叹息之声。是故先王之孝也，色不忘乎目，声不绝乎耳，心志耆欲不忘乎心。致爱则存，致悫则著。著存不忘乎心，夫安得不敬乎！君子生则敬养，死则敬享，思终身弗辱也。"①可见，斋戒的作用，在于儿女对逝世父母的追思怀念与精神方面的交流。在祭祀现场诵读祷词（通常由主持人诵读），是利用总结概述前辈的功劳业绩，教育晚辈子孙，以便继承遗志、将家族事业发扬光大。

举行祭祀活动，主要作用是对亲临现场的人们进行教育；而树立墓碑、修建祠堂、绘画塑像、写作传记等方式，则是全方位地念祖承统的举措。

在殷商以前，人死埋葬后是没有标志的（不封不树），因为"葬也者，藏也。藏也者，欲人之弗得见也"②。自周朝开始堆土为坟，专设"冢人"，掌管墓地的选择、逝者墓穴位置（排序）的确定和标志（起坟植树）的树立："冢人掌公墓之地，辨其兆域而为之图。先王之葬居中，以昭、穆为左右。凡诸侯居左右以前，卿大夫士居后，各以其族，凡死于兵者，不入兆域。凡有功者居前，以爵等为丘封之度，与其树数。"③基于墓主身份的不同，坟墓堆土的高度、周边种植树木的类别数量等，都有明确的区别。通常称天子的墓为"陵"（山陵），正是因为其坟墓高大之缘故。与封坟植树相随，形成"祭墓"的风习。《周礼·冢人》有"凡祭墓为尸"之说，而《孟子·离娄下》所述"齐人有一妻一妾"故事中的丈夫（良人），经常"之东郭墦间，之祭者，乞其余；不足，又顾而之他，此其为餍足之道"④。说明在孟子生活的战国时期，为墓主致祭已经普遍流行。

家族宗庙，周朝的君王贵族之家已经建立。在坟墓建筑祠堂、树立墓碑、掩埋墓志铭、墓道排列石人石兽，是从汉代开始的。汉高祖刘邦死后，叔孙通制定了建造陵园祭庙的规制，此后贵族权要逐渐仿照而行。汉昭帝和宣帝时代权倾朝野的大将军霍光死后，汉宣帝"发三河卒穿复土起冢祠堂。置园邑三百家，长丞奉守如旧法"。此后霍光的妻儿又将霍光"茔制而侈大之。起三出阙，筑神道，北临昭灵，南出承恩，盛饰祠室，辇阁通属永巷，而幽良人婢妾守之"⑤。如此的格局气势，后世只有皇帝陵墓堪与之相比。当时拥有权势资财的人，也会提前建造坟墓。汉成帝朝的大臣张

---

① 引文分别出自《礼记》之《祭法》《祭义》篇：王文锦《礼记译解》第 675、678 页，中华书局，2001 年 9 月。

②《礼记·檀弓》：王文锦《礼记译解》第 102 页，中华书局，2001 年 9 月。

③ 汉·郑玄注、唐·贾公彦疏《周礼注疏》第 148 页，中华书局，1980 年 10 月。

④《孟子·离娄下》：杨伯峻《孟子译注》第 203 页，中华书局，2005 年 1 月。

⑤ 汉·班固《汉书·霍光传》第 273 页，上海古籍出版社，1986 年 12 月。

禹，在其年老时"自治冢茔，起祠室"①。普通人家受到诸多限制，不能崇封修祠，但为先人植树立碑，成为子孙必须承担的责任。

比之堆坟、树碑与建庙，撰写文章、编辑成册，其获得保存与传承的概率要扩大很多。于是，历代王朝主持编撰为帝王将相歌功颂德的"正史"、众多家族编辑记录本族承传系统的"谱牒"，乃至出自公家或私人之手的"名人传记"等，自先秦以来蔚然成风，而其热度从未真正减弱。所有这一切，主要目的在于追怀祖先、保留风习与继承传统。

三、风俗习惯的文化承载

通常所言的风俗习惯，具有不同的地域性、特定的群体性及包罗众多等特点，是完全融入日常生活之中的现象或行为。实际上，大凡渊源有自、流传广远的风俗习惯，均与宏观社会文化有着紧密联系，其自身也承载着重要的文化责任。

（一）保持传统文化基因

中华文化高度发展的真正原点，出自黄河中下游一带的农业文明，而后中华大地上演的所有社会文化大剧，都是以此为基础。在文化构建系统内，风俗习惯属于制度文化的领域。习俗、礼仪、法律，构成制度文化的基本框架。习俗，生成于民间、与民众生活融为一体，甚至可以称为"下意识"的行为（"集体无意识"），在一定程度上发挥着约束人们思想及行为的作用；礼仪，是以习俗为基础、融合人们日常生活习惯提炼而成，同时在相当程度上赋予道德规范与教化的职能，礼仪的有无与遵守与否，也标志着当事人的基本素养；法律，是礼仪的进一步规范化、制度化与强制化。礼与法的制定，应当与现实社会状况和民风习俗相适应；而礼与法的区别，在于自觉性与强制性的不同。关于法律、礼仪与习俗之间的关系，《商君书》有过恰当的阐述："当时而立法，因事而制礼。礼法以时而定，制令各顺其宜""圣人之为国也，不法古，不修今，因世而为之治，度俗而为之法。"②

---

① 汉·班固《汉书·张禹传》第 310 页，上海古籍出版社，1986 年 12 月。
②《商君书》之《更法》《壹言》篇：张觉《商君书校注》第 6、80 页，岳麓书社，2006 年 5 月。

可见，礼与法是制度文化的高级表现，而习俗则是形成制度文化的基础，是传统文化的根基所在。

社会习俗能够成为传统文化之根基，有两个因素从中发挥着重要作用。

首先，习俗植根于传统文化的原初基地。在特定的自然条件、经济基础及思想理念共同作用之下形成的习俗，其生命力是十分强大的。属于农耕文化的中国主流传统文化，围绕着重血缘、讲人情、务实弃虚、天人和谐等，形成许多风俗习惯，以及由此而设立的节日礼仪。这些风习根基深厚、生命力顽强，虽经不同王朝的兴亡更迭、统治集团的理念变换，也很难真正改变相沿已久的风俗习惯。常言所说"江山易改，秉性难移"中的"秉性"，可以作为习俗的代称；而其之所以"难移"，缘于与传统文化本质的联系。

其次，习俗保留着传统文化的核心要素。这一特征，在社会遇到"大变局"的时候，就会显示出其重要性。在中国历史进程中，人们通常认为的大变局，当然是改朝换代。每逢其时，必定是兴兵争战、消灭原来的最高统治集团、掌握国家机器、占领富庶繁华的地区，等等。中国自古的决定性战争，大都发生在中原地区，据有中原成为历代统治者的首要任务。当然，与大规模战争及改朝换代相伴随的，是对社会物质、文化的大破坏。物质的损失，通过减轻赋税、休养生息，可以在较短时间内缓和；文化的大毁伤，则不是短时期内可以恢复的。不过，根基深厚的文化也不会轻易灭亡，当遭遇大难时，它们或转移他乡，或隐藏于乡间及日常习俗之中。

在中国历史上，文化大转移以两晋和两宋之交时期最具代表性。西晋灭亡时，中原大量人口逃往江南，东晋建立之初，王导就建议晋元帝："宾礼故老，存问风俗，虚己倾心，以招俊义。"他在激励南渡者"当共戮力王室，克复神州"的同时，力主重视教育，在呈送给皇帝的上书中写道："夫风化之本在于正人伦，人伦之正存乎设庠序。庠序设，五教明，德礼洽通，彝伦攸叙，而有耻且格，父子兄弟夫妇长幼之序顺，而君臣之义固矣。《易》所谓'正家而天下定'者也。故圣王蒙以养正，少而教之，使化沾肌骨，习以成性。……今若聿遵前典，兴复道教，择朝之子弟并入于学，选明博修礼之士而为之师，化成俗定，莫尚于斯。"[①]他的意见，得到朝廷的采纳。

① 唐·房玄龄《晋书·王导传》第 203 页，上海古籍出版社，1986 年 12 月。

王导为中原文化转移到南方、保存中华传统文化的要义及礼俗，做出了巨大贡献。此后，谢安又在王导的基础上，不仅抵御了北方少数民族政权的南侵、赢得了淝水之战的胜利，而且因其"善行书""性好音乐"，"又于土山营墅，楼馆林竹甚盛，每携中外子侄往来游集"，使得"衣冠效之，遂以成俗"①，进一步促进了南方文化的发展繁荣。南朝书法的引领天下、游山玩水风习的盛行及山水文学的兴起，与谢安大有关系。

北南宋之交的情况与两晋相交的情形相似，也是一次中原文化大迁移的过程。除了宋高宗赵构率领的一批贵戚朝臣，另如武将岳飞与韩世忠、文人李清照及辛弃疾等，都是渡江而南的北方人。他们对中原故土有着无比深厚的情感，对北方的习俗也牢记在心。"中州盛日，闺门多暇，记得偏重三五。铺翠冠儿，捻金雪柳，簇带争济楚"②，是对北方"元宵节"的回忆；"故园桃李，待君花发。儿女灯前和泪拜，鸡豚社里归时节"③，是参加当地民间"社日"活动时引发的故乡之思。由于北地来南的人员众多，有些北方习俗在南方流行起来。比如七月初七的乞巧："妇人女子，至夜对月穿针。饾饤杯盘，饮酒为乐，谓之'乞巧'。及以小蜘蛛贮盒内，以候结网之疏密，为得巧之多少。小儿女多衣荷叶半臂，手持荷叶，效颦摩睺罗。大抵皆中原旧俗也。"④大致而言，东晋时期使中原文化融入南方、扎下了根基；南宋则使南方再次充实了中原文化、真正成为中华文化的高地。

至于文化精粹隐藏于乡间的现象，更是无代无之。其中，有的是著名人士有意避乱，当遇到合适的时机就会出山入世，比如汉初的"商山四皓"、元末的刘基和宋濂；也有的坚持不与新朝统治者合作，自己从事传统文化接续工作，如明末清初的顾炎武和黄宗羲。除了这些具备文化素养的名人，更普遍的情况是，保存着传统文化要素的日常礼俗风习，在乡间农家的广泛传播。那些看似简单甚至寒酸的婚丧嫁娶、庆生祭祖之类的仪式，传达着世代相传的文化真义。往往越是偏远的地区，保存的礼俗越是完整齐备，所谓"礼失求诸野"，正是对这一状况的最好注脚。唐代大诗人白居易，作有"野火烧不尽，春风吹又生"之诗句（《赋得古原草送别》），用以歌咏生

---

① 唐·房玄龄《晋书·谢安传》第 242 页，上海古籍出版社，1986 年 12 月。

② 李清照《永遇乐·元宵》：陈祖美《李清照诗词文选评》第 155 页，上海古籍出版社，2011 年 12 月。

③ 辛弃疾《满江红·送汤朝美司谏处便归金坛》：徐汉明《辛弃疾全集》第 65 页，四川文艺出版社，1994 年 8 月。

④ 宋·吴自牧《梦粱录》第 48 页，中国商业出版社，1982 年 3 月。

命力顽强的小草。此处可用来喻指民间习俗：它们扎根大地、随处滋生，当犹如艳丽鲜花似的朝堂律法、贵族礼仪被风雨摧折之后，茂密的青草可以支撑着文化的原野、哺育出新的花朵。

（二）衍生文化支脉系统

民间习俗形成之后，经过一定时间与地域的传播，大多成为固定的节日。这些节日以农事为始，逐步向祭祀纪念、欢庆祝福乃至交谊游玩等领域扩展。一些重要的节日习俗，不断融入新的文化元素，在形式及内涵上予以扩展增容，甚至发展成为自成一体的文化系统。

节日的形式增加，以春节最为典型。春节本是冬春交换的节日，陆续加入了悬桃符、挂门神（年画）、贴春联、剪窗花、蒸年糕、包饺子、拜年、祭祖等活动。随着社会的发展，春节的活动由农历（阴历）正月初一向前后双向延伸，大致包括两个月的时间：阴历腊月初八的"腊八粥"、二十三的"送灶神"（小年）、三十的"除夕守夜"、正月初五的"破五"（破五穷）、十五的"上元节"（元宵节）、二月初二的"龙抬头"（中和节），都可归入春节的系统之中。清明节原本是指春和景明、万物更新的自然物候呈现之时节，由此增加了寒食禁火、扫墓祭祖、踏青游玩等活动。端午节虽然名气不及"春节"和"中秋节"等节日，但其名称有"端阳节、天中节、菖蒲节、龙舟节、粽子节"等20余个，在各种节日中是最多的，其活动包括插艾草、包粽子、划龙舟、祭名人（屈原），等等。

在节日习俗的所有活动形式中，都有着具体要求与特定含义。春节时燃放爆竹："于庭前爆竹，以辟山臊恶鬼。按《神异经》云：西方山中有人焉，其长尺余，一足，性不畏人。犯之则令人寒热，名曰山臊。人以竹着火中熚爆有声，而山臊惊惮远去。"[1]端午节投粽祭奠屈原："屈原五月五日投汨罗水，楚人哀之，至此日，以竹筒子贮米，投水以祭之。……今五月五日作粽，并带栋叶、五色丝，遗风也。"[2]中秋节的团聚赏月："中秋夜，贵家结饰台榭，民间争占酒楼玩月。丝篁鼎沸，近内庭居民，夜深遥

---

① 南朝梁·宗懔《荆楚岁时记》：《汉魏六朝笔记小说大观》第 1051 页，上海古籍出版社，1999 年 12 月。

② 南朝梁·吴均《续齐谐记》：《汉魏六朝笔记小说大观》第 1008 页，上海古籍出版社，1999 年 12 月。

闻笙竽之声，宛若云外。闾里儿童，连宵嬉戏。夜市骈阗，至于通晓。"①

得益于华夏大地很早就建立起统合南北的王朝，"大一统"的思想成为朝野共识，因而很多习俗的名称及活动程序全国各地统一、北地与南方无别（特别是官方主持推动者）。比如《东京梦华录》记述北宋京城开封迎接"立春"的情景："立春前一日，开封府进春牛入禁中鞭春。开封、祥符两县，置春牛于府前。至日绝早，府僚打春，如方州仪。府前左右，百姓卖小春牛，往往花装栏坐，上列百戏人物，春幡雪柳，各相献遗。春日，宰执亲王百官，皆赐金银幡胜。入贺讫，戴归私第。"②这与吴自牧《梦粱录》所记南宋临安城在"立春"时举行的仪式完全相同。不过，还有很多节日习俗在具体实施过程中，显示出着各地不同的特色。比如：正月初一至初七，分别称为"鸡、狗、猪、羊、牛、马、人日"，通行的要求是"正旦画鸡于门，七日贴人于帐。一日不杀鸡，二日不杀狗，三日不杀猪，四日不杀羊，五日不杀牛，六日不杀马，七日不行刑"。但在南北朝时期，正月初七这天，"荆人于此日向辰，门前呼牛羊鸡畜令来，乃置粟豆于灰，散之宅内，云以招牛马。……北人此日食煎饼，于庭中作之，云熏火"③。诸如此类的差别，在不同地区各种节日习俗中还有不少，但其总体的目标指向并无不同。

众多的传统节日习俗，或驱邪祈福（春节），或祭祀祖先（清明节），或融入宗教色彩（四月初八"浴佛节"），或纪念历史名人（端午节纪念屈原），或追求聪明智慧（乞巧节），或强调阖家团圆（中秋节），或推崇尊长敬老（重阳节），或期待新年来临（除夕守岁），都包含着深沉情感、美好期愿，以及厚重的文化内涵。这些习俗为丰富传统文化内容、拓展文化境域（年画成为独特画种、春联成为文学样式等），做出了重要的贡献。

（三）制约社会大势走向

在人类社会的发展进程中，出现了原始社会、奴隶社会、封建社会等不同的社会形态。但是，社会风习在这些社会形态中，总是或隐或现地存在并且发挥着自身的作用。换言之，传统的风俗习惯不会因为社会形态（制

---

① 宋·孟元老《东京梦华录》第 56 页，中国商业出版社，1982 年 3 月。
② 宋·孟元老《东京梦华录》第 37 页，中国商业出版社，1982 年 3 月。
③ 南朝梁·宗懔《荆楚岁时记》：《汉魏六朝笔记小说大观》第 1053 页，上海古籍出版社，1999 年 12 月。

度）的改变而消失或全新呈现。甚而至于，风俗习惯对社会的走向起着相当的制约作用。

1. 社会制度的选择应当对接民风礼俗

经济基础决定上层建筑，而风俗习惯是以经济为基础而形成的。因此，社会上层建筑（指导思想及政治制度）的改变，必须与习俗相适应，否则很难成功。这方面的事例，在中国历史上是有案可稽的。

西汉末年，王莽代汉推行新政，其鲜明特色是恢复上古三代之风。他"慕从古官"，大量改变官职名称：将掌管宗庙礼仪的太常，改称"秩宗"；执掌刑辟的廷尉，改称"作士"；负责谷物的大司农，改称"羲和"（后又改称"纳言"）；管理各地税收的少府，改称"共工"，等等①。在土地制度上推行古制："更名天下田曰王田，奴婢曰私属，皆不得卖买。其男口不满八，而田过一井者，分余田与九族乡党。犯令，法至死，制度又不定，吏缘为奸，天下嗷嗷然，陷刑者众。"他为了"变汉制，以周钱有子母相权，于是更造大钱，径寸二分，重十二铢，文曰'大钱五十'。又造契刀、错刀。契刀，其环如大钱，身形如刀，长二寸，文曰'契刀五百'。错刀，以黄金错其文，曰'一刀直五千'"②。对于地方官员，他"以《周官》《王制》之文，置卒正、连率、大尹，职如太守；属令、属长，职如都尉。置州牧、部监二十五人，见礼如三公。监位上大夫，各主五郡。公氏作牧，侯氏卒正，伯氏连率，子氏属令，男氏属长，皆世其官"。他"以为制定则天下自平，故锐思于地理，制礼作乐，讲合'六经'之说。公卿旦入暮出，议论连年不决，不暇省狱讼冤、结民之急务。县宰缺者，数年守兼，一切贪残日甚。中郎将、绣衣执法在郡国者，并乘权势，传相举奏"③。王莽这种"嘉慕前圣之治，而简薄汉家法令，故多所变更，欲事事效古，美先圣制度，而不知己之不能行其事。释近趋远，所尚非务"④的做法，造成国家机器运转不畅、普通百姓苦不堪言，终致自己身遭杀戮、政权速亡的下场。不顾实际地一味"慕古、仿古"，使王莽成为被人耻笑的反面典型。

元朝依仗铁骑劲旅，横扫宇内、统一中华。其疆域"北逾阴山，西极

---

① 汉·班固《汉书·百官公卿表》第73-74页，上海古籍出版社，1986年12月。
② 汉·班固《汉书·食货志》第114、117页，上海古籍出版社，1986年12月。
③ 汉·班固《汉书·王莽传》第383页，上海古籍出版社，1986年12月。
④ 汉·桓谭《新论·言体》；汉·桓谭撰、朱谦之校辑《新辑本桓谭新论》第13页，中华书局，2009年9月。

流沙，东尽辽左，南越海表"①，所辖领土超越汉唐全盛之时。元朝入主中原初期，在全国各地驻扎以蒙古军为首的军队，欲以"马上治天下"。内地根基深厚的传统农耕文明，遭到落后的游牧经济方式破坏："王公大人之家，或占名田近于千顷，不耕不稼，谓之草场，专用牧放孳畜"②、"行营军士多占民田为牧地，纵牛马坏民禾稼桑枣"③。元朝采用民族歧视政策，将国民分为蒙古人、色目人、汉人（北方人）、南人（南宋统治区居民）四个等级，不少阶层低下、丧失田产的农民，沦为没有人身自由的奴隶。对于唐宋时期用来选拔人才的科举制度，元朝建立之初（1260年忽必烈称帝）予以取消，直到50余年后的1315年（仁宗延祐二年）重新开考。此后共开考八次，录取进士总计五六百人④，尚不及宋代一次科考取士之数（宋代一次开考，少则录取数百，多则上千名）；而且在考题设定、录取名额等方面，明显偏向蒙古人和色目人。停止科举考试，断绝了掌握文化知识读书人的进身之路，也使全社会的文化教育水平、文化素养大幅下降。元朝种种违背中华历史文化传统、脱离现实社会状况的举措，是其王朝未能长存的主因。

与元朝统治者的倒行逆施不同，清朝入关之后，充分利用中华主体文化的优势，大力推行安抚士绅民众的政策，迅速掌控了天下大局。虽然也曾强制推行男子"剃发"之类的政令，但对传统文化实行了整体继承的国策，从而确保了天下的相对安定，出现了"康乾盛世"局面，使清王朝统治的时间远超元朝，达到260余年，与唐、宋、明朝大致相当。

可见，企图复制古代社会（如王莽）或者以粗暴方式改造主流社会文化（如元朝），都是难以成功的。只有适应社会发展阶段，合于人民大众的基本需要，融入长久形成的民风礼俗等基础性内容，才可以建立起牢固的上层建筑（统治机构及其实施政策），实现社会的长治久安。

2. 社会习俗影响事业发展

社会习俗对家国事业的影响，表现在正、反两个方面：当习俗与社会现实状况相适应时，习俗的影响是正面的；当习俗与社会现实及其发展趋

---

① 明·宋濂《元史·地理志序》第162页，上海古籍出版社，1986年12月。
② 明·杨士奇《历代名臣奏议》（卷一一二）：《四库全书》第436册第207页，上海古籍出版社，1987年1月。
③ 明·宋濂《元史·姜彧传》第456页，上海古籍出版社，1986年12月。
④ 参见：杨成鉴、金涛声《中国考试学》第134页，书目文献出版社，1995年3月。

向不相适应时，其影响则是负面的。

回溯中国历史的发展可知，从原始社会到奴隶社会，中华文明的进程与世界其他文明大致齐平，同属著名文明古国之列；进入封建社会时期，中华得益于天时（适合物种繁衍的北温带气候）、地利（辽阔平坦的华北大平原为主体）与人和（民风质朴及周公、孔子、老子等名家辈出）的助力，创造了光辉灿烂的农耕文明。在 2000 余年的中国封建时代，以物质丰富、制度完备、精神文明高度发展、人民生活安乐而雄踞于世界东方。自汉唐以降，周边各国皆以中华为师，不断派遣使团观摩学习，用以提高本国社会文化的整体水平；西域与南洋各国，通过陆地或海上"丝绸之路"与我扩大交往，华美的丝绸与精巧的瓷器，引发了他们对中华富庶的无限遐想。甚至周边少数民族的袭扰，主因也是为内地的丰饶富足所吸引。中华民族创造的所有这一切，是农耕文明下的自然经济结构，与封建统治制度、社会心理状态及民间习俗相适应的结果。它们之间，是相互依存、相互促进的关系。

与此同时，疆土的辽阔、国力的强盛、社会的安宁、民风的纯朴，也逐步助长了遍布朝野的固步保守甚至骄傲自大心态。最高统治者以"天朝上国"自居，未曾理性看待、认真分析异域他国；知识阶层的文人士子，或汲汲于科举以求功名，或深陷于故纸堆求索义理，或满足于吟诗作赋以炫耀才华，从未注重于探究事原物理、提升科技水平；普通百姓更是为春种秋收、生儿育女等事务所囿，无暇、无力也无权（不被官方允许）参与国家大事。举国上下长时期地自我陶醉、目光近观浅视，使得从明代中期开始，中国逐渐落后于世界的发展。

鸦片战争爆发，欧美列强使用坚船利炮轰开了中华紧闭的国门，在西方工业文明对农业文明的"降维打击"之下，中国毫无还手之力。面对"亡国灭种"的空前灾难，一些有识见的人士，最终选择了"师夷之长技"（魏源语）之途径，以求挽救中华文明。这一方略的实施之初，遇到了很大的阻力，其中不少来自传统习俗。例如，拒绝照相机拍照片，因为害怕摄走魂魄；阻止铁路通过田地祖坟，因为会破坏地气龙脉；反对西医进行手术，因为身体发肤不可损伤，等等。这些如今看来非常可笑的做法，由于具有广泛的群众基础，在当时很长时期内，确实起到了迟滞近代化与现代化进程的作用。

中华民族由传统的精细农耕文明向现代工业文明转化的过程，是一个极其痛苦的过程，传统习俗中的某些方面，在这一进程中造成过负面影响。不过，令人宽慰的是，经过百年的痛苦磨砺转型，我们终于最大限度地消除了不利于社会进步的习俗，对有些习俗进行调整改造以适应社会现实的需要，又在面向世界的开放过程中，接受新事物、新文明，形成新的习俗。这些经过时代洗礼或新生的习俗，植根于民族文化传统而又催生出新的文化形态。它们在日常生活中展现出鲜明的文化特征，从而助推着由传统向现代及未来的革新转换，使伟大的中华民族、中华文化恒久地延续着自己的灿烂光荣！

余论

中国传统文化的现代意义

从数千年前人类进入文明社会为始，中华民族文化即以其和合天人、求实致用、柔韧包容等特色而独树一帜。此后历经王朝更替、外族入侵、思想论争乃至文明体系变革（由农业文明进入工业文明）等诸多风雨变幻与重大挑战，传统文化始终保持着健旺的生命力。时至今日，传统文化与现实社会仍然具有紧密的联系、发挥着重要的作用。

（一）传统文化与当代中国治国理念契合

中国是社会主义国家，科学社会主义理论是治国理政的主导。这一理论与马克思主义哲学、政治经济学共同构成无产阶级思想体系。作为无产阶级政党指导思想的理论基础，科学社会主义理论揭示了资本主义的剥削本质，指明资本主义必然灭亡、社会主义必然胜利、最终实现共产主义的正确道路。马克思主义及其科学社会主义理论在中国的传播，始于20世纪初期。1921年，中国共产党创建之时，党员总数只有数十人。此后不到30年，中国共产党领导中国人民取得全国胜利，建立了以马克思主义为理论基础、以社会主义为国家体制、以共产党为领导核心的新型国家——中华人民共和国。中国共产党为什么能够由小到大、由弱到强？社会主义制度为什么能够在经济落后的中国取得胜利？社会主义中国为什么能够历经风险而屹立不倒、能够取得世人瞩目的发展成就？苏联解体且与东欧各国"西转"后，为什么中国仍然能够坚持社会主义道路？要回答这些问题，社会主义的理论、制度、实践与中国传统文化之间所具有的借鉴、趋同等关系，是其中不容忽视的重要因素。认真考察科学社会主义的理论，可知其中若干观点与中华传统文化理念具有相合之处。

1. 认识论：唯物求实

认识论是关于人类认识的来源、发展过程，以及认识与实践关系的学说。由于对思维和存在何者为第一性的不同回答，区分为唯心主义认识论和唯物主义认识论。唯物主义是同唯心主义相对立的思想体系，认为世界按它的本质来说是物质的，是在人的意识之外、不依赖人的意识而客观存在的，世界是可以认识的；物质是第一性的，意识是物质存在的反映，是第二性的。在哲学史上，唯物主义一般是先进阶级的世界观，马克思、恩格斯创立的共产主义（其初级形态为社会主义）理论，其出发点与认知视角，就是唯物主义的认识论。

中国是有着五千年文明史的国度，纵观中华民族的历史，虽然历代皆有各种唯心尚虚的思想或行为（如宗教活动），但唯物求实始终占据着传统文化的主流。以影响最大的儒家学派为例：孔子从来"不语怪、力、乱、神"①，对鬼神采用"敬而远之"的态度，认为做事应当顺应民心、崇尚"仁德礼义"等观点，典型地显示出"务实"的特征。荀子是先秦后期儒家的代表，他提出的"不闻不若闻之，闻之不若见之，见之不若知之，知之不若行之。学至于行之而止矣"②则是"求实"观念的具体表述。墨子鼓吹"法天敬鬼"，但他也十分重视"实证"的重要："守道不笃，遍物不博，辩是非不察者，不足与游。""言有三法。何谓三法？曰：有考之者，有原之者，有用之者。恶乎考之？考先圣大王之事。恶乎原之？察众之耳目之请。恶乎用之？发而为政乎国，察万民而观之。此谓三法也。"③法家是最注重实际的，他们总是主张通过实地考察得出结论："行其田野，视其耕芸，计其农事，而饥饱之国可以知也。……行其山泽，观其桑麻，计其六畜之产，而贫富之国可知也。……计敌与，量上意，察国本，观民产之所有余不足，而存亡之国可知也。"④甚至被视为虚诞不经的庄子，也借用"凫胫虽短，续之则忧；鹤胫虽长，断之则悲"的事例，表达了必须从实际出发、不可主观武断的观点⑤。可见，在认识论领域，中国传统文化中始终贯穿着"唯物"与"求实"思想。

---

① 《论语·述而》：杨伯峻《论语译注》第 72 页，中华书局，1980 年 12 月。

② 《荀子·儒效》：清·王先谦《荀子集解》第 90 页，上海书店，1986 年 7 月。

③ 此处引文分别出自《墨子》之《修身》《非命下》篇：清·孙诒让《墨子间诂》第 6、172 页，上海书店，1986 年 7 月。

④ 清·戴望《管子校正》第 73 页，上海书店，1986 年 7 月。

⑤ 《庄子·骈拇》：清·王先谦《庄子集解》第 54 页，上海书店 1986 年 7 月。

2．方法论：辩证统一

大自然及人类社会的现象仪态万方、纷至沓来，若想从中得出正确的结论，须运用相应的方法。马克思、恩格斯倡导的唯物辩证法，是研究自然界、人类社会和思维发展一般规律的科学，是唯物主义和辩证法的统一，也是一种科学的方法论。辩证法是与形而上学相对立的世界观和方法论，其特点是：认为事物处在不断运动、变化和发展之中，这是由于事物内部的矛盾斗争所引起的。对立统一规律，是唯物辩证法的实质和核心。

我国古代朴素辩证法思想产生很早，《周易》所言"一阴一阳之谓道""生生之谓易""通变之谓事""一阖一辟谓之变，往来不穷谓之通"等①，说明了矛盾是事物存在及相互关系的基本特征，在矛盾之中发展变化，是事物成长的一般规律。孟子曾对各种事物的独特性做出详细分析，指出"物之不齐，物之情也；或相倍蓰，或相什百，或相千万"②。矛盾的产生，正是由于事物间的各不相同。老子是将事物的对立统一、矛盾的发展变化表述得最为简明而深刻的哲学家，他的"有无相生，难易相成""祸福相倚"③之类的论断，对中国古代哲学和社会观念，产生了广泛的影响。

当代中国革命的领袖毛泽东，在其《矛盾论》中提出的"事物的矛盾法则，即对立统一的法则，是唯物辩证法的最根本的法则""矛盾存在于一切事物发展的过程中，矛盾贯穿于每一事物发展过程的始终""事物发展过程中的每一种矛盾的两个方面，各以和它对立着的方面为自己存在的前提，双方共处于一个统一体中""矛盾着的双方，依据一定的条件，各向着其相反的方面转化"④等观点，很大程度上是借鉴了中国古代的哲学思想。

3．终极目标："大同"世界

在马克思、恩格斯创立的无产阶级思想体系中，科学社会主义是重要的组成部分。科学社会主义以资本主义必然灭亡、社会主义必然胜利、人类最终进入共产主义为基本理念。实现共产主义的具体进程，分为两个阶段：一是社会主义社会，属于共产主义的初级阶段。在社会主义社会时期，由工人阶级领导全体劳动人民掌握国家政权。其所有制形式，一般采取全

---

① 唐·孔颖达《周易正义》第 66-70 页，中华书局，1980 年 10 月。

② 《孟子·滕文公上》：杨伯峻《孟子译注》第 126 页，中华书局，2005 年 1 月。

③ 《老子》第二章、第五十八章：三国魏·王弼《老子道德经》第 1、35 页，上海书店，1986 年7 月。

④ 《毛泽东选集》（一卷本）第 274、283、301 页，人民出版社，1967 年 11 月。

民所有制和集体所有制两种形式，并以个体所有制为补充；其分配原则是
"各尽所能，按劳分配"；其经济是公有制基础上有计划的商品经济，国家
自觉运用价值规律调节生产和流通；其生产目的是最大限度地满足人民的
物质和文化生活需要。因此，社会主义的根本任务是解放和发展生产力。
二是共产主义社会，即共产主义的高级阶段。在这个阶段，生产力高度发
展，社会产品极为丰富，人们具有高度的思想觉悟，劳动成为生活的第一
需要，消灭了阶级或阶层之间的差别，实行共产主义公有制，分配原则是
"各尽所能，按需分配"。共产主义作为一种社会形态，其中具有的"公有
制"、无差别地"按需分配"等，与中国传统文化中的"大同"思想有着某
些相似之处。

"大同"思想，在《周易》中已经显现，后人对其进行过解读。如元代
哲学家胡震对第十三卦（"同人"）的解释是："同人者，以天下大同之道、
圣贤大公之心也。……不昵于私情，不隘于浅近，至公大同之道无远弗届，
其亨可知。既与天下大同，何险难之不可济？"[①]这里的"大同"，主要是
从社会成员（特别是统治者）必须具备"公心"而言的。从社会角度较为
全面地阐述"大同"思想的是《礼记》："大道之行也，天下为公。选贤与
能，讲信修睦，故人不独亲其亲，不独子其子，使老有所终，壮有所用，
幼有所长，矜寡孤独废疾者，皆有所养。男有分，女有归。货，恶其弃于
地也，不必藏于己；力，恶其不出于身也，不必为己。是故，谋闭而不兴，
盗窃乱贼而不作，故外户而不闭，是谓大同。"[②]此中勾画的社会蓝图，成
为中国历代志士仁人奋斗的理想。从封建社会中历次农民大起义的"均
平"，到改良主义者康有为的《大同书》，再到民主革命先行者孙中山的"天
下为公"，无不贯穿着"大同"思想。

以毛泽东为代表的老一辈无产阶级革命家，经过艰苦卓绝的斗争，取
得了中国革命胜利，建立了社会主义新中国。在这一过程中，诸如"打土
豪分田地""土地改革""人民公社"等重大举措，既是遵循着马克思主义
的理论，也有着浓重的中华传统"大同"思想之因素。

---

① 元·胡震《周易衍义》（卷四）：《四库全书》第 23 册第 531 页，上海古籍出版社，1987 年 1 月。
② 《礼记·礼运》：唐·孔颖达《礼记正义》第 186 页，中华书局，1980 年 10 月。

（二）传统文化为制定重要国策提供借鉴

改革开放国策实施 40 余年来，在中国共产党的坚强领导下，我国进入了经济高速发展、社会呈现巨变的阶段，取得了举世瞩目的成就。这一成就的取得，是将马克思主义的基本原理与中国社会现实相结合，进而制定并实施符合实际的大政方针、基本国策的结果。这些方针政策，有的在称谓与内涵上都可与传统文化吻合对接。

1. 以人为本

"以人为本"，是科学发展观的核心所在。近些年来，党和国家的大政方针与政策规定，无不体现着这一思想。立党为公，执政为民，一切从人民的立场出发，一切为了人民，成为全党和各级党政干部的共识，并且在很大程度上落到了实处。

"以人为本"的理念，也显示着中华传统的印记。孔子对"仁"的基本解释就是"爱人"（爱民），认为"爱人"是治国原则："道千乘之国，敬事而信，节用而爱人，使民以时。"①对于"爱人"的作用，墨子和孟子都做过分析："爱人利人者，天必福之。恶人贼人者，天必祸之。"②"君子所以异于人者，以其存心也。君子以仁存心，以礼存心。仁者爱人，有礼者敬人。爱人者，人恒爱之；敬人者，人恒敬之。"③老子的"圣人无常心，以百姓心为心"④体现的也是"爱民"思想。孟子对"爱民"的论述很多，包括保障每个家庭一定数目的桑园与田亩、年老之人能够"衣帛""食肉"等具体措施（《孟子·梁惠王上》）。凡此种种，都表现出重视百姓、体恤民众的思想。虽然古人的观点与我们当今的"以人为本"并非完全相合，但其中的承传关系是显而易见的。

2. 以德治国

以德治国，是近年被明确提出的治国理念。这一理念，在先秦时期就是多家学派的重要主张。

孔子反复强调以德治国，将其视为治理国家的基本方针："为政以德，譬如北辰，居其所而众星共之。……道之以政，齐之以刑，民免而无耻。

---

① 《论语·学而》：杨伯峻《论语译注》第 4 页，中华书局，1980 年 12 月。
② 《墨子·法仪》：清·孙诒让《墨子间诂》第 12 页，上海书店，1986 年 7 月。
③ 《孟子·离娄下》：杨伯峻《孟子译注》第 197 页，中华书局，2005 年 1 月。
④ 《老子》第四十九章：三国魏·王弼《老子道德经》第 30 页，上海书店，1986 年 7 月。

道之以德，齐之以礼，有耻且格。"孔子和孟子都特别重视发挥道德感化的作用："有国有家者，不患寡而患不均，不患贫而患不安。盖均无贫，和无寡，安无倾。夫如是，故远人不服，则修文德以来之；既来之，则安之。"①"以力服人者，非心服也，力不赡也；以德服人者，中心悦而诚服也，如七十子之服孔子也。《诗》云：'自西自东，自南自北，无思不服。'此之谓也。"②"以德治国"的本质是"以德服人"，而要做到这一点，推行德治的人必须身体力行，爱护他人如同自己的亲人。这样才能感化他人，实现天下如一家、人人皆相爱。孔孟的这种思想，与墨家的"兼爱"理论非常相似。

需要说明的是，先秦法家也特别注意德治的作用："君之所审者三：一曰德不当其位，二曰功不当其禄，三曰能不当其官。此三本者，治乱之原也。故国有德义未明于朝者，则不可加于尊位；功力未见于国者，则不可授以重禄；临事不信于民者，则不可使任大官。故德厚而位卑者谓之过，德薄而位尊者谓之失。"③"入国四旬（巡）五行九惠之教。一曰老老，二曰慈幼，三曰恤孤，四曰养疾，五曰合独，六曰问疾，七曰通穷，八曰振困，九曰接绝。"④由此可见，法家并非只是依靠严刑峻法治理国家的。

3. 和谐社会

"社会和谐是中国特色社会主义的本质特征，是国家富强、民族振兴、人民幸福的重要保证。……我们要构建的社会主义和谐社会，是在中国特色社会主义道路上，中国共产党领导全体人民共同建设、共同享有的社会，是民主法治、公平正义、诚信友爱、充满活力、安定有序、人与自然和谐相处的社会，也是全体人民学有所教、劳有所得、病有所医、老有所养、住有所居的社会。"⑤这段文字，是对我们目前正在努力创建"和谐社会"的基本表述。

"和谐"，是中国传统文化的基本理念。实现社会和谐，建设美好社会，是历代贤哲孜孜以求的社会理想。中国古代是将"国"与"家"视为一体的，和谐通常也是从家庭抓起："父子笃，兄弟睦，夫妇和，家之肥也。大

---

① 引文分别出自《论语》之《为政》《季氏》篇：杨伯峻《论语译注》第12、172页，中华书局，1980年12月。

② 《孟子·公孙丑上》：杨伯峻《孟子译注》第74页，中华书局，2005年1月。

③ 清·戴望《管子校正》第9页，上海书店，1986年7月。

④ 清·戴望《管子校正》第299页，上海书店，1986年7月。

⑤ 中共中央宣传部：《社会主义核心价值体系学习读本》第34页，学习出版社，2009年1月。

臣法，小臣廉，官职相序，君臣相正，国之肥也。"①做到和睦相处，成为社会成员品性修养的重要标准和原则，是利国利家的重要方式。与"天时、地利"等条件相比，"人和"是最重要的力量。因此，"和为贵"的观念，在中国传统文化中占据着特殊地位，并且成为中华历代相传的集体无意识。此前曾经有过对"和为贵"的否定与批判，但事实一再证明，无论是家庭、集体、国家、民族内部或相互之间，实现"和平共处"与"和谐发展"，都是兴国利民的必由之路。我们现在倡导的"和谐社会"，与传统文化中"和"的观念，有着诸多相似之点。

（三）传统文化是实现中华复兴的强大支撑

自"鸦片战争"为始，中国逐步沦为半殖民地半封建社会，曾经无比辉煌显赫的"天朝上国"，成为任人宰割的"东亚病夫"，中国在世界各国家民族中的地位，降至前所未有的低位。域外列强对中国在行动上强力压制盘剥，在心理上极度轻慢蔑视；国内则在较长时期内，弥漫着崇洋而自卑的心态。如果将百余年来国人对"外洋"的态度进行梳理，其情形大体如是：晚清时期官方的"畏洋"，"五四"之后的文化（文人）"信洋"，抗战至新中国成立前夕的"媚洋"（汉奸对日、国民党当局对美），20世纪五六十年代的"学洋"（学习苏联），文化大革命时期的"恨洋"（反帝反修），改革开放以后的"仿洋"（文学创作、影视作品、出国热），21世纪以来的"知洋"（理性看待世界）。近些年来，随着国力的不断增强，"四个自信"（道路自信、理论自信、制度自信、文化自信）成为全国上下的共识。"文化自信"成为其中的重要一环，其根本在于源远流长的传统文化。

1. 中华文化自生自成，具有强大的生命力

中华文化的发源地是黄河中下游地区，与古埃及、古巴比伦、古印度同属依托大河大江而生成的"大河文明"。不同于源自古希腊和古罗马"海洋文明"（地中海文明）的商业经济形态，以及由其生成的"逐利扩张"特性，中华文化属于农业文明高度发展的原生文明（不同于引入异域文化或入侵他地进行殖民），"自给自足"是其主要特征。居住在祖祖辈辈生活的黄土地、依靠着黄河长江的滋润浇灌、发挥聪明才智并通过辛勤的劳动实验，中华民族创造了高度发达的农业文明。与之相结合，强调血缘的紧密

---

①《礼记·礼运》：唐·孔颖达《礼记正义》第199页，中华书局，1980年10月。

联系、崇尚仁爱友善的道德情操、认同"大一统"的国家观念，甚至"重农抑商"的经济政策。凡此等等，都有利地促进了农业文明的巩固与发展。自生自成的原生文明，使得中华文化根基极为深厚扎实；对血缘的重视，使得中华儿女格外看重先辈留存的所有遗产（包括物质与精神），继承传统的意识特别强烈；农业文明高度发展，满足了国民生活的基本需求，为国家的富强、文化的发展，提供了可靠保证；"大一统"观念的共识，为国家的统一、民族的团结奠定了思想基础。此外，中华辽阔国土构成各地之间的互通互助、遭遇强敌入侵时具备的巨大地域纵深，以及全体国民内心具有的超强忍耐力与凝聚力。凡此种种，促成中华儿女在自己祖辈留下来的土地上生活，依靠自己的双手生产赖以生存的物质必需品，拥有自己的思想理论体系与精神依托，保证了中华文化的强大生命力。

2. 中国传统文化特色鲜明，具备自身优势

中国传统文化，是生成于华夏大地、经受漫长社会历史发展演变而留存的文化，其自身特征十分明显：以"以人为本"为核心的本体定位，将"人"从"神"的精神重压中解放出来，确立了人与人地位平等、社会的发展依靠人、劳动的成果归于人等评价与实施准则；以血缘为基础构成的伦理体系，明晰了个人在家庭内部与社会交往中的责任与义务，确定了自己拥有的权力与享有的利益，对于处理人与人（家人或外人）之间的关系、保证家庭与社会的正常运作（权力交接或财产分配），发挥着重要作用；以群体利益为重的集体主义观念，主张个人从属于家庭、小家从属于大家（国家）、个人利益服从于集体利益、国家民族利益高于一切，不仅有利于聚集力量对抗风险与挑战，而且个人（小团体）也得到集体的保护，从根本上保证了个人及所在集体事业发展与生命的延续；以"理性务实"为方式的处世方略，实现了人与自然、人与人之间的正常交往互惠，用来获取生活之必需（食物及共处环境），而且使国人能够较为冷静地处理事务、免于陷入迷信鬼神或宗教狂热之中。这些特色，在中国历史上发挥了很大的作用。

以当代的眼光而论，中国传统文化中"柔韧包容"及"中庸和谐"为要义的交往原则，要求坚持原则与具备灵活性密切结合，这与我国目前提倡的创建"人类命运共同体"极为相似。由于社会的进步，特别是科技的迅猛发展，人与人（国与国）之间的交往越来越便利，人类赖以生存的地球，真的变成了邻里相连的"村子"。各个国家拥有自己的文化习俗，相互间的交往，只有做到"求同存异、合作共赢、和平共处"，才能够实现世界

和平、确保所有国家与民族共存及共同发展。基于当今环境状况而提出的"生态"问题，更是与传统文化"天人合一""道法自然"的理念相合。在人类进行工业革命、实现现代化的进程中，伴随着对自然资源的开发、自然环境的破坏，人类在享受现代化成果的同时，也不断受到大自然的警告与惩戒。面对严峻的现实，人们逐步认识到自然生态对人类生存的重要性，而要真正保护好生态环境，需要世界各国共同努力。我国近年极其重视环境保护、生态恢复工作，"绿水青山就是金山银山"成为共识，不仅使国内自然环境得到极大改善，也为世界做出了表率。以传统文化为底蕴的中国声音，正在不断传达到世界各地并得到良好的回响。

3．海量的传统文化典籍，提供重要经验参照

中华民族具有尊敬先辈、重视经验、长于总结记录历史的优良传统。自殷商时期（出现甲骨卜辞）至清朝灭亡的3000余年间，留存下来的文献资料可谓汗牛充栋、难以穷尽。这些文献经过先秦左丘明和孔子、汉代刘向与刘歆父子，以及历代学者的编辑整理，可分为经、史、子、集四大部类（四部）。从读者接受视角观照"四部"著作：读经，可接受"仁爱礼敬"思想陶冶，树立"修齐治平"之理想信念；读史，可通过前代人事史实，借鉴经验与教训；读子，可周知诸子百家的学说观点，扩展自己的思维域境；读集，可观摩文人才子的诗文作品，掌握创作与审美的路径与方法。

丰富的古代经典，提供了多种多样的思路与模式：儒家的"以德治国"、墨家的"贤能为政"（尚贤使能为政）、道家的"无为而治"、法家的"以法治国"，是关于治国理政的；"不战而屈人之兵""知彼知己""攻其无备，出其不意"等（见《孙子兵法》），是关于军事战略战术的；战国时期苏秦提出的六国联合抵抗秦国的"合纵"之策，张仪促使秦国实施"远交近攻"的"连横"之方，则是外交兼军事和政治的重大国策。类似"合纵""连横"之类的举措，在当今世界各国、公司企业乃至个人处理双边或多边关系时，都不难找到相关的例证。保存在传统文化典籍中的案例与经验，并未因为时代变迁而过时。

如果从2000多年前人类进入高级文明阶段的"轴心时代"算起，人类迄今在自然科学技术方面，取得了极其伟大的进步，尤其是欧洲发生工业革命以来，更是可用"日新月异"加以形容。但是，在人文社会科学方面，虽然历代提出的理论层出不穷，而究其实质未能超出西方的苏格拉底、柏拉图和我国的孔子、老子为代表的思想水平。在当代西方以"个人"为本

体的理论与实践（掠夺物质以供私人欲望）几乎走到尽头之时，以中国传统文化为代表的东方思想理念及实践经验，必将成为解决人类面临问题的重要参照。

4. 独特的技艺与习俗，促进中华文化的继承与传播

中华民族有着勤劳与智慧的优秀品质，在上古时代就熟练掌握了作物种植、器皿制作、金属冶炼等技术。汉代以后，更是以造纸术、印刷术、指南针、火药等"四大发明"而享誉世界，对人类文明进步形成巨大的影响。中国纺织的丝绸、烧制的瓷器，很早就经过陆路或海路运往中亚、欧洲与南洋，成为当地上流社会的必备物品。中国楼宇、房屋及园林等建筑的布局，讲究闭合内敛、曲径通幽；中国绘画多以山水景物为题材，忽略写形而追求"写意"；中国汉字数千年承传有续，始终保持"形音义"三位一体；中国饮食的以熟食热食为主，烹饪方式方法的多种多样；等等，均为具有中华文化特征的技艺或习俗。它们都是经过长期的积累与完善，代代承传而来，既是中华传统文化精神的体现者或承载物，其本身又构成传统文化的组成部类，而且与人们的日常生活融为一体、密不可分。它们又可作为传播中华文化的良好方式或载体，向世界各地公开展示。

在古代，中华文化对外传播取得了很大的成绩，东亚及东南亚国家（日本、朝鲜、韩国、越南等）书写使用汉字、吃饭使用筷子等，均源自中国。当今与外国的交往，更多的也是依靠传统技艺与习俗。例如：开餐馆卖中餐、过春节包饺子贴春联，以及国家开办"孔子学院"用毛笔写书法、剪窗花、练习简单的中式礼仪，等等。此类方式方法看似不够"高大上"，却能做到"润物细无声"，真正起到向外传播中国文化之功效。

著名学者陈登原认为：文化创造与成长需要三个条件，分别是所处自然环境、所遇困穷阻隔、所具变通能力。"是谓文化随环境而创，随困难而变，而变也者，所以致通久：即谓进步之说焉。"[①]中国传统文化的发展，正是经历了这样的历程，经受了各种的严峻考验，在困难中挺立、在危机中求变、在变化中保持自我。漫长岁月的磨砺、文明层级转换（低级文明向高级文明）的阵痛、与异类民族及文化侵扰进行的搏斗、社会动荡与改朝换代之后的整合等，不仅未曾使传统文化弱化消亡，反而使其以特有的坚韧个性，不断完善自我、应世适时，历久而弥新。传统文化担负着稳固

---

① 陈登原《中国文化史》第13页，商务印书馆，2014年8月。

国家民族根基、标识中华民族精神意志、聚合全体国民向心力量、提供民族生存发展营养、支撑中华文化自信、推动中华民族奋勇前行之职责。

　　因此，我们有充分的理由、丰厚的资本彰显"文化自信"；应当满怀豪情地传播中国声音、阐释中国特色、展示中国形象。我们要在实现中华民族伟大复兴的进程中，全力继承与弘扬祖国优秀传统文化，使之由古代走向现代，走向更加光明的未来！

主要参考书目

B

《巴蜀文化志》袁庭栋，中华文化通志本，上海：上海人民出版社，1998年10月。

《白虎通德论》汉·班固，汉魏丛书本，长春：吉林大学出版社，1992年12月。

《白居易集》唐·白居易，长沙：岳麓书社，1992年7月。

《北史》唐·李延寿，二十五史本，上海：上海古籍出版社，1986年12月。

《抱朴子》晋·葛洪，诸子集成本，上海：上海书店，1986年7月。

C

《禅宗词典》袁宾，武汉：湖北人民出版社，1994年1月。

《禅宗与中国文化》葛兆光，上海：上海人民出版社，1986年6月。

《禅宗宗派源流》吴立民，北京：中国社会科学出版社，1998年8月。

《春秋繁露》汉·董仲舒，汉魏丛书本，长春：吉林大学出版社，1992年12月。

《春秋公羊传注疏》汉·何休注、唐·徐彦疏，十三经注疏本，北京：中华书局，1980年10月。

《春秋战国文化志》吕文郁，中华文化通志本，上海：上海人民出版社，1998年10月。

《春秋左传正义》晋·杜预注、唐·孔颖达疏，十三经注疏本，北京：中华书局，1980年10月。

《楚辞正解》雷庆翼，上海：学林出版社，1994年7月。

《词话丛编》唐圭璋，北京：中华书局，2005年10月。

《凑聚之道：古代的家族与社会群体》阎爱民，天津：天津古籍出版社，2012 年 1 月。

D

《道德经讲解》黄朴民，长沙：岳麓书社，2005 年 5 月。

《东方文化通论》侯传文，济南：山东教育出版社，2002 年 5 月。

《东京梦华录》宋·孟元老，北京：中国商业出版社，1982 年 3 月。

《东西方文化及其哲学》梁漱溟，北京：商务印书馆，1999 年 7 月。

《都城纪胜》宋·耐得翁，北京：中国商业出版社，1982 年 3 月。

《读通鉴论》清·王夫之，北京：中华书局，1975 年 7 月。

《杜诗详注》清·仇兆鳌，北京：中华书局，1979 年 10 月。

F

《风俗通义》汉·应邵，汉魏丛书本，长春：吉林大学出版社，1992 年 12 月。

《费正清看中国》〔加拿大〕保罗·埃文斯，上海：上海人民出版社，1995 年 5 月。

《佛教禅宗百问》王志远，北京：今日中国出版社，1989 年 11 月。

《佛教与中国文化》张曼涛，上海：上海书店，1987 年 10 月。

《佛学与隋唐社会》张国刚，石家庄：河北人民出版社，2002 年 8 月。

G

《高适诗集编年笺注》刘开扬，北京：中华书局，1981 年 12 月。

《格言联璧》清·金缨 马天祥译注，北京：中华书局，2020 年 3 月。

《古代文章学概论》王凯符，武汉：武汉大学出版社，1983 年 10 月。

《古画品录》南朝齐·谢赫，四库全书本，上海：上海古籍出版社，1987 年 1 月。

《古籍知识手册》高振铎，济南：山东教育出版社，1988 年 12 月。

《管子校正》清·戴望，诸子集成本，上海：上海书店，1986 年 7 月。

《国学通论》曹胜高，北京：北京大学出版社，2008 年 6 月。

《国语集解》清·徐元诰撰，王树民、沈长云点校，北京：中华书局，2002 年 6 月。

H

《韩非子集解》清·王先慎，诸子集成本，上海：上海书店，1986 年 7 月。

《汉唐藩属体制研究》李大龙，北京：中国社会科学出版社，2006 年 5 月。

《汉唐佛教思想论集》任继愈，北京：人民出版社，1973 年 6 月。

《汉书》汉·班固，二十五史本，上海：上海古籍出版社，1986 年 12 月。

《后汉书》南朝宋·范晔，二十五史本，上海：上海古籍出版社，1986 年 12 月。

《华阳国志》晋·常璩，四库全书本，上海：上海古籍出版社，1987 年 1 月。

《话本小说概论》胡士莹，北京：中华书局，1980 年 5 月。

《淮南鸿烈解》汉·刘安撰、汉·高诱注，百子全书本，杭州：浙江古籍出版社，1998 年 8 月。

《淮南子注》汉·高诱注，诸子集成本，上海：上海书店，1986 年 7 月。

J

《晋书》唐·房玄龄，二十五史本，上海：上海古籍出版社，1986 年 12 月。

《晋文化志》乔志强，中华文化通志本，上海：上海人民出版社，1998 年 10 月。

《旧唐书》后晋·刘昫，二十五史本，上海：上海古籍出版社，1986 年 12 月。

《经学概说》何耿镛，武汉：湖北人民出版社，1984 年 1 月。

《经学历史》清·皮锡瑞，北京：中华书局，2004 年 7 月。

《经子解题》吕思勉，上海：上海文艺出版社，1999 年 1 月。

《荆楚岁时记》南朝梁·宗懔，汉魏六朝笔记小说大观本，上海：上海古籍出版社，1999 年 12 月。

《荆楚文化志》张正明，中华文化通志本，上海：上海人民出版社，1998 年 10 月。

K

《孔丛子》汉·孔鲋，百子全书本，杭州：浙江古籍出版社，1998 年 8 月。

《孔子家语》三国魏·王肃，百子全书本，杭州：浙江古籍出版社，1998 年 8 月。

《困学纪闻》宋·王应麟，四库全书本，上海：上海古籍出版社，1987 年 1 月。

L

《老子道德经》三国魏·王弼注，诸子集成本，上海：上海书店，1986 年 7 月。

《礼记译解》王文锦，北京：中华书局，2001 年 9 月。

《礼记正义》唐·孔颖达，十三经注疏本，北京：中华书局，1980 年 10 月。

《李白全集编年笺注》安旗，北京：中华书局，2015 年 10 月。

《李贺诗集》叶葱奇，北京：人民文学出版社，1959 年 1 月。

《历代名画记》唐·张彦远，四库全书本，上海：上海古籍出版社，1987 年 1 月。

《历代社会风俗事物考》尚秉和，北京：中国书店，2001 年 1 月。

《两宋思想述评》陈钟凡，北京：东方出版社，1996 年 3 月。

《刘禹锡全集编年校注》陶敏、陶红雨校注，长沙：岳麓书社，2003 年 11 月。

《陆放翁全集》宋·陆游，北京：中国书店，1986 年 6 月。

《吕氏春秋集释》许维遹撰、梁运华整理，新编诸子集成本，北京：中华书局，2017 年 6 月。

《论衡》汉·王充，诸子集成本，上海：上海书店，1986 年 7 月。

《论语译注》杨伯峻，北京：中华书局，1980 年 12 月。

M

《毛诗正义》唐·孔颖达，十三经注疏本，北京：中华书局，1980 年 10 月。

《梦粱录》宋·吴自牧，北京：中国商业出版社，1982 年 3 月。

《孟子译注》杨伯峻，北京：中华书局，2005 年 1 月。

《明末清初文人结社研究》何宗美，天津：南开大学出版社，2003 年
1 月。

《明夷待访录》清·黄宗羲著、段志强译注，北京：中华书局，2011
年 1 月。

《墨子间诂》清·孙诒让，诸子集成本，上海：上海书店，1986 年 7 月。

Q

《齐鲁文化志》王恩田，中华文化通志本，上海：上海人民出版社，1998
年 10 月。

《秦汉文化志》熊铁基，中华文化通志本，上海：上海人民出版社，1998
年 10 月。

《秦陇文化志》葛承雍，中华文化通志本，上海：上海人民出版社，1998
年 10 月。

《清代文化志》陈祖武，中华文化通志本，上海：上海人民出版社，1998
年 10 月。

《全汉三国晋南北朝诗》丁福保，北京：中华书局，1959 年 5 月。

《全唐诗》清·彭定求，北京：中华书局，1960 年 4 月。

《全唐文》清·董诰，上海：上海古籍出版社，1990 年 12 月。

R

《日知录集释》清·顾炎武撰、清·黄汝成集释，北京：中华书局，2020
年 4 月。

《容斋随笔全书类编译注》许逸民，长春：时代文艺出版社，1993 年
12 月。

《儒学的历史文化功能》陈明，北京：中国社会科学出版社，2005 年
1 月。

《儒学在现代中国》宋仲福，郑州：中州古籍出版社，1991 年 6 月。

S

《商君书校注》张觉，长沙：岳麓书社，2006 年 5 月。

《商西周文化志》齐文心，中华文化通志本，上海：上海人民出版社，1998 年 10 月。

《尚书正义》唐·孔颖达，十三经注疏本，北京：中华书局，1980 年 10 月。

《少室山房笔丛》明·胡应麟，上海：上海书店出版社，2001 年 8 月。

《社会阶层制度志》李治安，上海：上海人民出版社，1998 年 10 月。

《慎子》战国·慎到，诸子集成本，上海：上海书店，1986 年 7 月。

《诗经正义》唐·孔颖达，十三经注疏本，北京：中华书局，1980 年 10 月。

《诗经析释》伍心镇、鲁洪生，沈阳：春风文艺出版社，1986 年 10 月。

《十批判书》郭沫若，北京：人民出版社，1954 年 6 月。

《史记》汉·司马迁，二十五史本，上海：上海古籍出版社，1986 年 12 月。

《史通》唐·刘知几，四库全书本，上海：上海古籍出版社，1987 年 1 月。

《世说新语》南朝宋·刘义庆，诸子集成本，上海：上海书店，1986 年 7 月。

《事物纪原》宋·高承，四库全书本，上海：上海古籍出版社，1987 年 1 月。

《书谱》唐·孙过庭，四库全书本，上海：上海古籍出版社，1987 年 1 月。

《说文解字注》汉·许慎撰、清·段玉裁注，上海：上海古籍出版社，1981 年 10 月。

《说苑》汉·刘向，百子全书本，杭州：浙江古籍出版社，1998 年 8 月。

《三国志》晋·陈寿，二十五史本，上海：上海古籍出版社，1986 年 12 月。

《四库全书总目》清·永瑢，北京：中华书局，1965 年 6 月。

《〈四库全书总目〉研究》司马朝军，北京：社会科学文献出版社，2004 年 12 月。

《四书章句集注》宋·朱熹，北京：中华书局，1983 年 10 月。

《宋代文化史》姚瀛艇，开封：河南大学出版社，1992 年 2 月。

《宋论》清·王夫之著、舒士彦点校，北京：中华书局，1964 年 4 月。

《宋明理学史》侯外庐，北京：人民出版社，1987 年 6 月。

《宋史》元·脱脱，二十五史本，上海：上海古籍出版社，1986 年 12 月。

《宋书》南朝梁·沈约，二十五史本，上海：上海古籍出版社，1986 年 12 月。

《宋史十讲》邓广铭，北京：中华书局，2008 年 12 月。

《宋学的发展和演变》漆侠，石家庄：河北人民出版社，2002 年 10 月。

《宋元笔记小说大观》上海古籍出版社编，上海：上海古籍出版社，2001 年 12 月。

《宋元戏曲本体论》陈建森，北京：人民出版社，2012 年 9 月。

《宋元戏曲史》王国维，北京：东方出版社，1996 年 3 月。

《苏轼诗集》清·王文诰辑注，北京：中华书局，1982 年 2 月。

《隋书》唐·魏徵，二十五史本，上海：上海古籍出版社，1986 年 12 月。

《隋唐五代社会生活史》李斌城，北京：中国社会科学出版社，1998 年 7 月。

《岁时广记》宋·陈元靓，北京：中华书局，2020 年 6 月。

《孙子十家注》三国魏·曹操等注，诸子集成本，上海：上海书店，1986 年 7 月。

T

《太平广记》宋·李昉，北京：中华书局，1961 年 9 月。

《坛经校释》唐·慧能著、郭朋校释，北京：中华书局，1983 年 9 月。

《唐朝文化史》徐连达，上海：复旦大学出版社，2003 年 11 月。

《唐代长安与西域文明》向达，石家庄：河北教育出版社，2001 年 11 月。

《唐代的外来文明》〔美〕谢弗著、吴玉贵译，北京：中国社会科学出版社，1995 年 8 月。

《唐集叙录》万曼，北京：中华书局，1980 年 11 月。

《唐律疏议笺解》刘俊文，北京：中华书局，1996 年 6 月。

《唐前志怪小说史》李剑国，北京：人民文学出版社，2011 年 12 月。

《唐宋八大家散文总集》郭预衡，新版校评本，石家庄：河北人民出版社，1995 年 11 月。

《唐五代志怪传奇叙录》李剑国，北京：中华书局，2017 年 1 月。

《通典》唐·杜佑，长沙：岳麓书社，1995 年 11 月。

《图书馆古籍编目》北京大学图书馆学系编，北京：中华书局，1985年3月。

W

《王维集校注》陈铁民，北京：中华书局，1997年8月。

《王文成全书》明·王守仁，四库全书本，上海：上海古籍出版社，1987年1月。

《王文公文集》宋·王安石，上海：上海人民出版社，1974年7月。

《魏晋南北朝文学思想史》罗宗强，北京：中华书局，1996年10月。

《文房四宝古今谈》冯济泉，贵阳：贵州人民出版社，1983年7月。

《文化的冲突与抉择》李述一，北京：人民出版社，1987年5月。

《文化论》张岱年，石家庄：河北教育出版社，1996年5月。

《文史通义校注》叶瑛校注，北京：中华书局，2014年7月。

《文体史话》章必功，上海：同济大学出版社，2006年9月。

《文献学概要》杜泽逊，北京：中华书局，2001年9月。

《文心雕龙注释》南朝梁·刘勰著、周振甫注，北京：人民文学出版社，1981年11月。

《文选》南朝梁·萧统编、唐李善注，长沙：岳麓书社，2002年9月。

《文章辨体序说》明·吴讷，北京：人民文学出版社，1962年8月。

《文章学概论》张寿康，济南：山东教育出版社，1983年6月。

《武林旧事》宋·周密，北京：中国商业出版社，1982年3月。

《吴越文化志》董楚平，中华文化通志本，上海：上海人民出版社，1998年10月。

《吴子》周·吴起，百子全书本，杭州：浙江古籍出版社，1998年8月。

X

《西湖老人繁胜录》宋·西湖老人，北京：中国商业出版社，1982年3月。

《现代文化志》杜文君，中华文化通志本，上海：上海人民出版社，1998年10月。

《象山集》宋·陆九渊，四库全书本，上海：上海古籍出版社，1987年1月。

《孝经注疏》宋·邢昺，十三经注疏本，北京：中华书局，1980 年 10 月。

《新辑本桓谭新论》汉·桓谭撰、朱谦之校辑，北京：中华书局，2009年 9 月。

《辛弃疾全集》徐汉明，成都：四川文艺出版社，1994 年 8 月。

《新书》汉·贾谊，百子全书本，杭州：浙江古籍出版社，1998 年 8 月。

《新唐书》宋·欧阳修，二十五史本，上海：上海古籍出版社，1986年 12 月。

《新语》汉·陆贾，百子全书本，杭州：浙江古籍出版社，1998 年 8 月。

《荀子集解》清·王先谦，诸子集成本，上海：上海书店，1986 年 7 月。

Y

《燕赵文化志》杜荣泉，中华文化通志本，上海：上海人民出版社，1998年 10 月。

《颜氏家训》北齐·颜之推，汉魏丛书本，长春：吉林大学出版社，1992年 12 月。

《仪礼注疏》汉·郑玄注、唐·贾公彦疏，十三经注疏本，北京：中华书局，1980 年 10 月。

《艺文类聚》唐·欧阳询撰、汪绍楹校，上海：上海古籍出版社，1982年 1 月。

《饮食志》林乃燊，上海：上海人民出版社，1998 年 10 月。

《玉轮轩曲论》王季思，北京：中华书局，1980 年 1 月。

《元代地方精英与基层社会——以江南地区为中心》苏力，天津：天津古籍出版社，2009 年 7 月。

《元代色目人家族及其文化倾向研究》张沛之，天津：天津古籍出版社，2009 年 6 月。

《元代文人心态》么书仪，北京：文化艺术出版社，1993 年 10 月。

Z

《战国策译注》王延栋，北京：中华书局，2017 年 1 月。

《张子全书》宋·张载，四库全书本，上海：上海古籍出版社，1987年 1 月。

《治史三书》严耕望，沈阳：辽宁教育出版社，1998 年 3 月。

《中国禅宗通史》杜继文，南京：江苏古籍出版社，1993 年 8 月。

《中国传统文化导论》商聚德，保定：河北大学出版社，1996 年 4 月。

《中国传统文化概论》张应杭，上海：上海人民出版社，2000 年 8 月。

《中国风俗史》张亮采，北京：东方出版社，1996 年 3 月。

《中国佛典通论》刘保金，石家庄：河北教育出版社，1997 年 5 月。

《中国妇女生活史》陈东原，北京：商务印书馆，1998 年 4 月。

《中国古代避讳史》王建，贵阳：贵州人民出版社，2003 年 3 月。

《中国古代兵书杂谈》王显臣，北京：战士出版社，1983 年 12 月。

《中国古代经济重心南移和唐宋江南经济研究》郑学檬，长沙：岳麓书社，2003 年 10 月。

《中国古代礼仪文明》彭林，北京：中华书局，2004 年 1 月。

《中国古代思想史》杨荣国，北京：人民出版社，1973 年 7 月。

《中国古代文化概说》马振亚，长春：吉林大学出版社 1988 年 11 月。

《中国古代文体概论》褚斌杰，北京：北京大学出版社，1984 年 6 月。

《中国古代小说叙事研究》王平，石家庄：河北人民出版社，2001 年 12 月。

《中国古代戏剧史》唐文标，北京：中国戏剧出版社，1985 年 8 月。

《中国古代政治思想史》刘泽华，天津：南开大学出版社，1992 年 1 月。

《中国古典文献学》吴枫，济南：齐鲁书社，1982 年 10 月。

《中华传统游戏大全》麻国钧，北京：农村读物出版社，1990 年 11 月。

《中华人文精神》张岂之，西安：西北大学出版社，1997 年 6 月。

《中华文化起源志》田昌五，上海：上海人民出版社，1998 年 10 月。

《中国家族法原理》〔日〕滋贺秀三，北京：商务印书馆，2013 年 5 月。

《中国考试学》杨成鉴、金涛声，北京：书目文献出版社，1995 年 3 月。

《中国礼教思想史》蔡尚思，上海：上海古籍出版社，2006 年 12 月。

《中国历史纪年表》万国鼎，北京：中华书局，1978 年 11 月。

《中国历史纪年表》方诗铭，上海：上海人民出版社，2007 年 3 月。

《中国历史研究法》梁启超，上海：上海文艺出版社，1999 年 1 月。

《中国历史要籍介绍》李宗邺，上海：上海古籍出版社，1982 年 8 月。

《中国民间禁忌》任骋，北京：作家出版社，1991 年 3 月。

《中国史纲要》翦伯赞，北京：人民出版社，1983 年 3 月。

《中国文化导论》任遂虎，兰州：甘肃教育出版社，1994 年 8 月。

《中国文化地理概述》胡兆量，北京：北京大学出版社，2001 年 9 月。

《中国文化发展轨迹》冯天瑜等，上海：上海人民出版社，2000 年 9 月。

《中国文化概论》金元浦，北京：中国人民大学出版社，2015 年 5 月。

《中国文化史》陈登原，北京：商务印书馆，2014 年 8 月。

《中国文化史略》吴存浩、于云瀚，郑州：河南文艺出版社，2004 年 1 月。

《中国文化史三百题》徐洪兴等，上海：上海古籍出版社，1987 年 11 月。

《中国文化通论》顾伟列，上海：华东师范大学出版社，2005 年 10 月。

《中国文化与悲剧意识》张法，北京：中国人民大学出版社，1989 年 1 月。

《中国文学八论》刘麟生等，北京：中国书店，1985 年 6 月。

《中国文学概论》袁行霈，北京：高等教育出版社，1990 年 6 月。

《中国小说史料》孔另境，上海：古典文学出版社，1957 年 5 月。

《中国小说史略》鲁迅，北京：东方出版社，1996 年 3 月。

《中国小说源流论》石昌渝，北京：生活·读书·新知三联书店，1994 年 2 月。

《中国戏曲发展史纲要》周贻白，上海：上海古籍出版社，1979 年 10 月。

《中国学术史》张国刚，北京：东方出版中心，2002 年 7 月。

《中国学术史讲话》杨东纯，北京：东方出版社，1996 年 3 月。

《中国哲学简史》冯友兰，北京：生活·读书·新知三联书店，2009 年 5 月。

《中国哲学史》任继愈，北京：人民出版社，1996 年 4 月。

《中国传记文学发展史》陈兰村，北京：语文出版社，1999 年 1 月。

《中华文化史》冯天瑜、何晓明、周积明，上海：上海人民出版社，1990 年 8 月。

《中西人论的冲突》杨适，北京：中国人民大学出版社，1991 年 3 月。

《中原文化志》单远慕，中华文化通志本，上海：上海人民出版社，2010 年 12 月。

《周礼注疏》汉·郑玄注、唐·贾公彦疏，十三经注疏本，北京：中华书局，1980 年 10 月。

《周易评注》唐明邦，北京：中华书局，2009 年 5 月。

《周易正义》唐·孔颖达，十三经注疏本，北京：中华书局，1980 年

10 月。

《诸子通考》蒋伯潜，杭州：浙江古籍出版社，1985 年 2 月。

《朱子家训》明·朱用纯，北京：北京燕山出版社，2001 年 10 月。

《朱子语类汇校》黄士毅编，徐时仪、杨艳汇校，上海：上海古籍出版社，2014 年 12 月。

《庄子集解》清·王先谦集解，上海：上海书店，1986 年 7 月。

《庄子浅注》曹础基，北京：中华书局，1982 年 10 月。

《庄学研究》崔大华，北京：人民出版社，1992 年 7 月。

《资治通鉴》宋·司马光编著，元·胡三省音注，上海：上海古籍出版社，1987 年 5 月。

《宗教的历程》陈荣富，太原：山西人民出版社，1986 年 4 月。

《宗教·神话·民俗》杨知勇，昆明：云南教育出版社，1992 年 7 月。

《宗族志》常建华，上海：上海人民出版社，1998 年 10 月。

后 记

  我对传统文化较为切实而系统的体认，缘自十几年前为学生开设的"中国文化史"课程。由于传统文化内容的博大精深，起初只能边学边讲，很是有些忙乱。经过大量阅读研修文化经典，从中选择材料、把握精要、梳整理路，使自己的课程讲授趋于规范、对传统文化的领悟也有进步。2015年，我受聘来到天津财经大学珠江学院兼职工作，为文化传播系学生讲授"中国文化概论"课程。经过努力，此课程得到听课学生、评课专家的肯定，并且先后被批准为校级"课程改造与建设项目""一流课程（金课）建设项目"；2021 年，又被评定为天津市级"课程思政示范课程""'三全育人'优秀工作案例（课程）"，我本人获得天津市"课程思政教学名师"荣誉称号。同时，我们组建的校级"中华优秀文化传播教学团队""中国语言文学与文化科研创新团队"，对关涉传统文化的教学与科研工作，也发挥了推助作用。来自多方面的支持与鼓励，促使自己逐步坚定了撰写一部专著的信心。

  这部书稿的撰写工作，是从 2019 年上半年开始的。最初，拟按照普通教材的式样编撰，但在写作过程中感到，程式化地编排章节、分条列目、介绍概念、给出结论，总是有些意犹未尽之憾。于是，采用了列举论题、加以阐述分析，引用经典、扩展容量思域，添加注释、提供文献出处等方式，力求做到知识体系完整与学术研究要素相互兼顾，以使全书具备自身特色、质量得到提升。因为书中引文较多，对其注释进行了区别对待：正式引用古代典籍或现代著述者，均依照学术规范予以注释；为省篇幅或避免烦琐，若同一区间（段落）内连续引用同一文献之文字片段，则将其各自的出处页码列出、放在同一条注释之中；大众熟知的词句、概念或短语简言，采用随文注明出处（作者或作品名），一般不再单独进行注释；将古今著述撮要引用的内容，尽量注明出处；对于常识性文字语句，不予专门出注；涉及未便出注者，则列于"参考文献"之中，以示不敢掠美。

　　本书命名为《中国传统文化举要》，乃是列举中国传统文化最基本、最重要的内容，予以绍介阐析，意在为修习传统文化的高校学生、专业人员及普通读者，提供认知传统文化概况或进深研究之参照。至于所"举"是否为"要"，须待大方之家鉴昭评铨。

崔际银

2022 年 2 月